法 学 阶 梯
INSTITUTIONES

普通高等教育**法学规划教材**

民法总则

General Regulation of Civil Law

|第三版 2022年修订|

杨立新 著

法律出版社
——北 京——
始创于1954年

好书,同好老师和好学生分享

出版说明

法律出版社在其奋进发展的六十年光辉历程中，秉精诚之心，集全社之力，服务于我国法学教育事业，致力于法学教材出版。尤其在改革开放三十余年间，本社以"传播法律信息，推进法制进程，积累法律文化，弘扬法治精神"为宗旨，协同司法部法学教材编辑部，规划并组织出版了国家"八五""九五"期间的法学规划教材，为我国改革开放之初的法学教育和法治建设做出了开创性贡献；进入21世纪之后，法律出版社又根据教育部的部署和指导，相继规划并组织出版了"十五"、"十一五"和"十二五"法学规划教材，为我国法学教育事业的发展与改革付出了艰辛努力。

承蒙法学教育领域专家作者的信任，以及广大法律院校师生的支持，法律出版社经过三十年的发展与积累，相继出版各类法学教材达四百余种。在学科范围方面，完成以法学核心课程为重心，涉及法学诸学科的"全品种"横向结构；在培养层次方面，健全以本科教育为根本，兼顾职业教育和研究生教育的"多层次"纵向结构，进而打造"法律版"法学教科书体系，以期更好地为法学教育服务，为法治建设贡献绵薄之力。

近年来，法律出版社因应法学教育的发展变化，在教材编写体例及系列安排方面做出相应调整。在教材编写体例方面，结合当前教学实际与培养方案，将系统、全面的理论知识讲授与灵活、丰富的法律实践和能力训练相结合，倡导教材内容差异化，增加教材可读性，以期更好地培养法科学生的思维能力和法学素养。在教材系列安排方面，全力推进新品教材编写与注重既有教材修订相结合，根据教材风格与特色进行适当的套系整合，集中现有的国家级规划教材和在编的规划教材，形成以"普通高等教育法学规划教材"为名的全新教材系列。

本系列教材多为出版多年并广受好评的经典教科书。此次全新推出，既是向长期以来关心支持法学教育出版事业的专家作者的崇高致敬，也是法律出版社为中国当代法学教育事业发展拳拳努力之情的真诚表达。法律出版社将以高度的精品意识和质量标准，不断丰富、完善本系列教材的结构和内容；除教材文本之外，还将配有多层次、多形式的教辅材料，更好地为广大师生服务。

"好书，同好老师和好学生分享"，法律出版社愿与法律共同体诸同仁，分享好书，分享智识，分享法治进程中的点点滴滴！

法律出版社　谨识

2014年10月

作 者 简 介

杨立新

现任

广东财经大学法治与经济研究中心特聘研究员
广东财经大学法学院特聘教授
中国人民大学民商事法律科学研究中心研究员
中国人民大学法学院教授、博士生导师
全国人大常委会法制工作委员会立法专家委员会立法专家
最高人民检察院专家咨询委员会委员
最高人民法院案例指导工作专家委员会委员
卫生和计划生育委员会公共政策专家咨询委员会委员
中央“五五”普法国家中高级干部学法讲师团成员
中国法学会民法学研究会副会长
中国法学会婚姻法学研究会常务理事
世界侵权法学会主席
东亚侵权法学会理事长
《中国大百科全书》(第3版)法学卷民法学分卷主编

曾任

最高人民检察院检察委员会委员、民事行政检察厅厅长
最高人民法院民事审判庭审判员、审判组长
吉林省通化市中级人民法院常务副院长
烟台大学法学院副教授

荣誉

享受国务院政府特殊津贴
北京市师德标兵
吉林省劳动模范
吉林省振兴中华一等功荣立者

第三版 2022 年修订说明

本书第三版于 2020 年 10 月出版之后，受到法律院系师生的欢迎，也得到了其他读者的好评。读者认为本书对《民法典》总则编的说明内容全面，简明易懂，理论联系实际，是学习民法总则的一本好教材。对大家的鼓励，作者深表感谢。

2022 年 2 月，最高人民法院《关于适用〈中华人民共和国民法典〉总则编若干问题的解释》(法释〔2022〕6 号)公布，于 2022 年 3 月 1 日起施行。对民法总则的这一司法解释内容丰富，解释明确，理论蕴含深刻，可操作性强，对正确理解和适用《民法典》总则编具有重要作用。作者在第一时间对本书进行修订，将这一司法解释的内容充实到本书之中，以体现司法实践对适用《民法典》总则编的最新要求。在这一司法解释的起草过程中，作者虽然多次参加讨论，但对该司法解释某些条文的理解可能仍有不妥之处，愿与各位同行和同学共同学习和讨论。

本次修订，在民法典的适用中增加了有关适用《民法典》时间效力的内容，在民事法律行为中增加了戏谑行为及其后果的内容。同时，除了对民法典总则编解释进行补充说明之外，还对原书中的一些表达不准确的内容进行了部分修改。

特予说明。

杨立新

2022 年 3 月 6 日于北京世纪城

第三版序言

2020 年 5 月 28 日,《中华人民共和国民法典》(以下简称《民法典》)经过第十三届全国人民代表大会第三次会议审议通过,我国终于实现了民法的法典化。2017 年 3 月 15 日审议通过的《中华人民共和国民法总则》经过适当的修改,已成为《民法典》第一编总则。因此,本书随之进行修订,出版第三版。

本书除了按照《民法典》总则编的修改进行了修订以外,还对原书稿中的一些不当的表述和论述、说明比较烦琐的部分进行了适当删改。

特此说明。

杨立新

2020 年 6 月 18 日于北京世纪城寓所

第二版序言

作为21世纪法学规划教材的《民法总则》，是于2013年12月在法律出版社出版的，至今已经使用了近四年，发行了数万册，得到了法学院系师生的好评，同时也迎来了《中华人民共和国民法总则》的诞生。在2013年写作这部教材时，依据的还是《中华人民共和国民法通则》，修订这部教材却是以《民法总则》作为立法依据，全面阐释《民法总则》立法、司法的理论和实践。

总则部分在民法典中将起到统领的作用，规定了民事活动必须遵循的基本原则和一般性规则，统领《民法典》各分编；各分编在民法总则的基础上，对各项民事制度作出具体规定。正因如此，民法总则在编纂《民法典》这一重大立法任务中具有极为重要的地位和意义，在我国民法体系中占有极为重要的地位。

《民法总则》无论在理论上还是在具体条文中，都具有博大精深的内涵，具有丰富的理论基础和重大的现实意义。学习研究民法的理论和实践，首先必须学好《民法总则》，深刻掌握和领悟《民法总则》的基本精神和具体条文，准确理解民法基本原则和一般规则的法律适用方法，进而才能够全部掌握民法的基本规则和理论基础，并且指导司法实践。

本书的这次修订，没有改变原书的基本框架，但是基本问题都按照《民法总则》的具体规定进行了全面修改，力争体现《民法总则》的立法本意和理论内涵。不过，《民法总则》刚刚颁布实施，我们都在学习领会之中，很难通过在教材中的阐释全面展示《民法总则》的理论基础和具体规则。我研究民法理论与实践已经四十多年了，又是全国人大常委会法工委立法专家委员会的立法专家顾问，自始至终参加了《民法总则》的立法工作，熟悉立法过程中提出的各种问题，因而在本书的修订中，能够紧密结合立法而阐释《民法总则》的具体规定。尽管如此，修订后的本书仍然会存在问题，请法学院系的师生以及广大读者予以批评指正，以便下一次修订时纠正。

杨立新

2017年5月1日

目　　录

A编　民法总则概述

B编　法律关系主体

C 编 | 法律关系客体

D 编 | 法律关系内容

A 编 | 民法总则概述

第一章　民法与民法总则

｜本章要点｜

民法是指调整平等主体的自然人、法人与非法人组织之间的人身关系和财产关系的法律规范的总称。民法的概念源于古罗马法的市民法，与万民法相对应。民法分为形式意义的民法和实质意义的民法。民法的性质是私法、是人法、是权利法，具有行为规范和裁判规范的双重属性。民法的本位是指民法的基本观念、基本目的和基本任务。民法渊源是民法的表现形式，是构成民法的一切法则，表现为各国家机关根据其权限范围所制定的各种规范性文件，以及民事习惯和民法法理。民法的适用范围是指民法的效力，即民法在哪些范围内发生法律效力。民法解释是根据有关法律规定、法学理论，对民事法律规范的内容、含义和所使用的概念、术语所作的说明。

民法　民法总则　民法的性质　民法的本位　民法渊源　民法适用　民法解释

第一节　民 法 概 述

｜典型案例｜

杨某是某市第一看守所的在押犯罪嫌疑人。某日晚，同监号犯人刘某违规用汽油炉烧开水，引燃汽油桶，致火灾，将杨某烧伤致残。杨某向法院起诉，请求刘某对其承担侵权赔偿责任，被驳回诉讼请求；上诉后，二审法院判决驳回其起诉，理由是其诉讼请求不属于人民法院受理的民事诉讼案件范围。[1]

一、民法的概念和特征

（一）民法概念的语源

民法的概念源于古罗马法的市民法（jus civile），与万民法（jus gentium）相对应。英语将其转译为 civil law。学者一般都认为，在后世，万民法成为国际法的词源，市民法则成为

〔1〕 讨论提示：本案的刘某尽管是加害人，但杨某是在监狱羁押期间被造成的人身损害，应当是在行政法律关系中造成的损害，因此，不能起诉刘某，而应当起诉监狱，由监狱承担责任。

民法的词源,因为在罗马法中,市民法是对罗马市民适用的法律的总称,是与万民法相对应的概念。在查士丁尼制定《民法大全》时,罗马帝国对其境内的所有居民皆赋予市民权,导致市民法与万民法相互融合。自中世纪以来,“市民法”一词成为罗马法的总称,西方学者称之为私法,曾经与教会法相对应。在法国大革命之后,市民被理解为公民,因而民法被认为是适用于全体人民的法律。[2]

中国古代“民法”一词见《尚书·孔氏传》,是指商汤时咎单所著的《明居民法》,即说明居民之法,也就是民法规范。[3] 私法意义上的“民法”一词出现在近代日本明治时代,从法语“droit civil”或者荷兰语“burgerlek Reget”翻译而来。[4] 最早使用中文民法概念的是20世纪初南洋公学译书馆翻译的《日本法规大全》,将第三类法规译为民法。1906年(光绪三十二年),修订法律馆参照南洋公学译本,对系统化的私法法典也采用了民法的概念。清末修律变法,起草了《大清民律草案》,使用了民律概念。1929年中华民国国民政府起草《中华民国民法·总则篇》,在法律中正式使用民法概念,直至今日。

(二)民法概念的含义

法律为社会生活之规范,民法为法律之一种,故亦为一种规定社会生活之规范。[5] 民法概念分为形式意义的民法和实质意义的民法。

1. 形式意义的民法

形式意义的民法就是指民法典。民法典是按照一定的体系结构将各种基本的民事法律制度加以系统编纂形成的规范性法律文件。其最基本的特点就是体系化和系统化,体现了民法的形式理性的要求,使其成为民事法律规范中的最高形式。由于民法典是对基本民事法律制度的规定,内容是普遍适用的基本民事法律规范,因此,“不管在哪里,民法典都往往被当作整个法律制度的核心”。在法国,民法典则被认为是“法律的真正心脏”。[6] 从另一个意义上说,形式意义上的民法即民法典也是民法的普通法。

2. 实质意义的民法

实质意义的民法是指所有调整民事法律关系的法律规范的总称,它包括民法典和其他民事法律规范。[7] 不仅包括成文的民法典,还包括一切具有民法性质的法律、法规以及判例法、习惯法。[8]

我国已经于2020年5月28日编纂完成《民法典》,原《民法总则》《民法通则》《婚姻法》《收养法》《继承法》《合同法》《担保法》《物权法》《侵权责任法》等民法单行法都于2021年1月1日《民法典》的实施而废止。现在,《民法典》是我国实质意义的民法。

---

〔2〕 参见王利明:《民法总则研究》(第2版),中国人民大学出版社2012年版,第5页。

〔3〕 《尚书·孔氏传》是魏晋人委托西汉经学家孔安国对《尚书》经文的注释,对《尚书·汤诰》的“咎单作明居”一语注释:“咎单,人名,主土地之官,作《明居民法》一篇,亡。”参见薛梅卿、叶峰:《中国法制史稿》,高等教育出版社1990年版,第17页。

〔4〕 参见叶孝信主编:《中国民法史》,上海人民出版社1993年版,第2页。

〔5〕 邓定人:《民法总则之理论与实用》,商务印书馆1941年版,第1页。

〔6〕 [美]艾伦·沃森:《民法法系的演变及形成》,李静冰、姚新华译,中国政法大学出版社1992年版,第191页。

〔7〕 参见王利明:《民法总则研究》,中国人民大学出版社2003年版,第9页。

〔8〕 参见梁慧星:《民法总论》,法律出版社1996年版,第2页。

（三）我国民法的概念

在立法上，只有《奥地利民法典》和《巴西民法典》对民法概念作出过界定。《奥地利民法典》第1条规定："民法为规定人民私的权利义务之法典。"《巴西民法典》第1条规定："本法典为规范私的权利义务，即人、物及其关系之法典。"其他国家的民法典均无此明文规定。对于民法概念的界定，均由学者作出概括。

我国《民法典》第2条规定："民法调整平等主体的自然人、法人和非法人组织之间的人身关系和财产关系。"依照这一规定，可以对民法概念作以下界定：民法是指调整平等主体的自然人、法人和非法人组织之间的人身关系和财产关系的法律规范的总称。

二、民法的性质和本位

（一）民法的性质

第一，民法是私法。公法和私法是历史上对法律性质的基本划分。调整公的行为即国家行为的法律是公法，是规制国家组织及国家主权行为的规范；[9]调整私的行为即个体行为的法律是私法，即所有规制人类彼此之间法律关系的规范，其确认人类彼此间有哪些自由、权利、义务和风险。[10]

在改革开放之前，我国法学界否认公法、私法的划分，认为调整计划经济关系的民法也属于公法性质的法律，因而在社会主义法律中不存在私法的概念。这种观点不能正确界定部门法律的性质，混淆了公法和私法的界限，也与世界各国法律划分的标准不相协调。经过拨乱反正，我国恢复了对公法、私法基本性质划分的做法，确立了民法为私法的观念，认为中国现行的经济体制是市场经济，在经济活动中主要是依靠经济规律来调整商品生产者和经营者以及个人的活动；国家对市场经济的干预、对个体行为的干预，都是通过事前规范行为标准的方法，即事前调整的方法进行的，事后调整不是主要的调整方式；商品经营者和生产者以及个体在市场经济中，还是依照自己的意志依法实施民事行为。因而民法的性质是私法而不是公法。

第二，民法是人法。民法对社会关系的调整是通过调整人的行为的方式进行的，因此，民法以人为本，把人作为自己的基本出发点和归宿，规定自然人、法人和非法人组织的根本地位，确定合理的人性观点，依公平正义的观念来规范人的行为，建立和谐的人际社会。在国家法律体系中，其他法律也都涉及人的问题，但更重要的还是对社会秩序的调整。而民法的基本内容就是对人的关系的调整，规定人的法律地位，规定人的法律人格，规定人对市民社会利益的支配，以及对人的权利和利益的保护。这些都是把人作为市民社会的中心，人是市民社会的主宰者，一切都是以人为中心进行民法规范。因此，民法就是人法。

第三，民法是权利法。民法的基本内容是规定民事主体的民事权利，规定民事权利行使的规则，规定对民事权利的保护。《民法典》开宗明义，就规定其立法宗旨是"为了保护民事主体的合法权益"，并把"私权神圣原则"作为民法首要的基本原则。整部民法就是一部民事权利法，是一部以私权利为中心的法律。

---

〔9〕　参见黄立：《民法总则》，台北，元照出版有限公司2005年版，第7页。

〔10〕　参见黄立：《民法总则》，台北，元照出版有限公司2005年版，第7页。

民法之所以是一部民事权利法,就在于整部法律的内容基本上是授权性法律规范,授予民事主体以人格权、身份权、物权、债权、继承权、知识产权、股权等权利,鼓励民事主体行使自己的权利,当自己的权利受到损害时敢于依法寻求法律保护。因而,民法与主要是禁止性法律规范的刑法形成鲜明对比。

第四,民法具有行为规范和裁判规范的双重属性。行为规范是指作为人民行为的准则,裁判规范并非作为人民行为的准则而是作为法院裁判案件的准则。[11] 有些法律仅仅是裁判规则或者行为规则,例如刑法是裁判规则而不是行为规则,道路交通规则是行为规则而不是裁判规则。而民法作为市民社会的行为准则,以不特定的人为规范对象,性质当然属于行为规范。但是,民法这种行为规范是以国家强制力作为保障,违反该行为规则,诉请法院裁判,法官当然要以民法规定作为裁判的基准,故民法又是裁判规则。正因如此,民法具有行为规范和裁判规范双重属性。

(二)民法的本位

1. 民法本位的含义和发展

民法的本位,是指民法的基本观念、基本目的和基本任务。在民法的发展历史上,民法本位的变化可以分为三个时期:

(1)义务本位时期。民法的义务本位时期始于罗马法,终于中世纪。在这个时期,人与人的关系局限于家族和家庭,各成员均有其特定身份,而整个社会秩序就是以此身份地位关系为基础,个人没有独立的地位,也不能有独立的思想表达。这种以身份关系为基础的市民社会的民法,就是民法的义务本位。其基本特点在于,民法的构建以义务为法律的中心,其立法本旨在于规定禁止性规范和义务性规范,通常刑民不分,法律更强调其强制性,目的在于对人的地位的确认,不承认私的自治,不是将各种各样的法律关系形成委之于个人的自由意思,而是对不同身份的人规定不同的义务,维护社会的身份秩序。

(2)权利本位时期。民法的权利本位时期存在于中世纪以后,从16世纪开始,成熟于19世纪。在这个时期,民智渐开,社会进步,家族日渐解体,个人成为政治经济社会各方面的独立主体,各自处于平等的地位,法律关系的发生均以个人的意思为归依,实现了从身份到契约的转变。因此,民法从义务本位改变为权利本位,实现了民法本位的根本变革。因此,权利本位观念是资本主义上升时期的自由主义法律思想和自由放任经济制度的产物,对于保护个人财产权,鼓励自由竞争,促进市场经济发展,具有重要作用。

在权利本位时期通行契约观念,而契约必须包含两个基本观念,即自由和平等。民事主体的地位必须平等,否则一方在下,一方在上,绝对不是平等,而是服从和命令,不能成立契约。契约为两个意思趋于一致的行为,意思不可能不自由,也不可能被动作出。契约只有在平等的地位且自由表达意志时,才能够达成。因此,从权利本位出发,以往的强制义务变为统一的义务,义务观念大减,而以往的绝对义务变成权利的内容,权利观念大涨。法律的基本任务,是使人尽其义务而保护权利,为使权利的实现,才有义务的履行。这就是权利本位的法律。因此,个人权利的保护成为法律的最高使命,权利成为法律的中心观念。在这一时期,权利本位的集中体现,就是近代民法的三大原则,即契约自由原则、所有权绝对原则和过

---

〔11〕 参见梁慧星:《民法总论》,法律出版社1996年版,第31页。

错责任原则。

(3)社会本位时期。自20世纪初期开始,民法进入社会本位时期。在这个时期,资本主义逐渐进入垄断阶段,资本主义市场经济的发展形成了各种严重的社会问题,诸如劳资对立、贫富悬殊等,都与民法的三大原则有关。因此,民法观念为之一变,由极端尊重个人自由变为重视社会公共福利,对三大原则有所修正,出现了最低工资规定、最高工时限制、消费者权利保护等立法新潮,形成了社会本位的立法思想。主要表现在:第一,对契约自由的限制,表现在对缔结契约加以公法的监督,注重保护经济上的弱者;第二,所有权绝对原则的限制,规定权利滥用的禁止,所有权行使亦应遵守诚实信用原则;第三,无过错责任原则的采用,对高度危险、产品责任、环境污染的公害案件等实行无过错责任原则。

社会本位并不是对权利本位的否定,同时也不是义务本位的复活,而是对极端权利本位进行的修正。在社会本位,权利观念和权利保护仍然是民法的最大任务,法律只是矫正19世纪立法过于强调个人权利而忽略社会利益的偏颇,并没有脱离个人及权利观念,仅仅是在个人与社会、权利与义务之间谋求平衡。

2. 我国民法的本位

我国古代民法崇尚宗法和身份,轻视权利,义务本位思想传统极为深厚。近代以来,直至《大清民律草案》《民国民律草案》的制定和《民国民法》的正式颁行,才初步建立了权利本位的观念。在社会主义建设初期,封建传统思想残余存在,加上"左"的思想影响,片面强调国家、社会利益,在法律思想上表现为彻底的、极端的社会本位,否定个人利益、个人意志和个人权利。改革开放之后,进行思想上的拨乱反正,在法律上确认权利本位,具有更重要的意义。因此,《民法通则》确定民事立法以民事权利及其保护为中心,通篇体现了民事权利主体、民事权利取得、民事权利种类和民事权利保护的权利本位思想。《民法典》进一步体现了社会本位思想,如公平原则、诚信原则、公序良俗原则、禁止权利滥用原则、无过错责任原则等。因此,我国民法的本位是突出权利本位、兼采社会本位,以权利本位为主、社会本位为辅的立法思想。

三、民法的历史发展

(一)罗马法

罗马法是罗马奴隶制国家整个历史时期的法律的总称,[12]通常是指罗马起源时起至查士丁尼时代止的罗马法律,由于罗马法最有影响的是其私法,因此,在通常意义上所称罗马法是指罗马法的私法。

罗马法尽管产生在奴隶制社会,但是由于在自然经济中发展起来的简单商品经济得到了充分的发展,因而它的私法在调整私人财产关系上也得到了最充分的发展,形成了那个时期最完善的私法。罗马人以其实际的天才,在实证法的领域上获得无比的成就,其精致的理论对于相隔两千年之久的现代实证法,仍有决定性的影响,[13]直至今天,罗马法的制度还在发挥着影响作用。

罗马法的范围分为三部分,一是人法,二是物法,三是诉讼法,分别调整罗马市民的人身

---

〔12〕 参见周枏:《罗马法原论》,商务印书馆1994年版,第1页。

〔13〕 参见郑玉波:《民法总则》,中国政法大学出版社2003年版,第9页。

关系、财产关系以及市民之间的诉讼关系。

在人法领域,罗马法以个人主义思想、个人系法律为出发点,个人利益是私法保护的中心。最重要的是创造了抽象的人格法律制度,以人格作为民事主体的基本资格,享有的人格不同,人的法律地位也就不同。同时,罗马法也创设了完整的身份权法律制度,规定了亲属之间的身份地位和权利义务关系,配偶、婚生子女、非婚生子女等概念的创造,直至今天仍在发挥着影响。在继承法领域,遗嘱继承、胎儿的继承权保护等,都是极为重要的法律制度。

在财产法领域,罗马法以高度抽象的方法表现了商品经济社会的一般形态,确认和保护私有财产的权利,确认私有者有处分其私有财产、自由交换其财产、自由签订合同的权利,鼓励其进行交易,创造了一系列民法的基本概念和基本规则,反映了社会商品经济发展的正常要求。因此,罗马法对"简单商品所有者的一切本质的法的关系(如买主和卖主、债权人和债务人、契约、债务等)所作的无比明确的规定",使它成为"商品生产者社会的第一个世界性法律"。〔14〕

在诉讼法领域,罗马法对实体法和程序法进行区分,甚至更为重视程序法,具有重要价值。

当然,罗马法存在诸多不符合今天的民法精神的规则,如强调人格的不平等,将自然人的人格分为自权人和他权人,甚至认为奴隶不是人而是财产;过于强调身份的支配关系和家父权的作用,家子受制于家父的强权支配;过于强调法律关系的形式而忽略法律关系的实质,甚至宣称形式是法律的天堂。但是,这些问题都不能掩盖罗马法的光辉,罗马法提出的平等原则、物权法中的无主物先占取得制度、后手权利不得大于前手的原则,契约法上的意思自由原则,侵权法中的损害赔偿原则,继承法中的保护胎儿的继承权、子女继承份额平等原则、清偿被继承人债务以遗产范围为限的原则,以及亲属法中婚生子女推定的原则等,都对世界各国的民法产生了巨大的影响,并且一直发挥着重要作用。

(二)日耳曼法

日耳曼法是指公元5世纪至9世纪西欧早期封建制时期适用于日耳曼人的法律。日耳曼法是在日耳曼部族侵入西罗马帝国建立蛮族国家的过程中,在罗马法和正在形成的基督教教会法的影响下,由原有氏族部落习惯逐渐发展而成的法律。就地区范围而言,凡是古代日耳曼人所建立的国家的法律都属于日耳曼法。〔15〕 日耳曼法主要是习惯法,没有区分公法和私法,也没有区分公权和私权。

日耳曼法在世界上的影响与罗马法一样强大,很多规则与罗马法相同。与罗马法的最大区别在于,日耳曼法更强调团体主义,保护的中心是团体,诸如家庭、氏族、公社等。在法律上,个人利益应当服从于团体利益;人们之间的关系是由他们的身份决定的,而不能凭个人的意志加以改变。日耳曼法更侧重的是以具体的生活关系为依据,注重调整支配与义务拘束的关系,因此,后世将日耳曼法称为团体本位。对于罗马法的个人主义法律思想而言,日耳曼法的法律思想实属超个人主义的,两者恰成鲜明的对比。〔16〕

在具体制度上,日耳曼法创设的团体概念、物权中的总有权概念,注重对物的利用而不

---

〔14〕《马克思恩格斯选集》(第4卷),人民出版社1995年版,第252页。

〔15〕参见王利明:《民法总则研究》,中国人民大学出版社2003年版,第75页。

〔16〕参见郑玉波:《民法总则》,中国政法大学出版社2003年版,第11页。

是支配观念，在交易中强调以手护手原则[17]等，都对后世民法产生了重大影响。

(三)近现代民法

1. 近代民法

近代民法是指经过17世纪和18世纪的发展，在19世纪欧洲各国编纂民法典而获得定型化的一整套民法概念、民法原则、民法制度、民法理论和民法思想的体系。

这个时期民法的主要特点是：第一，确认抽象的人格平等原则。民法从身份的法、等级的法逐渐发展到财产的法、平等的法，独立的个人只服从于国家，不再依附于各种领主和封臣，人与人之间的关系完全按照契约设定，实现的是人格的形式平等。第二，开始形成私法自治观念，形成了私法和公法的基本概念和分野。国家主要是保护个人的意思自由和个人的权利不受侵害，而私法关系的产生、变更和消灭由个人的意志决定，不受国家权力的干预。第三，产生了民法的三大原则，即契约自由原则、所有权绝对原则和过错责任原则，这些原则的产生以《法国民法典》的诞生为代表。第四，注重形式理性和形式正义，前者体现在法典化的趋势，以至于形成了最有代表性的《法国民法典》；后者表现在注重抽象的法律地位的平等、自由，而不考虑当事人的地位差异而造成的实质上的不平等。

2. 现代民法

现代民法的起始时期在19世纪末至20世纪初。在这一时期，资本主义由自由资本主义向垄断资本主义发展，国家对经济生活加强干预，生产力迅速发展，科技发展取得巨大进步，大公司和大企业不断兴起。为了适应这种新的经济形势，现代民法发生了很大变化。不过，现代民法并没有发生根本性的变化，是近代民法在20世纪的发展与修正，与近代民法没有本质的区别，是对近代民法的原理、原则进行修正和发展的结果。[18]

在这个时期，民法的主要特点是：第一，强调人格的实质平等，重视人格权的法律保护。尤其是经过两次世界大战之后，人权观念普及，现代民法越来越重视人格权概念，尊重和保护人格尊严和人格自由、人格平等，实行男女平等，创造了严密的人格权体系和保护方法。第二，民法社会化功能大大增强，在民法典和民法单行法中确立了公共福利原则、诚实信用原则、禁止权利滥用原则等，在私权之上加上了新的社会性规定。对所有权进行适当限制，对契约自由进行适当限制，从单一的过错责任原则向多元归责原则发展，都体现了民法社会化的功能。第三，加强对实质正义的维护，随着市场经济的高度发展和社会结构的巨大变化，贫富差别日益突出，形式平等已经无法实现社会正义，因此，民法从注重对形式正义的维护转向维护实质正义，对劳动合同、集体合同、格式条款进行干预，加强对劳动者和消费者的权利保护。第四，民法商法化和交易规则一体化。前者不仅仅是指民法和商法的趋同，更重要的是商法的一些原则和精神为民法所采用。后者是指近几十年来，经济全球化和世界市场的形成，对民法发生了巨大影响，作为交易共同规则的合同法以及票据法、保险法等日益国际化，产生了相对统一的合同法运动。同时，20世纪末期出现的计算机技术、网络通讯技

---

〔17〕 这一原则的含义是："任意与他人以占有者，除得向相对人请求返还外，对于第三人不得追回，唯得对相对人请求损害赔偿。"以手护手的原则对所有权的物上追及力加以限制，维护善意受让人的合法权益，因而有利于商品流转。

〔18〕 参见[日]北川善太郎：《关于最近之未来的法律模型》，李薇译，载梁慧星主编：《民商法论丛》(第6卷)，法律出版社1997年版，第286～287页。

术和电子技术的发展,向民法提出了更多的挑战,促使民法作出更多的改变,以更好地保护人的权利。因此,21 世纪的民法将成为更开放、更富有进取精神的法律。

(四)中国的民法

中国古代的封建立法民刑不分,诸法合体,法典的主体内容是刑法法规,但其中也有着丰富的民法内容,尤其是在物权法、契约法、侵权法和婚姻家庭法等方面都有完善的内容,适应当时社会经济发展的需要。中国古代民法的基本特点是:第一,诸法合体、刑民不分,基本的民事法律规范都为刑事法律规范所掩盖,但不可否认的是,中华法系的民法是十分丰富、完整的,并不因为诸法合体而减弱民法的地位。第二,强调严格的宗法等级观念,身份关系极为强大,强调君为臣纲、父为子纲、夫为妻纲,实行家族本位,实行专制统治。第三,人格不平等,法律仅仅确认生命权、健康权并予以民法保护,但对皇族、贵族以及尊长的人格,法律予以更为充分的保护,平民的人格和人格权无法得到保障,甚至奴隶和家奴根本丧失或者部分丧失人格和人格权。第四,个人独立的财产权受到限制,缺少真正意义上的私人所有权,在国家为皇权至上,"普天之下莫非王土",在家庭为财产归一,"父母在,无私财",不得拥有自己的财产。

清末的统治者实行维新变法,借鉴日本的立法经验,制定了《大清民律草案》,使中国近现代的民法建设具有了雏形。1925 年,北洋政府在此基础上制定了《民国民律草案》,也没有公布实施。国民政府在 1929 年至 1930 年先后制定了《中华民国民法》各编,陆续实施,最后一编在 1931 年 5 月实施,使中国在历史上第一次有了现代意义的民法典,实现了中华法系民法传统向近现代民法法典化方向的变革,并且取得了成功。[19]

(五)当代民法

中华人民共和国的民法立法走过了一个曲折复杂的过程,分为三个时期:[20](1)无法典时期,最早的立法准备从 1948 年开始,1950 年制定了《婚姻法》,从 1954 年开始正式起草民法典,其中历经曲折,没有完成。(2)类法典化时期,改革开放之后,陆续制定了《民法通则》《婚姻法》《收养法》《继承法》《合同法》《担保法》《物权法》《侵权责任法》等一系列民法单行法,形成了中国类法典化的民法体系。(3)2015 年,我国立法机关开始编纂民法典;2017 年 3 月 15 日,第十二届全国人民代表大会第五次会议通过《民法总则》,完成了民法典编纂的第一步,2020 年 5 月 28 日第十三届全国人民代表大会第三次会议审议通过了《民法典》,使中国有了当代的民法典,进入了民法法典化时期。

四、民法与其他相邻法律的关系

(一)民法与商法

1. 民商合一与民商分立

商法是调整商事主体商事行为的法律。近代商法是在 11 世纪前后随着欧洲商业的兴

---

[19] 参见杨立新:《百年中的中国民法华丽转身与曲折发展——中国民法一百年历史的回顾与展望》,载《河南省政法管理干部学院学报》2011 年第 3 期。

[20] 参见杨立新:《从民法通则到民法总则:中国当代民法的历史性跨越》,载《中国社会科学》2018 年第 2 期。

起而发展起来的,在商人于商事活动中的自治规约和处理商人纠纷的习惯基础上逐渐形成。13 世纪就出现了商事法庭判决商事案件的案例汇编。1673 年,法国颁布了第一部商事法,即《陆上商事条例》。19 世纪,商法开始在大多数国家作为一个独立的法律部门出现,并且开始法典化。

在现代,对于商法与民法的关系存在两种不同的主张。一种主张是民商合一,认为商法是民法的特别法,是民法的组成部分,民法实际上就是民商法。这种主张的基本观点是认为国家无须制定一部专门的商法典,可以将民事生活和整个市场所适用的共同规则和共同制度都规定在民法典中,而将适用于局部市场或者个别市场的规则规定为各个民事特别法。另一种主张是民商分立,认为商法是独立的基本法,有自己的发展历史和独特内容,适用于独特的商人的社会阶层,尽管商法和民法都是调整商品关系的法律,都是私法,但是商法具有独立的地位,是独立于民法之外的法律。在世界范围内,成文法国家既有承认民商分立的,也有承认民商合一的。在以前,民商合一是主流;在现代,民商分立渐成趋势。

2. 我国民法的立场

我国目前采用民商合一体制,民法分为两个体系:一是民法典,是民法普通法;二是民法特别法,包括商事法等民法特别法。在理论上,既有主张民商合一的,也有主张民商分立的。民法典采用民商合一体制,理由是:第一,商法独立于民法主要是历史形成的,并非基于科学的理论研究的结果;第二,商法独立于民法的经济原因是由于中世纪存在商人这一独特的社会阶层,以及商人协会组织对商事纠纷的管辖权,在现代社会,这个阶层已经不复存在,商法已经失去了独立存在的经济基础;第三,民商合一适应了市场经济发展的需要,反映了社会化大生产的要求,具有进步意义;第四,民商合一的实质是将民事生活和整个市场所适用的规则统一规定在民法典中,有利于法制的统一;〔21〕第五,国家立法采用的指导思想是民商合一,商法单行法要适用民法典的规定,接受民法典的指导。

(二)民法与经济法

经济法出现在 18 世纪,1755 年法国学者摩莱里在其《自然法典》中使用过经济法的概念。在 20 世纪 30 年代,为适应第二次世界大战的战时经济需要,德国产生了一系列的统制经济的法规,因而学者提出了经济法理论的主张,随后传入日本、法国等国家。同一时期,苏联法学家表述了与民法并存的经济法的观点,把国家采用行政手段管理生产和产品分配的法规统称为经济行政法。20 世纪 50 年代,苏联经济法理论继续发展,提出了纵横统一的经济法理论,认为经济法是一个独立的法律部门,调整纵向和横向统一的经济关系,调整统一的国家所有制、统一的计划和经济核算关系基础上的计划经济组织因素和财产因素结合的经济关系。

我国在 20 世纪 70 年代后期,随着经济体制改革而兴起了经济法研究的热潮,经济法学科蓬勃发展。经过 40 多年的发展,证明经济法可以作为一门法律学科,但作为一个法律部门还缺少必要的条件。在实践中,经济法的学说在民法、商法、行政法的划分上都存在相互交叉的问题,尤其是在与商法和行政法的内容上无法划清各自的界限。因而,近年来很多经济法学者已经转向研究商法。

---

〔21〕 参见王利明:《民法总则研究》,中国人民大学出版社 2003 年版,第 43 ~ 44 页。

经济法作为一门法学学科是有必要的。在调整经济关系,尤其是调整指令性计划经济的那一部分经济关系上,对于纵向的经济关系的调整,经济法研究国家与商品生产者和经营者之间的关系,研究命令者与服从者的关系,贯彻国家意志先定的原则,保障国家计划的实现。

经济法与民法的区别在于:第一,经济法调整的是经济管理关系,是国家在管理经济活动中所产生的关系;而民法调整的是平等主体之间的人身关系和财产关系,调整的内容完全不同。第二,经济法调整的经济管理关系是按照指令和服从原则建立起来的行政隶属关系,所以经济法的规范大多数是强制性的法律规范;与其相反,民法主要的法律规范是任意性的、示范性的。第三,经济法调整的经济管理关系是以全社会需要为宗旨的关系,协调的是市场主体利益与国家利益的关系,目的在于维持良好的市场秩序,实现特定的公共政策;而民法的宗旨在于确认和保护民事主体的民事权利,更多地体现当事人之间的利益归属关系和交换关系。

(三)民法与劳动法

劳动关系原来并不是一个独立的法律部门,是民法的雇佣合同关系,用民法的合同法理论解决。在19世纪,随着资本主义工厂立法的产生而形成了劳动法,在第一次世界大战之后,劳动法的名称正式确定下来,并从民法中逐渐独立出来,成为一个新兴的法律部门。

我国认为劳动法是一个独立的部门法,其基础是生产资料的公有制使劳动关系消除了阶级剥削的性质,实行的是按劳分配原则,与民法的商品交换关系不同。因此,劳动法与民法在调整对象和适用范围上都有原则上的区别。劳动法调整劳动者与用人单位之间的关系,而民法调整的是平等主体之间的人身关系和财产关系。

在其他方面,劳动法与民法也存在具体区别:第一,调整的主体范围不同。劳动法调整的主体是劳动者和用人单位之间建立的劳动关系,或者是劳动合同关系,并且劳动能力与民事行为能力的界限不同,劳动者自16周岁具有劳动能力。而民法的主体是一切自然人和法人,自然人具有完全民事行为能力要到18周岁。第二,法律关系的性质不同。劳动关系具有平等性和隶属性双重性质,主要发生在单一的生产领域,发生争议时也不是完全由民法调整;而民事法律关系不存在隶属性的特征,发生的范围也极为广泛。第三,法律规范的性质不同。民法规范基本上是任意性的,少数是强制性的。劳动法更多的是强制性规范,特别是在劳动者保护方面更是如此。

五、民法渊源

(一)民法渊源的含义

1. 民法渊源的概念和分类

法的渊源亦称为法源,是指法的表现形式。[22] 民法渊源是指民法的表现形式,乃构成民法的一切法则。[23] 它表现为各国家机关根据其权限范围制定的各种规范性文件,以及民事习惯和民法法理。通常认为,在民法渊源中,法律为第一顺位的法源,即法律优先主义,法

---

〔22〕 参见施启扬:《民法总则》,中国法制出版社2010年版,第51页。

〔23〕 参见熊元楷、熊元襄编:《民法总则》(上),安徽法学社1914年版,第61页。

律规定含义不明时，应以解释方法确定其内容；法律未规定时，应依习惯而为裁判，习惯为第二顺位的法源，即习惯的补充效力；无法律也无习惯时，应依法理而为裁判，法理为第三顺位的法源，以补法律及习惯的不足。[24] 有的学者将民法法源分为制定法和非制定法，前者是指法律、命令、自治法、条约，后者是指习惯、判例及司法解释、法理、学说，[25]也是有道理的。《民法典》第10条规定："处理民事纠纷，应当依照法律；法律没有规定的，可以适用习惯，但是不得违背公序良俗。"

民法渊源分为实质渊源和形式渊源。实质渊源还可以分为法律渊源和历史渊源。法律渊源是针对作为法律的适用者而言，成文法、习惯法、判例法等法律规范是实质的法律渊源；而历史渊源则是针对法律资料的来源而言，如外国法、学说、惯例、道德等法律资料。形式渊源则是指法律效力的渊源，即法律效力所由的根源。

2. 民法渊源的含义

民法渊源的含义可以概括为：第一，立法意义上的民法渊源，也就是民法规范产生的原因。凡是能够成为法律规范或者能够成为法律规范产生的根据的，都可以成为民法渊源。成文法的民法渊源是民法的立法行为，习惯法的渊源是体现在习惯法中的共同法律信念。第二，司法意义上的民法渊源，是指凡是成为裁判依据的规则，无论其是否为法律规范，只要能够作为法官裁判民事案件依据的，都是民法的渊源。如民事司法解释、民事习惯，都可以作为民事案件的裁判依据，也都是民事法律渊源。第三，民事行为规则意义上的民法渊源，是指不仅能够作为裁判民事案件依据的裁判规则是民法渊源，而且能够成为民事主体行为规范的规则也能够成为民法渊源。

掌握民法渊源，对于正确理解民法，尤其是正确适用民法，指导民事主体的民事行为，约束民事裁判行为，都具有重要意义。

（二）民法渊源的具体形式

1. 宪法

宪法是国家根本法，是全国人民代表大会制定的、具有最高法律效力的法律。宪法作为民法的渊源，一是表现为宪法是民法立法的基本依据，民法的基本原则和具体内容都以宪法原则作为基础；二是宪法的一些具体条文本身就是民事法律规范，如宪法关于人身自由权不得侵犯，合法的财产权不得侵犯等。理解宪法作为民法的渊源，就要掌握宪法原则对民法的立法、解释、适用的最高指导地位，宪法条文对于民法适用的权威作用。

宪法作为民法渊源不应作为民事裁判的依据，而应作为立法的根据。宪法司法化的说法，在学说上存在很大争议。宪法规定的权利是公法的权利，不能等同于私权利，宪法规定的权利要获得民法的保护，需要首先转化为民事权利，法官只能依据民法的具体规则或者类推适用有关规则裁判案件。只有在缺乏具体规定，且不能用类推的方法适用法律的时候，才可以适当援引宪法的原则规定作出民事裁决。[26] 固守宪法规范不得作为民事裁判规范的观念，是不正确的。在欧洲成文法国家，法院依据宪法规范作出民事裁判，已经成为法律适

---

〔24〕 参见施启扬：《民法总则》，中国法制出版社2010年版，第51页。

〔25〕 参见林诚二：《民法总则》（上），台北，瑞兴图书有限责任公司2007年版，第15页。

〔26〕 参见王利明：《民法总则研究》，中国人民大学出版社2003年版，第56页。

用的常态,并非民事裁判绝对禁止适用。我国应当适当放宽宪法不得作为裁判依据的限制,凡是在宪法中规定的具有私权利性质的权利,民法也有具体保护方法的,应当准许民事裁判适用宪法规范作出判决。例如,宪法规定的休息权,既是公权利,也是私权利,民法可以据此作出判决,确认侵害自然人休息权的违法行为为侵权行为。

2. 民法的制定法

制定法相对于法官法和习惯法而言,是指国家以成文法形式制定的法律。民法的制定法就是民法的成文法。包括民法、行政法中的民事规范以及行政规章和地方法规中的民事规范。

(1)民法典和民法单行法。民法典是民法的基本渊源,是民法的主要表现形式,其地位仅次于宪法。《民法典》是民法的基本法。《著作权法》《专利法》《商标法》《公司法》《票据法》《保险法》等知识产权和商法的单行法,是民法的特别法。这些都是民法渊源。其他法律中的民法规范也是民法渊源。例如,《消费者权益保护法》《产品质量法》等法律中关于消费者的权利、经营者的义务、惩罚性赔偿责任、产品及缺陷的定义以及产品责任的免责事由等,都是民事法律规范,都是民法渊源。

(2)行政法规中的民事规范。国务院有权依据宪法、法律制定行政法规,其中有关民事规范是民法的重要渊源,如《不动产登记暂行条例》等都规定了民事规范。运用民法规范民事行为,处理民事纠纷,同样要依照这些行政法规中的民事规范办理,它们是民法渊源。

(3)行政规章和地方法规中的民事规范。国务院各部委依据法律、行政法规制定的规范性文件,是行政规章。行政规章不属于立法,但是其中的民事规范属于民法渊源。省级和较大的市的权力机关有权制定地方法规,在这些地方法规中有关民事的规范也是民法渊源。这些地方法规中的民事规范在实施上具有地域性,不能施行于全国。

3. 民法的法官法

法官法是相对于制定法的概念,是指在司法实践中法官适用法律积累的民法适用经验,并经过最高人民法院整理、发布的,具有民事裁判拘束力的规范。有关民法的法官法,就是民法法官法。

我国的民法法官法体系包括三部分:一是最高人民法院就民事法律适用的一般性问题作出的规范性民法司法解释;二是最高人民法院就具体案件适用法律的疑难问题作出的批复,即批复性民法司法解释;三是人民法院层层遴选、经过最高人民法院批准的民事指导性案例,具有"各级人民法院审判类似案例时应当参照"[27]的效力。这样理解民法法官法,对于正确适用民事法律具有重要意义。

(1)规范性民法司法解释。规范性民法司法解释是指最高人民法院针对民法适用中的概括性问题作出的,以规范性的条文形式表现出来的司法解释。最高人民法院是国家最高审判机关,有权就法律适用作出权威解释。最高人民法院就民法的适用所作的司法解释是民法渊源,对全国法院适用民法的审判活动具有约束力,各级人民法院不得违背。最高人民法院《关于适用〈中华人民共和国民法典〉总则编若干问题的解释》[28]自2022年3月1日起施行。

---

〔27〕 最高人民法院《关于案例指导工作的规定》第7条。

〔28〕 以下简称民法典总则编解释。

(2)批复性民法司法解释。批复性民法司法解释是最高人民法院针对民法适用中的具体问题,以批复、复函的形式作出的司法解释。它解决的是民法在适用中的具体问题或具体案件适用民法的问题,要经过最高人民法院审判委员会讨论通过,特点是内容具体,针对性强,形式灵活,但不及规范性司法解释的效力强,仅对个案的处理有拘束力,对类似问题具有参照效力。[29]

(3)指导性案例。指导性案例,是指最高人民法院确定并发布的,对全国法院的审判、执行工作具有指导性作用的案例。最高人民法院《关于案例指导工作的规定》第2条规定,指导性案例应当符合以下条件:一是社会广泛关注的;二是法律规定比较原则的;三是具有典型性的;四是疑难复杂或者新类型的;五是其他具有指导性作用的。

关于指导性案例究竟是不是民法渊源,承认者不多。例如,有观点认为,指导性案例与司法解释不同,不具有法律约束力,不能作为裁判依据援引,只能作为裁判的参考,并非等同于判例法制度。[30] 对此,笔者持不同看法。有学者认为,在成文民法国家,其认判例为民法法源的程度,自必低于成文民法,因而事实上对于同级法院或上级法院之判例,是否认其具有法律上的拘束力,不免发生若干疑难,此拘束力一经有其事实上的存在以后,则判例法遂由之而生,虽认判例仅有事实上的拘束力,然既发生若干事实上的判例民法后,即司法上应认其与成文民法居于同一地位,而成为民法之法源。[31] 这种看法是有道理的。最高人民法院编选的指导性案例具有法官法的性质,是民法渊源。

4. 习惯

习惯是指非立法机关所制定,而由社会各组成分子反复实施,且具有法的确信的规范。习惯须具备的要件:第一,在社会上有反复实施的行为,是客观要件;第二,具有法的确信,是其主观要件;第三,具有法律拘束力,应当遵守。习惯达到此种程度,始具有法的效力。[32] 习惯是法律的渊源之一。在民法没有规定的范围内,民事习惯不与现行法律、法规和社会公共利益相抵触,不违背公序良俗,经过国家认可,则具有民法渊源的意义。在没有法律规定的情况下,可以依据民事习惯作出判决。《民法典》第10条对此有明确规定。民法典总则编解释第2条规定:"在一定地域、行业范围内长期为一般人从事民事活动时普遍遵守的民间习俗、惯常做法等,可以认定为民法典第十条规定的习惯。当事人主张适用习惯的,应当就习惯及其具体内容提供相应证据;必要时,人民法院可以依职权查明。适用习惯,不得违背社会主义核心价值观,不得违背公序良俗。"

5. 法理

民法法理系正当的法理,法律通常之原理,自法律根本精神演绎而得之法律一般原则。[33] 在民事案件无法律、习惯法可资适用时,可以参考法理。法理的基本功能是补法律及习惯的不备,是执法者自立于立法者的地位,寻求就该案件所应适用的法则,以实现公平与正义,调和社会生活中相对立的各种利益。所谓法理,应系指自法律精神演绎而出的一般

---

〔29〕 参见杨立新:《杨立新民法讲义·侵权法总则》,人民法院出版社2009年版,第172页。

〔30〕 参见王利明:《民法总则研究》(第2版),中国人民大学出版社2012年版,第65页。

〔31〕 参见徐谦:《民法总论》,上海法学编译社1933年版,第25页。

〔32〕 参见施启扬:《民法总则》,中国法制出版社2010年版,第55页。

〔33〕 参见王泽鉴:《民法总则》,台北,三民书局2008年版,第64页。

法律原则,为谋社会生活事务不可不然之理。[34] 只要不认为法理就是学者见解,而认为法理是自法律精神演绎而出的一般法律原则,就不会认为法理不是民法渊源。学者认为,法官所依据的法理,应当包括两个方面:第一,在具体的参考数据方面,有外国立法例、学术论著(尤其是比较法学)、教科书、法院裁判、立法沿革资料等;第二,在抽象的衡量原则方面,应注意公平正义的原则、公序良俗原则及诚信原则的要求,当事人间利益的平衡,法律的安定性与交易的安全性等。[35] 民法法理是民法渊源之一。在我国的司法实践中,《民法典》第10条虽然没有规定法理为补充法源,但是在司法实践中,适用民法法理裁判者居多,而适用民事习惯裁判者较少,法官更敢于适用法理确认民事权利义务的争议。

6. 国际条约和国际惯例

国际条约是两个或两个以上的国家就政治、经济、贸易、军事、法律、文化等方面的问题确定其相互权利义务关系的协议。国际条约包括条约、公约、协定、和约、盟约、换文、宣言、声明、公报等。国际条约虽然不属于国内法的范畴,但我国政府与外国签订的或者我国加入的国际条约,对我国国内的国家机关、企事业单位、社会团体和公民也具有与国内法一样的约束力。我国签订或加入的国际条约也是我国法的渊源之一。

国际惯例也叫作国际习惯,一种是属于法律范畴的国际惯例,具有法律效力;另一种是属于非法律范畴的国际惯例,不具有法律效力。《国际法院规约》规定,国际惯例是指作为通例之证明而经接受为法律者。这是指前一种国际惯例。国际惯例也是我国的民法渊源。

六、民法典的适用范围与解释

(一)民法典的适用范围

民法典的适用范围是指民法典的效力,即民法在哪些范围内发生法律效力。

法律的适用范围是一切法律都要涉及的问题。民法典的适用范围,是指民法规范在何时、何地、对何人发生法律效力。民法典的适用范围,也就是民法的效力范围,主要内容是:

1. 民法对人的适用范围

民法对人的适用范围,是指民事法律规范对于哪些人具有法律效力。一国法律的对人效力,存在两种不同的理论:一是属人主义,即以人为标准,决定法律对人的拘束力。属人主义通常以人的国籍为标准,无论其处于国内或国外,只要该人具有本国国籍,属本国国民,即适用本国的法律。二是属地主义,即以领土主权为原则,以地域为标准,确定法律对人的拘束力。凡是居住在本国领土之内的人,无论其国籍属于本国还是外国,均受本国法律的管辖。

民法对人的适用范围主要有以下几种不同情况:

(1)中国自然人和法人。我国民法对居住在中国境内的中国自然人或设立在中国境内的中国法人、非法人组织,具有法律效力。中国自然人、法人、非法人组织在中国领域内实施民事行为,行使民事权利,一律适用中国法律。

(2)外国人、无国籍人和外国法人。我国民法对居留在我国境内的外国人、无国籍人和经我国政府准许设立在中国境内的外国法人,原则上具有法律效力。但有两种例外:第一,

---

[34] 参见王泽鉴:《民法总则》,台北,三民书局2008年版,第65页。

[35] 参见施启扬:《民法总则》,中国法制出版社2010年版,第58页。

根据我国缔结或参加的国际条约、双边协定的规定或经我国认可的国际惯例，我国民法对享有司法豁免权的外国公民（如来访的国家元首、政府首脑和他们的随从人员，外国使节和他们的家属等）不具有法律效力。第二，我国民法中某些专门由中国自然人、法人、非法人组织享有的权利能力，对外国人、无国籍人或外国法人不具有法律效力。

（3）居留在外国的我国自然人。居留在外国的我国自然人，原则上应适用所在国的民法而不适用我国民法。依照我国民法的特别规定和我国缔结或参加的国际条约、双边协定以及我国认可的国际惯例，应当适用我国民法的，仍然适用我国民法。

2. 民法在空间上的适用范围

民法在空间上的适用范围，是指民事法律规范在地域上所具有的效力。任何国家都是根据主权、领土完整和法制统一的原则，来确定各种法律、法规的空间效力范围的。空间效力一般可以分为域内效力和域外效力。《民法典》第 12 条规定："中华人民共和国领域内的民事活动，适用中华人民共和国法律。法律另有规定的，依照其规定。"

（1）民法的域内效力。民法的域内效力是指一国民法的法律效力可以及于该国管辖的全部领域，而在该国管辖领域以外无效。一般的原则是，我国民事法律规范的效力及于我国主权管辖的全部领域，但在确定某一个具体民事法律、法规的效力时，由于制定、颁布民事法律、法规的机关不同，民事法规适用的空间范围也不相同。有两种情况：

第一，凡属全国人民代表大会及其常务委员会、国务院及其所属各委、部、局、署、办等中央机关制定并颁布的民事法规，适用于中华人民共和国的领土、领空、领海以及根据国际法、国际惯例应当视为我国领域的一切领域。例如，我国驻外使馆，我国航行或停泊于我国境外的船舶、飞机等。

第二，凡属地方各级立法机关根据各自的权限所颁布的民事法规，只在各立法机关管辖区域内发生效力，在其他区域不发生效力。

（2）民法的域外效力。民法的域外效力是指民法在其制定国管辖领域以外的效力。在现代社会，法律一般不能当然产生域外效力，但是随着国际交往的发展，为保护国家和自然人、法人的利益，也可以在例外情况下规定域外效力。

3. 民法在时间上的适用范围

民法在时间上的适用范围是指民事法律规范在时间上所具有的法律效力。具体包括两个方面，即民法的生效和民法的失效。民事法律规范开始生效的时间通常有两种情况：一是自民事法律颁布之日起生效；二是民事法律通过并颁布以后经过一段时间再开始生效。

一般来说，民法的效力自实施之日发生，至废止之日停止。法律规范何时开始实施，可以由法律规范本身规定，也可以由制定法律的机关以命令或决议规定。如果立法对法律规范效力的停止日期不加规定，应认为法律一直有效，直至法律明文废止或修改时才停止生效。也有一些法律规范在公布时就规定了失效的日期。我国《民法典》第 1260 条规定："本法自 2021 年 1 月 1 日起施行。"规定了法律的生效时间，自生效起，其效力一直延续。

（二）民法典适用的时间效力

依照《立法法》和《民法典》等法律规定，最高人民法院《关于适用〈中华人民共和国民法典〉时间效力若干问题的规定》具体规定了《民法典》适用的时间效力的一般规定、溯及适用的具体规定、衔接适用的具体规定。适用《民法典》时间效力的一般规定包括以下主要内容。

1. 施行《民法典》应当适用法不溯及既往规则

适用《民法典》时间效力的基本规则是法不溯及既往以及例外的规则。

法不溯及既往的规则是法律适用的基本规则,即在立法和司法上,不能用新法规范已经发生过的主体行为。适用《民法典》同样如此。我国《民法典》是在以往30多年制定的民法单行法的基础上编纂而成的,而我国原来的民法单行法的形成时间跨度较大,留有较多的过往时代的痕迹,包括存在较多的不当甚至错误的规定。在经过编纂形成的《民法典》中,既有以往立法的成熟条款,也有经过改进甚至纠正的更新规则,还有根据时代发展作出的创新规则。因此,在《民法典》实施之后,对《民法典》实施之前的法律事实发生的民事法律关系适用《民法典》的规定,可能对保护当事人的合法权益是不利的。因此,《民法典》原则上没有溯及力,只是对《民法典》施行后的法律事实引起的民事纠纷案件,适用《民法典》的规定。

2. 施行《民法典》适用不溯及既往规则的例外

不过,法不溯及既往的效力也不是绝对的,在特别情形,法律也可以在有条件的时候,确定其具有溯及既往的效力,对新法实施之前发生的法律关系适用新法的规定。适用《民法典》也是如此。例如,因《民法典》施行前的法律事实引起的民事纠纷案件,原则上应当适用当时的法律、司法解释的规定,但是,如果根据实际情况,法律、司法解释确定了可以适用的规定,则《民法典》的规则就可以溯及既往地予以适用。因此,《民法典》施行前的法律事实引起的民事纠纷案件,适用当时的法律、司法解释的规定,但是法律、司法解释另有规定的除外。

对于《民法典》施行前发生的法律事实一直持续到《民法典》施行后引起的民事纠纷案件,由于该民事法律关系从《民法典》施行之前一直延续到《民法典》施行之后,因而在原则上就应当适用《民法典》的规定,即适用新法的规定。当然,如果法律、司法解释另有规定的,适用除外条款的规定。

3. 施行《民法典》适用不溯及既往的例外规则

在适用《民法典》不溯及既往规则的基础上,要遵守以下几个具体规则:

(1)有利溯及规则。这一例外规则是,《民法典》施行前的法律事实引起的民事纠纷案件,当时的法律、司法解释有规定,但是《民法典》的规定更有利于保护当事人的合法权益,更有利于维护社会和经济秩序,更有利于弘扬社会主义核心价值观的,就可以适用《民法典》的规定。

(2)新增规定规则。这一例外规则是,《民法典》施行前的法律事实引起的民事纠纷案件,当时的法律、司法解释没有规定,而《民法典》有规定的,可以适用《民法典》的规定。

(3)细化规定规则。这一例外规则是,《民法典》施行前的法律事实引起的民事纠纷案件,当时的法律、司法解释没有具体规定,而《民法典》有具体规定的,适用当时的法律、司法解释的规定,但是可以根据《民法典》相关规定进行裁判说理。

(4)既判力优于溯及力规则。这一规则是,《民法典》施行前已经终审的案件,当事人申请再审或者按照审判监督程序决定再审的,不适用《民法典》的规定,仍然适用当时的法律、司法解释的规定。

在上述四个《民法典》适用的具体规则中,前三个规则即有利溯及规则、新增规定规则和细化规定规则,都是“法律、司法解释另有规定的除外”的例外。《民法典》施行前的法律事实引起的民事纠纷案件，应当适用当时的法律、司法解释的规定，但是，如果《民法典》的规定属于有利溯及规则、新增规定规则以及细化规定规则范围的，就可以适用《民法典》的规定。应当注意的是，在适用细化规定的适用规则时，应当仍然适用当时的法律、司法解释，由于当时的法律、司法解释与《民法典》的规定是抽象规则和具体规则的关系，因此，可以依据《民法典》的细化规定进行裁判说理，而不直接作为裁判依据。

至于既判力优于溯及力规则，针对的是《民法典》施行之前的民事纠纷案件，已经经过一审、二审，有了发生法律效力的民事判决或者民事调解，当事人申请再审或者按照审判监督程序进行再审的，不得适用《民法典》的规定，而应当适用当时的法律、司法解释规定。

（三）民法解释

1. 民法解释的概念

民法解释是指根据有关法律规定、法学理论，对民事法律规范的内容、含义和所使用的概念、术语所作的说明。民事法律规范都是对社会生活中的民事活动所作的抽象概括，是具有稳定性、定型化特点的规则；而社会生活本身却是不断发展变化的。正因如此，正确适用民法，就必须对民法的有些规定进行解释。因此，民法解释也称作民法的适用方法。

对法律解释的理解有不同见解。客观说认为，民法之解释，应在探求客观上法律之目的何在，此说较有弹性，能配合法与时移的需要。主观说认为，民法之解释，应在探求立法者之意思。主观说关于立法者的意思难以确定，事实上有其困难；尤其是立法者意思因年代久远，如坚持立法当时之意思，有时会阻碍法律之进步，也常因时代变迁而不符合时代潮流。[36] 因此，民法解释应采用客观说立场。

2. 民法解释的种类

民法解释分为三类：

（1）立法解释。民法的立法解释是指国家立法机关对民事法律规范所作的权威性解释。这是最高效力的民法解释。任何民法解释与这种解释相悖，都没有效力。

（2）司法解释。民法的司法解释是指最高人民法院在审理民事案件中对具体适用民事法律规范进行的解释。人民法院在审判活动中，经常遇到具体应用民事法律、法规的疑难问题，需要进行解释。最高人民法院针对这些问题作出解释，统一全国法院对民事法律、法规的理解和适用。最高人民法院就具体案件的适用法律问题作出的具体解释，是批复性司法解释。这些解释对人民法院的民法适用都具有约束力。

（3）学理解释。民法的学理解释是指法学理论工作者在学术研究、法学教育中对民事法律规范进行的解释，以及个人按照自己的理解对民事法律规范进行的解释。这种解释不具有法律效力，但对推动法律的发展、进步和法律适用，具有重要意义。

3. 民法解释的方法

（1）文义解释。文义解释又称文理解释，是指按照法律条文用语的文意及通常使用方法来进行解释，或者是按照一般语言习惯中的含义或者该法条的特定含义进行阐释。它一般仅限于对法律用语中的字面含义进行解释。严格的文义解释可以促进法律的可预期性和安全性，防止法官随意超越法律而使法律处于不稳定的状态，但也会导致法律适用机械化

---

〔36〕 林诚二：《民法总则》（上），台北，瑞兴图书有限责任公司2007年版，第38～39页。

倾向。

(2)体系解释。体系解释是指以法律条文在法律体系上的地位,即依其编章节条款项之前后关联位置,或相关法条的法意,阐明规范意旨的解释方法。

(3)目的解释。目的解释是指以法律规范的目的为根据,来阐述法条的疑义。任何法条在规定时都有一定的目的,在解释法律时就应当充分贯彻立法者的目的。根据法律的客观目的解释法律的应有含义,也称为客观解释或者客观目的解释。这些客观目的常常包括了法的一些基本价值,如公平、正义、安全、对权利的保障等。目的解释可以分为目的性扩张和目的性限缩。

(4)当然解释。当然解释是指法律虽无明文规定,但根据法律规定的目的来考虑,如果其事实较之于法律所规定的情况更有适用的理由,就可以直接适用该法律规定。

(5)历史解释。历史解释又称法意解释或沿革解释,是指通过对历史及立法过程中所参考的资料,以及对立法过程中的记录、文件、立法理由书等的研究,来理解立法者在立法时所作的价值判断和所要实现的目的。简言之,就是根据各种历史性的因素来探求立法者的立法目的,从而对法条作出正确的解释。历史性因素,包括颁布法律时的法律环境和社会环境、立法的动机、立法者所追求的目的、先例、法律制定者们的说明、草案等立法素材。

(6)合宪解释。合宪解释是指依据宪法以及位阶较高的法律规范来解释位阶较低的法律规范的含义。这种解释方式实际上是根据法律的位阶顺序来解释。首先,宪法的位阶最高,所有的法律都不得与宪法的规定相违背;其次为全国人大及其常委会颁布的法律,行政法规和地方性法规都不得与法律相违背。

(7)比较法解释。比较法既是法学研究的重要方法,也可以作为法律解释的方法,在确定现行法上某项法律规范含义的时候,可以通过比较法方法的运用,参考域外相关的法律规定来妥当确定法律规范的含义。因此,比较法的方法应当成为法律解释的方法。

第二节　总则编在《民法典》中的重要地位

| 典型案例 |

英国人汤姆现住中国,于2012年10月6日将其在中国所有的一套房屋租给刘某,双方订有一份房屋租赁合同,合同约定:长期租赁,每月租金2000元,一次交租3年,3年期满租金另议。2015年10月租赁期满,双方均未提出再议,刘某一直未交租金。汤姆于2016年6月起诉到法院,请求刘某支付拖欠的租金。[37]

一、《民法典》的基本框架和主要内容

《民法典》的基本框架和主要内容,有别于大陆法系其他国家的民法典。其基本框架和

[37] 讨论提示:本案关于当事人资格的问题,适用《民法典》总则编的规定,关于合同效力的问题,适用民事法律行为的规定。

主要内容是：

第一编，总则。主要规定民法的基本原则、基本方法和基本制度。

第二编，物权。基本内容为规范物的归属和利用关系，规定了物权法的基本制度，包括通则、所有权制度、用益物权制度、担保物权制度以及占有制度。

第三编，合同。合同编分为三个分编，通则分编规定合同的一般规定、合同的订立、合同的效力、合同的履行、合同的保全、合同的变更和转让、合同的权利义务终止和违约责任。典型合同分编规定了买卖合同、赠与合同、借款合同、保证合同等19种典型合同。准合同分编规定了无因管理之债和不当得利之债。实际上，我国《民法典》的合同编没有包括侵权之债的债编。

第四编，人格权。人格权编是我国《民法典》的最大亮点，共六章，规定了人格权的一般规定，生命权、身体权、健康权、姓名权和名称权、肖像权、名誉权和荣誉权、隐私权和个人信息保护。

第五编，婚姻家庭。婚姻家庭编规定的是亲属制度，规定亲属之间的身份关系和财产关系，分为一般规定、结婚、家庭关系、离婚、收养五章，全面规定了亲属法律制度和身份权体系。

第六编，继承。规定被继承人死亡之后，其遗产的有序流转，分为一般规定、法定继承、遗嘱继承和遗赠、遗产的处理四章。

第七编，侵权责任。总则编规定侵权责任属于债法范畴，将其规定在这个位置，体现的是权利保护法的属性。侵权责任编改变了大陆法系民法规定的习惯做法，借鉴了英美法系的侵权法传统，使其具有更大的法律调整空间，能够在保护民事权利方面发挥更大的作用。侵权责任编共有十章，第一章和第二章规定的是侵权责任的一般性规则，包括责任构成和损害赔偿，之后的八章规定了8种特殊侵权责任类型。

二、总则编在我国《民法典》中的重要地位

在成文法国家德国法系的民法典中，民法总则具有极为重要的地位和作用。总则编在《民法典》体系中的地位和作用，应当从以下几个方面认识：

第一，总则编是《民法典》的总纲。民法是一个庞大的法律体系，是规模庞大的成文法。从其概括的法律关系上观察，尽管其调整的只是民事法律关系，但这一民事法律关系概括的是社会生活的方方面面，包括社会生活的各个领域。可以说，除了国家、政权、政治、行政、犯罪等公法调整的内容之外，其他所有的私法领域都属于民法的调整范围。概括这样庞大的法律关系的民法典，其体系之庞大、内容之繁多可想而知，《阿根廷民法典》就有4051个条文。在这样庞大的法律中，需要有一个总纲，这就是总则编。总则编需要提纲挈领，能够统率全部民法内容，发挥引领性的作用。

第二，《民法典》总则编规定民法的基本原则。正因为民法调整的范围极为广泛，调整的民事法律关系极为庞杂，所以民法总则必须规定民法的基本原则，并且这样的基本原则能够适用于全部民法领域和各个不同的民事法律关系。《民法典》总则编规定了私权神圣原则、平等原则，保证所有的民事主体人格平等、地位平等、权利平等；规定了公平原则，使全部民事法律关系的流转都体现公平和正义的要求；规定了诚实信用原则，保证具有交易内容的民事活动有序进行；规定了公序良俗原则，保证非交易性质的民事活动的和谐进行；还规定

了绿色原则,在民事法律关系领域保护好生态环境。总之,民法典总则应当确定民法的基本原则,保障建立一个和谐有序的市民社会秩序。

第三,《民法典》总则编规定民法的基本制度。在民法规定的各项制度中,分为基本制度和具体制度。人格权法规定的是人格权的具体制度,婚姻家庭法规定的是结婚、离婚、收养等亲属具体制度,物权法规定的是所有权、他物权的具体制度,合同法规定的是交易的具体制度。而在这些具体的民法制度之上,必须制定适用于一切民事法律关系的民法基本制度。例如,自然人与法人和非法人组织制度、物的制度、法律行为制度、代理制度、民事权利和民事义务制度、民事责任制度、时效制度等。这些制度是用"提取公因式"的方法,将民法各个部门法共同适用的制度提取出来,规定在《民法典》总则编中,使民法具体制度都受其约束。没有《民法典》总则编规定的民法基本制度,分则各编就没有统一的规则可循,具体制度也就无法得到落实。

第四,《民法典》总则编规定民法的基本方法。民法的基本方法是民法的认识方法、思维方法、规范方法和适用方法。《民法典》总则编规定民事法律关系方法,不仅是认识市民社会的基本方法,而且是规范市民社会的基本方法,是裁判民事纠纷的基本方法。没有这样的基本方法,对市民社会的认识,对市民生活进行规范,以及对市民社会发生的民事纠纷,都无法进行调整。

三、《民法通则》与《民法典》总则编

(一)《民法通则》的历史意义

1986 年 4 月 12 日制定、1987 年 1 月 1 日起实施的《民法通则》,尽管将在《民法典》生效时废止,但是,其在我国的民法历史上具有极为重要的地位和意义。制定《民法通则》时,改革开放刚刚开始不久,法律思想上的拨乱反正正在进行。在这种环境下制定的这部法律,不可避免地留下了那个时期的历史印迹,因而存在较多的不足。但是,《民法通则》在三十几年的实践中,经受了考验和检验,证明它是一部优秀的法律,是一部具有伟大历史意义的法律,发挥了重要作用。在改革开放中,假如没有《民法通则》对社会生活的调整,今天的社会进步是不可想象的。

《民法通则》的历史意义可以概括为以下几个方面:

第一,第一次规定了全面的民法基本法。如前所述,在 1949 年以后,除了在 1950 年制定了《婚姻法》之外,几乎没有制定其他民事法律。1986 年通过的《民法通则》尽管只有 156 个条文,从篇幅上看是一个"小法",但它却是全面的民法基本法,不仅规定了自然人、法人、民事法律行为、代理、民事责任、诉讼时效的民法总则的基本内容,而且规定了物权、债权、知识产权和人身权[38]法律制度,概括了民法的全部内容。《民法通则》尽管简单,但却是一部全面的民法基本法。正是这样一部微型的民法基本法,使民法的基本思想和基本规则贯彻在三十几年的社会生活中,发挥了重大作用,保障了我国在改革开放中的市场经济建设的有序进行,保证了民事生活的和谐和稳定。

第二,第一次全面规定了民事主体、客体和内容的基本制度,起到了民法总则的作用。

---

〔38〕《民法通则》第五章第四节规定"人身权"的内容,实际只规定了人格权,并没有身份权的内容。当时民法中的身份权规定在《婚姻法》中。

《民法通则》的基本内容是规定民法总则的基本规则，就是规定了民事主体制度，确立了公民（自然人）和法人的基本制度；规定了民事法律行为和代理制度，使取得、变动和消灭民事法律关系的民事流转有法可依；规定了民事责任制度，使民事活动依法进行和民事权利保护有了强制性的保证；规定了诉讼时效制度，促使民事主体及时行使权利，稳定社会生活。这些基本的民事制度都是民法总则的基本内容。因此，《民法通则》发挥了民法总则的作用，在调整民事法律关系的依据方面提供了基本的法律规则。

第三，第一次概括地规定了民事权利体系，设定了民法分则的基本框架。如果仅仅认为《民法通则》就是一部民法总则，是不正确的。《民法通则》一个非常重要的规定，就是第五章"民事权利"规定的内容。这一章分为四节，概括地规定了物权、债权、知识产权和人身权四部分内容，而这四个部分正是除《婚姻法》《继承法》以外的民法分则所应当规定的物权法、债权法（包括合同法）、知识产权法和人格权法的内容。如果将这四个部分展开，再加上婚姻家庭法和继承法，则构成了民法分则全部的完整内容。可以说，立法者在《民法通则》中规定第五章，体现的是民法分则的宏大规划，是一个高瞻远瞩的立法蓝图。《民法通则》规定各项民事权利的内容尽管简单，但其高瞻远瞩的预见性和极为简洁的概括性，才使它成为一个极为重要的法律，并且在三十多年的司法实践中发挥了重要作用。

第四，第一次全面规定了侵权责任制度。《民法通则》本来是一部总则性的民法基本法，但它的第六章"民事责任"却详细地规定了侵权责任法。立法者不仅规定了侵权责任的过错责任原则和无过错责任原则这样的一般规则，而且规定了诸如侵权行为种类、侵权责任的构成、承担侵权责任方式的适用以及特殊侵权责任类型这样具体的内容。因此，在《民法通则》总体的概要性规定中，对于侵权责任的规定是具体的、详细的，几乎规定了侵权责任法的全部内容，其中一些责任制度具有重要的意义和价值，成为我国现行民法制度中的重要部分。如果没有《民法通则》关于民事责任制度的规定，我国就不会有今天的权利保障制度，不会有和谐的市民社会秩序，更不会有民法典的诞生。

（二）《民法通则》作为民法总则存在的主要问题

毋庸讳言，《民法通则》在具有如此巨大的历史功绩的同时，由于时代的局限，也存在较多问题。

《民法通则》存在的主要问题是：

第一，关于民法基本方法的规定不够明确。主要存在两个问题：其一，民事法律关系是民法的基本方法，是贯彻始终的基本规则。但是，《民法通则》对于民事法律关系的规定较为简单，没有突出它的重要地位，没有规定它是民法的基本方法。其二，《民法通则》没有明确规定请求权基础的方法。请求权基础分析方法的内容模式是：谁可以向谁提出何种请求？其法律依据（请求权的法律基础）是什么？在法律上没有具体规定，在缺乏系统的理论研究与丰富的法院判例的背景下，法律未形成相应的请求权基础体系。

第二，对民事法律关系主体的规定不够完善。《民法通则》在对民事法律关系主体的规定中，存在的最大问题在于对自然人的规定上，即表述为公民。此外，对其他组织的地位没有规定。

第三，民事法律关系客体存在的主要问题。《民法通则》对民事法律关系的主体、内容均有规定，但对民事法律关系客体未予规定。民事法律关系的客体，就是民事权利和民事义务所针对的对象。《民法通则》既没有按照学说的主张规定民事利益作为民事法律关系的客体,也没有按照德国等大陆法系国家的惯例明确规定物为民事法律关系客体。

第四,民事法律关系内容的主要问题。(1)民事权利类型规定不足。(2)没有专门统一规定民事义务。对民事责任规定的特点是对民事责任集中规定,经过实践的检验,这种做法是不适当的。

第五,民事法律关系内容变动的主要问题。《民法通则》对民事法律行为的地位和作用充分重视,专门进行规定,但对法律行为的核心即意思表示的规定存在重大缺漏。只规定了消灭时效即诉讼时效,没有规定取得时效。

(三)《民法典》总则编标志着我国当代民法实现跨时代的发展

我国《民法典》总则编顺应当代社会的发展需求,体现了时代特征,规定了相应的民法规则,实现了历史性的跨越发展,有些民法制度对于世界民法的发展具有重要的引领意义。

1. 跨越计划经济与市场经济的民事主体和民事法律行为制度

在我国市场经济体制变革的需求面前,《民法典》总则编响应市场经济的要求,告别计划经济体制,采取必要的立法举措,改革民事主体和民事法律行为规则,维护交易秩序,推动市场经济发展。

(1)改革法人制度,规定营利法人、非营利法人和特别法人的基本分类。法人的建构,有着现实的基础和人类实践的基础,绝不是纯粹拟制和虚构的实体,法人作为理性的建构物,是一种理性的实体,其实在性并不逊于可见物质世界中的实体。[39] 为顺应市场经济发展,《民法典》总则编对法人类型作出正确的区分,因而在规定了法人的一般规则之后,对法人的分类采取了营利法人、非营利法人和特别法人的分类方法。这种分类标准,不仅看法人是否从事经营活动,更重要的是根据经营所得的去向:如果分配给其成员的,为营利法人;否则,为非营利法人。显然,问题的关键不在于法人是否从事营利活动,而在于营利活动所得的归属。对此,尽管一些民法学者持批评态度,[40] 但是商法学者和司法机关认为这样的法人分类体现了民商合一的民法典立场,体现了市场经济发展的需要,是跨时代的发展变化。

(2)根据经济形势发展,确定"非法人组织"为民事主体。针对市场经济主体多样、其他组织成分复杂的状况,《民法典》总则编借鉴德国法"非法人团体"的概念,将其他组织改称为"非法人组织",将其认定为第三类民事主体。《民法典》第 102 条和第 103 条规定,非法人组织是不具有法人资格,但是能够依法以自己的名义从事民事活动的组织。非法人组织包括个人独资企业、合伙企业和不具有法人资格的专业服务机构等。非法人组织应当依照法律的规定登记。当非法人组织经过登记以后,就成为合格的民事主体,能够以自己的名义从事民事活动,但对债务须承担无限责任。这样的规定适应了经济形态发展对非法人组织取得民事主体资格的诉求,有利于它们进行民事活动,推动市场经济发展。

(3)适应全球交易需要,改革民事法律行为制度。全球经济一体化的发展,要求世界范围内的交易必须采取统一规则。《民法典》总则编全面改革民事法律行为制度,以意思表示

---

〔39〕 参见谭启平、黄家镇:《民法总则中的法人分类》,载《法学家》2016 年第 5 期。

〔40〕 参见谭启平、黄家镇:《民法总则中的法人分类》,载《法学家》2016 年第 5 期;李永军:《法人制度应采社团法人与财团法人的分类展开》,载中国人民大学民商事法律科学研究中心编:《编纂民法典参阅》2016 年第 4 期。

为中心,对相关规则及民事法律行为的效力制度作出了统一的规定,协调了原来与《合同法》规定的冲突,规定了民事法律行为的代理制度,对于促进市场经济发展、维护交易秩序具有重要意义,反映了全球化交易的时代要求。

此外,《民法典》总则编通过延长诉讼时效期间的规定,制裁恶意逃债的违法行为,保护债权人合法权益,维护市场交易秩序,有利于促进交易发展。

2. 跨越传统工业与网络时代的民事权利和权利客体制度

面对互联网、大数据和云计算的网络时代要求,《民法典》总则编采取大胆举措,跨越了传统工业与网络时代的界限,对当今时代最有代表性的权利和权利客体作出了规定。

(1)顺应信息时代需求,规定个人信息权受法律保护。当今最具有时代特征的科技现象就是大数据,使个人数据、个人信息对个人的人格具有特别重要的意义。各国立法都对个人数据和个人信息的保护作出努力,制定相应的法律加强对个人数据和信息的保护。全国人大常委会制定了《关于加强网络信息安全保护的决定》,《消费者权益保护法》规定了对消费者个人信息的保护。《民法典》第 111 条规定:"自然人的个人信息受法律保护。任何组织或者个人需要获取他人个人信息的,应当依法取得并确保信息安全,不得非法收集、使用、加工、传输他人个人信息,不得非法买卖、提供或者公开他人个人信息。"这就把个人信息作为自然人人格权的客体,对自然人的个人信息利益用人格权的方法予以保护。这一规定,虽然不是世界各国关于个人信息权的第一次立法,但是在总则编中规定个人信息权,在我国还是第一次,体现了中国当代民法跨时代的特征。

(2)顺应网络时代发展,规定网络虚拟财产为物权客体。网络虚拟财产也称为虚拟物,是指虚拟的网络本身已经存在于网络上的,具有财产性的电磁记录,是一种能够用现有的度量标准,度量其价值的数字化新型财产。[41] 尽管与传统的有形物不同,但是随着互联网技术的不断发展,网络虚拟财产已经能够直接影响网络用户以及其他民事主体的生活,在社会生活中产生越来越大的价值,成为民事主体拥有财富的重要标志。正因如此,网络虚拟财产必然成为民事权利所支配的客体,应当进入民法的视野,为民法所规范和调整。不过,由于网络虚拟财产出现的时间较晚,又不具有有形物的特征,因此,各国民法典都没有对网络虚拟财产作出规制。在 2007 年制定《物权法》时,尽管学者提出应当对网络虚拟财产作出明确的规范,但是立法机关没有采纳这个意见,因而使中国《物权法》失去了一次走进网络时代的良机。2012 年,在对《继承法》进行修改时,学者也都提出了对网络虚拟财产可以作为遗产并且可以继承的建议,[42] 意见比较统一,只是由于《继承法》的修改后来被搁置,对网络虚拟财产进行立法规制的想法也没有实现。在制定《民法典》总则编的过程中,学者提出总则编不能再错过这个机会,应当将网络虚拟财产纳入民事权利客体的范畴,作为物的一种特殊类型,使中国民法典具有网络时代的标志,成为最具时代特点的民法典。[43] 《民法典》总则编第五章"民事权利"第 127 条规定了"法律对数据、网络虚拟财产的保护有规定的,依照其规定"的内容,确认网络虚拟财产是民事权利客体,可以建立民事权利。其实,这样的民事权利就是物权,主要是不同意见比较多,才不得不采取目前这样的写法。《民法典》的这

---

〔41〕 参见林旭霞:《虚拟财产权性质论》,载《中国法学》2009 年第 1 期。

〔42〕 参见马一德:《网络虚拟财产继承问题探析》,载《法商研究》2013 年第 5 期。

〔43〕 参见杨立新、林旭霞:《民法典总则编应当规定虚拟财产为民事权利客体》,载中国人民大学民商事法律科学研究中心编:《编纂民法典参阅》2015 年第 8 期。

一立法举措,具有跨时代的意义和当今时代的特点,是能够引领世界各国民法发展的立法例。[44]

(3)满足大数据时代的权利要求,规定数据作为民事权利客体。大数据正在改变着社会,并且还将产生更重大的影响。数据作为当代最重要的资源之一,在民法上究竟应当如何对其性质进行定位,如何确定其权属,以及应当如何行使该权利,都是非常重要的问题。由于这是最近几年才发展起来的高科技,各国民事立法都没有来得及对其作出反应,因而对衍生数据的立法规范没有可以参考的立法例。所谓数据,可以分为三个层次:一是有关于个人信息的数据,具有个人身份或个人隐私的特征,《关于加强网络信息保护的决定》就规定了这样的数据包括个人身份数据和个人隐私数据。在没有规定个人信息权时,个人的身份数据和隐私数据都由隐私权来保护,因为在隐私的范畴中就包括私人信息。[45] 二是当个人信息权确立为独立人格权后,个人隐私数据应当仍然由隐私权保护,个人身份数据就是自然人个人信息权的客体,由个人信息权加以保护。因而数据的第二个层次,就是作为个人信息权的个人身份数据。三是在网络环境里,网络平台提供者搜集网络用户在网络上遗留的原始数据,进行加工整理,去除个人身份的敏感部分,[46]形成了衍生数据。衍生数据是不能识别数据主体的、经过加工后的、有价值的新生数据,该数据可以成为新的权利客体,只有数据拥有方才能够享有这种数据专有权。《民法典》总则编反映了大数据时代的特点,反映了民事主体的这种权利诉求,第 127 条对该数据作出了肯定性的规定。这表明,《民法典》总则编敏感地反映了时代的要求,确认衍生数据的属性是智力成果,据此建立数据专有权,并且使其可以与著作权、商标权和专利权等知识产权并立,成为知识产权中的一个独立权利,因而使《民法典》具有了一个突出的亮点,将在世界范围内引领大数据时代民法变革的发展方向,具有特别重要的价值。

3. 跨越权利本位与社会本位时代的民事主体特别保护制度

《民法通则》是中国民事权利的宣言书,其产生的时代背景是权利本位的时代,没有进入社会本位时代。经过三十多年的发展,“权利本位 + 社会本位”已经成为时代特征,法律更需要对人进行全面保护,同时兼顾社会利益。《民法典》总则编通过规定民事权利能力、成年监护和对消费者权利等的特别保护,实现了这一历史性的跨越。

(1)顺应民事主体权利保护要求,采纳部分民事权利能力概念。《民法通则》只规定了一个统一的民事权利能力概念,即无论是自然人还是法人,或者有,或者无。问题在于是不是要确定享有部分民事权利能力的民事主体。例如,胎儿究竟有无民事权利能力?设立中和清算中的法人有无部分民事权利能力?这些都是中国当代民法没有解决的问题。权利能力制度是 19 世纪康德哲学和法学技术完美结合的产物,是承担民事权利和义务资格的唯一核心内涵,避免了人格概念的含混不清,体现了德国汇编法学派高超的立法技术。受当时的哲学和社会认识所限,立法者仅将权利能力赋予从出生到死亡阶段的自然人,以及符合法定条件的组织(法人)。随着社会的发展和人格尊严观念的提升,并未被赋予权利能力的人的

---

〔44〕 只可惜对此没有规定得更好。《民法总则》第一次审议稿第 104 条规定:“……法律规定具体权利或者网络虚拟财产作为物权客体的,依照其规定。”这一规定显然比现在的规定更好,无奈立法中反对意见较多,不得不规定现在这样的内容。

〔45〕 参见张新宝:《从隐私到个人信息:利益再衡量的理论与制度安排》,载《中国法学》2015 年第 3 期。

〔46〕 有的学者将其称为“脱敏”,即脱去原始数据中的个人身份的敏感要素。

存在形态，如胎儿和死者，迫切需要得到法律的保护；不具有法人资格的某些组织也会广泛参与社会交往，产生了作为主体参与法律关系的诉求。为了使民法能够承载上述新的社会价值和观念，必须对传统的权利能力制度进行改造，构建出仅在部分法律关系中具有的权利能力，即部分权利能力。德国将部分权利能力作为传统的民事权利能力的补充，增加了权利能力制度的弹性。[47]《民法典》总则编借鉴这样的经验，对部分权利能力作了明确规定：第16条规定了涉及遗产继承、接受赠与等对胎儿的保护，胎儿被视为具有民事权利能力。第185条规定了对死者的人格利益保护。对法人部分权利能力的规定，一是第75条："设立人为设立法人从事的民事活动，其法律后果由法人承受；法人未成立的，其法律后果由设立人承受，设立人为二人以上的，享有连带债权，承担连带债务。设立人为设立法人以自己的名义从事民事活动产生的民事责任，第三人有权选择请求法人或者设立人承担。"二是第72条第1款："清算期间法人存续，但是不得从事与清算无关的活动。"这些规定，对于胎儿、死者以及设立中的法人和清算中的法人，都确定其有部分权利能力。这样的规定是十分重要的，具有重要的理论价值和实践意义。

(2)顺应老龄化时代的要求，全面建立成年监护制度。在当代社会，人的平均寿命普遍延长，高龄人口越来越多，他们的意思能力和身体机能的衰退，导致其民事行为能力下降，以致无法独立生活，传统的成年监护制度无法满足因年龄增大而判断能力衰退的老年人的需求。近代的成年监护制度，重点是维护交易安全，忽视对残障者利益的保护，不利于成年特别是老年的身心障碍者融入社会，偏离国际人权保障的发展要求。因而法国率先进行修法，加强对老年残障者的保护，随后进行了世界范围的成年监护制度改革运动，并在2000年前后基本完成了这一改革。[48] 中国民事立法直到2012年修订《老年人权益保障法》，才在第26条对老年人的监护规定了主要的规则，解决了老年人的监护问题，也建立了老年人监护的意定监护制度。尽管这样的规定旨在跟上世界成年监护制度改革的潮流，但仅限于对60岁以上的老年人适用，一般的成年人不在保护范围之内。为了改变这种对部分成年人保护不利的状况，《民法典》总则编规定监护制度，不再区分成年人基于什么原因而丧失或者部分丧失民事行为能力，而是规定凡是不能辨认自己行为的成年人，就是无民事行为能力人；凡是不能完全辨认自己行为的成年人，就是限制民事行为能力人。至于是精神病人或者植物人以及老年痴呆症患者等，都概括在其中，不再一一列举具体情形，进而对其设置监护。对于意定监护制度，《民法典》第33条规定："具有完全民事行为能力的成年人，可以与其近亲属、其他愿意担任监护人的个人或者组织事先协商，以书面形式确定自己的监护人，在自己丧失或者部分丧失民事行为能力时，由该监护人履行监护职责。"这借鉴了《老年人权益保障法》第26条规定的经验，把老年人监护制度扩展到所有的成年人，对所有丧失或者部分丧失民事行为能力的成年人都可以设立监护人，同时，所有的成年人都可以通过协议来设定意定监护人，在自己丧失或者部分丧失民事行为能力时，由自己信任的人对自己进行监护。在这个制度中，除了还欠缺意定监护监督制度，在其他方面都符合世界成年监护制度改革的潮流要求。《民法典》总则编完成了这样一个老龄化社会的重大改革，具有特别重要的价值。

---

〔47〕 刘召成：《部分权利能力制度的构建》，载《法学研究》2012年第5期。

〔48〕 参见杨立新：《我国老年监护制度的立法突破及相关问题》，载《法学研究》2013年第2期。

(3)引入消费者概念,确立消费者法为民法特别法。在我国的法律体系中,消费者保护法究竟属于何种法律性质,并不明确,很多人认为它是经济法,而不是民法的范畴,〔49〕当然更多的人认为消费者保护法是民法。德国法为了统合消费者保护法,在民法典总则中规定了消费者的概念,把消费者作为基本的民事主体加以规定,绝不是单纯地为了界定消费者概念,而是意在将消费者法纳入民法体系,作为民法典的特别法,应当适用民法的一般规定与特别的倾斜保护政策,用民法制度和资源更好地保护消费者权益。〔50〕笔者一直建议借鉴德国法的这一经验,将消费者的概念引入《民法典》总则编。〔51〕总则编第128条规定:"法律对未成年人、老年人、残疾人、妇女、消费者等的民事权利保护有特别规定的,依照其规定。"这样的规定,起到了德国法中规定消费者概念的作用,把消费者法纳入了民法体系,强调消费者法是民法特别法,应当适用民法的一般规定,并且进行倾斜保护,虽然与《德国民法典》规定消费者概念的方法不同,但目的是一致的,能够取得异曲同工的效果。同时,这一条款把未成年人、老年人、残疾人和妇女等弱势群体都纳入民法特别保护的范围,并将相关法律纳入民法特别法的范围,反映了保护民事主体的时代要求。

4. 跨越类法典化民法与法典化时代的民法一般规则

我国民法从类法典化的松散结构走向法典化,适应了时代的需求,规定了具有时代特征的民法一般规则。这主要表现在以下两个问题上。

(1)针对环境、资源保护之急需,规定绿色原则为民法基本原则。加强环境保护,是我国《宪法》规定的基本国策,也是人类的共同职责。在《民法典》中规定环境保护的原则即绿色原则是学者们的强烈愿望。徐国栋教授主持编写的《绿色民法典草案》,〔52〕就把该民法典建议稿叫作"绿色民法典",寄托的就是对民法加强环境保护的期盼。〔53〕《民法典》第9条规定:"民事主体从事民事活动,应当有利于节约资源、保护生态环境。"保护环境和资源,很多民法典都有所规定,但基本上是作为具体规范规定的,总则编把绿色原则作为中国民法的基本原则,以其统领《民法典》体现"绿色",以加强对环境和资源的保护。

(2)建立法例制度,规定习惯为民法法源。原《民法总则》规定民事法律适用一般规则是立法惯例,《民法典》总则编部分采纳了增加法例规定的意见,改变原《民法通则》对此的立法欠缺,在第10条明确规定:"处理民事纠纷,应当依照法律;法律没有规定的,可以适用习惯,但是不得违背公序良俗。"这一规定非常重要,因为在以往的民事立法中,没有关于适用习惯的法律规定;原《物权法》第85条规定了习惯的适用问题,即"法律、法规对处理相邻关系有规定的,依照其规定,法律、法规没有规定的,可以依照当地习惯。"确立了习惯法在处理相邻关系中的法律地位,但适用范围过窄。《民法典》第10条规定将习惯法扩展到了全部民法领域,是成功的立法;可惜的是没有承认法理的民法法源地位。

---

〔49〕　参见李艳芳主编:《经济法案例分析》(第2版),中国人民大学出版社2006年版,第188页。

〔50〕　参见杨立新、刘召成:《德国民法典规定一体化消费者概念的意义及借鉴》,载《法学杂志》2013年第1期。

〔51〕　参见杨立新、刘召成:《〈民法典·总则编〉应当规定消费者保护的基本原则》,载中国人民大学民商法律科学研究中心编:《编纂民法典参阅》2015年第6期。

〔52〕　徐国栋主编:《绿色民法典草案》,社会科学文献出版社2004年版。

〔53〕　徐国栋主编:《绿色民法典草案》,社会科学文献出版社2004年版,第4页。

本章思考题

1. 民法的概念和性质是什么？我国的民法本位是什么？
2. 民法与其他邻近的法律部门是什么样的关系？
3. 我国民法的渊源有哪些？
4. 我国《民法典》总则编实现我国当代民法跨时代发展的具体表现有哪些？
5. 结合讨论第一节典型案例，问：杨某与刘某之间是否构成民事诉讼案件？造成杨某伤害的真实原因是什么？应当采用何种途径解决这一纠纷？
6. 结合讨论第二节典型案例，问：我国民法的效力内容是什么？对于本案，是否可以适用我国民法审理？

第二章　民事法律关系及一般性规则

本章要点

民事法律关系是指民法规范调整的权利义务关系，是由民法所调整的平等民事主体之间的人身关系和财产关系。民事法律关系是在民法和市民社会中统领一切的事物。抓住了民事法律关系，就抓住了民法方法论的核心。整部民法都是规定民事法律关系：总则规定的是抽象的民事法律关系，规定的是民事法律关系的一般性规则；分则规定的是具体的民事法律关系，规定的是民事法律关系的具体规则。市民社会从物质构成的角度观察，它只存在两种要素，即主体和客体。构建市民社会的民事法律关系，须从市民社会物质构成的两种基本要素出发，使民事主体围绕着如何支配物以及其他民事利益，而发生相互之间的权利义务联系。

市民社会　民事法律关系　方法论　要素　主体　客体　内容　民事流转　一般性规则

第一节　民事法律关系概述

典型案例

甲出卖自己的一套房子，与乙签订了房屋买卖合同。市场价格波动，甲不愿意将这套房子卖给乙，于是与丙串通，双方签订合同购买此房，进行了过户登记，并将房子交给丙使用。在丙死亡之后，丙的儿子丁继承了这套房子，随后将房子抵押给戊，办理了抵押登记。现在甲提出这套房子的权利主张，乙也提出了权利主张，丁和戊都以自己的权利证书进行抗辩。[1]

---

〔1〕 讨论提示：这是一个复杂的民事纠纷案件。唯一的办法就是分清其中的民事法律关系，分别按照各个不同的民事法律关系性质，确定应当适用的法律。这就是对民事案件的“定性”。没有定性，就没有民事案件的法律适用。这个案件的法律关系：第一个法律关系是甲和乙之间的民事法律关系，这是一个合法、有效的合同关系。第二个法律关系是甲和丙之间的民事法律关系，这是一个恶意串通的双重买卖的法律关系，也是一个合同关系，但却是相对无效的合同法律关系。第三个法律关系是乙和丙以及甲之间的民事法律关系，这是一个侵害债权的法律关系，是侵权法律关系，具有恶意，构成侵害债权。第四个法律关系是丙和丁之间的民事法律关系，这是一个继承的法律关系。第五个法律关系是丁和戊之间的抵押法律关系，这是一个经过登记，且戊是善意、无过失的法律关系，因而是一个有效的抵押关系。经过这样的分析定性，这个案件怎样处理就很清楚了。

一、民事法律关系的方法论意义

民法的基本方法是民事法律关系,《民法典》总则编规定的应当是抽象民事法律关系的一般性规则;民法典分则规定的则是具体的民事法律关系规则,即民事法律关系的展开,因而规定的是民事法律关系的类型。制定民法典总则,确定立法的逻辑结构,应当按照民事法律关系要素的逻辑关系,按照民事法律关系主体、民事法律关系客体和民事法律关系内容的结构进行。

(一)民法方法论须抓住能够统领民法的事物

民法方法论的核心内容,必须是一个能够统领整个民法和市民社会的事物。

民法是人法,民法对人的法律调整,是通过规定权利实现的。从这个意义上说,似乎民法方法论的核心内容应当是民事权利。

这种意见无疑有充分的理由。那就是说,在一部民法典中,无论其分则怎样结构,都是以不同的民事权利类型作为"编"的划分标准。

可是,任何民事权利都必须与义务相对应。一个民事主体在享有民事权利的同时,就是这个民事权利主体相对应的另一些或者另一个民事义务主体承担相应的民事义务。只有权利和义务相对应的时候,民事权利才会存在。而民事权利和民事义务的结合,就构成了民事法律关系。从这个意义上说,只有民事法律关系才能够统领全部民法和市民社会的内容。不仅民法分则的所有内容都是关于民事法律关系的规定,民法总则的规定也都是民事法律关系的规则。其区别在于,分则规定的是民事法律关系的具体规则,总则规定的是民事法律关系的一般性规则。

可见,民事法律关系是民法和市民社会中统领一切的事物。抓住了民事法律关系,就抓住了民法方法论的核心。

(二)民法的全部内容归结到一起都是在规定民事法律关系

1. 民法典总则规定的是抽象的民事法律关系。其基本内容,除了规定民法的基本原则之外,还规定民事主体、民事权利、物、民事法律行为及其代理以及诉讼时效。这些内容实际上就是规定民事法律关系的抽象规则,规定了民事法律关系的全部要素。民事主体规定的是民事法律关系的主体要素,只有具备了民事主体资格的人和法人,才能够成为民事法律关系的主体。民法典总则规定民事权利,就是规定的民事法律关系的内容,就是民事权利和民事义务。至于诉讼时效的规则,则是规定民事权利的存续期间,就是民事法律关系的存续问题。这是民事法律关系的第二个要素。民法典总则规定物和行为,就是规定民事法律关系的客体,是民事权利和民事义务所指向的对象。

2. 民法典分则规定的是具体的民事法律关系。其基本内容,是对民事法律关系的展开,是规定具体的民事法律关系。民事法律关系分为各种基本类型。按照民事法律关系的不同基本类型,将民法典分则分为不同的编。物权编规定的是物权法律关系,合同编规定的是合同法律关系,婚姻家庭编规定的是身份法律关系,等等。以此类推,别无他样。

(三)民事法律关系包含了民法的全部内容

民事法律关系的基本要素看起来极为简单,仅仅是主体、内容和客体,但它概括了全部的民法内容。可以从以下三个方面说明:

1. 民法典总则的全部内容都是在规定民事法律关系的一般规则。从简单的角度观察,民事法律关系就是讲主体、内容和客体。民事法律关系把人作为主体,赋予其人格,确认其权利,使其成为市民社会的主宰,民事主体以其意志支配民事法律关系,决定民事法律关系的各种不同类型和形式,决定其各项内容,构成各不相同的民事法律关系,通过这些民事法律关系的内容即权利和义务,支配市民社会的客体,支配人格利益、身份利益、财产利益,最终支配整个市民社会,构成市民社会的基本活动。抽象地观察民法世界,整个社会就是在民事法律关系的运动之中,都是主体、客体和内容的不断变化和发展。纷繁复杂的市民社会,站在民法方法论的立场进行观察,就是这样简单。

2. 民事法律关系是极为复杂的社会关系。民法分则是对极为复杂的民事法律关系的全面展开,构建了市民社会的行为规则,构成民法规范的全部。一方面,各项民法制度都是民事法律关系的细化、展开和具体化。展开民事法律关系的全部,就是整个市民社会的全部内容;另一方面,任何民事法律制度不过是民事法律关系的再现,只不过是在再现的过程中将其具体化而已。

3. 民事法律关系在实践上具有极为重要的意义。在司法实践中处理民事纠纷案件,最基本的方法就是"定性",也就是对纷繁复杂的民事纠纷怎样适用法律,首先必须对案件的法律关系的性质进行确认,找到对这个案件所适用的法律,依法进行处理。只有通过对民事法律关系的定性,才能够对民事纠纷依法处理,解决争议,保护合法权利,制裁民事违法,维护市民社会的正常秩序。

(四)学习与研究民法必须从法律关系入手

很多人在开始学习、研究民法时,面对纷繁复杂的民法世界和各种各样的民法规则以及形形色色的民事案件,感到无从下手,不知道怎样才能学好民法。说到底,民法的奥妙就在于民事法律关系,只要从民事法律关系入手,学习民法就会一通百通,研究民法就会得心应手,对那些百思不得其解的民法疑难问题就会得出妥善的解决办法,丰富民法理论,指导民事司法实践。

关键是要在学习、研究民法时,发现民事法律关系的基本运动规律,运用这个基本的运动规律去掌握民法的基本精神,掌握各项民法规则;在研究民法的时候,也是要用民事法律关系的基本运动规律作为指导,使研究得出的结论符合市民社会的运动规律。

二、民事法律关系要素与市民社会

(一)民事法律关系的要素

1. 市民社会的基本物质形式

从物质构成的角度观察,市民社会只存在两种要素,即主体和客体。[2] 从市民社会的

---

〔2〕 我们并不否认在世界上还存在第三种物质形式,如天体等,但是,由于人们无法对它们进行支配,因此,不把它们放在民法研究的范围之中,它们不是民法的规范对象。

角度观察这个社会,市民社会以物质社会为基础,市民社会里存在的也都是物质的表现形式。市民社会把整个市民社会的物质要素分为人和物两种,人作为市民社会的主体,是民事主体;物作为市民社会的基础,是人所支配的财产,是人所支配的客体。在市民社会的概念中,这个社会只存在人和物,不再存在其他任何东西。因此,构建市民社会的民事法律关系,就必须从市民社会物质构成的两种基本要素出发,使民事主体围绕着如何支配物以及其他民事利益,而发生相互之间的权利义务联系。

2. 市民社会的基本联系方式

在市民社会中,民事主体相互联系的基本方式,就是行使权利,履行义务。换言之,市民社会的基本联系是通过权利义务关系来实现的。

在任何社会,人与人之间都要发生各种各样的联系。联系就是一个纽带,把单个的人联结为社会。

市民社会联结人与人之间的关系,是通过权利的形式进行的。这是一个极为简单的关系,也是一个极为复杂的关系。民法通过赋予权利和行使权利,并围绕着权利编织义务,就把市民社会的全体民事主体都联结到了一起,并且区分了不同性质联系的关系。一个单独的民事主体就一个具体的利益享有权利,同时,其他相关的人包括其他全体民事主体或者相对的个体民事主体对这个具体的利益负有义务,构成具体的权利义务关系,把人联结在一起,发生市民社会的特定关系。在市民社会中的这种权利义务关系,是民事主体与民事主体之间唯一的联系方式,因此也是基本的联系方式。

市民社会中民事主体之间的这种权利义务关系,实质内容是对市民社会各种民事利益的支配关系。对于这些利益关系,应当确定由确定的主体占有或者支配。只有确定一定的利益归一定的主体支配或者占有,才能够形成有序的社会秩序。市民社会就是这样,通过规定权利和义务的方式,确认主体对民事利益的分配、占有和支配;因此,形成了人与人之间的基本联系,构成了整个市民社会的基本结构形态。不过,在市民社会认识社会、规范社会的初期,人们只发现了物对于人的生存的重要性,因此,最早的民事利益着重的是物,即财产或者财富,并没有重视其他的民事利益,直至社会不断发展,人们对自己不断加深认识,才发现人格利益和身份利益具有更为重要的意义和作用。

3. 民事法律关系的要素构成

市民社会的全部基本要素,就是主体、客体以及基于主体支配客体形成的主体与主体之间的权利义务关系。这三个方面就是民事法律关系的基本要素。可见,民事法律关系完整地概括了市民社会的全部要素。

这样的现实也说明,市民社会的基本运动方式就是民事法律关系的运动。民事法律关系的运动构成了整个市民社会的全部运动。市民社会在民事法律关系的运动中存在,在民事法律关系的运动中变化,在民事法律关系的运动中发展。从另一个角度上说,凡是民事主体在市民社会中的存在、生存、发展、消灭,都是在以民事法律关系的形式进行,他的出生、行为、死亡,都在市民社会中引起民事法律关系的运动。

(二)民事法律关系存在的市民社会

1. 市民社会的客观存在

市民社会是民事法律关系存在和运动的社会环境,民事法律关系存在于市民社会之中,运动于市民社会之中。如果没有民事法律关系的存在和运动,市民社会就是一个虚无的社会;同样,如果市民社会没有为民事法律关系的存在和运动提供社会环境,民事法律关系也就没有生存的空间。因此,市民社会与民事法律关系之间的关系是相互依存、相互依赖、相互表现的辩证关系。

市民社会是客观存在的思想社会,自然社会的所有的人都在市民社会中以民事主体的身份存在,与其他的人构成各种各样的民事法律关系,并且不停地运动,推动市民社会的发展。

市民社会是客观存在的社会形态,有自己的运动规律,按照自己的运动规律向前发展。民法揭示市民社会运动的基本规律,使其制定的具体规则和规范更好地反映市民社会的运动规律,对市民社会的民事利益进行更为妥善的调整。因此,研究民法和制定民法典不过是意识形态对社会存在的反作用而已。

2. 市民社会的范围

市民社会的基本范围是本国的范围。这种限制是法域的限制。在法律的领域,总是要分为本国法和外国法,在适用法律上,对本国人适用本国法,对外国人如果需要适用本国法,则要有具体的条件,涉及国际私法的问题。在最早的民法传统中,法律分为市民法和万民法,只有对本国人才适用市民法,限定了市民社会的界限。因此,市民社会的严格概念,就是本国的民法世界,不能超出本国的范围构建市民社会。

在本国的范围内,市民社会也还是有一定的法域限制。在一个国家之中,由于历史的原因,在发展过程中形成了不同的市民社会。这虽然没有一个严格的市民社会的界限,但是由于法律习惯和传统的不同,形成的民法规则不同,在这些不同的法域适用不同的法律规则,形成了不同的市民社会。因此,在法律适用中,我国的市民社会形成了不同的区际法律适用问题。

3. 市民社会的基本特点

学习和研究民法,观察市民社会的立足点,要纯粹地站在民法的立场上对自然社会的其他因素进行抽象,只剩下民法的内容。从这个角度观察,市民社会具有以下特点:

第一,市民社会的主体人人平等。市民社会的主体平等,是真正的人人平等。在市民社会中,只有亲属之间存在身份的尊卑不同,这是身份权的特有现象,维护的是血缘关系的远近亲疏,而不是说民事主体具有不平等地位。

第二,市民社会的基本观念是公平和正义。市民社会没有其他观念,只有民法观念。这个民法观念就是公平和正义。公平和正义是市民社会的永恒观念,不受任何政治、宗教、派别、团体的影响和干预。

第三,市民社会的基本规则是自由、诚信、公序良俗。其中,自由是市民社会规则的基础,诚信和公序良俗是市民社会的交往准则。自由与诚信、公序良俗相互协调,相互约束,构成市民社会的基本规则。自由与诚信、公序良俗也会发生冲突,市民社会制定规则,进行协调和平衡,使之相适应,借以实现民事利益的平衡。

三、民事法律关系方法是民法的基本方法

(一)市民社会的基本关系就是民事法律关系

学习和研究民法,离不开市民社会。市民社会概念的来源,是罗马法的市民法。罗马法

分为市民法和万民法，在罗马社会内部的人与人的关系以及这些关系构成的社会，就是市民社会。市民社会当中的人与人所发生的各种各样的人身关系和财产关系，构成了市民社会的基本关系，这就是民事法律关系。因此，民事法律关系具有普遍性，无论古代还是当代，中国还是外国，都是如此。社会生活中的人，无时无刻不处在民事法律关系中。[3]

（二）民事法律关系方法是民法的基本方法

对于市民社会进行观察和规制的基本立场，就是民法的方法论，就是怎样看待这个市民社会，如何确定看待这个市民社会的正确立场和观点，如何制定法律规范来规制这个社会。只有具备这个基本的立场的观点，才能够正确地认识市民社会，才能够正确地认识民法。观察、规制以及研究市民社会的基本方法，就是民事法律关系方法。

第一，民事法律关系是观察市民社会的基本方法。民法观察市民社会，首先看到的是人，却不是一般的人，而是民事主体。民法观察社会看到的人与人之间的关系，也不是一般的物质关系和思想关系，而是在这些社会关系之上形成的权利义务关系。这种权利义务关系体现的是人身关系和财产关系，因而是民事法律关系。在一个市民社会中，每一个人都是这个社会的主体，相互之间按照民事权利义务关系结构在一起，尽管关系纷繁复杂，但其层次清楚、性质分明，都是按照民事权利义务关系有序地组合在一起。

第二，民事法律关系是规范市民社会行为的基本方法。正是因为民法观察社会的基本方法是看人、看人与人之间的权利义务关系，因此，民法在规范市民社会民事主体的行为时，也是从民事法律关系入手，赋予民事主体以权利，同时对权利人的相对人规定应当履行的义务。民法按照自己的理想，为创建一个公平、正义、诚信、和谐的市民社会秩序，对人与人之间的权利义务关系作出统一的规范，人们按照这样的规范从事民事活动，发生争议也按照这样的规范予以解决。民法正是从这样一个理想的社会及其秩序出发，构建它的规则，民法典实际上是一部市民社会的章程，包含的是立法者对市民社会的全部理想。因此，民法典是市民社会的法律关系的规则总成。

第三，民事法律关系是裁判民事纠纷案件的基本方法。在市民社会中民事主体之间发生纠纷的时候，在民事主体之间的民事法律关系出现了不协调，或者侵害了其他民事主体的民事权利，或者行使民事权利不符合民法确定的规则。当法官裁判民事纠纷案件时，其基本方法也是分析当事人之间民事法律关系的性质，据此确定解决纠纷应当适用的法律。因此，民事法律关系也是裁判民事纠纷案件的基本方法。

第四，民事法律关系是研究民法的基本方法。既然民法观察市民社会的方法是民事法律关系，规范市民社会行为的方法是民事法律关系，裁判民事纠纷案件的方法也是民事法律关系的方法，那么，学者在研究民法、观察市民社会、规范民事主体行为时，采用的方法也必须与之相一致，也就是看人，看人与人之间的关系，看人与人之间的权利和义务关系，看市民社会主体之间的民事法律关系。

因此，民事法律关系是民法观察社会、规范行为、裁判纠纷、研究民法的基本方法，掌握了这个方法，就掌握了认识民法、认识民法规范、认识市民社会的基本方法。

作为与政治国家相对应的市民社会，其基本关系就是民事法律关系，民事法律关系方法

---

〔3〕　陈华彬：《民法总论》，中国法制出版社2011年版，第165页。

是民法的基本方法。而民法总则是市民社会法律规则的总纲,应围绕市民社会中最基本的关系即民事法律关系而展开,从其要素的各方面即主体、客体与内容对民事法律关系作全面系统的规定。

第二节 民事法律关系的基本问题

| 典型案例 |

某殡仪馆在火化无名尸体时,错将高级电力工程师金某的尸体火化,金某的近亲属在准备进行遗体告别仪式时,找不到金某的尸体。金某的近亲属遭受了严重的精神损害,向法院起诉追究殡仪馆的民事责任。[4]

一、民事法律关系的概念和特征

(一)民事法律关系的概念

民法的法律关系理论,由德国民法学家萨维尼首次提出。他认为"各个法律关系就是由法律规定的人和人之间的关系"。[5] 在我国,法律关系这一概念作为概括一切法律规定的人与人之间的关系的基本概念,并不仅仅包括民事法律关系,其外延应当包括公法关系和私法关系。而民事法律关系只是私法上的法律关系。

民事法律关系是指民法规范调整的权利义务关系,是由民法所调整的平等民事主体之间的人身关系和财产关系。

民事法律关系是整个民法逻辑体系展开与构建的基础。[6] 正所谓"法书万卷,法典千条,头绪纷繁,莫可究诘,然一言以蔽之,其所研究和所规定者,不外法律关系而已"。[7]

(二)民事法律关系的特征

1. 基本特征

(1)民事法律关系是人与人之间的社会关系。民事法律关系是人与人之间在社会生活中产生的权利义务关系,而不是人与物之间或者物与物之间的关系。民事法律关系通常离不开物,甚至有时还直观地表现为人与物之间的占有、支配关系,但物只能是人与人之间的民事法律关系的客体或者中介,而不可能是民事法律关系的主体。例如,买主与卖主为买卖物而产生买卖关系,该买卖关系的主体只能是买卖双方当事人之间的关系;特定的人对特定

---

〔4〕 讨论提示:本案的典型性在于,当事人之间存在的法律关系是死者人格利益保护的性质,殡仪馆将死者的尸体在管理中弄错,侵害了死者的人格利益,与死者的近亲属之间发生侵权责任的法律关系。请试分析该法律关系的三个要素。

〔5〕 转引自龙卫球:《民法总论》,中国法制出版社2001年版,第120页。

〔6〕 参见王利明:《民法总则研究》(第2版),中国人民大学出版社2012年版,第174页。

〔7〕 郑玉波:《民法总论》,台北,三民书局1979年版,第63页。

的物享有所有权,从表面上看这种所有权关系是人与物的关系,但这种关系的背后意味着所有人与所有人以外的不特定人之间的所有与排他的法律关系,所有人以外的不特定人都负有不得侵害所有人的所有权的义务,因而所有权关系归根结底还是一种人与人之间的法律关系。

(2)民事法律关系是民法规范调整的平等主体之间的社会关系。民事法律关系是根据民法规范建立起来的关系,而民法是调整具有平等法律地位的主体之间的人身关系和财产关系的法律,所以,民事法律关系是平等主体之间的人身关系或者财产关系。主体平等是民事法律关系的一个重要特征。在市民社会,民事主体都是平等的,其人格、地位一律平等。在民事法律关系中,当事人之间不存在管理与服从的关系,而是彼此平等、互不从属的关系。民事法律关系的内容也是平等和对等的,在通常情况下一方取得权利必须以承担相应的义务为前提,反之亦然。主体平等是民事法律关系与行政法律关系等的区别性特征。

(3)民事法律关系是以权利义务为内容的人身关系和财产关系。民事法律关系是以权利义务为内容的关系,即民法调整平等主体之间的关系的方法是赋予当事人以民事权利,同时使当事人承担民事义务,权利义务构成了民事法律关系的内容。民事法律关系是以民事利益为内容的权利义务关系,其全部的权利义务内容都是关于民事利益的关系,这就是人身关系和财产关系。这一方面是说,民事法律关系是以民事利益即人身利益和财产利益为客体,另一方面也说明,凡是关于人身关系和财产关系的权利义务关系,都是民事法律关系。

(4)民事法律关系是由国家强制力保障的社会关系。民事法律关系是由国家强制力保障其实现的,国家禁止不履行民事义务和对他人民事权利的侵犯。在民事法律规范中,民事主体可以做什么,或者应当做什么,不可以做什么,都体现了国家对各种行为的态度,由此形成了国家认可的市民社会秩序,不允许随意破坏。如果这种现实的权利义务关系受到破坏,破坏者就必须承担民事责任。

2. 其他特点

民事法律关系除了具有上述法律特征外,还具有以下特点:

(1)主体的平等性。民事法律关系具有平等性的特点。民事法律关系是平等主体之间的关系,各民事主体不论是自然人、法人还是国家,不论其所有制如何,都具有平等的法律地位。同样,基于民事主体的平等性,各主体之间的权利义务也多数具有公平性、对等性,许多财产关系都以等价有偿为原则,〔8〕未经本人同意,都不得对其科加义务。

(2)内容和变动上的任意性。民事法律关系通常不涉及公序良俗。在市场经济条件下,民事主体都是其个人利益的最佳判断者,只要不涉及公序良俗问题,法律没有必要加以禁止,允许民事法律关系的变动和内容具有相当的任意性。具体表现是:民事法律关系的设立、变更和终止具有一定的任意性,法律允许当事人在法律规定的范围内自主创设和消灭民事法律关系;法律也允许当事人自由确定民事法律关系的内容,即与他人之间的权利义务关系。只要这些内容不违背法律的禁止性规定和公序良俗,法律都确认其效力。因此,在民事法律关系中,法无禁止即可为。这与公法中的法无授权为禁止恰好形成鲜明对照。正是基于这种任意性,新型的民事法律关系不断出现,并且决定了对民事案件法官不得以法律没有明文规定为由而拒绝裁判。

---

〔8〕　参见佟柔主编:《民法总则》,中国人民公安大学出版社 1990 年版,第 46 页。

(3)客体上的复杂性和制度上的开放性。随着社会、经济、科技的发展,各种新型的民事利益为人们所发现、认知和利用,民事法律关系的客体具有相当的复杂性。随着民事法律关系客体的不断发展变化,民法逐渐形成了一系列的新规则。正因如此,民法必须具有开放性,及时接纳新的民事利益,围绕这些新的法益形成新的民事法律关系。由于大陆法系民法成文法形式的局限,有时难以预见到未来社会生活的发展变化,因此,现代各国民法典一般都通过诚实信用原则、公序良俗原则等抽象规范为法官创造新的法律规则提供指引,从而适应开放性的要求。

二、民事法律关系要素的具体内容

民事法律关系包括主体、客体和内容三方面要素。

(一)主体

民法以权利为中心,权利的中心即为权利主体。因此,民法典总则的研究之始,即为民事权利主体问题。[9] 民事法律关系的主体也称为民事主体、权利主体,是指法律所承认的能够以自己的名义参加民事法律关系,享受民事权利并承担民事义务的人。民事法律关系主体是市民社会的支配者,是市民社会中对民事利益的支配者。总体上看,全体民事法律关系主体对全部的民事利益进行支配;从具体的方面来看,各个民事主体则从不同的范围内,对个别的民事利益进行支配,而不是对整体的民事利益进行支配。各个不同的民事主体对各自不同的民事利益进行单独的支配,综合形成了民事主体对民事利益的整体支配,实现了人对市民社会的支配。

民事法律关系的主体要素就是人,包括自然人、法人和非法人组织。民事主体首先是自然人,现代法治强调自然人均享有民事主体资格,而且此种资格不容剥夺。法人是法律拟制的人,这是基于社会生活的需要,法律应当允许一些社会组织在依法创设之后,以自己的名义参加民事法律关系,进行民事活动。随着市场经济的发展,法人之外的非法人组织也成为一类新的市场主体,法律也逐渐承认其可以以自己的名义参加民事法律关系,从而非法人组织也可以成为民事主体,因此,《民法典》第102条规定,“非法人组织是不具有法人资格,但是能够依法以自己的名义从事民事活动的组织”,确认非法人组织是独立的民事主体。此外,国家在特定场合中也可以成为民事主体。

民事法律关系主体称为“人”,得为民事主体的法律资格称为“人格”。此所谓人格,就是民事权利能力。[10]

在民事法律关系中,民事主体分为权利主体和义务主体。这是因为民事权利和民事义务的对应性,一方享有权利一般就意味着由另一方承担义务;而一方承担义务也就意味着有一方享有权利。因此,在民事法律关系中原则上有双方甚至多方主体。在某些民事法律关系中,双方当事人既享有权利又承担义务。例如,在双务合同如买卖关系中,买方有请求交付标的物并移转使用权的权利,同时负有支付价款的义务,而卖方有收取价款的权利以及交付出卖物的义务。

---

〔9〕 参见李宜琛:《民法总则》,新北,正中书局1947年版,第56页。

〔10〕 参见陈华彬:《民法总论》,中国法制出版社2011年版,第168页。

民事法律关系的一方主体可以是单一的，也可以是多数的。例如，在物权关系中，除物权人以外的所有人都是义务主体；而在共有的情况下，其权利主体却是两个或两个以上的人。

《民法典》总则编首先规定的是有关民事主体的抽象规则：第一，规定民事法律关系的主体包括自然人、法人和非法人组织，以及特殊情形下的国家。第二，规定民事主体的民事权利能力，自然人、法人和非法人组织具有完全民事权利能力，胎儿、死者、设立中和清算中的法人以及设立中和清算中的非法人组织具有部分民事权利能力。第三，规定民事主体的民事行为能力，自然人的民事行为能力分为不同的民事行为能力状态，即完全民事行为能力、限制民事行为能力和无民事行为能力，规定对限制民事行为能力人和无民事行为能力人的监护制度；法人和非法人组织具有相同的民事行为能力。

（二）客体

民事法律关系的客体也称为权利客体，是指民事权利和民事义务所指向的对象。换言之，私权之客体，则为归属于私权主体的权利的对象。[11] 民事权利和民事义务是以特定的民事利益为客体的，没有客体，民事权利和民事义务就无所依归，从而无法确定。而各民事主体之间也正是因为一定的客体而彼此发生联系，从而为民法所调整。《民法典》总则编第五章规定了部分民事权利客体，包括物权的客体为物、债权的客体为行为、知识产权的客体为智力成果以及继承权的客体为遗产。对于人格权的客体即人格利益和身份权的客体即身份利益，则没有规定。

各国民法典并未对权利客体作一般性的规定，主要规定最重要的客体即物，只有少数国家，如《俄罗斯联邦民法典》全面规定了民事权利客体。物只是民事权利客体之一种，民事权利因其种类不同，可以有不同的客体。[12] 将这些不同民事法律关系的客体概括起来，民事法律关系的客体就是民事利益，其中包括物和其他民事利益。这些物和其他民事利益包含了市民社会的不同利益。在市民社会，民事主体支配这些民事利益，就是支配整个市民社会。因此，包含这些利益的物和其他民事利益就成了市民社会的客体要素，在民事法律关系中就成了民事法律关系的客体。这是产生民事法律关系的客观基础。那种认为民事法律关系客体是“体现一定物质利益的行为”[13] 的观点，尽管有一定的道理，但是，却无法概括人格权法律关系和身份权法律关系的客体。

不同的民事法律关系的客体是不同的：人格权关系的客体是生命、健康、身体、名誉、隐私等人格利益；亲属关系的客体是因亲属关系而享有的一定身份利益；继承关系的客体是遗产，其既包括物，也包括债权等财产权利；物权关系的客体是物，例外情况下，如担保物权的客体可以是权利；知识产权关系的客体是无形财产，即智力成果等；债的关系的客体则是债务人的特定行为，即给付，并且基于给付而产生期待利益。根据上述不同的客体，民法构建了人格权、身份权、继承权、物权、知识产权、债权等一整套权利体系，并以此来展开民法分则的各项具体内容。

市民社会客体的最主要部分就是物。物就是财富，是市民社会的物质基础，是民事主体

---

〔11〕 参见蔡肇璜：《民法总则》，大东书局1947年版，第92页。

〔12〕 参见梁慧星：《民法总论》（第3版），法律出版社2007年版，第59页。

〔13〕 佟柔主编：《民法原理》，法律出版社1983年版，第33页。

能够支配的物质,以及这些物质中存在的物质利益。在市民社会,一方面,除了人之外,社会的客观存在就是物,不再有其他任何客观存在的东西,因而物是构成市民社会的要素。另一方面,尽管市民社会是人的社会,但是人脱离了物就无法生存,无法发展,这是因为物存在于人体之外,表现为有体物,能够独立成为一体,能够满足人的需要,具有一定的稀缺性,并能为人所支配,为人创造利益,使人在这个社会中存在下来,发展起来。因此,物是市民社会的基本要素之一,是构成市民社会的基本物质要素。它是民事利益的基本部分。

随着经济和社会的发展,人们能够支配和利用的各种利益层出不穷,民事法律关系的客体的范围也将进一步扩张。《民法典》总则编规定数据和网络虚拟财产是权利客体,正是反映这种民事法律关系客体不断扩张的客观趋势。

《民法典》总则编规定民事法律关系客体,就是规定民事利益以及民事利益的类型,特别是规定物以及物的类型。

(三)内容

民事法律关系的内容,是指民事主体在民事法律关系中所享有的权利和承担的义务。

民事法律关系的具体表现,是民事权利主体对特定的民事利益享有权利,对这项民事利益占有、支配,这就是民事权利。民事权利就是民事主体为实现某种利益而依法为某种行为或不为某种行为的可能性。[14]

为了保障民事主体对这种民事利益的支配,即保障民事主体的权利,确定与该民事主体相对应的其他民事主体,也就是其他所有人或相对的特定人负有义务,或者是权利主体之外的全体民事主体,或者是与权利主体相对的特定的民事主体,这些主体"为满足权利人的利益而为一定的行为或者不为一定的行为的必要性",[15]就是民事义务。

这种权利义务关系,是市民社会民事主体的基本联系方式,也是民事法律关系的内容。

民事义务不履行的后果,是民事责任。能够发生民事责任的民事义务,是真正的民事义务。而在有些情况下,虽然某人依法应当进行某种行为(包括作为和不作为),但相对人不能请求其履行,其不履行时相对人也不能请求其承担损害赔偿等民事责任,而只是使其遭受权利丧失或减损的不利益,这就是不真正义务。[16] 例如,在债务履行过程中,债权人自身发生重大事项致使履行债务发生困难时的通知义务。债权人怠于履行此义务时,债务人不能请求其承担违约责任,但可以中止履行或者将标的物提存。

《民法典》总则编规定民事法律关系内容比较复杂,包括民事权利及其类型;民事权利的取得方法;取得民事权利的民事法律行为,代理,法律事实;民事权利的存续期间(时效);民事义务及其类型,民事义务不履行的法律后果即民事责任。

三、民事法律关系的基本类型

(一)民事法律关系类型划分的意义

民事法律关系是一个总类,是一个从纷繁复杂的、形形色色的具体民事法律关系中概括

---

〔14〕 参见王利明主编:《民法》,中国人民大学出版社 2000 年版,第 43 页。

〔15〕 王利明主编:《民法》,中国人民大学出版社 2000 年版,第 43 页。

〔16〕 参见王泽鉴:《债法原理》(第 1 册),中国政法大学出版社 2001 年版,第 47 页。

出来的抽象概念。它是认识市民社会的一般方法,是对市民社会运动规律的抽象概括。同时,民事法律关系又是具体的社会关系,表现为实实在在的现实的权利义务关系。在市民社会中,用具体的法律规范规制各种各样具体的民事法律关系,就必须对民事法律关系类型化,这样才能把民事法律关系具体化。

民事法律关系的类型化,就是要把各种各样的具体的民事法律关系按照不同的标准进行划分,分成不同的类型,对不同类型的民事法律关系总结出不同的规则,进行不同的法律规制,适用不同的法律规定。可以说,没有民事法律关系的类型化,就没有民法的规则,也就没有民法的法律适用。所以,民事法律关系的类型化,是对民事法律关系适用法律的基础,也是法律规制法律关系的基础。

(二)民事法律关系类型化的级别

1. 最高类型

最初始的类型化,就是划分民事法律关系的基本类型,即人身法律关系和财产法律关系的类型,它是基于民事利益的两大基本类型而划分的民事法律关系的最高类型。

2. 基本类型

在最初始的民事法律关系类型化之后,还要将人身关系分为人格关系、身份关系,将财产关系分为物权关系、债权关系、知识产权关系、继承关系,这是基本的民事法律关系类型。

3. 中间类型

在民事法律关系的基本类型之下,是中间的民事法律关系类型,如物权法律关系中的所有权关系、用益物权关系、担保物权关系和占有关系;人格法律关系中的物质性人格权关系和精神性人格权关系等。

4. 具体类型

民事法律关系的具体化,是民事法律关系的终极类型,也就是民事法律关系类型化的极限,极限到最基础的、最基本的、最具体的民事法律关系。民事法律关系类型化的终极化、极限化,才能够最终地对这种民事法律关系制定具体规则,对这个民事法律关系的纠纷案件适用法律。

民事法律关系的类型化和具体化,就是将概括的、抽象的民事法律关系进行细化,确定民事法律关系的级别层次,分级掌握民事法律关系的规律和特点,最终为适用法律确定基础。

(三)按照性质划分的民事法律关系类型

一般教科书对民事法律关系的划分,都是依民事法律关系的性质进行,确定了民事法律关系的基本类型,就是人身法律关系和财产法律关系、绝对法律关系和相对法律关系、物权法律关系和债权法律关系、人格法律关系和身份法律关系。这些划分和类型化都是必要的。

民事法律关系的最基础形式,是具体的民事法律关系,这是再也不能进行类型化了的民事法律关系。在司法实践中,对一个争议的民事纠纷适用法律,必须首先进行民事法律关系类型化的终极化、具体化,就是对案件的民事法律关系进行“定性”,才能够最终确定对这个案件的法律适用问题。

对民事法律关系类型化的基本意义,在于掌握不同类型的民事法律关系的共性;对民事法律关系类型化的终极目标,就是对民事法律关系具体化,以确定法律适用。这就是:民事法律关系的类型化——表现不同类型民事法律关系的共性;民事法律关系的具体化——确定民法的法律适用。

民事法律关系类型化的基本模式是:

1. 人身法律关系:人格法律关系和身份法律关系

(1)人格法律关系分为一般人格权、物质性人格权和精神性人格权。物质性人格权划分为身体权、健康权和生命权。精神性人格权又分为标表型人格权,包括姓名权、名称权、肖像权和声音权;评价型人格权,包括名誉权、信用权和荣誉权;自由型人格权,包括人身自由权、隐私权、个人信息权和性自主权等。(2)身份法律关系分为配偶权、亲权和亲属权。

2. 财产法律关系:

(1)物权法律关系,包括所有权、用益物权、担保物权以及占有。所有权分为一般所有、共有和区分所有以及相邻权;用益物权包括地上权(建设用地使用权、分层地上权、乡村建设用地使用权、宅基地使用权)、土地承包经营权、地役权、典权和居住权;担保物权分为抵押权、质权、留置权以及所有权保留、优先权和让与担保。(2)债权法律关系,包括合同法律关系、侵权法律关系、不当得利关系和无因管理关系。其中合同关系最为复杂,具体化为《民法典》合同编规定的典型合同,买卖合同、供用合同、赠与合同、借款合同、保证合同、租赁合同、融资租赁合同、保理合同、承揽合同、建设工程合同、运输合同、技术合同、保管合同、仓储合同、委托合同、物业服务合同、行纪合同、居间合同和合伙合同,以及其他无名合同。(3)知识产权法律关系,可以分为著作权关系、商标权关系、专利权关系以及其他知识产权关系。(4)继承权法律关系,分为遗嘱继承、法定继承、遗赠和遗赠扶养协议。

上述这些具体民事法律关系,都是最基础的民事法律关系。

四、民事流转

(一)民事流转的概念和流转方法

1. 民事流转的概念

民事流转是民事法律关系运动的基本方式。民事法律关系运动的基本方式,是民事流转。[17] 有的学者将此称为民事关系变动,认为民事法律关系变动是指民事关系要素的变更,表现为民事关系的发生、变更和消灭。[18] 这两种说法是一样的,笔者认为用比较传统的民事流转概念更为准确。有人认为,民事法律关系变动及其原因,也是民事法律关系要素,

---

〔17〕 民事流转是现在的民法理论已经不常提及的概念。其实这个概念很准确地描述了民事法律关系运动的形式。在1984年出版的《中国大百科全书·法学卷》提到了“民事流转”的概念,即民事法律关系的发生、变更或消灭,有时候只要一个法律事实,有时需要几个法律事实,法学上把引起某一个法律关系发生变更或者消灭的几个法律事实的总和,称为民事法律事实的总和。整个民事法律事实的总和,就构成民事流转。1980年出版的《法学词典》“民事流转”条解释:“权利主体间转移财产权利过程中,产生各种民事法律关系的法律行为以及其他法律事实(如买卖、借贷、侵权行为)的总和。”1985年出版的《新编法学词典》“民事流转”条规定:“指基于法律事实引起民事主体之间财产权利流动转移的过程,即权利处于动态状况。由于合同、侵权、赠与、继承引起的财产权的移转,就是民事流转。”但是近年来,这个概念已经不被提及,很少有人用了。在对民事流转概念的这些界定中,差不多都是指民事流转就是民事法律事实构成,也有指民事权利的动态状况。笔者更赞成后一种说法。

〔18〕 参见李锡鹤:《民法原理论稿》(第2版),法律出版社2012年版,第163页。

为动的要素。[19] 笔者认为，将民事法律关系的变动称为民事流转，专门进行研究，比将其认定为民事法律关系动的要素更为稳妥。

民事流转是概括民事法律关系运动方式总和的概念，因此，民事流转实际上就是民事法律关系产生、变更和消灭的过程，是民事法律关系运动的基本方式。民事法律关系通过产生、变更和消灭的不断运动，也就是民事流转，推动市民社会的不断发展和变化。民事流转，就是民事法律关系的基本运动方式，也是市民社会的基本运动方式。民事法律关系在不停地发生、变更和消灭，构成了市民社会的基本运动形式。

2. 民事流转的基本形式

(1)民事法律关系的产生。民事法律关系的产生，是指民事法律关系基于何种事实或者行为而发生。这是民事流转的基本形式之一。

有的民事法律关系是基于法律事实而产生，如出生的法律事实产生了身份关系；有的民事法律关系是基于行为而产生，如合同债权的取得、物权中所有权的取得。

有的民事法律关系的产生较为复杂。例如，共有关系的产生，不是仅仅指共有的所有关系产生。所有权关系的发生，就是所有权的取得，包括原始取得与继受取得。例如，作为原始取得方式的孳息、拾得遗失物、发现埋藏物或隐藏物、先占、添附、善意取得，作为继受取得的买卖、互易、赠与、继承等，都是所有权法律关系发生的事实或者行为。

研究民事法律关系的产生，就是要研究基本民事法律关系产生的基本原因，研究具体的民事法律关系产生的具体原因，从中归纳出民事法律关系发生的一般规律和特殊规律，使人们认识市民社会的基本运动规律，进行科学、合理的法律规制。

研究民事法律关系的产生，既要研究民事法律关系产生的一般原因和规律，也要研究特别的、具体的民事法律关系的产生原因和规律，进而展开对民事法律关系的全面规范和掌握。如前所述，研究共有的法律关系，不但要研究所有权发生的一般原因，而且更重要的是要研究共有关系发生的特殊原因，这就是相对于共有关系产生的这种特殊的所有权发生原因究竟是什么，进而研究和揭示共有关系发生的一般规律，制定相应的法律规则。

(2)民事法律关系的变更。民事法律关系的变更也是民事流转的基本形式之一，是民事法律关系在存续期间发生了变化。

民事法律关系的变更，分为主体变更、内容变更和客体变更。

从原则上说，任何民事法律关系在存续期间都会发生变更，只是由于民事法律关系的性质不同，其变更的范围、性质和程度各不相同。

在绝对性的民事法律关系中，一般不会发生重大的变更，仅仅是会发生简单的、适当的变化。例如，在人格权法律关系中，人格基于人的出生而产生固有的人格权法律关系；在身份法律关系中，则基于出生的事实而取得身份法律关系。有的时候，个别的人格法律关系会发生变化，如肖像被许可他人使用，是简单的、适当的变更。只有在名称权法律关系中，才会发生主体的变更，即全部转让名称权以及名称权的继承。婚姻关系及亲子关系的内容，因人的变更而受影响，故其法律关系本身，或个别的权利义务，均不得让与和继承。物权关系的让与或继承，其所转移者，包括与该物权关系相结合构成一体的权利义务，如相邻关系，或地

---

[19] 参见郑玉波：《民法总则》，中国政法大学出版社 2003 年版，第 94 页；梁慧星：《民法总论》(第 3 版)，法律出版社 2007 年版，第 58 页；陈华彬：《民法总论》，中国法制出版社 2011 年版，第 168 页。

上权人支付地租的义务。[20]

在相对性的民事法律关系中,变更是一种基本的运动形式,包括主体的变更、内容的变更以及客体的变更。债权关系,除本身极个别独立的权利义务,原则上均得让与,充分显现债权的交易性。

民事法律关系变更的意义,在于民事法律关系变更等于旧的民事法律关系消灭,新的民事法律关系产生。不过,也存在特别的情况,例如合同更新(以新抵旧),从保护债权人的角度出发,规定新旧民事法律关系都存在,但是效力上有所区别,[21]是一种特例。

(3)民事法律关系的消灭。民事流转的基本形式之一是民事法律关系的消灭。民事法律关系的消灭,是该民事法律关系已经完成了自己的使命,已经灭亡,不复存在。

任何民事法律关系都会消灭,都不会永久存在。这是因为民事法律关系以人为主体,人并不是永久存在的,因此民事法律关系就不会永久存在,即使这个人是一个法人,也不会永久存在的。既然如此,基于人而产生的民事法律关系当然就一定会消灭。不过,就市民社会的总体民事法律关系而言,市民社会不消灭,民事法律关系的存在和运动就永远不会消灭。

一般的民事法律关系都会随着主体的死亡和消灭而消灭。自然人死亡了,以其为主体的人格权法律关系就消灭了,物权法律关系也消灭了,债权法律关系也消灭了。这是民事法律关系消灭的主要原因。有一个特别的情况,就是自然人在死亡之后,对某些人格利益和身份利益,法律还要保护一个时期,这就是死者的人格利益和著作权的法律保护。前者设置保护人进行保护,后者规定保护期限为50年。

民事法律关系由于权利的转让而消灭,如转让所有权。

民事法律关系的消灭由于义务的履行而消灭,如合同债务的履行。特别的情况就是后契约义务的履行要求,在合同消灭之后,还要继续履行,还存在拘束力。

民事法律关系消灭的意义在于,特定的民事法律关系彻底死亡,不复存在,权利义务关系不再发生拘束力。这就终结了该民事法律关系中权利义务主体之间的市民社会特定的联系。但是,这里消灭的只是一个特定的民事法律关系的联系,还有很多的民事法律关系仍存续着,消灭的只是个别的联系。直到这个主体在实质上消灭了,并且经过了一个适当的保护期,这个人才彻底地消灭于市民社会,不再与市民社会的主体发生任何关系。

(二)民事法律事实是民事流转的基本动力

1.法律事实的法律价值

任何事物的发生、发展、变化,都要有动力,民事法律关系的流转同样需要动力。民事流转的动力就是民事法律事实。法律事实,是发生法律上效力的各种事实,亦即发生权利得丧及变更效力的各种事实。[22]

任何民事法律关系的产生、变更和消灭,都必须基于一定的动力,就是基于一定的民事

---

〔20〕 参见王泽鉴:《民法总则》,台北,三民书局2008年版,第89页。

〔21〕 参见杨立新:《债与合同法》,法律出版社2012年版,第202页以下。

〔22〕 参见王登瀛:《民法总则》,北平法律函授学校1933年版,第125页。

法律事实。能够引起民事法律关系产生、变更和消灭的客观现象,就是法律事实。[23]

一个民事法律事实的出现,就会引起法律关系的产生、变更或者消灭。研究民事法律关系的基本动力,就是要研究法律事实以及法律事实构成,以及是否发生民事法律关系产生、变更或者消灭的后果。

民事法律事实的类型分为事件和行为。如果一个民事法律关系的发生、变更或者消灭需要几个民事法律事实的时候,这几个民事法律事实的总和,就是民事法律事实构成,简称事实构成。

2. 事件

事件,是指不直接包含人的意志的法律事实。最典型的事件,就是人的出生和死亡,以及灾害、时间的经过等。这些事实虽然与人的意志无关,或者不直接具有意志性,但其一旦发生,就依法在一定的主体之间发生、变更或者消灭一定的民事法律关系。例如,人的死亡发生继承法律关系;经过一定的时间就会发生消灭时效的法律后果,特定的民事法律关系就会消灭胜诉权,或者发生取得某项所有权法律关系。

事件的意义在于:(1)对事件,法律可以规定它是否具有法律后果以及具有何种法律后果,但是不能控制其数量和发生与否。这就是说,法律对事件只能规定法律后果,但是不能进行控制,这正是事件的本质属性所决定的。(2)当事人对于事件的发生与否,不能进行人为的干预,不能人为促使或者阻止事件的发生,否则必须承担不利于己的法律后果。例如,人的死亡是发生继承关系的事件,如果故意杀害被继承人,则使其继承权丧失。(3)事件本身没有合法性的属性,不具有合法和不合法之分。

3. 行为

行为,是指受人的意志支配的有意识的活动。行为分为合法行为和不合法行为。

合法行为,产生法律规定的法律后果,是肯定性的法律后果,设立、变更或者消灭民事法律关系。合法行为是指符合或者不违反民事法律规范的行为,分为表示行为和事实行为。表示行为是法律行为,是指民事主体基于意思表示,旨在发生、变更、消灭民事法律关系的行为。它的特征是当事人有意识地要建立或者变更、消灭民事法律关系,并通过一定的行为将内心的意思表达出来。如果当事人的意思表示有瑕疵或者缺陷,或者违反法律,即表示行为不合法,该行为就没有法律效力或者法律效力待定。事实行为,是指行为人主观上不一定具有发生、变更、消灭民事法律关系的意思,但是客观上能够引起这种法律后果的行为。例如,写作尽管不具有有意识地取得著作权的意思,但是,它能够发生著作权法律关系。由于这种行为是在客观上产生法律后果的行为,所以与表示行为不同,行为人不一定需要具备民事行为能力。

不合法行为是不符合法律要求的行为或者违反法律规定的行为,如违约行为、侵权行为、不履行法定义务的行为和不合法的表示行为。这些行为的发生,引起民法的否定反应,行为人应当承担民事责任,在当事人之间产生请求权的法律关系。

4. 事实构成

事实构成,就是民事法律事实构成,是指引起某一个民事法律关系发生、变更或者消灭

---

〔23〕 参见佟柔主编:《中国民法学·民法总则》,中国人民公安大学出版社1990年版,第59页。原本的法律事实概念,就是民事法律事实概念,是由大陆法系民法学家创立的。但是法律事实被法理学借用,成为法学的一般概念之后,民法上的法律事实就被冠以"民事"的限定词,民事法律行为、民事法律关系等都是如此。

的几个法律事实的总和。例如,遗嘱继承法律关系的发生,需要具备有效的遗嘱行为,还需要被继承人死亡的事件。这两个法律事实结合在一起,才能够发生遗嘱继承的法律关系。

事实构成的意义在于,当法律规定一个民事法律关系的发生、变更或者消灭需要具备事实构成的时候,就必须按照法律要求,同时具备几个事实构成的法律事实,否则不会发生法律规定的后果。

第三节 《民法典》总则编的任务

|典型案例|

李某在共有的楼道内设置隔断,将楼道尽头的15平方米空间独占私用。同一楼道业主夏某和文某提出异议,认为其侵占了业主共有部分权益,应当拆除设施,共同使用。李某予以拒绝。夏某和文某向法院起诉,主张李某侵害了建筑物区分所有权的共有权。[24]

一、《民法典》总则编规定民事法律关系抽象规则的必要性

《民法典》总则编规定民事法律关系抽象规则的必要性表现在以下几个方面:

第一,《民法典》总则编存在的必要性决定其规定的规则必须是总的规则。在大陆法系中,民法典是否规定总则,有两种立法例。德国法的民法典规定总则是必然的,法国法则没有规定总则。我国民法的基本传统是德国法,按照潘德克吞体系的民法结构制定民法,必然要设立民法总则。这种做法也与我国其他法律规定相适应。

总则编既然是总则,那就是民法的总的规则,而不是具体规则,抽象的一般性规则,是适用于全部民法分则的规则。因此,民法总则规定的规则,必须是从民法分则的具体规定中抽象出来,经过概括和加工的一般性规则。

第二,《民法典》总则编规定民事法律关系抽象性规则是节约立法及适用成本的需要。抽象化不仅是总则本身存在所必需,而且为节约立法成本以及法的适用成本所必需。因为有了总则编的抽象性规定,分则各编就不必对总则编已规定的内容重复规定,可以直接适用总则编规定;为了明确法律适用的明确性,分则也不妨用引致性规范指出应适用的总则条款,当然,这样的引致性规范的数量也会控制在必要的限度内。正如拉伦茨教授所言:"借着形成更一般的概念(如法律主体、法律客体及法律行为等概念),我们可以提出一些——对这些概念的整个适用范围均有效力的——规则,换言之,我们可以建构出'原则'。避免对多种——法律也不能穷尽列举的——契约类型,重复规定其契约的生效要件,法律仅须于'总则'中作一次规定,其即得适用于任何形态的契约。"[25] 借此"可以省去大量烦琐的——

---

〔24〕 讨论提示:本案的法律关系应当逐级分析,首先是物权法律关系,其次是所有权法律关系,再次是建筑物区分所有权法律关系,最后是建筑物区分所有权法律关系中的共有法律关系。由此可以确定具体的法律适用。

〔25〕 [德]卡尔·拉伦茨:《法学方法论》,陈爱娥译,商务印书馆2003年版,第319页。

引述理论、习俗、惯例——的决疑工作”。[26] 所以,总则编要规定的只能是抽象性规则,而不是具体规则。

第三,《民法典》总则编规定民事法律关系抽象规则是法的适用安定性的需要。由于总则编是对分则各种规则编中相同因素的抽象概括,因此,这些规则经过抽象性的概括,使民法分则各编不同部分中的相同规则得到统一,在适用上也能得到统一,不因适用场合的不同而有所差异。“正当意味着平等处理所有事物,只要它们在一定的观点上相同,换言之,只要它们具有同样的特征”。“依此,可以将形式或抽象正义界定为一种行为原则,据此,必须以相同的方式来处理属于同一事物范畴的事物”。[27] 例如,总则编对民事法律关系主体的规定,统一适用于分则各编,除非该编本身的性质决定应作排除适用(如亲属法与继承法上的行为通常须排除法人或其他组织的适用);对民事法律关系客体的规定,以物为典型,其既可作为物权的客体,又可作为交易的对象,还可作为继承的客体;对民事法律关系内容的规定,特别是作为内容变动基本原因的法律行为的规则,在各编中的适用也是基本统一的。所以,“这一编制体例,因着重法律规则的逻辑性和体系化,有利于保障裁判的统一性和公正性”。[28]

二、《民法典》总则编对民事法律关系一般规则的抽象化标准

决定《民法典》总则编对民事法律关系一般规则抽象到何种程度,应当按照逻辑性标准和技术性标准进行。

(一)逻辑性标准

逻辑性标准,即严格按照提取公因式的逻辑,将民法分则中具有共性的规则提取出来,在总则中进行规定。反言之,凡仅适用于分则中某一部分或者某些部分的具体规则,不在提取之列,不得放在《民法典》总则编中规定。

(二)技术性标准

如果严格按照以上提取公因式的逻辑标准,则提取出来的共同性规则较少。就主体而言,法人和非法人组织多在物权法、债权法以及知识产权法领域内活动,而很少进入人身权法领域,也较少进入继承法领域;就客体而言,常见的有体物多在物权法、债权法与继承法领域,而较少进入人身权法,基本不进入知识产权法领域;就内容而言,民法分则各编除侵权法以外,基本是对应某一类型的权利,或者说以某一类型的权利为模板,即物权、债权、人格权、身份权、继承权与知识产权,尽管各编中会穿插一些其他权利,但只是少数(如物权法中关于权利质权的规定,可能涉及债权与知识产权)。因此,严格按照“提取公因式”的逻辑标准,总则部分的规定将相当单薄;而且适用于大部分分则的规定,仅因其不适用于个别分则,而不在总则部分进行规定,则只能在相应的分则一次次重复规定,也是非效率的。

因此,不能严格按照逻辑性标准确定抽象化程度,须作一些变通,除了在民法分则各编

---

〔26〕 [德]卡尔·拉伦茨:《法学方法论》,陈爱娥译,商务印书馆2003年版,第319页。

〔27〕 [德]卡尔·拉伦茨:《法学方法论》,陈爱娥译,商务印书馆2003年版,第51页。

〔28〕 梁慧星:《民法总论》(第2版),法律出版社2004年版,第14页。

都有适用的规则(如自然人、法律行为)之外,只要在民法分则中会重复出现的规则(如法人和非法人组织、诉讼时效),就可以在总则编作出规定。这种"技术性标准",就是在立法技术上的一种变通性处理。

这种变通性技术处理的妥当性,是基于法律作为社会科学的客体与自然科学的不同。自然科学更注重逻辑的严密性,而法学则不同,法律作为一种社会控制的方法,无一不渗透着立法者合目的性的考量,就此,逻辑性只是考量的诸要素中的一种,此外,节约立法成本的考虑(避免在各编中重复规定)、体系上便宜的考虑(类似内容的集中规定,如将各种法律关系主体、客体及内容集中起来,规定相应的主体群、客体群、权利义务责任群等,形成一个有利于概观的体系)都是必需的。这也是法学博大精深的一种体现,因为它不是简单的近似机械化的单纯逻辑。

三、《民法典》总则编规定民事法律关系一般性规则的逻辑线索

《民法典》总则编规定民事法律关系一般性规则,必须以民事法律关系为规范的对象。在规范民事法律关系的一般性规则时,最好的方法,就是以民事法律关系要素作为逻辑线索。在德国法系的民法典中,基本上按照这样的逻辑线索规定民法总则的逻辑结构。

因此,我国《民法典》总则编的基本逻辑结构是:

(一)基本规定

依照我国的立法习惯,任何法律都要规定立法目的与法律的适用范围、法例、基本原则及法律的解释等,《民法典》第1条规定了立法宗旨和立法根据,第2条规定了民法的适用范围,第3条至第9条规定了民法的基本原则,第10条规定法源,第11条规定民法特别法,第12条规定了民法的效力范围。

(二)规定民事法律关系的主体

1. 自然人

在《民法典》总则编中,规定自然人,必须首先规定自然人的民事权利能力与民事行为能力,之后,要规定特殊民事主体,如胎儿、心智丧失之人等;要规定亲权、监护与照管、宣告失踪和宣告死亡、个体工商户与农村承包经营户、住所等。

2. 法人

《民法典》总则编规定法人,要规定法人的设立、法人的能力(民事权利能力与民事行为能力)与责任(有限责任及其例外、社会责任)、法人的机关与住所、法人的监督、法人的消灭等。

3. 非法人组织

《民法典》总则编确认非法人组织的民事主体地位,为第三民事主体,享有民事主体的地位,能够依法以自己的名义从事民事活动,享有民事权利,履行民事义务,承担民事责任。

(三)规定民事法律关系的客体

《民法典》总则编在民事权利一章规定了部分民事权利客体。民事权利客体就是民事利益,是民事权利和民事义务支配的对象,基于民事利益而发生民事权利义务关系即民事法

律关系。应当确定人格利益和身份利益作为人身性民事法律关系的客体,规定明确的规则;应当规定财产利益,主要是物、给付行为和其他财产利益。

(四)规定民事法律关系的内容及其变动方式

《民法典》总则编规定民事法律关系的内容和变动方式,主要按照以下方面作出规定:

1. 内容

首先规定民事权利,规定民事权利的种类、行使及绝对权保护请求权。其次规定民事义务,应当规定民事义务的一般性条款,规定民事义务的种类。最后规定民事责任,应当规定民事责任的概念、构成要件与免责事由、民事责任方式及其适用、责任聚合与责任竞合的处理方式及损害赔偿责任的形态。

2. 民事流转方式

规定民事法律关系的民事流转,首先,应当规定一般规则,并规定导致民事流转的法律事实类型。其次,是规定民事法律行为。作为最主要的法律事实类型,民事法律行为专门规定民事法律行为的概念、成立与生效等;规定作为民事法律行为核心的意思表示,明确规定意思表示的概念、要件、瑕疵导致的无效与撤销等;明确规定对民事法律行为的解释、单方法律行为的特别规定及法律行为的附条件与附期限等。最后,应当规定民事法律行为的代理,作为法律行为的延展,规定代理的一般规定,包括代理的概念、类型、适用的排除、代理人行为能力的要求等;明确规定无权代理、表见代理及其后果。

3. 规定民事权利的时效制度和期限

规定了消灭时效和除斥期间,规定期限,包括期日和期间,以及期日和期间的计算方法。

本章思考题

1. 民事法律关系在民法中的方法论意义表现在哪些方面?
2. 民事法律关系的概念应当怎样理解?
3. 民事法律关系为什么是由三个要素构成的?各个要素应当如何理解?
4. 民事法律关系定性的意义是什么?结合讨论第一节典型案例,问:本案包含几个民事法律关系?应当如何进行分析?
5. 民事流转的基本形式有哪些?法律事实有哪些形式?结合讨论第二节典型案例,问:该民事法律关系的性质是什么?是基于何种法律事实发生的?
6. 民事法律关系的层级关系与抽象法律关系规则是何种关系?讨论第三节典型案例,问:对于该案件,如何适用抽象法律关系规则和具体法律关系规则?

第三章　民法结构与民法规则

本章要点

民法调整的对象是民法规范所调整的各种社会关系，即平等主体的自然人、法人与非法人组织之间的人身关系和财产关系。平等主体之间的人身关系和财产关系则是民法调整内容的两大类型。民法基本内容是规定民事权利、规定民事权利行使规则和规定民事权利保护方法。民法学的结构是指民法理论的结构，民法典的结构是民法典的法律结构。民法在规范市民社会的时候，更多地注重对民事主体行为的规范，其基本内容都是规范民事主体行为的规则，分为最高规则、基本规则、中间规则和具体规则。

调整对象　民法结构　规则体系　最高规则　基本规则　中间规则　具体规则　适用方法

第一节　民法的调整对象、基本内容和结构

典型案例

朱某在街上卖冰激凌，一位顾客发现一支冰激凌上面粘着一块拖布条，要求退换，朱某予以退换后，将这块冰激凌冻起来，要求生产冰激凌的食品公司赔偿50万元，否则就在"3·15"时曝光。食品公司同意赔偿，但认为要价太高而没有谈成，并向公安机关举报朱某敲诈勒索。公安机关将朱某逮捕，一审法院判决朱某敲诈勒索罪名成立，判处有期徒刑3年缓刑3年，朱某不服上诉。[1]

一、民法调整对象

（一）民法调整对象及其意义

法律以调整对象的不同为标准而分为不同的法律部门。民法调整的对象是民法规范所调整的各种社会关系，[2]即平等主体的自然人、法人与非法人组织之间的人身关系和财产

〔1〕 讨论提示：本案当事人之间的法律关系是民事法律关系，属于民法的调整范围，不属于刑法的调整范围。

〔2〕 参见王利明：《民法总则研究》（第2版），中国人民大学出版社2012年版，第25页。

关系。《民法典》第2条规定："民法调整平等主体的自然人、法人和非法人组织之间的人身关系和财产关系。"

研究民法调整对象的意义在于：第一，正确划分法律部门，区分民法和其他基本法，构建不同于其他基本法的民事法律体系。每一个不同的法律部门，都有自己的特定调整对象和适用范围，因而形成了特定的法域，并在此基础上构建整个法律体系。第二，根据民法不同于其他法律的调整对象，确定民法独特的法律调整方法，即主要是通过任意法的方法，赋予当事人以私法自治的权利，调整民事法律关系。第三，明确法院民事案件的管辖权限，对不同性质的诉讼案件适用不同的诉讼程序，在司法机关内部实行科学的分工。

（二）民法调整对象的内容

民法的调整对象分为两大类：一是平等主体之间的人身关系，二是平等主体之间的财产关系。

1. 平等主体之间的人身关系

人身关系，是指与人身密切相连而不可分割的社会关系，平等主体之间的人身关系，是指平等主体之间与人身不可分离而无直接财产内容的社会关系。一般认为，人身中的"人"是指人格，"身"是指身份。民法调整的人身关系，就是人格关系和身份关系。这两类法律关系在民法上表现为人格权和身份权。前者是具有非财产性、专属性、固有性的社会关系，后者是亲属之间的非财产性、身份性和义务性的社会关系。民法调整人身关系，坚持以人为本，突出对人格利益和身份利益等精神利益的保护，体现人的尊严，体现人格平等和人格自由，实现对人权的完善保护。

民法调整的人身关系的特点是：第一，主体地位平等。民法调整的人身关系的主体具有平等的法律地位，相互之间没有隶属关系，任何一方不得命令或者强迫另一方作出或者不作出某种行为。[3] 第二，与人身不可分离。人身关系是基于人身利益而发生的关系，离开了人身就不会发生人身关系。无论自然人还是法人，离开了人格关系，就不成其为人，就会丧失主体资格；同样，自然人如果离开了亲属之间的身份关系，也丧失了民事主体身份。第三，不直接体现财产利益。人身关系中权利人的权利和义务人的义务，都不直接体现财产利益，但人身关系与财产利益又有联系，有的人格利益可以转化为财产利益，如企业名称权可以依法转让，有偿转让即可获得财产利益；有些人格利益经过合理授权使用，也会产生财产利益，如公开权。[4]

2. 平等主体之间的财产关系

财产关系是以财产为媒介而发生的社会关系，是指平等主体在物质资料的生产、分配、交换和消费过程中形成的具有财产内容的社会关系。在民法上，这种财产关系主要表现为两种：一种是财产的所有关系，另一种是财产的流转关系。财产所有关系是人们在占有、使用、收益和处分物质财富过程中所发生的社会关系，表明财产的归属关系，体现某一种特定的财产归谁所有，以及其他人就该财产与财产权利人之间的利用关系。[5] 财产流转关系是

---

〔3〕 参见［德］卡尔·拉伦茨：《德国民法通论》（上），王晓晔等译，法律出版社2003年版，第5页。

〔4〕 参见杨立新：《人格权法》，法律出版社2011年版，第324页以下。

〔5〕《物权法》第2条第1款规定："因物的归属和利用而产生的民事关系，适用本法。"

指人们在转移物质财富过程中所发生的社会关系,是动态的财产关系,包括商品流转关系、遗产流转关系以及其他财产流转关系,其中商品流转关系是最主要的财产流转关系。

财产的所有关系着眼于利益的享有,是享有的安全,为静的安全,这种安全主要由物权法等来保障。财产的流转关系着眼于利益的取得,是动的安全,是交易的安全,几乎所有的民法都调整财产流转秩序,最为重要的为债和合同法。[6] 民法调整财产归属关系的目的在于维护财产的归属秩序,以保护财产的静的安全,而调整财产的流转关系的目的在于维护财产的交易的安全和秩序,以保护财产的动的安全。[7]

上述社会关系作为民法的调整内容,必须是在平等主体之间发生的,不是平等的主体之间发生的人身关系和财产关系不能作为民法调整的内容。主体平等,就是当事人之间互不隶属,处在同等的地位,保持自己独立的自由意志。

(三)民法的调整方法

法律调整,是指法律凭借其权威,对社会关系施加影响、进行规范的活动,使之形成一种理想的社会秩序。民法的调整方法,一是事前的调整,二是事后的调整,通过这样两种调整方法实现对社会关系的影响和规范。

1. 事前调整

民法的事前调整,是将社会关系塑造为法律关系,使其依循符合立法者意志的方向发展,形成一种理想的民法秩序。这就是确定民事权利义务关系,使民事法律关系的参加者按照民法的规定,行使权利,履行义务,形成理想的民法秩序。

民法的事前调整最重要的任务,是制定完善的民法典,规定民事主体行使权利、履行义务的行为规范,使民事主体按照民法典规定的民法规则实施民事法律行为。

2. 事后调整

民法的事后调整是对被破坏的民事法律关系,按照民法的规定使之恢复圆满状态,恢复民法规定的民事秩序。这就是对破坏法律关系的人处以民事责任,使其受到制裁,强制其按照民法规范实施行为,同时对权利受到侵害的受害人进行救济,使其损害得到平复。

民法事后调整的关键在于民事司法,在于制定完成的民法规范适用于民事司法实践中,使被破坏的民事法律关系按照民法的规定恢复圆满状态,恢复民法规定的民事秩序。健全完善的民事司法体制,廉洁、高效的民事司法机制,是民法事后调整的最重要的保障。

二、民法的基本内容

与民法的调整对象和调整方法相适应,民法的基本内容包括以下三部分:

(一)规定民事权利

民法以权利为本位,民法的基本内容之一是规定民事权利。

民法规定的民事权利是与民法的调整范围相关的,即调整人身关系的那一部分规定的是人身权利,调整财产关系的那一部分规定的是财产权利。人身权利和财产权利是民法的

---

〔6〕 参见郑玉波:《民商法问题研究》(第1册),台北,三民书局1991年版,第415页。

〔7〕 参见王利明:《民法总则研究》(第2版),中国人民大学出版社2012年版,第35页。

两大支柱,民法就是由这两大类民事权利构成的。

1. 人身权利

人身权利是民事主体的基本权利,是民法的一大类民事权利,是指民事主体依法享有,以在人格关系和身份关系上所体现的,与其自身不可分离的利益为内容的基本民事权利。它包括人格权和身份权。

人格权是指民事主体专属享有,以人格利益为客体,为维护其独立人格所必备的权利。人格权包括生命权、身体权、健康权、姓名权、名称权、肖像权、形象权、声音权、名誉权、信用权、荣誉权、人身自由权、隐私权、个人信息权、性自主权等。

身份权是指民事主体基于其特定的亲属身份关系并由其专属享有,以其体现的身份利益为客体,为维护该种关系所必需的权利。身份权包括配偶权、亲权、亲属权。

2. 财产权利

财产权利是民法的另一大类民事权利。《民法典》总则编将财产权利分为五种:一是静态的财产权即物权;二是动态的财产权即债权;三是无形财产权即知识产权;四是继承权;五是股权以及其他投资性权利。

物权是指权利主体在法律规定的范围内,直接支配一定的物并享受其利益的排他性权利,分为自物权和他物权,自物权即所有权,他物权包括用益物权和担保物权。

债权是指按照合同约定或者依照法律规定,在当事人之间产生的特定的权利义务关系,体现这种权利义务关系的动态权利,就是债权。债权分为合同之债权、侵权之债权、无因管理之债权、不当得利之债权和单方法律行为之债权。其中合同之债是最典型的债权,最能体现动态财产关系的实质。

知识产权是指自然人、法人对自己的创造性的智力活动成果依法享有的民事权利,包括著作权、专利权、商标权和其他智力成果权。知识产权既有财产权的性质,又有人身权的性质,是一种财产权利和人身权利相结合的综合的民事权利。

继承权的性质是财产权,是以身份权作为基础而发生的继承遗产的权利,调整的是自然人死后的遗产的分配关系。

《民法典》第125条还规定了股权和其他投资性权利。股权是指民事主体因投资于公司,成为公司股东而享有的权利,包括公益权和质疑权。其他投资性权利是指民事主体通过投资享有的权利。

(二)规定民事权利行使规则

民事主体享有了权利,还要依照自己的意愿行使自己的权利,而行使权利必须按照法定的规则行使。在所有的成文法中,民法典的篇幅之所以最为庞大,其原因就是民事权利的行使规则最为复杂。

《民法典》第130条至第132条规定了民事权利行使的一般规则:第一,民事主体按照自己的意愿依法行使民事权利,不受干涉,这是规定民事主体享有的自我决定权,即民事主体行使民事权利,依照自己的意愿依法自主决定,不受他人干涉的权利;第二,民事主体行使民事权利时,应当履行法律规定的和当事人约定的义务,即权利义务相一致原则,不得只享有权利而不履行法律规定和当事人约定的义务;第三,民事主体不得滥用民事权利,损害国家利益、社会公共利益和他人合法权益,即禁止权利滥用原则,滥用民事权利,造成他人损害的,应当承担民事责任。

在民事权利行使的具体规则中,有一个对比分明的现象,就是财产权利的行使规则最为复杂,人身权利的行使规则较为简洁。在《民法典》中,规定物权和债权的内容占了大部分的篇幅,而人格权的规定在我国《民法典》总则编规定了3个条文,人格权编规定了51个条文,在很多国家的民法典中甚至对人格权只作一般性规定。这是因为,财产权利都涉及财产的归属、利用和流转,权利人行使权利必然要涉及他人的利益,至于身份权则需要规定具体的规则,因而财产权法篇幅超过人格权法。财产权的行使必须遵守严格的规则,才能够保证财产归属、利用和流转秩序不发生混乱。而人身权尤其是人格权的行使,只要权利人不滥用权利,义务人不侵害权利人的权利,就不会发生问题,因而不需要规定特别详细的规则。

(三)规定民事权利的方法

民法的第三部分内容,是与民法的第二种调整方法相适应的,就是对民事权利的保护,即采用民事责任的方式,对违反民事义务侵害民事权利的民事违法行为进行制裁的内容,民法的强制力就体现在这一部分内容上。《民法典》总则编第八章规定了民事责任的一般规则。

正当行使民事权利是适法行为,是正当的行为,受到法律的保护。权利受到侵害,民法就要进行救济,对侵权行为人进行制裁,对受害人进行保护,使其受到侵害的权利得到恢复。

民法对民事权利的保护,采用请求权的方式。对于民事权利受到侵害或者妨害的民事主体,法律赋予其请求权,有权请求侵害或者妨害其权利行使的人承担法律规定的责任,恢复其权利。保护权利的请求权体系分为两个体系,一是固有请求权,二是侵权请求权,分别担负保护权利的职责。前者是各种民事权利所固有的权利,后者是根据侵权责任法的规定,在权利受到侵害之后新发生的请求权,依据侵权责任法的规定保护民事权利。

三、民法的基本结构

(一)民法结构的含义

民法结构包括民法学的结构和民法典的结构。民法学的结构是指民法理论的结构,是民法学在研究民法现象时所形成的理论结构,是以民法典作为研究对象,在理论上表述民法典的逻辑和内容,形成的理论体系的逻辑层次和表现段落。而民法典的结构,则是民法典的法律结构。因此,民法结构和民法典结构这两个概念既相联系,又相区别。

结构就是事物的各个组成部分的搭配和排列,[8]表现的是事物内在内容的各个部分依照逻辑层次在外在表现上的搭配和排列。民法结构就是民法典和民法学所表现的其内在内容及其组成部分按照逻辑层次进行的搭配和排列。第一,民法结构表现的是民法的内容和组成部分,它们的关系是内在的内容和外部的表现形式的关系;第二,民法结构的表现形式是搭配和排列,是各个部分按照一定的规律进行的搭配和排列;第三,民法结构对民法内容和组成部分的搭配和排列,是依照一定的逻辑层次进行的,这就是民法的基本规律所包含的逻辑关系。掌握民法结构,是学习和掌握民法的基础。

---

〔8〕 参见中国社会科学院语言研究所词典编辑室编:《现代汉语词典》(修订本),商务印书馆1996年版,第646页。

(二)民法的基本结构

民法的基本结构由四个部分组成,这四个部分搭配和排列的方式不是平行的,而是纵横相交的框式结构。这四个部分就是总则部分、人法部分、财产法部分和权利保护法部分。

民法总则处于框式结构的顶部,其所表现的是民法总则的理论形式,这是对民法全部内容的概括,是对民法总则内容的抽象,其实规定的就是民事法律关系的概括的规则,是民法典的全部内容的抽象和概括,是统领民法全部内容的总纲。

在民法总则之下,是民法的两个基本构成部分,处于框式结构的两边,是民事权利两大系统。民法典规定的所有民事权利即人身权利和财产权利,是民法的两大支柱,是民法的人法和财产法。这是民法的主体部分,民法典主要的条文都规定在这个部分。人法规定的是关于民事主体自己的权利,包括人格权、身份权;财产法是民事主体基于财产所发生的权利,包括物权、债权、继承权和知识产权。在这两大支柱之中,规定了民法典三方面的基本内容,即民事权利、民事权利行使的规则,以及民事权利所固有的保护自己的请求权体系。

权利保护法是民法最后的一个部分,处于框式结构的底部。它所处的地位,表明了侵权责任法在民法中的权利保护法的地位。尽管《民法典》总则编将侵权后果规定为债,但不能因此而否定侵权责任法的权利保护法的地位和性质。

(三)民法结构与内容的关系

民法由四个部分组成的结构与民法三个基本内容的关系,是内容与形式的关系。其相对应的关系是:

民法结构的第一部分总论,概括的是民法典总则部分,是对民事法律关系的一般规定,也是民法的方法论,是认识民法的基本方法,是研究民法的基本方式,也是适用民法的基本方式。

构成民法主体部分的人法和财产法的两个部分所涵盖的,是规定权利、规定权利行使规则以及权利保护的固有请求权系统。在民法典分则各编中,按照不同的权利类型分为不同的编,在每一编规定一类民事权利,以及该类权利包括哪些具体权利,同时规定行使这些权利的时候应当遵守何种规则。

民法结构的最后部分,是侵权责任法,概括的是第二类权利保护请求权方法,即侵权请求权的保护方法。侵权责任法作为主要的权利保护法,充当了各种权利的保护法。

第二节　民法规则的概念和体系

｜典型案例｜

22岁的张某未婚先孕,与男友商量后,到某医学院第一附属医院做人工流产。在男友去买病历本还没有回来的时候,医院的孙医生就对张某进行妇科检查,并组织20多名实习医生进行观摩,以其为标本,介绍女性下身各部位的名称以及早孕的各种症状,有的实习医生边观摩还边偷笑。张某感到屈辱,认为自己的隐私权受到了侵害,向法院起诉,要求追究该医院的民事责任。[9]

一、民法规则的概念和特征

(一)民法规则及其意义

从民法规范的角度出发来观察民法,民法的基本内容都表现为规则。规范就是指调整社会关系的规则,其目的在于规范社会生活的行为,而不在于描述社会事实。[10] 民法规则是指民法对民事主体行使民事权利、履行民事义务、承担民事责任所规定的规范。

民法在规范市民社会的时候,更多地注重对民事主体行为的规范。民法从技术的角度观察,基本内容都是规范民事主体行为的规则。民法注重规则的研究,并不是说它并不考虑市民社会的秩序,而是通过建立民法公正的、科学的、合乎市民社会发展的规律的规则,民事主体遵守这些规则,建立和谐、完美的市民社会。同时,民法规则的建立,也考虑到民事主体在行使民事权利、履行民事义务中发生民事争议,需要进行协调和处理的时候,能够有所遵循,以民法规则作为裁判规则,解决纷争,促进人民的团结,使市民社会和谐有序地发展。

(二)民法规则的特征

第一,民法规则是关于人的规则。市民社会是人的社会,民事主体是市民社会的主宰。市民社会运动的主体是民事主体,也就是人。因此,民法规则都是从人的角度作出规范,对人的本身进行规范,对人的行为进行规范,对人与人之间的关系进行规范,进而达到对市民社会整体的规范。

第二,民法规则的全部内容都是对人的权利的规范。民法规定所有的人都享有权利,同时,又规定其他任何人对享有权利的人负有义务,即使这种权利有绝对性和相对性之分,并且因此而使义务有所不同。在市民社会,任何民事主体都是权利人,而任何民事主体又都是其他权利人的义务人。任何民事主体都享有所有的民事权利。所以,民法规则的基本内容就是权利,民法就是一部权利规则法,其主体部分就是权利行使规则。即使像侵权责任法这样的权利保护法,其实也是权利保护的规则。

第三,民法规则是对民事法律关系的规范。权利是实现某种利益的可能性,但并不是一种简单的可能性,因为这种可能性的实现,需要与其相对应的义务人的容忍和行为。如果一个享有权利的权利人仅仅依靠自己独立地行使自己的权利,没有义务人的履行义务的行为,权利是不可能实现的。因此,权利的另一层含义是,基于权利而构成的权利义务关系,也就是民事法律关系。民法规则对民事权利的规范,也就是对民事义务的规范,同时,也就是对民事法律关系的规范。民事法律关系是民法的基本方法,民法规则规定的就是民事法律关系的规范。

---

〔9〕 讨论提示:医院对未婚女性做人工流产手术,组织医护人员进行观摩,首先是不符合公序良俗原则的要求,其次违反了人格权的人格尊严原则,最后是侵害了患者的隐私权。如此分析,能够区分各层级的民法规则的适用问题。

〔10〕 黄茂荣:《法学方法与现代民法》,法律出版社 2007 年版,第 67 页。

二、民法规则的体系

(一)民法规则体系的概念

民法规则体系,是指民法规则的层次结构。换言之,民法规则体系研究的是民法规则究竟由哪些部分构成。

(二)民法规则体系的结构

民法规则是一个体系,由三个不同层次的规则构成,即最高规则、基本规则和具体规则。此外,还包括介于基本规则和具体规则之间的中间规则。

1. 民法规则的最高规则

民法规则体系的最高规则,就是民法基本原则。《民法典》总则编规定了私权神圣原则、平等原则、意思自治原则、公平原则、诚信原则、公序良俗原则和绿色原则。这些规则是民法的本质及其基础的集中表现,是高度抽象的、最一般的民事行为规范和价值判断标准,它不仅是民事立法的准则,而且是民事主体进行民事活动的基本准则,是解释民法、适用民法和补充立法漏洞的基本准则。民法最高规则贯穿在整个民法制度和规范之中,是民法的本质和特征的集中体现,是高度抽象的、最一般的民事行为规范和价值判断标准。[11]

2. 民法规则的基本规则

民法规则体系中的基本规则,是基本权利类型的抽象规则。在一个基本类型的权利中,有自己所遵循的一般规则。民法不像刑法或者行政法那样整部法律在其统一的最高规则的指导之下,而是除了在最高规则的一般指导下,各种基本类型权利还有自己独特的、在这个领域中的一般规则。这是因为,民法的内容极其庞杂,各个部分之间具有相当大的差异,民法规则的最高规则只是起到原则的、最一般的规范作用,而在各种权利类型中,各自都有自己特别的、不同于其他权利类型的法则,有自己独特的一般规则。这些规则是规范该基本权利类型的一般规则,对其他基本权利类型不发生作用。它既接受民法规则最高规则的一般指导,同时又对该种基本权利类型中的具体权利规则具有指导意义。

3. 民法规则的具体规则

民法规则的具体规则,是指某种特定的权利行使的具体规范。例如,在物权体系中的所有权,包括一般所有、共有和建筑物区分所有,如何行使具体权利,都要有自己的规则。在物权法中,具体的规定就是它的具体规则,行使这种权利、进行民事活动、裁判民事纠纷,要按照这些具体规则进行。它既接受民法规则中最高规则的一般指导,也要接受基本权利类型的基本规则的指导。凡是违背最高规则和基本规则的,都认为是不合法的规则。因此制定民法、解释民法、适用民法,都必须接受这些最高规则和基本规则的约束。

4. 中间规则

在民法规则体系中,还有一种中间规则,它存在于基本规则与具体规则之间。不过,这种规则在有些权利类型中存在,在有些权利类型中并不存在,因此并没有将它作为一个普遍的规则体系层次。例如,债法有债法的基本规则,但是在债法的基本规则与债法的具体规则

---

〔11〕 参见王利明:《民法总则研究》(第2版),中国人民大学出版社2012年版,第104页。

之间,存在合同之债、无因管理之债、不当得利之债与单方法律行为之债等不同的债的基本类型,各自都有自己的规则。例如,在合同之债中,存在合同之债的抽象规则,这种合同之债的抽象规则对所有的合同类型都具有指导意义,既不是债法的基本规则,也不同于具体类型合同的具体规则,因此是中间规则。掌握这种中间规则,对于研究具体问题具有重要意义。

第三节 民法的最高规则

|典型案例|

蒋某与丈夫黄某于1963年结婚,婚后感情不和分居。1996年,黄某认识了张某,并与张某同居。黄某患肝癌后,张某精心照料,并在2001年4月22日黄某去世时将其妥善安葬。张某向蒋某出示黄某生前的公证遗嘱,遗嘱明确将其遗产指定由蒋某继承一部分,另一部分总值约6万元遗赠给张某。蒋某控制了全部遗产,拒绝执行遗嘱。张某认为,蒋某的行为侵害了她的合法权益,按照法律规定,她有权获得黄某遗赠的财产,遂起诉请求法庭判令蒋某给付黄某遗赠给她的遗产6万元。法院以遗嘱违反公序良俗原则判决遗嘱无效。[12]

一、私权神圣原则

(一)私权神圣原则的概念

《民法典》第3条规定的是私权神圣原则,即"民事主体的人身权利、财产权利以及其他合法权益受法律保护,任何组织或者个人不得侵犯"。

私权神圣原则是指民事主体的人身、财产权利以及其他合法权益神圣,受法律保护,任何组织或者个人不得侵犯的民法基本准则。

(二)私权神圣原则的含义

第一,民事主体享有广泛的民事权利,包括人身权利、财产权利。凡是《民法典》规定的民事主体享有的民事权利,都是神圣不可侵犯的权利,都受到民法的全面保护。民法的任务就是创设私权并保障这些私权的实现。尽管我国从义务本位到权利本位,再到社会本位加权利本位,但一直残留着公权力干预的影子,这样的现状并不是完全的私权神圣。确立私权神圣原则,就是要拉平对公共财产与私人的民事权利的保护程度,使二者都处于神圣的状态,都依法受到保护。

第二,民事主体不仅享有广泛的民事权利,还享有合法的其他利益,凡是民法保护的民事主体的利益,都属于法益的范畴,也都是神圣不可侵犯的,都受到民法的全面保护。尽管法律不能对民事权利进行全面确认,但是在民法规定的民事权利之外,只要法律不加以禁

〔12〕 讨论提示:本案裁判是错误适用公序良俗原则的一个典型案例。黄某与蒋某分居后,与张某同居,在法律上并不适当,在遗嘱中遗赠自己的遗产给张某,是自己的真实意思表示,且经过公证,具有法律效力。法院应当尊重死者的遗嘱,保障遗嘱自由。

止,民事主体就应该享有其他合法利益,并且受到民法的保护。

第三,民事主体的合法权益神圣,就意味着民事主体享有、行使民事权益,不受任何人和任何机关的非法干涉和侵犯,凡是非法侵犯民事主体合法权益的,都构成侵权行为,应依法予以制裁。民事主体享有的合法权益,只要未经人民法院依法剥夺就永远享受,即使自然人死亡之后,其人格利益也仍然受到法律保护,不能够被剥夺,侵害死者的人格利益,同样也构成侵权责任。

第四,民事主体的民事权益受到侵害的,受害人享有请求权,有权依法向法院起诉,请求保护,而使受到侵害的权益得到恢复,保持民事权利的圆满状态。法官不得以法无明文规定而拒绝审判,从而防止受到侵害的民事主体的民事权益无法得到恢复。

二、平等原则

(一)平等原则的概念

平等原则是民法针对民事主体地位确定的最高规则,是指在民法中所有的民事主体在地位上一律平等,没有任何人的地位可以高于其他人的地位的最高准则。《民法典》第4条规定:"民事主体在民事活动中的法律地位一律平等。"

平等原则是民法最高规则,居于重要的地位。这是因为:第一,民事主体地位平等集中体现了民法调整对象特征。民法调整对象是平等主体之间的人身关系和财产关系,而不是非平等主体之间的社会关系;不是平等的主体之间的社会关系,不由民法进行调整。第二,民事主体的地位平等集中反映了民事主体对其市民社会地位的诉求。如果民事主体的地位不平等,其享有的权利和负担就会不平等,一定会造成不公平的后果,使一部分民事主体可以支配、歧视另一部分主体。第三,民事主体地位平等是市场经济的本质要求。市民社会与市场经济紧密相关,市场经济的最本质特征就是体现在主体之间的平等性上,交易天然地要求交易双方的地位是平等的,在利益上是等价的,否则就不能产生公平的竞争,不能形成良好的市场经济秩序。

平等原则是由民法调整的社会关系的性质决定的。民事主体地位平等的前提是人格独立和人格平等,在此基础上,任何民事主体的地位一律平等。平等以独立为前提,独立以平等为归宿。平等的实现,就使民事主体在相互之间互不隶属,各自能独立地表达自己的意愿,其合法的权益得到平等保护。

平等原则虽然是民法的最高规则,但是在法人这种团体主义产物出现后,民事主体地位平等开始面临威胁,其根源就是法人的垄断地位。一方面,法人在法律上的垄断是指当事人根据法律的规定而对某些特殊行业或者领域拥有独占经营权,因而使其他主体无法介入该领域的经营,从而使法律许可的主体取得了经营的垄断权。另一方面,法人在事实上的垄断是指当事人在经济上的强大优势,使其在一定领域中形成了事实上的垄断经营权,因而使其他主体对该领域的经营不敢问津,造成事实上的垄断。民法的基本宗旨在于自然人,但法人跃然于自然人之上,形成价值的错位。[13] 民法将公平原则作为首要的最高规则,就是要挑战这种现象,纠正这种错位。在当代,民法必须由"平等且对等的人民"向"以多样性为前提

〔13〕 参见李永军:《民法总论》,中国政法大学出版社2008年版,第38页。

的实质的平等的人民"转换,晚近德国修改其民法典,将保护消费者的各有关法规纳入民法典,将消费者的概念写入民法总则的主体范围,就是有力的证明。[14]

(二)平等原则的表现

平等原则的具体含义包括:

第一,民事主体的资格平等。民事主体资格平等就是所有的民事主体的民事权利能力一律平等。《民法典》第13条和第14条规定,自然人自出生时起到死亡时止,具有民事权利能力,即具有民事主体资格。民事权利能力一律平等,而不问性别、年龄、民族、宗教、信仰、文化程度以及智力程度。《民法典》第59条也专门规定,法人的民事权利能力和民事行为能力从法人成立时产生,到法人终止时消灭,享有民事主体资格。法人的业务性质不同,具体的业务范围有可能不同,但其民事主体资格完全平等。

第二,民事主体的地位平等。在各种具体的民事法律关系中,在各种民事活动中,民事主体的法律地位一律平等。当事人参与法律关系时的地位必须平等,任何一方都不具有凌驾或优越于另一方的法律地位。当事人在进行民事活动时,必须平等协商,不得对另一方发出强制性的命令或指示,不得要挟和强制。

第三,民事主体平等地享有权利、承担义务。在民事法律关系中,当事人的权利义务也是平等的,享有权利,承担义务。例如,人格权人对其人格利益享有人格权,财产所有人对其所有物享有所有权,作者对其作品享有著作权;所有的人格权、财产所有权的义务人都负有不可侵义务,所有的著作权义务人对他人的著作权都不得侵害,所有的第三人对他人的合法债权都负有不可侵义务等。因此,民事主体在享有权利和负担义务的时候一律平等。当然,在某些具体的民事法律关系中,如在赠与合同关系中,双方当事人可能约定的权利义务并不对等,仅有一方享有权利,另一方负有义务,但这并不是对平等原则的否定,而是意思自治原则使然。

第四,民事主体在适用法律时平等对待。当事人在法律面前人人平等,在适用法律规则时一律平等,平等地受到民事法律的拘束,违反法律时承担相应的民事责任,不得有任何偏袒和歧视。

第五,民事主体的民事权益平等地受法律保护。民事主体的民事权益,有法律直接规定的,有当事人依法通过合同约定的。任何民事主体合法民事权益都受法律保护,他人不得侵犯。任何一个民事主体的权利受到侵害之后,都平等地受到民法的保护和救济。

三、意思自治原则

(一)意思自治原则的概念

《民法典》第5条规定的是自愿原则,是对意思自治原则的高度概括,[15]即"民事主体从事民事活动,应当遵循自愿原则,按照自己的意思设立、变更、终止民事法律关系"。学者解释为,"自愿原则是指平等当事人之间在确定、变更或者终止民事法律关系的时候,要以

---

〔14〕 参见陈华彬:《民法总论》,中国法制出版社2011年版,第59页。

〔15〕 参见王利明:《民法总则研究》(第2版),中国人民大学出版社2012年版,第115页。

各自的真实意志来表达自己的意愿”。[16] 可见,自愿原则是对意思自治原则的另一种表述。

意思自治原则也称为私法自治原则,是指民法规定的民事主体在法定范围内享有广泛的行为自由,并根据自己的真实意志设立、变更、消灭民事法律关系的基本准则。

意思自治原则在民法领域中具有重要地位,要求在市民社会中,所有的民事主体都能在自我决定下,依据个人的意思行使民事权利,履行民事义务,参与具体的民事活动,实现自己对社会生活的要求,而无须国家的介入。因此,意思自治原则体现了民法的基本精神,贯穿于整个市民社会之中,调整全部民事法律关系。

《民法典》总则编将意思自治原则规定为民法基本原则,是因为意思自治原则奠定了民法作为市民社会基本法的基本地位,强调私人之间各法律关系应取决于个人的自由意思,承认当事人依本人自由意识所为的意思表示具有法律的约束力,应对基于此种意思表示所形成的私法上的生活关系赋予法律上的效力。意思自治原则最直接地反映了市场经济的本质需求,在市场经济中,民事关系特别是合同关系是主要的社会关系,这种关系越发达越普遍,就意味着交易越活跃,市场经济就越具有活力,社会财富才会在不断增长的交易中得到增长,民法强调意思自治原则,就是要保障民事主体在市场中享有在法定范围内的广泛的行为自由,并能根据自身的意志从事各种交易和创造财富的行为。因此,意思自治原则,是贯彻民事主体行为自由的必然要求,每一个民事主体只有具备了这种行为自由,才能够充分地发展自己的人格,维护自己的尊严,实现自己在市民社会中的价值。

(二)意思自治原则的含义

尽管意思自治原则在民法的各个部分强度有所不同,如在合同编中,意思自治原则具有更重要的地位;在物权编中,因物权规则主要是强制法,意思自治原则不得改变物权法定原则,但是意思自治原仍是民法的基本原则,调整几乎全部的民事法律关系。意思自治原则的主要内容是:

第一,确立民事主体在法律允许的范围内具有广泛的行为自由。意思自治原则的实质,就是赋予民事主体以行为自由,在法律允许的范围内,自主决定自己的事务,自由从事各种民事活动,确定参与市民生活的交往方式,最充分地实现自己的价值,而不受任何非法的干预。意思自治原则赋予民事主体行为自由的范围:一是有权依法从事某种民事活动和不从事某种民事活动的自由,即民事主体的民事活动完全由当事人自由安排,只要不损害公共利益或者他人的利益;二是有权选择其行为的内容和相对人,即可以自由地选择其他民事主体作为缔约伙伴,通过协商一致而达成合同条款,确定行为的内容,自愿接受这些条款的约束;三是有权选择其行为的方式,无论是口头形式、书面形式还是其他形式,除了法律法规要求某种民事行为须采取特殊形式的民事行为之外,行为人都有权就行为的方式自由作出选择;四是有权选择有利于自己的补救方式,当民事主体履行义务不适当应当承担民事责任时,权利人一方有较大的选择自由,在责任竞合的情况下,有权选择有利于自己的请求权,保护自己的权利。

第二,确立民事主体自由实施法律行为,调整主体之间的相互关系。意思自治原则确立民事主体的行为自由,就是要保障民事主体能够自由地实施法律行为,调整与其他民事主体

〔16〕 中国政法大学民法教研室编:《中华人民共和国民法通则讲话》,中国政法大学出版社 1986 年版,第 25 页。

之间的相互关系。他们可以根据民法的一般性规定,通过自主协商而达成合意,这种合意具有优先于法律任意性规范适用的效力,据此在民事主体之间设立、变更或者消灭相互之间的权利和义务。这就是意思自治原则所具有的保障民事主体根据自己的意志,通过法律行为构筑其法律关系的功能。

第三,确立法无明文禁止即为自由原则。意思自治原则同时也表明,在私法领域,民事主体实施法律行为的原则,必须实现法无明文禁止即为自由,只要法律未设立明文禁止的规定,民事主体即可为,因而与公权力行使所适用的法无明文规定即不可为原则,是完全相反的。后者是对公权力的限制,前者是对私权利的保障。只要不违反法律法规的强制性规定,民事主体可以自由行使民事权利,国家不得对其进行干预。

四、公平原则

(一)公平原则的概念

《民法典》第6条规定的是公平原则:“民事主体从事民事活动,应当遵循公平原则,合理确定各方的权利和义务。”公平原则,是民法针对民事利益确定的基本原则,是指对市民社会的人身利益、财产利益进行分配时,必须以社会公认的公平观念作为基础,维持民事主体之间利益均衡的基本规则。

市民社会的基本构成成分,一是民事主体,二是各种民事利益,包括财产、人身利益。民法规范民事利益的分配关系,是以权利为标准,对全部民事利益进行分配,实现利益均衡的公平。因此,公平是民法的最高规则,是进步和正义的道德观在民法上的体现。在处理涉及权利冲突和利益争执的纠纷时,公平原则是最基本的平衡标准。

(二)公平原则的含义

公平原则要求民事主体应本着公平、正义的观念实施民事行为,司法机关应根据公平的观念处理民事纠纷,民事立法也应该充分体现公平的观念。

公平原则的具体含义是:

第一,公平原则的基本要求是民事利益分配关系的均衡,以实现分配正义。民法的公平,是以利益的均衡作为价值判断标准,调整民事主体之间的民事利益关系。公平是指一种公正、正直、不偏袒、公道的特质或品质,同时也是一种公平交易或正当行事的原则或理念。任何民事活动,都涉及民事利益的分配。公平原则要求民事主体利益分配的公平性,以保证民法分配正义的实现。

第二,公平原则要求民事主体依照公平观念行使权利、履行义务,以实现交换正义。公平原则是强调民事主体在民事活动中,要遵循公平正义的理念和道德法则。因此,民事主体在从事民事活动的过程中,应当按照公平的观念正当行使权利,严格履行义务。在民事利益交换中,体现民法正义的要求。例如,在合同订立后,当事人应当顾及对方当事人的利益,进行充分准备,避免自己的行为给对方造成利益的损害。又如,在权利行使过程中,应当充分顾及他人的利益,不得滥用权利。

第三,公平原则主要是对民事活动目的性的评价标准,以实现实质正义。判断任何一项民事活动是否违背公平原则,较难对行为本身和行为过程作出评价,更多需要从结果上对是否符合公平要求进行评价。如果交易的结果导致当事人之间极大的利益失衡,除非当事人自愿接受,否则法律应当作出适当的调整。[17] 例如,在某种特别情形中,依据过错原则所作出的裁判结果如果违背了公平原则,则可以依据公平原则进行调整。由于公平是一种目的性的评价标准,所以公平原则更多地体现了实质正义的要求。

第四,公平原则是法官适用民法应当遵循的基本理念,以实现裁判正义。法律是善良公平之术,而民法最充分地体现了公平、正义的要求。所以,法官在适用法律处理民事纠纷时,应当严格依照公平理念作出判断。可以说,任何一个判决如果在结果上是不公平的,则可能有缺陷。公平虽然是一个抽象的概念,但因为社会一般人对公平仍然有一个基本的价值评判标准,所以法官应当依据社会的一般公平、正义观念进行司法活动,实现裁判正义。

五、诚信原则

(一)诚信原则的概念

诚信原则,是民法针对具有交易性质的民事行为和民事活动确定的最高规则,是将诚实信用的市场伦理道德准则吸收到民法规则当中,约束具有交易性质的民事行为和民事活动的行为人应当诚实守信、信守承诺的民法最高准则。"诚信原则之作用力,世罕其匹,为一般条项之首位",[18] 因此,诚信原则被称为民法特别是债法的最高指导原则,甚至被称为"帝王原则"。《民法典》第 7 条规定:"民事主体从事民事活动,应当遵循诚信原则,秉持诚实,恪守承诺。"

(二)诚信原则的功能

诚信原则是一项特别重要的原则,是市场经济交易当事人应严格遵循的道德准则,也是每一个公民在社会生活中行使权利、履行义务所应当遵循的基本原则。诚实信用原则是基本的商业道德,也是信用经济的基础。任何一部法律的执行都要求执法者、守法者具有良好的法律意识和诚信观念。否则,再好的法律也将在执行中被规避,甚至形同虚设。从这个意义上说,依诚信原则行使权利和履行义务将为法治社会奠定坚实的基础。

尽管诚信观念实际上是道德和伦理的观念,但在法律上确认诚信原则也表明了法律对这一伦理价值的珍视,说明违反诚信原则并不仅仅是承担道德上的谴责或者其他道德责任,而且还需要承担法律上的责任。诚信原则作为民法的一个基本原则,属于强行性规范,当事人不得通过约定的方式排除和规避该规则的适用。

诚实信用原则的基本功能是:

第一,确定民事行为规则。诚信原则在确定民事行为规则时,主要体现在两个方面:一是行使民事权利应诚实为本。民事主体行使民事权利,与他人之间设立、变更或者消灭民事法律关系,都必须诚实,不作假,不诈欺,不损害他人的利益和社会公共利益,特别是不得滥用民事权利。滥用权利,造成他人损害的,应当承担民事责任。二是履行民事义务应恪守信用。民事主体履行义务必须守信用,重承诺,严格按照法定义务和约定义务履行。不履行义务,以及不履行义务给他人造成损害的,都应当自觉承担责任。

---

〔17〕 参见王利明:《民法总则研究》(第 2 版),中国人民大学出版社 2012 年版,第 121 页。

〔18〕 杨仁寿:《法学方法论》,台北,三民书局 1995 年版,第 171 页。

第二,为解释法律和合同确定准则并填补法律漏洞和合同漏洞。民法确立诚实信用为最高规则,同时还根据需要制定若干体现诚实信用原则具体条款,使诚信原则通行于民法的各个环节。在解释法律和合同时,应当遵守诚信原则;在法律出现漏洞时,应当依据诚信原则进行补充;在法律规定不足或者存在空白的时候,法官应当依据诚信原则作出补充,不得因法律无明文规定而拒绝审判;在合同法领域,如果合同出现漏洞,也应依据诚信原则进行补充。

第三,依诚信原则衡平当事人的利益冲突。法官以及仲裁员在处理民事案件时,应当贯彻诚实信用原则,要以事实为依据,以法律为准绳,全面保护各方当事人的权利,平衡各方当事人的利益,平衡当事人与社会之间的利益平衡。同时,要求当事人在民事活动中充分尊重他人利益和社会利益,不得损害国家、集体和第三人的利益。

不过,在规定诚信原则的条文中,加上了"秉持诚实,恪守承诺"的内容后,对诚信原则的适用范围和立法本意有所限制,有所不妥,限制了诚信原则的适用范围。

六、公序良俗原则

(一)公序良俗原则的概念

《民法典》第 8 条规定:"民事主体从事民事活动,不得违反法律,不得违背公序良俗。"这一条文规定的是公序良俗原则。公序良俗原则,也是民法针对民事行为和民事活动确定的最高规则,是指以一般道德为核心,民事主体在进行非交易性质的民事行为时,应当尊重公共秩序和善良风俗的基本准则。这是民法要求民事主体对社会和道德予以起码的尊重,针对的主要是非交易性质的民事行为和民事活动。

公序良俗是由公共秩序和善良风俗两个概念构成的。我国《民法通则》第 7 条以社会公德和社会公共利益代替公共秩序和善良风俗,要求民事活动应当尊重社会公德,不得损害社会公共利益,实际上承认了公序良俗原则。《民法典》总则编改变了以前的表述方法,直接规定为公序良俗原则。在非交易的民事行为和民事活动中,公序良俗是衡量利益冲突的一般标准。法官依据公序良俗原则,填补法律漏洞,平衡利益冲突,确保国家和公共的利益,协调冲突,保护弱者,维护社会正义。

(二)公序良俗原则的含义

公序良俗原则最早起源于罗马法,并为大陆法系国家的立法所借鉴。《法国民法典》将公共秩序和善良风俗规定在一起,第一次明确规定"个人不得以特别约定违反有关公共秩序和善良风俗的法律",并称之为公序良俗原则。《德国民法典》只规定了善良风俗,没有规定公共秩序的概念,《日本民法典》确认公共秩序原则。[19] 我国民事立法一直没有采用公共秩序和善良风俗的概念,代之以社会公德和社会公共利益的概念。我国《民法典》第 8 条在规定民事活动不得违反法律的同时,确认了公序良俗是民法基本原则。

公共秩序,是指全体社会成员的共同利益。法律维护公共秩序,保障社会公共利益,也就是保护全体人民的共同利益,保护每一个公民的自身利益。我国《民法典》总则编不仅将

---

〔19〕 参见王利明:《民法总则研究》,中国人民大学出版社 2003 年版,第 127 页。

尊重公共秩序作为民事活动的基本原则,而且在民事法律行为制度中,将尊重公共秩序作为民事法律行为的有效条件之一。《民法典》第143条也明确规定,有效的民事法律行为不得违背公序良俗。法律强调违反公共秩序的行为无效,是从正面强调了对公共秩序的维护。

善良风俗也就是社会公共道德,是指由社会全体成员所普遍认许、遵循的道德准则,是我国民法恪守的基本理念之一,如我国民法提倡尊重人格尊严,切实保护民事主体的人格权;提倡家庭生活中互相帮助、和睦团结,禁止遗弃、虐待老人和未成年人,禁止订立违反道德的遗嘱,禁止有伤风化、违背伦理的行为;在财产关系中,要求人们本着"团结互助,公平合理"的精神建立睦邻关系,提倡拾金不昧的良风美俗,确认因维护他人利益而蒙受损失者有权获得补偿等。

法律规定公序良俗原则的意义是:

第一,主要目的在于实现对社会秩序的控制,由于对秩序的控制不可能全部由强行法来完成,规定公序良俗就是为了强调民事主体进行民事活动中必须遵循社会所普遍认同的道德,补充强行法规定的不足,从而使社会有序发展。

第二,对意思自治进行必要的限制,意思自治必须依赖于公序良俗原则,实现意思自治必须在不违背公序良俗原则时才为适法,据此对民事行为提供更为全面的规则,并对其法律效力作出评价。

第三,弘扬社会公共道德,建立稳定的市民社会秩序,从而保障市民社会有序发展。

七、绿色原则

(一)绿色原则的概念

《民法典》第9条规定:"民事主体从事民事活动,应当有利于节约资源、保护生态环境。"绿色原则也称为生态原则,是指民法要求民事主体在从事民事活动时,应当有利于节约资源,保护生态环境,实现人与资源关系的平衡,促进人与环境和谐相处的基本准则。

(二)绿色原则的意义

加强环境和资源保护,是我国《宪法》规定的基本国策,也是人类的共同职责。在编纂《民法典》时,规定环境保护的原则即绿色原则,是学者们的普遍愿望。《民法典》总则编把绿色原则作为中国民法的基本原则,以其统领《民法典》,以加强对环境和资源的保护,体现出了"绿色",对于我国现实情况而言,具有特别的价值。

把绿色原则规定为民法的基本原则,其意义在于,任何民事主体从事民事活动,不仅要遵循公平、正义、平等、诚实信用、公序良俗的原则,还必须把保护生态环境、节约资源的基本精神,作为贯穿物权、债权、知识产权、婚姻家庭、继承以及侵权责任的基本准则。民法基本原则是指导民事活动的指导思想所在。《民法典》总则编规定绿色原则作为民法的基本原则,就是要把绿色原则与公平原则、平等原则、诚实信用原则、公序良俗原则并列在一起,使节约资源,保护生态环境成为贯彻民法始终的行为准则,进而使人与资源的关系平衡,人与环境和谐相处。

(三)绿色原则的贯彻

民事主体从事民事活动遵循绿色原则的目的,就是节约资源,保护生态环境,促进人与自然的和谐发展。在民事主体行使民事权利时贯彻绿色原则,不仅仅要严格执行《民法典》侵权责任编对环境污染和生态破坏责任的规定,制裁环境污染的侵权行为人,责令环境污染的责任人负担更重的举证责任,甚至承担惩罚性赔偿责任,更重要的是,在行使物权、债权、知识产权等财产权利时,要充分发挥物的效能,防止和避免资源被滥用,使资源的利用达到利益最大化,使有限的资源在一定范围内得到更充分的利用。即使在婚姻家庭、继承等方面,也要体现绿色原则,缓解资源的紧张关系,使得在利用家庭财产、继承领域分配遗产时,采用最有利于发挥物的效能的方法。

第四节 民法的基本规则

|典型案例|

10岁男孩刘某和姐姐从湖边公园游玩后回家,经过小区门口,手中拿着一根竹枝碰到了站在旁边的一条狗,惹恼了狗的主人言某。言某冲上前,对着刘某就是一顿拳脚,又用两只手掐刘某脖子拖出十几米,还打了刘某两个耳光,把刘某的鼻孔打出血,又一脚踢在刘某的腿上,强令刘某跪下,逼着他给狗磕了两个头,给狗赔礼道歉。刘某经医院诊断为癫痫,司法鉴定构成六级伤残。[20]

一、人格权法的基本规则

(一)尊重和维护人的尊严

民法以人为本位,人格权法的全部内容所体现的都是人的尊严,就是尊重和维护人的尊严。维护人的尊严,是整个法律秩序的最高原则,其表现在民法上,即是相互肯定为同享权利与承担义务的主体。[21] 因此,尊重人的尊严是《民法典》人格权编的基本规则,是指导一切的原则。人格权以维护人之尊严为核心价值与存在基础,[22]《民法典》人格权编的全部目的也都是尊重和维护人的尊严。无论是一般人格权,还是物质性人格权、精神性人格权等各种具体人格权,以及对死者的人格利益保护,都以人的尊严作为最基本的内容和最基本的价值判断标准。凡是违反人的尊严的一切行为,都是违法行为。例如,对捐献遗体的处理,同样保护的是人的尊严。对一切人格权的行使,对人格利益的支配,以及对《民法典》人格权编的解释和适用,都必须体现人的尊严的原则。

(二)确定权利固有

人格权是固有的权利,不是自然人和法人后天取得的权利。人格权为一种原始的权利,

---

〔20〕 讨论提示:本案的争议属于人格权范畴,违反了维护和尊重人格尊严的原则,构成侵权责任。

〔21〕 参见王泽鉴:《民法总则》,北京大学出版社2009年版,第28~29页。

〔22〕 参见张红:《人格权总论》,北京大学出版社2012年版,第3页。

是与生俱来的。[23] 强调人格权固有,要反对"人格权法定"。所谓人格权法定,是指法律没有规定的人格权就不是人格权,因此,人格权必须经过法律规定。人格权以及人格利益是极为广泛的体系,法律仅仅规定了最基本的人格权,对于其他人格权并没有一一加以规定,如果仅仅强调法律规定的人格权才是人格权,才加以法律保护,就会出现对人格权保护不周的问题。在人格权保护中,既要强调人格权非法定化,又要强调不能将人格权泛化。

(三)尊重权利人独立行使权利

人格权是绝对权,只要权利人依照法律规定的规则行使权利即可,不必依靠义务人的行为辅助。权利人行使权利完全依照自己的意愿,只要不违反法律和公序良俗,就是正当行使权利。这是人格自由的基本要求,法律必须保障。权利人行使人格权受到法律保护,任何其他人都不得干预。因此,人格权也是绝对权,支配性是其基本属性,它反映的是权利主体对权利客体的关系,是指人格权的权利人可以在法律规定的范围内按照自己的意志直接享有、管领和处理其人格要素而无须他人行为或意思的协助。

二、身份权法的基本规则

(一)稳定亲属身份

人类生活中的种族生活,是指人类依其本能,承先继后,维护其种族于永远,因而有亲属的共同生活,体现的是身份关系。[24] 身份权的最基本作用,就是确定种族生活中亲属之间的相互身份地位关系。在市民社会通行人格平等的原则,只有在亲属之间,才有身份的高低和地位的尊卑,无论是封建传统浓厚的中国,还是奉行自由主义传统的西方国家,亲属之间都是如此。当然,不论亲属的身份高低和辈分的尊卑,相互之间的人格还是完全平等。在近现代身份法中的家族的生活关系,是个人及其权利义务既分解又统合的关系。[25] 民法确认这种身份地位关系,稳定亲属之间的地位,使民事主体在亲属关系上,依据血缘关系的远近,使之身份明确、地位固定,建立和睦、亲善的亲属关系,反对那种父不慈、子不孝、兄不宽、弟不仁的亲属关系,更反对亲属关系的乱伦,进而稳定社会秩序。

(二)维护亲属亲情

亲属的共同生活属于共同社会,与利益社会相对立。[26] 因此,亲情是亲属之间最基本、最亲近的感情,民法确认亲属之间的这种基本感情,并且将其上升为民法尤其是亲属法的基本规则,就是要将其作为巩固亲属关系,维护社会秩序的重要手段。它要求亲属之间必须按照亲情的基本需要,确定亲属之间的权利义务关系,并以这个准则作为判断身份行为的标准。例如,剥夺兄弟姐妹悼念共同尊亲属的权利的所谓侵害"悼念权"的案件,说明亲属的身份权维护的是亲属之间的亲情关系,对于违反亲情关系的行为应认定其为违法,应当受到谴责。亲属法将维护亲情作为维护亲属共同生活的基本点,通过维护婚姻家庭这一社会的

---

〔23〕 参见姚辉:《人格权法论》,中国人民大学出版社 2011 年版,第 48 页。

〔24〕 参见戴炎辉等:《亲属法》,2010 年作者自版,第 1 页。

〔25〕 参见陈华彬:《民法总论》,中国法制出版社 2011 年版,第 66 页。

〔26〕 参见戴炎辉等:《亲属法》,2010 年作者自版,第 1 页。

细胞,进而维护整个市民社会的正常秩序。

(三)以义务为身份关系中心

身份权法律关系的最基本特点是以义务为中心,而不是以权利为中心。这是亲属法历史发展的必然选择。在亲属法的早期,身份权以权利为中心,奉行的是亲属之间尊亲属对卑亲属的强行的人身支配,男性亲属对女性亲属的强行的人身支配,体现的是封建的、专制的、不平等的亲属关系。现代民法彻底改变身份权法的这一基本规则,将其改变为以义务为中心的权利,实行民主的、平等的身份关系,将亲属之间权利义务的着重点放在履行义务之上,建立了现代亲属法的基本法则。

三、物权法的基本规则

(一)鼓励创造财富

任何人、任何团体、任何社会的存在和发展都离不开对财富的拥有和支配,对财富的控制而形成的社会关系是社会最基本的关系。[27]《民法典》物权编的基本精神就是鼓励民事主体创造财富。物权法鼓励创造财富的基本方法,是通过划清财产权利的界限、强调物的归属和利用的方法,保护个人所有,使民事主体确信自己创造的财富归自己所有,不会被他人非法占有,对侵犯财产所有权以及他物权的行为予以法律制裁,从而使民事主体大胆创造财富,享受富裕生活。法律对这种发展自己、改善自己物质生活条件的欲望进行正确的保护和引导,就会把每个人追求财富、爱惜财富、保护财富的自觉性,改变为促进社会发展的源源不断的动力。[28]

(二)物权法定主义

物权法定主义是物权编的基本规则,也是《民法典》物权编区别于其他民法部门法的重要特征。其他任何民法部门法都实行意思自治原则,但在物权法中,物权的种类、内容和效力均实行法定。没有法律的规定,当事人不能创造新的物权,当事人也不能约定与物权法规定相悖的物权种类、内容和效力。违反物权法定原则,法律不认可其为物权,不发生物权效力,但是符合其他民事法律行为的生效条件的,许可其产生相应的法律后果。[29]《民法典》物权编在坚持物权法定主义的同时,也有物权法定的缓和,[30]对于法律没有规定但是习惯法已经确认的物权诸如典权、所有权保留、让与担保、优先权等新型物权,也承认其效力。

(三)公示原则和公信力

公示原则和公信力原则是物权法特有的规则,也是物权变动的基本规则。在物权发生、变更和消灭时,必须将物权变动的事实通过一定的公示方法向社会公开,从而使第三人知道物权变动的情况,避免第三人因不知道物权变动的状况而遭受损害,从而保护交易安全。公

---

〔27〕 参见孙宪忠:《物权法总论》(第2版),法律出版社2009年版,第1页。
〔28〕 参见孙宪忠:《物权法总论》(第2版),法律出版社2009年版,第3页。
〔29〕 参见孙宪忠:《物权法总论》(第2版),法律出版社2009年版,第238~239页。
〔30〕 参见杨立新:《民法分则物权编应当规定物权法定缓和原则》,载《清华法学》2017年第2期。

示方法依财产的性质而定，动产公示方法为交付，不动产公示方法是登记。一旦当事人变动自己的物权，严格依照法律规定的方法进行了公示，则即使依公示方法表现出来的物权不存在或存在瑕疵，但对于信赖该物权的存在并已从事了物权交易的人，法律仍然承认其具有与真实的物权存在相同的法律效果，以保护交易安全。

四、债法的基本规则

（一）意思自治

意思自治原则也称私法自治原则，是民事主体依法享有的在法定范围内的广泛的行为自由，并且可以根据自己的意志产生、变更和消灭民事法律关系，在全部民法规则中“占据重要的核心地位”。〔31〕意思自治原则在债法中表现为合同自由原则，强调有关合同的重要事项应由当事人自己来决定，〔32〕在《民法典》合同编中占据极为重要的地位，具有更为重要的意义，是债法尤其是合同法的基本规则。意思自治原则体现的是民法最高规则的基本精神，赋予了民事主体在市场中广泛的行为自由，并能依据自身的意志从事各种交易和创造财富的行为，从而使财富得到不断增长，市场经济不断繁荣。因此，意思自治原则是保障鼓励交易原则的必要前提。在债法特别是合同法之中，应当特别尊重当事人的自由意志，不能过多干预合同的订立和履行，真正使合同成为当事人的“法锁”，约束当事人的行为，以实现当事人订立合同所追求的预期利益。

（二）诚实守信

诚实守信是诚实信用原则在债法尤其是合同法中的具体表现。诚实信用原则是民法规则体系中的最高规则，而诚实守信则是债法尤其是合同法的基本规则，是债权行为的基本要求。民事主体在从事债权行为尤其是合同行为时应当诚实守信，以善意的方式履行义务，不得滥用权利及规避法律或合同规定的义务。《民法典》合同编将诚信原则具体解释为诚信义务，这种义务具有强制性，当事人不得通过约定而排除诚信义务的承担，违反者构成违约责任。〔33〕

（三）鼓励交易

债法（更重要的是合同法）的目的和基本规则，是鼓励当事人依照自己的意愿从事交易行为。由于鼓励交易为促进市场发展所必需，是提高效率、增进社会财富积累的手段，有利于维护合同自由，实现当事人的意志和缔约目的，所以，鼓励交易原则自然成为合同法乃至全部债法的基本原则。〔34〕这是社会经济发展需要所决定的。因为债权的主要形式是合同之债，而合同之债的主要内容就是当事人之间进行的交易行为。民事主体通过交易行为，促进商品流通，繁荣市场经济，为自己创造财富，为社会经济发展积累财富。鼓励交易的目的和规则体现在多方面，如鼓励当事人订立合同，努力促成合同的成立并生效，充分保障合同

---

〔31〕［德］罗伯特·霍恩等：《德国民商法导论》，楚建译，中国大百科全书出版社1996年版，第90页。

〔32〕参见高鸿钧等：《法治：理念与制度》，中国政法大学出版社2002年版，第299页。

〔33〕参见王利明：《合同法新问题研究》，中国社会科学出版社2003年版，第56页。

〔34〕参见崔建远：《合同法》（第5版），法律出版社2010年版，第21页。

的履行和当事人追求的合同利益的实现等。制定债法特别是合同法的规则,应当体现这样的精神,在解释、适用债法特别是合同法时,也应当遵守这样的规则。

五、继承法的基本规则

(一)尊重被继承人意愿

一般认为,《民法典》继承编最重要的基本规则,是保护自然人私有财产继承权,并且这也是《民法典》继承编的立法目的和任务。[35] 但这只是继承法的任务之一,而且并不是最重要的基本规则。财产继承最重要的基本规则源于财产支配的一般原则,即绝对所有权原则。在被继承人有遗嘱的情况下,遗嘱就是被继承人处分自己死后遗产的意愿,应当完全尊重。只要遗嘱合法,就应当按照其遗嘱分配遗产。在被继承人没有遗嘱时,应按照法定继承的规定进行继承,实际上也是推定这种继承是死者处分自己遗产的真实意思。因此,对被继承人处分遗产的意志不能进行非法干涉,尤其是不能以公权力进行非法干涉。

(二)强调遗产继承的身份基础

遗产继承的基础是身份关系。所谓的保护自然人继承权的原则,实际上就是保护基于亲属身份关系产生的对被继承人的遗产的继承权利。在法定继承中,特别强调按照身份关系基础,即亲属关系的远近,确定继承顺序,由不同顺位的继承人,依照继承顺位进行继承。它的基本含义,是在被继承人没有遗嘱或者没有有效遗嘱的情况下,推定被继承人处分遗产的真实意愿就是将自己的遗产分配给与自己血缘关系最近的近亲属。在法定继承中,应当区别继承人的身份关系基础,区分继承人的法定顺序,在第一顺序的继承人在位时,第二顺序的继承人不得继承。除丧失继承权的法定情形之外,任何单位或者个人不得非法剥夺继承人的继承权,继承开始后,继承人没有明确表示放弃继承权的,视为接受继承,而不能作为放弃继承权处理。[36]

(三)鼓励亲属及非亲属间的善举

继承法鼓励民事主体施行善举,特别是对孤寡老人进行照顾,反对对死者的遗产巧取豪夺。因此,在没有继承关系的亲属之间,如果对孤老提供供养,在被供养者死后,该人可以分得遗产;有继承关系的人,履行抚养义务较多的继承人,可以多分遗产;即使是没有亲属关系的人,也可以通过遗赠扶养协议,生前扶养孤寡老人,死后获得扶养过的人的遗产。通过这样的原则,促进社会形成尊重赡养老人,关心爱护儿童,长幼有序,互帮互助的良好的道德风尚和社会风气。

六、侵权责任法的基本规则

(一)过错责任原则

过错责任原则是侵权责任法的基本原则。法律确定过错责任原则的理论依据,一是法

---

〔35〕 参见郭明瑞、房绍坤:《继承法》(第2版),法律出版社2007年版,第31页。

〔36〕 郭明瑞、房绍坤:《继承法》(第2版),法律出版社2007年版,第32页。

律调整应尊重行为的相对自由，二是法律制裁应起到教育和预防作用，三是法律规范应当成为昭示道德观念的手段，四是法律制度应当保持适当的弹性。[37] 在适用过错责任原则时，认定侵权责任应当以过错作为最重要的构成要件；在确定赔偿责任数额的时候，在很多情况下也依照过错程度进行衡量。在一般情况下，过错要件应当由原告举证证明，在法律有规定的情况下，实行过错推定，由被告举证证明自己无过错。在《民法典》侵权责任编，只有在法律有特别规定的特殊情况下，才不考虑行为人的过错，而是依照行为的违法性、损害后果和因果关系确定赔偿责任。

（二）填补损害

填补损害是侵权责任法的基本功能，也是其基本规则。我国《民法典》侵权责任编坚持大陆法系侵权责任的补偿性原则，有条件地适当采纳英美法系侵权法的惩罚性赔偿规则。因此，损害的存在是构成侵权损害赔偿责任的事实基础，补偿以损害的范围大小作为确定标准，体现的就是侵权责任编的基本规则。例如，损益相抵原则，就是要求受害人不得依据侵权行为而获得不当利益。

（三）制裁民事违法行为

虽然侵权责任编的主要功能是补偿损害，但制裁违法行为也是其功能之一。预防并制裁侵权行为是明确的侵权责任法原则。《民法典》侵权责任编除了对侵权人予以民事责任的制裁外，还坚持适当的惩罚性赔偿责任制度，对于少数过错严重、极为恶劣的侵权行为，如明知缺陷产品会造成消费者的损害而故意出售造成严重后果者，应当予以惩罚性赔偿责任制裁。即使在补偿性赔偿中，也体现了对侵害权利的民事违法行为的制裁。

第五节　民法规则适用

｜典型案例｜

国家修建国道需从一家工厂的厂址中通过，因此拆除了部分厂房，政府许诺给27万元补偿费，5年后也没有兑现。厂方悬赏称，对能够要回这笔钱的人给予10%的提成，超出的部分给20%的提成。退休职工年某和张某一起，与厂方签订了写明上述内容的协议。1年后，年某组织一些工人追索，不仅要回了27万元补偿费，还取得了43万元赔偿金。厂方按照协议给了提成。有人反映此事不公，工厂追回提成款，只给年某发5000元奖金。年某不服，以违约责任向法院起诉。厂方答辩认为，厂方与其是隶属关系，年某起诉无理，应予驳回。[38]

---

〔37〕 王家福主编：《中国民法学·民法债权》，法律出版社1991年版，第454～456页。

〔38〕 讨论提示：本案的厂方和年某等双方当事人在订立该合同的问题上，是平等主体，应当适用合同法的任意性法律规则。

一、民法规则适用的意义和一般原则

(一)民法规则适用的意义

民法规定民法规则的目的是适用。民法规则的适用在民事裁判中具有以下意义:

第一,通过民法规则适用,将民法规范适用于当事人之间的争议。通过民事裁判进行的民法调整是事后调整。这种事后调整是对被破坏的民事法律关系按照民法的规定使之恢复圆满状态,恢复民法规定的民事秩序。这就是对破坏法律关系的人处以民事责任,使其受到制裁,强制其按照民法规范实施行为,同时对权利受到侵害的受害人进行救济,使其损害得到平复。通过民事裁判,将民法规则适用于争议的民事当事人之间,对他们争议的民事法律关系依照民法规则进行判断,纳入民法规则,就将民法塑造民事法律关系的意图,通过对被破坏了的民事法律关系适用法律,按照民法规则的要求进行恢复,达到法律要求的圆满状态,恢复民法规定的民事秩序。这是民法规则适用的基本目的。

第二,通过民法规则适用,确认对原告的请求权予以支持还是否认。在任何一个民事诉讼中,原告都认为自己的权利受到侵害或者法律关系的圆满状态受到破坏,因此才请求法律的确认和恢复。因此,民事争议集中体现在请求权上,民事主体请求法院保护自己的民事权利,必须通过行使请求权,实现自己的主张。在民事裁判的过程中,法官应当依照民法规则对原告的请求权和被告的抗辩权及抗辩进行审查,确认原告的请求权是否成立,是否应当支持,进而作出裁判,确定对原告的请求权是否予以支持,对被告的行为是否予以谴责。这是民法规则适用的基本方法。

第三,通过民法规则适用,使争议中的当事人之间的权利义务关系得到确认。法院在对民事争议适用法律的时候,支持还是否认原告的请求权,其实就是在按照民法规则对特定的当事人之间的权利义务关系进行调整,确认当事人之间的权利义务关系,使之符合民法关于这种民事法律关系的权利义务的规范。如果原告的诉讼请求正当,被告的行为脱离了民法规则的轨道,则依法予以纠正,确立正确的权利义务关系;如果原告的起诉不成立,被告的行为没有违法,双方的权利义务关系没有违反民法规则的要求,则应当驳回原告的诉讼请求,继续维持双方的权利义务关系。这是民法规则适用的基本内容。

(二)民法规则适用的一般原则

1. 上位法优于下位法

上位法优于下位法原则,是指在效力较高的规范性法律文件与效力较低的规范性法律文件相冲突的情况下,应当适用效力较高的规范性法律文件。[39] 在民法领域,效力较高的民法规则优先于效力较低的民法规则的适用。原则是,宪法具有最高的法律效力,法律的效力低于宪法但高于其他任何法规和规范性文件。适用民法规则,法官首先应当寻找上位法,如果上位法与下位法发生冲突,应当优先适用上位法。如果上位法的原则规定得比较抽象,下位法的规定作为补充和细化,并不发生冲突,应当同时适用。目前有一种倾向是,法官更注重司法解释的适用而忽略法律的适用,甚至有的法官提出某个法律规定不符合司法解释

---

〔39〕 参见王利明:《民法总则研究》(第2版),中国人民大学出版社2012年版,第147页。

规定的质疑，显然是错误地高估了司法解释的效力，必须纠正。与法律冲突的司法解释一律无效；法律只有原则性规定而无具体规定的，司法解释的具体规定即为有效，应当同时适用。

2. 新法优于旧法

新法优于旧法原则是处理法律规范冲突的另一个重要原则。新法优于旧法，亦即后法优于前法，即同一事项已有新法公布施行时，旧法应当废止。在法律适用中，对同一个问题，法律有前后两种或几种不同规定时，司法机关优先适用新法，即新法的规定排斥旧法的效力，在新的法律生效后，与新法内容相抵触的原有法律的内容终止生效，原有法律的内容不再适用。民法规则的适用同样适用新法优于旧法原则。

3. 特别法优于普通法原则

特别法优于普通法原则是法律适用的基本原则之一。《民法典》第 11 条规定："其他法律对民事关系有特别规定的，依照其规定。"由于特别法相对于普通法在具体内容上的特殊性，即空间效力、对人效力、时间效力等方面的特殊规定，因而特别法在特定范围内，对人、时间、地域等问题，排除了普通法的适用，只适用特别法。适用民法规则，同样适用这样的原则。

由于适用这一原则时特别法将排除普通法的适用，因此要特别注意民法特别法适用的范围：既不能强调民法普通法的普遍适用性而不执行民法特别法的特殊规定，也不能无限制地扩大民法特别法的适用范围。

把握民法特别法的适用范围可以掌握以下几点：第一，有的民法特别法规范的适用范围是以民事主体为标准划分的，其适用范围以民事主体的范围为标准。例如，《消费者权益保护法》所强调保护的就是消费者，因而要依消费者的主体范围确定该法中民法特别法规范的适用范围。第二，民法特别法的适用范围是依违法行为所侵害的权利划分的，其适用范围应以所侵害的权利类型所限定的范围为标准。例如，《专利法》规定的专利侵权行为以及《商标法》规定的商标侵权行为，都是以侵权行为所侵害的权利为标准，其适用范围应当以专利权和商标权的范围为准。第三，民法特别法规范的适用范围是依主管机关的管辖范围划分的，其适用范围应以其主管机关的管辖范围为标准。第四，有的法律开宗明义就规定了该法的适用范围的，该法所规定的民法特别法规范应与这一适用范围相同。超出这一范围则不适用。

（三）《民法典》适用的具体方法

对《民法典》适用的具体方法，民法典总则编解释第 1 条规定："民法典第二编至第七编对民事关系有规定的，人民法院直接适用该规定；民法典第二编至第七编没有规定的，适用民法典第一编的规定，但是根据其性质不能适用的除外。就同一民事关系，其他民事法律的规定属于对民法典相应规定的细化的，应当适用该民事法律的规定。民法典规定适用其他法律的，适用该法律的规定。民法典及其他法律对民事关系没有具体规定的，可以遵循民法典关于基本原则的规定。"具体要求是：

1. 总则编与分则各编的适用方法

《民法典》的总则编与分则各编，是一般与特别的关系，在具体适用上，当然是特别规定优先。因此，第二编至第七编的规定是特别规定，只要其中对具体民事关系有规定的，就要适用第二编至第七编的特别规定。换言之，即物权编、合同编、人格权编、婚姻家庭编、继承编和侵权责任编的规定都是具体规则,不同的民事关系应当按照这些具体规则适用法律,分则各编没有规定的,应当适用总则编规定的民法一般规则。例如,关于民事法律行为的规定,分则各编有具体规定的,适用分则各编的具体规定;没有具体规定的,适用总则编规定的一般规则。

2.《民法典》与其他法律规定的适用方法

《民法典》与其他法律规定的适用方法,实质就是民法特别法的适用规则,《民法典》是民法基本法、普通法,其他法律关于民事关系的规定是民法特别法,特别法优先于普通法,是一般的法律适用原则。具体有两个方面:第一,《民法典》有一般性规定,特别法有细化规定,应当适用其他法律的细化规定;第二,《民法典》已经规定适用其他法律规定的,适用其他法律规定。前者如《产品质量法》关于产品、缺陷等的规定,是《民法典》规定的产品责任的细化规定。后者如《民法典》第 1208 条关于机动车交通事故责任的一般规则规定,应当适用《道路交通安全法》第 76 条的规定。

3.《民法典》对基本原则规定的适用方法

在司法实践中,究竟能不能适用《民法典》规定的基本原则作出裁判,是有争议的。民法典总则编解释对此规定的方法是有条件适用,其适用的前提条件是,《民法典》及其他法律对民事关系没有具体规定。具备了这个前提条件的,可以遵循《民法典》关于基本原则的规定作出裁判。有的法院在《民法典》和其他法律有明确规定时也援引民法基本原则的规定,是没有必要的。另外,《民法典》没有具体规定,其他法律的规定违反《民法典》关于基本原则规定的,也可以遵循《民法典》关于基本原则的规定进行裁判。

二、强制性民法规范的适用方法

(一)强制性民法规范的性质和表现

依据权利、义务的刚性程度,民法规则可分为强制性规范和任意性规范。民法规则是强制性法律规定的,应当依照法律裁断,适用强制性民法规则。

强制性民法规范,也称作义务性法律规范,是指必须依照法律适用、不能以个人意志予以变更和排除适用的法律规范。强制性民法规范直接要求人们从事或不从事某种行为,民事主体根据一定的规范应当作出或不应当作出某种行为的约束或责任。

强制性民法规范依其规定人们行为的方式,分为命令式规范和禁止式规范。命令式规范是要求人们必须作出某种行为的规范,如《民法典》物权编第 208 条规定:"不动产物权的设立、变更、转让和消灭,应当依照法律规定登记。动产物权的设立、变更、转让和消灭,应当依照法律规定交付。"禁止式规范是法律严禁作出某行为的规范,如《民法典》物权编第 223 条规定:"不动产登记费按件收取,不得按照不动产的面积、体积或者价款的比例收取。"强制性规范的显著特点,是表现方式明确而肯定,不允许任何个人或机关随意变更或违反。这一特征使用的术语通常是"应当""应该""必须""不得""禁止""严禁"等。

(二)强制性民法规范的适用规则

第一,单一指向的强制性民法规范必须强制适用。如果原告请求权的法律基础是一个强制性的法律规范,法官就要依照这个强制性的法律规范裁断,不得违反强制性民法规范的规定。例如,当事人双方约定法律没有规定的物权类型,或者约定法律没有规定的物权法律关系内容,都是违反强制性民法规范的。原告以此作为请求权的法律依据向法院起诉,不能予以支持。相反,对于违反强制性民法规范的物权法律关系,原告请求予以撤销的,则应当予以撤销。例如,合同编的法律规范性质基本上是任意性民法规范,关于合同责任的规定却是强制性的。关于强制性的合同责任规范是单一指向的法律规范,则必须适用。

第二,强制性规范发生冲突应当由法官确定适用法律。强制性民法规范的规定发生冲突,应按照传统的法律适用规则,依照“上位法优于下位法,新法优于旧法,特别法优于普通法”的法律适用规则适用民法规则。法律规范发生冲突,就是不同的法律对同一个社会现象作出了两个以上不同的规定,相互之间发生冲突,只能选择一个法律规范适用。这时,法律适用规则是上位法优于下位法,新法优于旧法,特别法优于普通法。法官应当依照上述原则选择民法规则的适用,或者是上位法,或者是新法,或者是特别法。

第三,强制性民法规范发生竞合由当事人选择适用法律。强制性民法规范竞合,不能由法官决定如何适用法律,而应当尊重权利人的选择权,由权利人选择适用的法律规范。强制性法律规定不一致,并不是法律规范的冲突,而是规定的不同;并不是一个法律规范排斥另外一个法律规范的效力,而是都存在适用的效力,都可以作为请求权的法律基础。《民法典》第 186 条规定,因当事人一方的违约行为,损害对方人身、财产权益的,受损害方有权选择请求其承担违约责任或者侵权责任。请求权的法律基础出现竞合,应当由请求权人自己选择适用的法律规范,确定双方当事人之间的权利义务关系。

这个问题是强制性民法规范的不一致。德国有学者认为,同一事实可以适用多个相异的法条时,从权利保护的目的来观察,请求权仅有一个,但是请求权的基础却有多个。因此,除非各法条之间有特别法与一般法的关系,无论法律效果的发生是适用物权法还是债法所致,其法律效果都是相同的。既然一个请求权有不同的法律基础,就应当尊重权利人的选择,由他自己决定适用哪个请求权保护自己的权利。权利人作出了选择,法官就应当按照当事人的选择确定请求权的法律基础,适用法律。

第四,民法与其他法律强制性规范冲突由法官确定适用法律。民法和刑法(包括行政法)之间发生法律规范的冲突,典型的表现是《民法典》侵权责任编规定的精神损害赔偿与《刑法》规定的附带民事损害赔偿只赔偿财产的或者物质的损害的规定,是冲突的。最高人民法院认为,适用《刑法》的规定,受害人不得在刑事诉讼中附带提起精神损害赔偿的请求,同时也不得另行提起民事诉讼提出精神损害赔偿的请求。〔40〕 这是一个本来不应当发生的法律冲突,但是已经出现了,处理的办法应当尊重两个法律的规定,在刑事诉讼中不能附带提出精神损害赔偿请求,但是并不妨害权利人另行提起民事诉讼程序,请求刑事被告人作为民事被告来承担精神损害赔偿责任。然而,最高人民法院的司法解释却作出了不符合法律精神的解释。因此学者认为,这一解释否定了被害人提起精神损害赔偿的诉权,不符合立法本意,没有立法上的依据,违背了民事侵权与刑事犯罪之间的逻辑关系,偏离了私权是公权的基础这一价值取向,〔41〕是完全有道理的。

---

〔40〕 参见 2002 年最高人民法院法释〔2002〕17 号《关于人民法院是否受理刑事案件被害人提起精神损害赔偿民事诉讼问题的批复》。

〔41〕 李程、王红旗:《评法释〔2002〕17 号司法解释》,载《国家检察官学院学报》2003 年第 2 期。

三、任意性民法规范的适用方法

(一)任意性民法规范的性质和表现

1. 任意性民法规范的性质

任意性民法规范也称授权性法律规范,是指允许法律关系参加者自行确定其权利和义务的法律规范,允许主体变更、选择适用或者排除该规范的适用。这种规范的作用是:指示人们可以作出或要求别人作出一定行为的规范,因此是示范性的法律规范。任意性民法规范的作用在于,赋予人们一定的权利去建立或改变他们的法律地位和法律关系,以建立或调适国家所需要的法律秩序。民法规则中的任意性民法规范较多,应当特别注意这种民法规则的适用方法。

2. 任意性民法规范的表现

任意性民法规范的特点是具有任意性,即既不强令人们必须作出一定行为,也不禁止人们作出一定行为,人们可以在行为与否之间作出自由选择。例如,《民法典》合同编第543条规定:“当事人协商一致,可以变更合同。”这就是任意性民法规范,准许当事人按照自己的意愿变更合同。任意性民法规范的这一特点,表现为它所使用的术语是“可以”“有权”等。在民法规则中,即使那些没有使用“可以”“有权”字样的示范性规范,如合同编列举的各种不同合同的条款的规定,也是任意性民法规范,并不是强制性民法规范。

(二)任意性民法规范的适用规则

如果原告请求权的法律基础是任意性规范,就应当特别尊重当事人依照自由意志作出的意思表示,按照当事人的合意作出裁断。这是因为,法律的任意性规范是示范性的规定,并不要求当事人一定要如此操作,当事人完全可以按照意思自治原则,约定各自的权利义务。当事人的约定只要不违反强制性法律规定,就是有效的约定,就是当事人之间的“法律”,必须受到约定的拘束。具体的法律适用规则是:

第一,当事人有明确约定的依照约定适用法律。请求权的法律基础是任意性民法规范,当事人有明确规定的,应当按照当事人的约定对纠纷进行裁断。首先要确定的是当事人是否有明确的约定。如果当事人之间有明确的约定,双方也没有争议,或者虽有争议但是能够证明约定是双方当事人的真实意思表示,就应当按照双方当事人的明确约定确定双方当事人的权利和义务。没有尊重当事人的明确约定,即使按照任意性民法规范的规定作出了判决,也不能认为这个判决是正确的,因为它没有尊重当事人的合意,用任意性民法规范替代了当事人的约定,违反了民法的意思自治原则,也是错案。

第二,当事人没有约定或者约定不明确的直接适用任意性规范。请求权的法律基础是任意性规定,当事人没有特别约定,或者约定内容不明确,或者发生争议无法确定的,应当依照任意性法律规定裁判。如果原告请求权的法律基础是任意性民法规范,当事人没有特别约定,或者当事人的约定内容不明确,或者当事人对约定的内容有争议又无法确定约定的内容,法官只能依照法律规定的任意性规范的规定裁断。因为没有明确约定,任意性规范是示范性规范,把任意性规范推定为当事人的真实意思,应当是最合理的。在这种情况下,若法官没有按照任意性的规范裁断,而是自己提出一个办法裁判,就是违反法律的裁判,也是错案。

第三，当事人对合同约定内容发生争议的由法官依法进行合同解释。在适用任意性民法规范中，如果当事人对合同约定的内容发生争议，理解不同的，则应当由法官依法对约定进行解释。即使是在其他场合，依照合同的约定确认当事人之间的权利义务关系，也必须对合同的内容进行解释。法官作为对合同内容解释的合法主体，必须掌握合同解释的一般要求，能够对合同内容进行准确解释。

第四，当事人约定违反强制性民法规范的无效。当事人按照任意性民法规范规定，协商不适用任意性规范而约定当事人之间的权利义务关系，是没有问题的，但是，如果当事人的约定违反强制性民法规范规定，则约定无效。例如，合同当事人是自然人，订立买卖合同的标的是买卖军火，这样的合同违反了强制性民法规范的规定，当然无效，不得作任何变通，没有按照这个规定宣告合同无效的裁判，就是违法的裁判。

四、习惯和法理的适用方法

（一）习惯和法理适用的意义

请求权的法律基础不是成文法规定，应当依照习惯或者法理作出裁判。

在很多情况下，民事争议的基础并不是成文法的规定，换言之，争议的案件并没有成文法作为其请求权的法律基础，但确实是有关民事权益的争议，当事人的权利确实受到了侵害，享有请求权。对于这种情况，法院不能不予受理或予以驳回。

法官不得以法律无明文规定为由拒绝审判。这是因为，即使成文法国家，其条文繁多的民法典也不可能概括全部的生活现实，立法总会有遗漏的问题，因此，法律确定诚信原则是补充立法不足的弹性条款。只要是民事争议，即使没有法律的明文规定，法院也不得拒绝审判。应当采取的规则是，有法律依法律，无法律依习惯，无习惯依法理。

民事法律与刑事法律不同。刑事法律的基本原则为“法无明文规定不为罪”，刑法如果对某种现象没有明文规定，那就只有两种选择，一种是只有放弃对这种行为的制裁，另一种是立法规定类推制度加以补充。民事法律则完全不同。对一个社会生活现象，如果民法没有明文规定，则不能因此而不存在，它仍然是社会的现实，它仍然现实地存在。如果因为这个没有被法律明文规定的生活现实在当事人之间发生了争议，且争议是现实的、客观的、存在的，那就一定要解决。如果因为法律无明文规定而让民事争议继续客观地存在下去，现实地发展下去，社会就不能安定、稳定、发展。

因此，在民法规则的适用中，必须有一个能够补充法律空白的规则。在一个社会生活现象还没有被法律所规范的时候，能够作为补充的，就是民事习惯以及法理。

民事习惯作为人民群众处理相互之间民事关系的惯常做法，是民事关系处理规则的积累，众所公认并在民间有着巨大的说服力，被民众信服，因此在解决民间纠纷和民事争议中具有重要的作用。在一个具体的民间纠纷或者民事争议面前，如果法律没有进行规范，即没有法律的明文规定，法官就应当以民事习惯作为判决的根据，对争议和纠纷作出裁决，补充法律的不足。法官的裁判艺术，就在于创造性地应用法律，有法律的，严格依照法律办案；法律没有明文规定，就要依照民事习惯、民法公平正义的原则，创造新的规则，解决民事争议，定分止争，促进稳定，维护安定，推动社会向前发展。正是由于法官的审判艺术，使该职业充满了无限的魅力,吸引着众多的有识之士前赴后继,为它而献身。

《民法典》是一部大法,有1260个条文,与其他国家的民法典相比,条文并不多,更需要民事习惯和法理的补充。《民法典》第10条承认习惯的补充法源,不承认法理的补充法源地位。不过,只要没有禁止法理适用的规定,法理就可以在实践中适用。

(二)习惯的适用规则

在一个请求权没有具体的成文法作为其法律基础的时候,应当适用民事习惯作为其法律基础。

在民事裁判中,民事习惯的适用是必要的。近年来,有些法院对民事习惯的司法运用进行了深入的研究和实践,有成功的经验可以借鉴。[42] 民法典总则编解释总结实践经验,依照《民法典》的要求,在第2条规定:"在一定地域、行业范围内长期为一般人从事民事活动时普遍遵守的民间习俗、惯常做法等,可以认定为民法典第十条规定的习惯。当事人主张适用习惯的,应当就习惯及其具体内容提供相应证据;必要时,人民法院可以依职权查明。适用习惯,不得违背社会主义核心价值观,不得违背公序良俗。"

1. 对习惯的定义

习惯,是指在一定地域、行业范围内长期为一般人从事民事活动时普遍遵守的民间习俗、惯常做法。其特征,一是区域性,即习惯是在一定地域,或者特定的行业范围内适用的规则;二是时间性,即习惯须是长期使用、遵守的规则;三是通用性,即习惯是一般人都适用,而不是个别人适用的规则;四是规范性,即习惯表现为习俗或者惯常做法。

2. 习惯的查明方法

对特定民事关系适用习惯,应当由当事人主张,并就当事人主张的习惯予以查明,方可适用。查明习惯有两种方法:第一,当事人主义,即主张适用习惯的当事人承担证明责任,一是证明该习惯的存在;二是证明该习惯的内容,证明成立者方可认定为习惯。第二,职权主义,在必要时,法官可以依据职权对习惯进行查明。确认习惯符合前述要求的,应当予以适用。

3. 适用习惯不得违反公序良俗原则

具体适用习惯应当遵守公序良俗原则,不得违反民法的公平、诚实信用规则。违反公序良俗原则的习惯不得适用。正是民事所适用之习惯,以不背于公共秩序或善良风俗者为限,"亦不过对于习惯之限制,而示法官以适用之准绳而已"。[43]

(三)法理的适用规则

一个请求权如果没有相应的民法规则作为其法律基础,也没有习惯作为法律基础,则应当将法理作为请求权的法律基础。例如,侵权责任法中的共同危险行为,在原《民法通则》中没有规定,在最高人民法院《关于审理人身损害赔偿案件适用法律若干问题的解释》颁布实施之前,我国的司法实践和社会生活不存在这样的民事习惯。这样的案件时有发生,当时法院依据法理作出了判决。

---

〔42〕 参见公丕祥主编:《民俗习惯司法运用的理论与实践》,法律出版社2011年版。

〔43〕 胡长清:《中国民法总论》,中国政法大学出版社1997年版,第31页。

法理，即法律通常之原理，如历来办案之成例及法律一般原理、原则。[44] 法理的基本功能系在补法律及习惯法的不备，是执法者自立于立法者的地位，寻求就该当案件所应适用的法则，以实现公平与正义，调和社会生活中相对立的各种利益。[45]

在民事裁判中，以民法法理作为请求权法律基础适用法律，其规则是：第一，该请求权法律基础确系法律未规定者，且无合适的民事习惯作为补充。法理作为第三顺位的法例，于具体案件凡可经由解释而适用法律，或者有习惯可以依循，即无以法理作为裁判准据的必要。[46] 只有在既没有法律规定，也没有习惯可以适用时，方可适用法理作为裁判依据。第二，该法理为通说，为权威学说，为多数学者所相信。第三，该法理有相应的国外立法、司法经验作为支持。第四，该法理不违反民法平等、公平、诚实信用和公序良俗规则。第五，习惯法是否存在，除由主张的当事人依法提出证据外，法院应依照职权进行调查。[47]

本章思考题

1. 民法调整的对象有哪些？结合讨论第一节典型案例，问：朱某的行为是否构成敲诈勒索罪？在朱某和食品公司之间存在的法律关系是否为民法的调整对象？
2. 如何理解民法的基本内容？
3. 民法的最高规则有哪些？具体内容是什么？
4. 民法的基本规则应当如何掌握？
5. 结合讨论第四节典型案例，问：如何认识“人跪狗”案件在民法上的真实意义？人格尊严和人格权法在民法上的地位和意义是什么？

〔44〕 参见胡长清：《中国民法总论》，中国人民大学出版社 1997 年版，第 33 页。
〔45〕 参见王泽鉴：《民法总则》，台北，三民书局 2008 年版，第 64～65 页。
〔46〕 参见王泽鉴：《民法总则》，台北，三民书局 2008 年版，第 65 页。
〔47〕 参见王泽鉴：《民法总则》，台北，三民书局 2008 年版，第 61 页。

B 编 | 法律关系主体

第四章　自　然　人

本章要点

自然人是依自然规律产生,具有自然生命,区别于其他动物的人。自然人既包括本国的自然人,也包括外国的自然人,以及无国籍的自然人。所有的自然人都具有民事权利能力,都具有法律上的人格。我国自然人的民事行为能力分为完全民事行为能力、限制民事行为能力和无民事行为能力。宣告失踪是自然人离开自己的住所下落不明达到法定期限,经过利害关系人申请,人民法院依照法定程序宣告其为失踪人的民事主体制度。宣告死亡是自然人下落不明达到法定期限,经利害关系人申请,人民法院经过法定程序,在法律上推定失踪人死亡的民事主体制度。自然人的身份包括亲属身份和社会身份,亲属身份属于亲属法上的地位,社会身份属于民法总则中的民事主体地位。住所是自然人长期居住生活的地点。

自然人　民事权利能力　民事行为能力　宣告失踪　宣告死亡　身份证明　住所　居所　消费者

第一节　自然人的概念与范围

典型案例

陈某受雇于某超市任保安员,负责门市部及各楼层的保安工作。某日,店长发现存放在四楼的一瓶饮料被人偷喝,在员工会议上进行追查无果。数日后,店长找到陈某,怀疑陈某偷喝饮料,陈某不承认。店长召集本店37名员工,采用投票的方式确认陈某为偷窃者,结果是2票认同、3票弃权、32票否定。陈某认为店长投票选“贼”的行为侵害了自己的名誉权,向法院起诉店长。法院判决店长承担赔偿精神损害抚慰金的侵权责任。[1]

---

〔1〕 讨论提示:本案的原告是自然人,自无疑问。被告究竟应当是店长还是该超市,值得研究,比较倾向于店长的行为是超市商店的行为,被告应当是法人,而不是自然人。

一、自然人的概念

(一)自然人概念的界定

自然人是指依自然规律产生,具有自然生命,区别于其他动物的人。

自然人首先是生物学意义上的概念,凡活着出生的有生命的人类个体,都称为自然人;自然人也是法律概念,在市民社会中,自然人是最典型的民事主体。

从人类的历史来看,自然人并非必然就是民事主体。在古代社会,并非生物学意义上的人都能够成为民事主体。例如,在罗马法中,作为权利主体的人必须取得自由民的身份,必须是市民,并且家属服从家父权,仅家父享有完全的权利能力,且称之为市民。在封建领主的统治下,多数农民隶属于领主,甚至于隶属于土地,不能改变职业,并且不具有权利能力。[2] 奴隶虽然是自然人,但并不是民事主体,不得与他人进行诸如订约之类的民事活动。

到了启蒙时代,要求自由与平等的呼声虽高,但享有权利能力的市民与并不具有权利能力的属民仍有区别,稍后随着民族国家的产生,以及工商业的发展,促成商人阶级的兴起,农民脱离土地,有了选择职业的自由。在人道的观念和理性主义的指导下,形成以自由平等观念为基础的“人”。[3]

自近代资产阶级革命以来,民法对自然人的民事主体资格都普遍地、无条件地予以承认,只要是生物学意义上的人,已经出生完成,都自动享有权利能力,成为民事主体。正如《世界人权宣言》第1条所揭示的那样,“人人生而自由,在尊严和法律上一律平等”,都是平等的民事主体。

在民事主体中,有一个员数的问题,即民事主体的员数,法律上并无特别限制,以一人为通例,以数人为例外,如共有、不可分之债等的主体。[4]

(二)自然人概念与公民概念的区别

原《民法通则》使用“公民”(自然人)的概念,《民法典》改称为“自然人”。二者的主要差别是:

第一,公民是公法的概念,是指具有一国国籍的自然人,往往与其所属国家所赋予的各项政治权利有关;而自然人纯粹是一个私法概念,传统民法和民法理论使用“自然人”的概念,而不使用公民的概念。

第二,自然人的外延更为广泛,它不仅包括本国公民,而且还包括外国公民和无国籍人。在民法中只使用公民的概念,则将使我国公民之外的自然人难以获得民法赋予的民事主体资格,这与现代人权观念以及民事立法的趋势是背道而驰的,[5] 也不足以凸显各国民法在主体资格上的平等性这一特征。

《民法典》使用了自然人的概念,使其内涵和外延更为准确,有利于区分公法和私法的调整领域。

---

〔2〕 参见施启扬:《民法总则》,中国法制出版社2010年版,第63页。

〔3〕 参见施启扬:《民法总则》,中国法制出版社2010年版,第64页。

〔4〕 参见熊元楷、熊元襄编:《民法总则》(下),安徽法学社1914年版,第8页。

〔5〕 参见王利明:《民法总则研究》,中国人民大学出版社2003年版,第235页。

二、自然人的范围

自然人的概念包括所有的自然人，既包括本国的自然人，也包括外国的自然人，以及无国籍的自然人。

第二节　自然人的民事权利能力与民事行为能力

| 典型案例 |

周某和江某曾是大学同学，1992 年毕业后结婚，生育一子，经济条件越来越好，夫妻感情愈加深厚。2002 年 6 月 5 日，周某在去江苏出差时，因油漆中毒突发支气管哮喘和缺氧性脑病而昏迷不醒，一直处于植物人状态，且医生认为其苏醒的可能性极小，存活时间不能断定。江某不堪重负，请求法院判令离婚。一审法院判决准许二人离婚，二审法院在要求女方一次性支付男方日后医疗和生活费用遭到拒绝后，认为女方并未安排好周某生活、医疗、监护诸问题，提出离婚不符合法律规定，遂改判不准离婚。[6]

一、自然人的民事权利能力

(一)民事权利能力

民事权利能力也称民事主体资格，简称为人格，是指作为民事主体，可以享受民事权利、承担民事义务的资格。

在民法中，无论是有生命的人类个体，还是无生命的组织团体，只有具有民事权利能力，才具有成为民事主体的资格，从而才能成为民事主体，才能够享受权利、承担义务。简言之，民事权利能力就是人格，就是在民法上作为人的资格。自然人一旦出生就取得权利能力，以及那些自己无法从事行为的人也具有权利能力。[7]

民事权利能力包括两种类型：一是完全民事权利能力，自然人、法人和非法人组织都具有完全民事权利能力；二是部分民事权利能力，胎儿、死者具有部分民事权利能力。

(二)自然人的民事权利能力及特征

所有的自然人都具有民事权利能力，都具有法律上的人的资格。在当代社会，自然人作为民事主体，一律享有平等的做人资格，都具有民事权利能力，对任何人不许有任何歧视和偏见。

自然人民事权利能力的法律特征是：

---

〔6〕 讨论提示：植物人的民事行为能力状态应当如何确定，本案的被告怎样才能更好地维护自己的权益，都是本案涉及的问题，值得讨论。

〔7〕 参见[德]迪特尔·梅迪库斯：《德国民法总论》，邵建东译，法律出版社 2000 年版，第 781 页。

第一,自然人的民事权利能力具有属人性。民事权利能力首先是自然人的人格。早期市民法中的人格,只是指人类个体的人的资格,也就是生物学意义上的人才具有人格,享有民事权利能力。与此相对应的是,动物不具有民事权利能力,从而也不能成为民事主体。

第二,自然人的民事权利能力具有普遍性。任何人因其出生而当然取得民事权利能力,除死亡外,不得加以剥夺。这是自然人民事权利能力普遍性的集中表现。换言之,所有的自然人皆享有民事权利能力,任何人自出生至死亡,均具有享受权利、负担义务之资格。〔8〕 即使植物人已经不能感知外部世界,但是作为自然人,其仍然具有民事权利能力。

第三,自然人的民事权利能力具有平等性。自然人的民事权利能力是普遍的,自然人的民事权利能力因此派生出了平等性的特征。由于人人皆享有权利能力,就说明在权利能力的享有上,人人都处于同等地位,不分性别、种族、阶级、财富、宗教等的不同,仅凭其自然出生的事实就取得民事权利能力。这就是自然人民事权利能力的平等性。

第四,自然人的民事权利能力不得让与和抛弃。民事权利能力是人的价值及主体性的基础,与自然人的人身须臾不可分离,因此,法律特别强调自然人的民事权利能力不得转让或者抛弃。自然人如果丧失民事权利能力,就会失去享有民事权利的机会与可能,难以安身立命,不啻使人复归为动物。对于自然人而言,民事权利能力不仅不能剥夺,包括部分剥夺和全部剥夺,也不能予以限制,任何对自然人民事权利能力的剥夺和限制都是违法的。

(三)自然人民事权利能力的开始

1. 自然人的出生

自然人的民事权利能力始于出生。《民法典》第 13 条规定:“自然人从出生时起到死亡时止,具有民事权利能力,依法享有民事权利,承担民事义务。”

何为出生,历来有不同的主张。“阵痛说”主张产妇阵痛开始为出生;“一部露出说”主张胎儿身体的一部露出母体之外为出生;“全部露出说”主张胎儿身体全部露出母体之外为出生;“断带说”主张胎儿的身体与母体分离,脐带剪断为出生;“发声说”则主张胎儿离开母体后发出第一次声音为出生;“独立呼吸说”主张胎儿的身体产出母体,并开始独立呼吸为出生。〔9〕 在上述学说中,“独立呼吸说”为通说,只要胎儿全部脱离母体,且在分离之际有呼吸行为,为出生完成,胎儿是否继续生存,在所不问。因为胎儿在尚未与母体分离之前,其呼吸是通过母体进行的,脱离母体之后,才能以自己的肺进行独立呼吸,由此表明胎儿不仅出生,而且已经存活。〔10〕

一般认为,出生应具备两个要件,一为“出”,二为“生”,二者缺一不可。“出”即指胎儿的身体与母体分离,“生”则是指脱离母体的婴儿应有生命,而不论其生命所能保持时间的长短。〔11〕 “出”与“生”的标准为:出,为胎儿须与母体完全脱离,以完全露出为标准,则脐带虽尚与母体连络,不妨谓之出生。生,则以存活为必要,即全部露出时须有呼吸能力。〔12〕 按照当代医学公认的出生标准,出生应为胎儿完全脱离母体,独立存在,并能自主呼吸。

---

〔8〕 参见刘得宽:《民法诸问题与新展望》,台北,商务印书馆 1980 年版,第 80 页。
〔9〕 参见杨立新:《人身权法论》(第 3 版),人民法院出版社 2006 年版,第 385 页。
〔10〕 参见龙卫球:《民法总论》,中国政法大学出版社 2002 年版,第 197、198 页。
〔11〕 参见郑玉波:《民法总则》,台北,三民书局 1979 年版,第 68 ~ 69 页。
〔12〕 参见史尚宽:《民法总论》,台北,正大印书馆 1980 年版,第 73 页。

2. 胎儿的部分民事权利能力

(1)胎儿及其部分民事权利能力。胎儿是指自然人未出生但在受胎之中的生物体状态。为了保护胎儿的利益,民法实行预先保护主义,规定胎儿以将来非死产者为限,关于其个人利益之保护,视为既已出生。[13]《民法典》第16条规定:“涉及遗产继承、接受赠与等胎儿利益保护的,胎儿视为具有民事权利能力。但是,胎儿娩出时为死体的,其民事权利能力自始不存在。”因此,胎儿娩出时为活体的,其在胎儿期间具有部分民事权利能力。

我国民法原来对部分民事权利能力没有规定,属于法律漏洞。[14] 部分民事权利能力是指具有部分民法人格要素的人或组织的人格状态,其欠缺规范化的意志能力,具有部分人格要素,其权利能力并未得到法律的规定,并且具有开放性的特征。[15] 按照上述规定,胎儿享有部分民事权利能力。

胎儿取得民事权利能力以“娩出时为活体”为条件。胎儿的民事权利能力产生于何时,法定解除条件说认为,胎儿于娩出前即取得民事权利能力,如果娩出时为活体,则其民事权利能力延续;如果娩出是死胎的,则溯及地丧失其权利能力,等于其没有取得民事权利能力。法定停止条件说认为,胎儿于娩出前并未取得民事权利能力,如果为死胎,则当然不取得权利能力;如果为活体,则溯及于胚胎时起取得民事权利能力。

胚胎涉及人的生命自何时开始有法律地位的问题,我国法律没有规定,可以参照德国法院的看法。德国宪法法院认为,人的生命至迟始于受精卵着床时,因而,人的生命始于受孕并着床后的第14天。[16]

对于上述两种学说,法定解除条件说尽管可以使胎儿提前取得民事权利能力,目的仅止于使胎儿取得民事权利而非承担民事义务,因此对胎儿的利益保护较为周全,但这种学说与实际情况相差较大,因此,赞成法定停止条件说的主张,应当从胎儿出生的事实追溯于其出生前享有准人格,具有部分民事权利能力。在胎儿出生前,可以享有的权利均已存在,尚未享有,待其出生成为法律上的“人”的时候,即可当然地以自己的名义享有和行使这些权利。

(2)胎儿享有的权利。一是继承权。胎儿的继承权是法律强制赋予的权利。为了保护胎儿的利益,被继承人应当在遗嘱中为胎儿保留必要的份额;如果没有遗嘱,则应当按照《民法典》第1155条关于“遗产分割时,应当保留胎儿的继承份额”的规定,保留胎儿的继承份额,待其出生时继承;如果娩出时为死胎的,则该份额由其他继承人继承。二是受赠与权和受遗赠权。胎儿的受赠与权、受遗赠权与胎儿的继承权不同,并不是源于法律的强制性规定,而是取决于赠与人或遗赠人的意愿。他人以胎儿为赠与对象,赠与其财产或者遗赠其遗产,胎儿享有这样的权利,待其出生后取得这些财产。三是人身损害的赔偿请求权。胎儿在受胎后至出生前,其人身受到侵权行为的损害,同样享有向加害人请求人身损害赔偿的请求权。胎儿因母体输血而受病毒感染的,亦得向加害人请求人身损害赔偿。四是抚养损害赔偿请求权。加害人不法侵害胎儿的法定抚养人致死,胎儿出生后,享有对加害人请求抚养损害赔偿的请求权,可以向加害人行使抚养损害赔偿请求权。五是身份权请求权。胎儿在其

---

〔13〕 这是我国台湾地区“民法”第7条的规定。其他国家的规定与此类似,如《日本民法典》第721条规定:“胎儿,就损害赔偿请求权,视为已出生。”

〔14〕 参见刘召成:《准人格研究》,法律出版社2012年版,第110页。

〔15〕 参见刘召成:《准人格研究》,法律出版社2012年版,第111~113页。

〔16〕 参见施启扬:《民法总则》,中国法制出版社2010年版,第66页。

出生后,对于其生父享有抚养费给付请求权,如果其拒绝认领,还享有认领请求权。

(3)胎儿权利的行使。胎儿享有部分民事权利能力,他们在母体中尚未出生前不能自己行使这些权利。因此,民法典总则编解释第4条规定:"涉及遗产继承、接受赠与等胎儿利益保护,父母在胎儿娩出前作为法定代理人主张相应权利的,人民法院依法予以支持。"对于胎儿的财产性利益保护这样做是可以的,但对于胎儿的人身性利益保护应当有所区别,例如,胎儿人身受到损害,在其出生之前难以确定,待其出生后行使损害赔偿请求权更为稳妥。

(4)胎儿为死产的法律后果。如果胎儿为死产,尽管其曾经享有准人格,但其权利能力在事实上并未取得,因此,以上各项请求权均未发生,并不涉及其权利的继承问题。后果是:第一,保留的胎儿继承份额的必留份,由其他继承人依照规定进行继承。第二,赠与或者遗赠,其法定代理人已经受领给付的,因无法定原因而构成不当得利,应予返还;未受领的,赠与合同和遗赠遗嘱无效。第三,胎儿的人身损害赔偿请求权未发生,对其的伤害视为对母体的侵害,发生母亲的损害赔偿请求权。第四,抚养损害赔偿请求权不发生,胎儿的母亲可以适当请求增加人身损害赔偿数额。

3. 生物科技发达引起的民事主体问题

当代生物科技发达,可能引起了胎儿身份的认定在亲子关系以及伦理道德上可能疑问的,一是人工授精,二是代孕母亲,三是复制人类。〔17〕对于上述问题,发生纠纷、禁止复制等是对这种行为而言,在研究民事主体资格即民事权利能力时,应当将着眼点放在如何对待基于这种行为而出生的人的身上。例如,无论各国法律还是联合国宣言,都禁止将克隆技术应用到人类复制上,问题是,一旦进行了人类复制,法律究竟是不是承认复制的人具有民事主体资格,是否具有民事权利能力,是不是属于自然人。这才是研究民法总则时应当研究的问题。

对于这三个问题,笔者的看法是:

其一,人工授精是通过人工的方法而非性交的方法使妇女接受精液而怀胎,目前法律不予以禁止,准许通过人工授精进行怀孕、生产。人工授精技术的广泛应用产生的最基本的法律后果,就是如何确认人工授精子女的法律地位问题,即是否承认人工授精所生子女为婚生子女。人工授精生产的孩子,具有民事主体资格,享有民事权利能力,具有婚生子女的法律地位。

其二,对于代孕母亲,行政规章予以禁止,被认为是违法行为。但在私下进行的代孕并不少见。对于代孕母亲所生产的孩子,不能因为他们的父母以及代孕母亲的行为违法而否认其主体资格,仍然应当享有民事权利能力,具有完全的人格,并且不得歧视。

其三,最为复杂的是克隆人的问题。毫无疑问,克隆人的行为是被严格禁止的,但是如果进行了克隆并产生了克隆人,不能因为克隆人的行为违法,而认为克隆人没有民事主体地位,认其为非人,进行人格歧视。一旦出现克隆人,对克隆人本身有两个问题:一是究竟是否承认其为自然人,享有民事权利能力;二是他与被复制的人之间是何种关系,是一个人,还是两个独立的人。对于前者,笔者认为应当承认其自然人的地位,具有民事权利能力,属于自然人,亦不得歧视,保障其权利的实现。对于后者,是一个非常复杂的科学技术问题,但民法应当承认其为独立的民事主体,不能认为复制的人是被复制的人的附属,更不能认为他们就

〔17〕 参见施启扬:《民法总则》,中国法制出版社2010年版,第66~67页。

是一个人,只能享有一个主体资格。

(四)自然人民事权利能力的终止

1. 自然人的死亡

自然人的死亡包括生理死亡和宣告死亡。生理死亡也称为自然死亡,是指自然人生命的自然终结。至于自然死亡的原因是什么,如因罹患疾病、被人杀害、意外事故而死等,对民事主体的资格丧失并无影响。宣告死亡是基于法律的规定而宣告自然人死亡,这种死亡也发生自然人民事权利能力终止的后果。自然人死亡,将产生重要的法律效果,首先,该自然人不再具有民事权利能力,从而不能再作为民事权利主体;其次,将发生继承开始、婚姻消灭、遗嘱继承或遗赠发生效力、委托关系终止等效果。

2. 死亡时间的确定

生理死亡的时间在民法上具有重要的法律意义。

何为死亡,学说也有不同主张。"脉搏停止说"认为脉搏停止为死亡;"心脏停止说"认为心脏停止跳动为死亡;"呼吸停止说"认为呼吸停止为死亡;"脑死亡说"认为大脑机能停止活动为死亡;"生活机能丧失说"认为生活机能遭到损害不能复生为死亡。[18] 通说认为,死亡是人的生活机能的绝对终止,一般以呼吸及心脏鼓动的停止时间为死亡的时间。[19] 这种观点称为"心肺死"。[20]

确定死亡,在理论上应采生活机能丧失的主张作为判断标准,在实践中,应以医学上的死亡确定为标准,以死亡证书上记载的时间为准,如果死亡证书上记载的时间与自然人死亡的真实时间有误差的,则以查明的实际死亡时间为准。自然人死亡,其生命即时结束。

在当代,更多的立法例采取"脑死亡"作为判断死亡的标准。脑死亡是指脑干或脑干以上中枢神经系统永久性地丧失功能。脑死亡概念有别于传统的、以心跳和呼吸停止为标准的心肺死亡判断标准。与心脏死亡相比,脑死亡更为科学,标准更可靠。[21] 我国台湾地区2004年8月9日发布了《脑死判定标准》用以判定脑死亡,我国台湾地区"人体器官移植条例"第4条规定:"医师自尸体摘取器官施行移植手术,必须在器官捐赠者经其诊治医师判定病人死亡后为之。""前项死亡以脑死判定者,应依卫生主管机关规定之程序为之。"目前,脑死亡已经被多数人接受。[22] 对此,我国大陆地区应当尽快颁布有关脑死亡的法律法规,尽早确认脑死亡标准。

3. 数人在同一事件中死亡的时间推定

数人在同一事件中死亡,不能确定各自死亡时间的先后,需要在法律上确定死亡的先后顺序,其意义主要在于确定继承的问题。

数人在同一事件中死亡,能够确定先后死亡时间的,按照实际的死亡时间确定。不能确定各自死亡时间先后顺序的,则需要采用推定的办法确定。对此,《民法典》继承编第1121

---

〔18〕 参见杨立新:《人身权法论》(第3版),人民法院出版社2006年版,第387页。

〔19〕 参见史尚宽:《民法总论》,台北,正大印书馆1980年版,第75页。

〔20〕 参见施启扬:《民法总则》,中国法制出版社2010年版,第67页。

〔21〕 目前已有80余个国家和地区承认了脑死亡标准。中国医学界自20世纪80年代开始讨论建立"脑死亡"标准,起草的中国脑死亡诊断标准初稿已完成,正在广泛征求各方意见,进行修改和完善。

〔22〕 参见施启扬:《民法总则》,中国法制出版社2010年版,第67页。

条第 2 款作了明确规定,应当按照规定的方法认定死亡的先后顺序。

4. 死者的人格利益保护

自然人死亡即丧失民事权利能力,不再是民事主体,也就不能再享有民事权利。但法律规定,对于死者的人格利益仍然进行一定时间的保护,以维护人的尊严和民法社会的秩序,因而死者仍然有部分民事权利能力。

《民法典》第 185 条关于"侵害英雄烈士等的姓名、肖像、名誉、荣誉,损害社会公共利益的,应当承担民事责任"的规定,《民法典》第 994 条关于"死者的姓名、肖像、名誉、荣誉、隐私、遗体等受到侵害的,其配偶、子女、父母有权依法请求行为人承担民事责任;死者没有配偶、子女且父母已经死亡的,其他近亲属有权依法请求行为人承担民事责任"的规定,都确认保护死者的人格利益。

对死者人格利益予以民法保护的理论基础,就是死者具有部分民事权利能力。自然人死亡以后,其人格消灭,已经不再具有民事权利能力,也不能够依法享有民事权利,承担民事义务。但是,自然人死亡后,其部分人格利益还继续存在,对其人格利益还需要继续进行保护。对于死者人格利益的保护,是一种延伸的保护,是在自然人的人格消灭后,对其留在人世间的人格利益进行延伸保护。由于自然人已经死亡,已经不具有完全民事权利能力,因而对于死者的人格利益保护,只能由他的近亲属进行。这种延伸的保护,正是基于死者还具有部分民事权利能力,因而死者近亲属对于死者人格利益受到损害而提出的保护请求,并不是因为自己受到了损害,而是因为死者的人格利益受到了损害。死者近亲属尽管是用自己的名义向法院提起诉讼,但维护的不是他自己的人格利益,而是死者的人格利益。[23] 这正是死者享有部分民事权利能力的具体表现。因此,死者的人格利益在其死亡后,应当继续予以保护。按照《民法典》第 994 条的规定,侵害死者人格利益的,死者的近亲属可以向法院提起民事诉讼,保护死者的人格利益。

二、自然人的民事行为能力

(一)民事行为能力的概念和意义

1. 民事行为能力的概念

民事行为能力是指民事主体以其行为参与民事法律关系,取得民事权利,承担民事义务和民事责任的资格。从另一个角度上说,民事行为能力是民事主体独立从事民事活动的资格。行为能力有广义和狭义之分。广义的行为能力,其所为之行为能发生法律上的效果。其中又有两种:其一为买卖借贷之类行为人企图发生一定效果者,谓之法律行为;其二因对于他人所为之不法加害行为,行为人应负损害赔偿责任,谓之侵权行为能力。广义之行为能力,则法律行为能力即侵权行为能力(责任能力)。狭义之行为能力,则专指法律行为能力而言,即得独立为法律行为,从而取得权利、负担义务的能力。[24] 通常所说的民事行为能力是指后者。

自然人具有民事权利能力,就有资格享受权利、负担义务。不过,享有权利与负担义务的来源并不一样,有的是基于法律的规定,有的是基于人的行为。如果是基于法律规定而享

〔23〕 参见杨立新:《人身权的延伸法律保护》,载《法学研究》1995 年第 2 期。

〔24〕 参见李宜琛:《民法总则》,新北,正中书局 1947 年版,第 69 ~70 页。

有权利和负担义务,只要具备法律规定的要件,权利人即与他人发生权利义务关系。如果是基于人的行为而取得权利负担义务,则不仅要具有民事权利能力,而且还必须具备民事行为能力,即具有独立从事民事活动的资格,权利人才能通过自己的行为与他人发生权利义务关系。正因如此,民事行为能力在本质上并不是民事主体进行任何民事活动的资格,而只是实施以意思表示为基本要素的法律行为的资格或能力。所以,民事行为能力是指得为民事法律行为的能力或资格,[25] 只有具有民事行为能力,才能独立实施民事法律行为。

《民法典》总则编只规定了自然人的民事权利能力和民事行为能力,没有规定民事责任能力。责任能力,又称为不法行为能力或者过失责任能力,是指对自己的过失行为承担责任的能力,[26] 包括侵权责任能力、违约责任能力和其他责任能力。[27] 尽管民事行为能力与民事责任能力有一定的区别,但是《民法典》未采用责任能力的概念,确定违约责任、侵权责任以及其他民事责任也并不使用责任能力的概念。

2. 民事行为能力与民事权利能力的关系

民事行为能力与民事权利能力密切相关。民事行为能力以民事权利能力为前提,民事行为能力也是民事权利能力实现的条件。但是,民事行为能力与民事权利能力不同:民事权利能力是享受权利、负担义务的资格;而民事行为能力则是依行为人的法律行为而取得某些权利、履行特定义务的资格。凡人皆有民事权利能力,民事权利能力因人的出生而当然取得,非因人的死亡不得剥夺,但并非人人皆有行为能力,只有具有一定条件才能具有民事行为能力。

3. 民事行为能力制度的意义

民法之所以要设立民事行为能力制度,其根本原因在于,要保护无民事行为能力人和限制民事行为能力人的利益。民事行为能力其实就是民事主体独立地进行民事活动的能力,行为人欠缺民事行为能力,就意味着他不具备独立从事民事活动的能力,如果贸然从事民事活动,该行为人在交易中就非常容易受到损害。所以,法律限制这部分人独立从事交易活动,从而保护这些不具有民事行为能力或者民事行为能力受限制的人的合法利益。

民事行为能力制度主要是通过全部或部分否定这些欠缺民事行为能力的人所实施的行为的效力的方式,使他们免受其行为的约束来实现这一目的。在现代社会,对动态的交易安全的保护优先于对静态的交易安全的保护,但是,由于要保护这些欠缺民事行为能力人的利益,民法把对无民事行为能力人和限制民事行为能力人的保护优先于对交易安全的保护。因此,与无民事行为能力人或限制民事行为能力人发生交易行为,即使其在主观上是善意无过失的,善意交易者也不能据此主张交易有效。同时,民事行为能力制度还具有保护交易安全的作用,如果任何人皆可以其无民事行为能力为由而主张交易无效,这对交易安全的保护是极为不利的。所以,民法对民事行为能力规定严格而明确的标准,凡是具有民事行为能力的自然人,假借自己没有民事行为能力或者自己的民事行为能力受限制而否定其实施的民事法律行为的效力,法律确认他们之间的法律行为有效。

---

〔25〕 参见陈自强:《民法讲义Ⅰ·契约之成立与生效》,法律出版社 2002 年版,第 171 页。

〔26〕 参见[德]卡尔·拉伦茨:《德国民法通论》(上),王晓晔等译,法律出版社 2003 年版,第 156 页。或者是指以自身违法行为负损害赔偿义务的能力,参见黄立:《民法总则》,1994 年台北自版,第 77 页。

〔27〕 参见龙卫球:《民法总论》,中国法制出版社 2001 年版,第 266 页。

4. 民事行为能力制度的强制性

民法有关民事行为能力的规定均具强行性,废除或限制民事行为能力人的意思表示或约定应属无效。[28] 这是因为民事行为能力制度具有以上的制度价值,是为保护民事行为能力欠缺者的利益,因此,不容许无民事行为能力人或者限制民事行为能力人以自己的意思全部或部分抛弃以及让与,否则,就完全背离立法意欲保护无民事行为能力人或限制民事行为能力人的初衷;而民事行为能力健全者也不得抛弃或者让与民事行为能力,否则,不但使其不能依其意思享受权利、负担义务从而营造社会生活,而且也会有害交易安全。因此,与民事权利能力具有不可让与性、不可抛弃性相同,民事行为能力也不得转让与抛弃。

(二)自然人民事行为能力的分类

1. 民事行为能力的判断标准及其缓和

民事行为能力是民事主体包括自然人、法人和非法人组织独立从事民事活动的能力。就自然人而言,是否具有民事行为能力或者民事行为能力是否受限制,要以自然人对事务是否具有正常识别能力及能否预见其行为所可能发生的效果(意思能力)为判断标准。

自然人对事务的识别能力和对其行为效果的预见并不相同,法律不能根据个别人的识别能力与预见能力来判断其是否具有民事行为能力,因此,民法采取民事行为能力类型化或阶段化的制度,即以自然人的年龄为标准,确定行为人有无民事行为能力以及在多大范围内具有民事行为能力。

各国家和地区立法以年龄为标准,将人的民事行为能力划分为若干阶段。立法例主要有两种:(1)二级主义立法。法律将自然人分为完全民事行为能力人、限制民事行为能力人两种,如法国、意大利、日本和韩国。(2)三级主义立法。法律将人分为无民事行为能力人、限制民事行为能力人和完全民事行为能力人三种,如德国和中国台湾地区。

我国《民法典》将自然人的民事行为能力分为无民事行为能力、限制民事行为能力和完全民事行为能力三种类型,采纳的是德国法立法例。同时,对于已满一定年龄的未成年人,有条件地视为完全民事行为能力人,称为民事行为能力的缓和。

2. 无民事行为能力

无民事行为能力,是指自然人完全不具有独立进行有效法律行为,取得民事权利和承担民事义务的能力。

无民事行为能力的自然人,我国立法规定为不满 8 周岁的未成年人和不能辨认自己行为的成年人。《民法典》第 20 条规定:“不满八周岁的未成年人为无民事行为能力人,由其法定代理人代理实施民事法律行为。”

(1)不满 8 周岁的未成年人。不满 8 周岁的自然人年龄尚小,处于生长发育的最初阶段,虽然其中有些也有一定的智力,但不能理性地从事民事活动,如果法律准许其实施民事行为,既容易使他们蒙受损害,也不利于交易的安全。因此,法律规定他们为无民事行为能力人,他们如果需要进行民事活动,不能由他们自己实施,而应由他们的法定代理人代理进行。

(2)不能辨认自己行为的成年人。不能辨认自己行为的成年人,因其心智丧失,完全不

---

〔28〕 参见王泽鉴:《民法总则》(增订版),中国政法大学出版社 2001 年版,第 121 页。

具有识别能力和判断能力，法律将其规定为无民事行为能力人，就是为了保护他们的合法权益。不过，认定成年人为无民事行为能力人，必须经过利害关系人申请，并由人民法院通过特别程序进行，防止借口成年人不具有辨认自己行为的能力，恶意认定他人为无民事行为能力人而侵害他们的合法权益。

3. 限制民事行为能力

限制民事行为能力，是指自然人不具有完全民事行为能力，只能在法律限定的范围内，进行有效法律行为并取得权利、承担义务的能力。

我国民法规定了两种限制民事行为能力人。一是 8 周岁以上不满 18 周岁的未成年人；二是不能完全辨认自己的行为的成年人。他们具有受限制的民事行为能力，可以独立实施纯获利益的民事法律行为或者与其年龄、智力、精神健康状况相适应的民事法律行为，而实施其他民事活动则应由他们的法定代理人代理进行，或者征得他们的法定代理人的同意或者追认。如何判断自然人限制民事行为能力人实施的民事法律行为是否与其年龄、智力、精神健康状况相适应，依照民法典总则编解释第 5 条的规定，法院可以从行为与本人生活相关联的程度，本人的智力、精神健康状况能否理解其行为并预见相应的后果，以及标的、数量、价款或者报酬等方面认定。

界定限制民事行为能力人范围的意义，在于有些民事活动他们可以独立实施，有些民事活动他们不能独立实施，应当由他们的法定代理人代理或者征得法定代理人的同意。因此，必须确定限制民事行为能力人可以独立实施的民事法律行为的范围。

(1) 纯获利益的民事法律行为。纯获利益，是指单纯取得权利，免除义务，即限制民事行为能力人不因其法律行为而在法律上负有义务。这样的行为，限制民事行为能力人可以独立实施，例如，对限制民事行为能力人为无负担的赠与，对限制民事行为能力人为债务的承认等，都是这样的行为，限制民事行为能力人当然可以接受。而无偿的借用、借贷等，虽然获得权利和利益，但因限制民事行为能力人须负返还义务，而违反此项义务时应负损害赔偿责任，因而不是纯获法律上利益的行为。在确定限制民事行为能力人实施接受报酬行为的效力时，应当特别慎重，因为接受报酬往往是双务合同中履行义务所获的对价，如果限制民事行为能力人接受报酬须以其履行义务为前提时，则不是纯获法律上利益的行为，不能认定其为有效的民事法律行为，否则，就是认许了限制民事行为能力人所实施的非纯获法律上利益行为的有效性，侵害了限制民事行为能力人的合法权益。

(2) 日常生活必需的行为。限制民事行为能力人可以从事一些日常生活所必需的交易行为，如果不是这样，不仅会限制他们的行为自由，而且也会给其生活造成不便。因此，限制民事行为能力的未成年人有权实施理发、购买零食或文具用品、看电影、到游乐场游玩等交易行为。英美法规定，未成年人交易行为的范围，应遵循“必需品规则”，即“与未成年人的生活条件……和与其在出售和交付时的实际需要相适应的物品”，对此，应依未成年人的经济能力、身份、地位、职业等各种情况来判断。[29]

(3) 在法定代理人确定的目的范围内对自己财产的处分行为。法定代理人事先为其子女确定目的范围，允许子女在该范围内处分财产，是事先授权未成年子女从事某种行为，因此该子女的处分行为有效。

---

〔29〕 参见杨桢：《英美契约法论》，北京大学出版社 1997 年版，第 264 页。

4. 完全民事行为能力

完全民事行为能力,是指自然人可以独立进行有效民事法律行为,并取得权利、承担义务的能力。

我国的完全民事行为能力分为两种:一是年满 18 周岁的成年人,二是以自己的劳动收入为主要生活来源的已满 16 周岁不满 18 周岁的未成年人。前者是完全民事行为能力人,后者是视为完全民事行为能力人,是缓和制度的适用。

法律规定视为完全民事行为能力人,就是民事行为能力缓和的表现,主要是考虑到与《劳动法》第 15 条规定的协调。该条规定,16 周岁以上的自然人享有劳动权,并可能具有一定的收入。如果完全否定其具有完全的民事行为能力,这些人就无法行使劳动权,无法参加劳动获得报酬,因此也就无法保障自己的生活。

判断视为完全民事行为能力人的标准在于"以自己的劳动收入为主要生活来源"。这个标准包括两个内容:(1)具有一定的劳动收入,即依靠自己的劳动获得了一定的收入,并且这种收入应当是固定的,而不是临时的、不确定的。(2)劳动收入构成其主要生活来源,也就是其劳动收入能够维持其生活,不需要借助其他人的经济资助,也可以维持当地群众的一般生活水平。[30]

(三)自然人欠缺民事行为能力的认定

1. 欠缺民事行为能力认定的范围

欠缺民事行为能力认定的范围,是不能辨认或者不能完全辨认自己行为的成年人,以及 8 周岁以上不能辨认自己行为的未成年人。《民法典》第 21 条和第 22 条对此作了规定。

2. 欠缺民事行为能力认定的条件

认定自然人为无民事行为能力人或者限制民事行为能力人,须具备以下要件:

(1)自然人不能辨认,或者不能完全辨认自己的行为。主要包括:一是精神病患者和痴呆人。对于精神病人的认定需要严格,应当采用医院证明的方法确认精神病人,但是如果对某人的精神状态有疑问或者存在争议,法院还应当通过专门的司法精神病鉴定,避免出现迫害以及其他有损于权利人权益的情形出现。二是植物人。三是老年痴呆症患者。四是其他不能辨认或者不能完全辨认自己行为的人。

(2)须由利害关系人申请。不能辨认或者不能完全辨认自己行为的自然人的利害关系人,是指与被申请认定无民事行为能力人或者限制民事行为能力人有利害关系的人,如配偶、父母、成年子女以及其他近亲属等。如果没有利害关系人的申请,则认定程序不能启动,法院不得主动进行认定。

(3)须经人民法院宣告。由于欠缺民事行为能力的认定在后果上将限制自然人的民事行为能力,所以,只能由人民法院依法作出。利害关系人要求认定某人为无民事行为能力人或者限制民事行为能力人,法院应当受理。法院受理民事行为能力认定的申请后,应当进行审查,必须查实该自然人确系精神病人。审查属实的,作出认定为无民事行为能力人或者限制民事行为能力人,并指定监护人。被人民法院认定为无民事行为能力或者限制民事行为

---

〔30〕 参见柳经纬:《民法总论》(第 3 版),厦门大学出版社 2000 年版,第 85 页。

能力的人全部或者部分恢复民事行为能力的，亦应经本人或者利害关系人申请，人民法院应当依法撤销认定。

(4)欠缺民事行为能力认定的程序。认定成年人欠缺民事行为能力的案件，由人民法院依照法律规定的特别程序进行。

(四)自然人民事行为能力终止

自然人的民事行为能力终止，是指其民事行为能力的消灭。自然人民事权利能力终止于其死亡，同样，自然人死亡后，其民事行为能力同时终止，不复存在。

三、自然人的身份证明和住所

(一)自然人的身份证明

自然人的身份有两层含义：一是自然人的亲属身份，即自然人与其特定亲属之间的地位，如为配偶、为父母、为子女等；二是自然人的社会身份，也就是自然人的社会属性、真实身份。亲属身份属于亲属法上的地位，社会身份属于民法总则中的民事主体地位。

对于自然人亲属身份的证明，配偶的证明依靠婚姻登记；母亲的证明依靠生育的事实；父亲的证明实行推定，即父之推定，如果发生身份疑问，需要进行亲子鉴定；其他亲属的证明，在确定了父母子女之间的关系之后，依照血缘关系确定。

对于自然人社会身份的证明，根据《居民身份证法》的规定，身份证是其社会身份的证明。自然人从事有关活动，需要证明身份的，应当出示身份证予以证明。对于自然人的身份证，任何组织和个人不得扣押，公安机关和人民警察对因制作、发放、查验、扣押居民身份证而知悉的个人信息，应当予以保密。

(二)住所

1. 住所的概念

住所，是指自然人长期居住生活的地点。换言之，住所是自然人所参与的各种法律关系发生的中心地域。

2. 住所的认定标准

认定住所的要件，一是久住的意思，即长期居住的意思，当事人有无久住的意思，应依一定事实(如户籍登记、居住情形、家属概况及是否在当地工作等事实)予以探求认定，即依客观事实认定主观的意思；二是居住的事实，即事实上住于该地的事实。住所的废止亦须具备废止的意思及离去的事实。[31]

我国现行法以户籍所在地的居住地为自然人的住所，采取的是客观主义立场，并不要求考察当事人是否具有久住的意思。《民法典》第25条规定："自然人以户籍登记或者其他有效身份登记记载的居所为住所；经常居所与住所不一致的，经常居所视为住所。"

户籍是指我国行政法上以户为单位记载自然人有关事项的行政管理的法律文件，它既是行政管理的文件，也是证明有关自然人身份的文件，同时也可用来确定住所。

---

〔31〕　参见王泽鉴：《民法总则》(增订版)，中国政法大学出版社2001年版，第140页。

3. 住所的法律意义

在法律上确定住所,具有以下法律意义:

(1)确定自然人的民事主体状态。住所对于确定自然人的民事主体状态,具有重要意义。如宣告失踪或者宣告死亡,都以自然人离开住所地下落不明为前提条件。

(2)决定债务的清偿地。债务人清偿债务,在没有其他标志确定债务履行地的时候,可以用债务人的住所地作为标志,确定债务清偿地。《民法典》合同编第 511 条第 3 项规定:"履行地点不明确,给付货币的,在接受货币一方所在地履行;交付不动产的,在不动产所在地履行;其他标的,在履行义务一方所在地履行。"其中"履行义务一方所在地"就是债务人的住所。

(3)决定婚姻登记等身份事项的管辖地点。自然人结婚应当进行登记,其婚姻登记地就是以自然人的住所为标志进行管辖。我国《婚姻登记条例》规定,依申请人住所管辖婚姻登记。

(4)在涉外民事关系中确定法律适用的准据法。住所也是在处理涉外民事关系中,确定法律适用的准据法的标志。《涉外民事关系法律适用法》第 31 条规定:"法定继承,适用被继承人死亡时经常居所地法律,但不动产法定继承,适用不动产所在地法律。"

(5)决定诉讼管辖法院和司法文书送达地。法院决定民事纠纷案件的诉讼管辖,以及司法文书送达,也以自然人的住所作为管辖的标志和送达的地点。

(三)经常居所

经常居所,是指自然人为了某种目的而临时居住,并无久住意思的处所。我国民法使用的经常居住的概念,就是指居所。

住所与居所的区别,在于有无久住的意思,与居住时间的长短无关,如在监狱服刑,具有长期居住的事实,但无久住的意思,不能人为设定住所于该地,仅能认系设定居所而已。至于船舶,因具有流动性,不能成为住所和居所。〔32〕

居所的法律意义在于,有的国家认为居所对于决定管辖、票据的发行、准据法的运用都具有意义。在我国,居所的主要意义在于,在无法确定住所时,以经常性居所作为住所。〔33〕

在法国民法和日本民法中,还有假住址(也称临时住址或者选定住址)的概念,是当事人为特定行为所选定的处所,关于该行为与住址有同一的效力。〔34〕

第三节 监 护

典型案例

15 周岁的高某经人介绍到 J 服装公司从事烫衬工作,并签订了劳动合同。某日下午,

---

〔32〕 参见王泽鉴:《民法总则》,台北,三民书局 2008 年版,第 153 页。

〔33〕 参见王利明:《民法总则研究》(第 2 版),中国人民大学出版社 2012 年版,第 262 页。

〔34〕 参见欧宗佑:《民法总则》,商务印书馆 1928 年版,本论第 29 页。

高某在往黏合机里续衬时，烫伤了左手，被认定为工伤六级伤残。高某诉至法院，要求J公司赔偿医疗费、童工身体健康损害等各项费用及损失共计29万余元。被告辩称事故发生是由于高某违章操作所致，不属于工伤，拒绝承担赔偿责任。[35]

一、监护

（一）监护的概念和含义

1. 监护的概念

监护，是指对于不在亲权照护之下的未成年人和丧失或者部分丧失民事行为能力的成年人，为其人身权利、财产权利的照护而设置监护人予以保护的民事法律制度。

法律使用监护概念，包括以下四个层次的意义：

（1）监护制度。这是监护概念的主要意义，是从制度的角度，确定监护是国家重要的民事法律制度。目前，我国民事立法将监护制度置于民事主体制度之中，是民事主体制度中的一个具体制度。此外有不同主张，把监护制度认作亲属法上的身份权制度。

（2）监护法律关系。这是监护制度的具体内容。在对无民事行为能力人和限制民事行为人以及民事行为能力不充分的人按照监护制度进行监护时，在监护人与被监护人之间产生监护民事法律关系，它包括监护法律关系的主体、内容和客体。

（3）监护权。这是监护法律关系主体之一即监护人所享有的权利。对这种权利的性质有不同看法。有认其为身份权性质的主张，也有否认其身份权性质的主张。笔者认为监护权是准身份权。

（4）监护行为。监护行为包括两种含义：一是设立监护的行为，即在应设立监护关系的主体之间设立监护关系，由此发生监护法律关系。二是实施监护的具体行为，即监护权人行使监护权的行为。前者是监护的设立行为，后者是监护的履行行为。

上述四种含义的监护概念的关系是，第一种概念即监护制度是其基本的意义，第二种至第四种概念即监护法律关系、监护权、监护行为，都是监护制度的具体内容。

2. 监护的目的

设置监护的目的，是保护无民事行为能力人和限制民事行为能力人的合法权益，最大限度地尊重被监护人的真实意愿，保障并协助被监护人实施与其年龄、智力、精神健康状况相适应的民事法律行为，防止被监护人的合法权益受到非法侵害，保障被监护人的正常生活。它的具体内容，包括监护被监护人的人身，管理被监护人的财产，代理被监护人进行民事活动，承担被监护人致人损害的民事法律后果等。[36]

认为监护制度是为"维护社会的正常经济秩序而设置的一种法律制度"，[37]监护"是代理被监护人进行民事活动"的意见，[38]值得商榷。监护制度确实有维护社会正常经济秩序的作用，但它显然不是设置监护制度的目的。不仅如此，就是把保护被监护人的合法权益与维护经济秩序并列在一起作为监护制度的目的，也是对监护制度立法目的的误解。同样，代

---

〔35〕 讨论提示：高某是未成年人，属于限制民事行为能力人，应当由其法定监护人作为法定代理人参加诉讼。

〔36〕 参见佟柔主编：《民法原理》，法律出版社1983年版，第46页。

〔37〕 参见马原主编：《中国民法教程》，人民法院出版社1989年版，第55页。

〔38〕 参见陈国柱主编：《民法学》，吉林大学出版社1987年版，第40页。

理被监护人进行民事活动也不是监护制度的目的,只是监护制度的一个具体内容。

怎样认定符合尊重被监护人的真实意愿,最有利于被监护人的原则,民法典总则编解释第9条规定,法院依据《民法典》第31条第2款、第36条第1款的规定指定监护人时,确定是否"尊重被监护人的真实意愿,按照最有利于被监护人"的原则,应当具体参考的因素是:(1)与被监护人生活、情感联系的密切程度;(2)依法具有监护资格的人的监护顺序;(3)是否有不利于履行监护职责的违法犯罪等情形;(4)依法具有监护资格的人的监护能力、意愿、品行等。将这些因素综合起来,确定应当指定的监护人。法院依法指定的监护人一般应当是1人,由数人共同担任监护人如果更有利于保护被监护人利益的,也可以是数人。

(二)监护的种类

《民法典》规定了对未成年人的监护和对无民事行为能力或者限制民事行为能力的成年人的监护两种。《老年人权益保障法》第26条对丧失或者部分丧失行为能力的老年人的监护制度,属于成年监护制度,与《民法典》第33条规定基本相同。

1. 对未成年人的监护

对未成年人的监护,是指对于没有父母亲权保护的未成年人,以及对于虽然有父母但是父母均不能行使亲权的未成年人设立的监护。

在立法上,《民法通则》关于监护的规定存在将监护等同于亲权的缺陷。亲权与监护是有严格区别的。学者认为,监护"是对于不能得到亲权保护的未成年人""设定专人以管理和保护其人身和财产利益的法律制度"。[39] 这种观点区分了监护与亲权之间的差异。处于亲权保护之下的未成年人,其利益已能得到充分保护,无须叠床架屋,再设置监护制度。原《民法通则》第16条第1款称父母是未成年人的监护人,是基于父母的亲权而发生的监护,仅仅是在借用意义上使用而已,无非说明他们依其亲权,应当管教和保护未成年子女。对于不能得到亲权保护的未成年人,才需适用监护制度。[40]

《民法典》对此作了改变。第26条第1款规定:"父母对未成年子女负有抚养、教育和保护的义务。"这里规定的是亲权。第27条第1款规定:"父母是未成年子女的监护人。"这里规定的是未成年子女的监护权。按照这样的规定,在父母对未成年子女的权利义务关系上,亲权与监护权有重合关系,父母对于未成年子女享有亲权,为亲权人,依其亲权而取得监护权。不过,亲权与监护权的具体内容不完全相同。从反面观之,对未成年子女监护权的内容,则完全由父母的亲权所包括。按照大陆法系民法传统理论,亲权与监护权是互不相容的,是两种各自独立,不应重合的权利。监护与亲权的区别在于:第一,亲权发生的基础是亲子的身份关系,而监护的发生不完全是以血缘亲属关系为基础;第二,亲权具有权利义务的双重性,监护则仅仅是一种职责;第三,法律对亲权人行使亲权多采放任态度,而监护人执行监护事务则受到法律的种种限制;第四,亲权人不得因行使亲权而索取报酬,而监护人对于进行监护活动有权索取报酬。[41] 《民法典》对父母与未成年子女之间的关系,采取了亲权与监护权重合的立场,仍然有改进的余地。

---

〔39〕 张俊浩主编:《民法学原理》,中国政法大学出版社1991年版,第120页。

〔40〕 参见张俊浩主编:《民法学原理》,中国政法大学出版社1991年版,第120~121页。

〔41〕 参见王洪:《婚姻家庭法》,法律出版社2003年版,第315~316页。

2. 对丧失或者部分丧失民事行为能力的成年人的监护

对丧失或者部分丧失民事行为能力的成年人的监护，是指对无民事行为能力或者限制民事行为能力的成年人设立的监护。这些成年人由于缺少辨认能力，无法认识自己行为的后果，不具有民事行为能力或者民事行为能力受限制，必须对其设立监护人，对他们的行为进行监护。

（三）监护制度的历史沿革

现代监护制度的渊源，是罗马法的监护、保佐制度，直至发展到今天完善的监护制度。

1. 罗马法

在罗马法初期，监护与保佐是两种不同的制度，立法意图也颇不相同。按照罗马法的格言，"监护针对的是人，保佐针对的是物"，区别了二者的相异之处。监护适用于未成年人、妇女，既包括对被监护人的人身保护，也包括对被监护人民事行为的代理，其特有之处表现为对被监护人的人格予以补充的"准可"。保佐则只适用于精神病人、浪费人和未成年人，是以经管归某一被剥夺了自管权的主体所拥有的财产或者只是帮他经管财产为共同特点。〔42〕 罗马法设置监护、保佐的目的，首先在于保护家族财产，避免被监护人和被保佐人挥霍、浪费自己的财产，或者其财产被他人侵吞掉，侵害了被监护人、被保佐人的法定继承人的利益。〔43〕

到罗马共和末期，监护和保佐制度的目的发生了一些变化，由主要保护家族财产、保护被监护人和被保佐人的法定继承人的利益，改变成主要是保护被监护人、被保佐人本人的利益，即保护弱者的利益，监护和保佐制度成为一种公务性质的职务，是一项义务。〔44〕 这已与现代监护制度的性质十分接近。随着法律的演进，罗马法的监护和保佐逐渐相似并混同。〔45〕

2. 近现代法

《法国民法典》设立的监护制度，是近现代民事监护制度之始，只设监护而不设保佐。监护的对象是未成年人，监护人代表未成年人以未成年人的名义为行为，管理财产，并保护其人身。

德国的监护制度包括监护和保佐。监护是对于亲权欠缺或禁止时，以及脱离亲权的成年人因宣告禁治产，而设置对其人身和财产上予以照护的制度。未成年人不在亲权之下或父母均无权为代理时，如父母均死亡，或宣告死亡，或均丧失亲权，或亲权均被剥夺，或父之亲权丧失或被剥夺而因与子女的幸福抵触不能由母行使，或子女的身份无可考即弃儿，均应设置监护人。当监护人有财产管理任务时，除其管理不重要或由数人共同行使外，应选任监护监督人，监督监护人监护义务的履行，有权将违反义务的情况报告监护法院。对于成年人，如果被宣告禁治产时，应设置监护人；对于已被申请宣告为禁治产的成年人，如果监护法院认为有必要防止对该成年人的人身、财产的显著危害时，可以对其设置假监护。〔46〕

---

〔42〕 参见［意］彼德罗·彭梵得：《罗马法教科书》，黄风译，中国政法大学出版社 1992 年版，第 170 页。

〔43〕 参见龙斯荣：《罗马法要论》，吉林大学出版社 1991 年版，第 89 页。

〔44〕 参见龙斯荣：《罗马法要论》，吉林大学出版社 1991 年版，第 90 页。

〔45〕 参见［意］彼德罗·彭梵得：《罗马法教科书》，黄风译，中国政法大学出版社 1992 年版，第 170 页。

〔46〕 参见史尚宽：《亲属法论》，台北，荣泰印书馆 1980 年版，第 625 ~ 626 页。

日本法将监护称为后见,意为“背后看顾、照护”,规定比较简洁,只分监护和保佐。对于未成年人设置监护,条件是未成年人无亲权照护,监护内容是对其教育、人身保护及财产管理。对于禁治产人,亦设置监护,监护内容是疗养、看护以及财产管理。保佐适用于准禁治产人,保佐的内容不包括法定代理权与财产管理权,唯有对准禁治产人为一定行为的同意权。

3. 当代法

20 世纪以来,各国相继进入老龄化社会,人口老化带来了前所未有的社会问题。因此,自 20 世纪 60 年代以来,各国根据对老年社会的共同认识,纷纷对监护制度进行改革,大陆法系和英美法系的成年监护制度改革,形成修法高潮。

在这个高潮中,我国民事立法长期没有相应规定,至 2012 年修订《老年人权益保障法》,规定了老年意定监护制度。

(四)我国监护制度的发展

1. 我国历史上的监护制度

在我国奴隶社会和封建社会的法律中没有监护制度,这是因为按照我国宗族法,家长权极其强大,一切家属均置于家长权力之下,自己无独自行为的可能性,因而无设置监护制度的必要。当家长本人年幼或者因其他原因无法操持家务的时候,习惯上有“托孤”“顾命”“管家”等习惯做法,在一定意义上有监护的意思,一般为幼子、未成年子因父亲死亡而托人保护、扶佐,但是无法定的权利义务,尚未成为完整的制度,可以视为中国监护制度的前身或萌芽。

清末改制,《大清民律草案》借鉴大陆法系的监护制度,在亲属编创立中国近代的监护制,大理院判例亦认此制。主要内容是:第一,未成年人无行亲权人或行亲权人不得行其亲权时,须设监护人。第二,受准禁治产之宣告者,须置保佐人。第三,成年人受禁治产宣告时,须置监护人。监督监护人、保佐人的机关是亲属会议。《民国民律草案》除了将保佐改为照管之外,其他内容基本上与《大清民律草案》的规定相同。

国民政府制定《中华民国民法》,在亲属编确认监护制度,就未成年人亲权欠缺者及禁治产人,得设置监护,不得为已成年而未受禁治产宣告之人设置监护。监护的机关为亲属会。立法没有规定保佐制度。

2. 我国原《民法通则》规定的监护制度

1986 年《民法通则》将监护规定在民事主体部分,即第二章“公民”之中,作为自然人民事行为能力的补充,规定对无民事行为能力人或限制民事行为能力人设置监护人。监护职责是保护被监护人的人身、财产及其他合法权益。监护人履行职责的权利受法律保护,不履行职责或侵害被监护人合法权益的,应当追究其民事责任,并撤销监护人的资格。《老年人权益保障法》第 26 条规定了老年人的意定监护制度和法定监护制度。

3.《民法典》总则编规定的监护制度

《民法典》总则编对我国监护制度进行改革。首先,规定了全新的监护理念,即最大限度地尊重被监护人的真实意愿、最有利于被监护人的权益;其次,对未成年人的监护采用亲权和监护权重合的模式;再次,对成年监护制度进行了改革,对所有丧失或者部分丧失民事行为能力的成年人,都应当设置监护人;最后,增加了意定监护、遗嘱监护、协议监护、临时监护等新的监护制度。

二、监护法律关系

(一)监护法律关系概述

1. 监护法律关系的概念和性质

监护法律关系,即监护关系,是指在监护设立之后,监护人与被监护人之间依照法律发生的监护与被监护的权利义务关系。

监护是一种社会关系,且主体平等,具有监护的权利义务内容,为民法所规范、所调整,因而是民事法律关系。监护法律关系属于亲属法性质的民事法律关系。

2. 研究监护法律关系的必要性

监护法律关系是民事法律关系,却长期被忽视、否认,有必要为其正名。对监护从民事法律关系角度来研究,更容易掌握它的原理。

监护作为一种民事法律关系,包含主体、内容、客体的全部要素。监护法律关系的主体,是监护人和被监护人;监护法律关系的内容是监护的权利和义务;监护法律关系的客体,就是监护的身份利益,即对被监护人人身的和财产的合法权益的照护、监督。

(二)监护人

监护法律关系的主体,包括权利主体和义务主体。权利主体中,监护权利主体称为监护人。监护人应当具有监护能力,民法典总则编解释第6条规定:“人民法院认定自然人的监护能力,应当根据其年龄、身心健康状况、经济条件等因素确定;认定有关组织的监护能力,应当根据其资质、信用、财产状况等因素确定。”符合上述要求的自然人和有关组织,可以作为监护人。

1. 法定监护人

(1)法定监护人的范围和顺序。法定监护由法律直接规定谁为监护人。法定监护应依照法律规定的监护顺序,以顺序在先者为监护人,在前一顺序的法定监护人缺格或缺位时,依次由后一顺序的法定监护人担任。其顺序如下:

对未成年人设定监护人的监护顺序:一是祖父母、外祖父母;二是兄、姐;三是其他愿意担任监护人的个人或组织。

对无民事行为能力或者限制民事行为能力的成年人设定监护人的监护顺序:一是配偶;二是父母、子女;三是其他近亲属;四是其他愿意担任监护人的个人或者组织。

依照法定监护方式设定监护人,按照上述法定顺序,由顺序在先的监护人自动担任,监护人设定之后,即发生监护法律关系。

(2)法定监护人的要件。法定监护人应当具备以下要件:第一,须是法律明确规定的人。法定监护人必须是法律所规定的法定监护人范围内的人,超出该范围,不得做法定监护人。第二,须具有监护能力。认定监护人的监护能力,应当根据监护人身体健康状况、经济条件以及与被监护人在生活上的联系状况等因素确定。第三,须不存在亲权人指定的遗嘱监护人。如果亲权人已经被指定为遗嘱监护人,则不得为法定监护人。

2. 意定监护人

意定监护人分为以下几种:

(1)委托监护人。监护人将监护职责部分或者全部委托给他人,叫作监护委托。从理论上说,监护是法定职责,具有强行性的特点,核心在于保护被监护人,因此,从原则上说,监护不能委托。我国司法实践从被监护人的教育和受照顾的必要性出发,有条件地承认监护委托。

委托监护人的设立分为两种情况。一是由亲权人即父母委托他人做子女的监护人;二是由法定监护人把自己的监护职责委托他人实施。监护委托可以是全权委托,也可以是专门委托。如父母将子女委托祖父母、外祖父母全权照料,或者把精神病人委托精神病医院或者福利院全权照料。

委托监护原则上不改变原监护人的地位,不同于法定监护人以内部协议确定监护人的情形,也不同于监护变更。因被监护人的侵权行为需要承担民事责任的,应当由监护人承担,另有约定的除外;但委托监护人对监护失职的,应当与监护人承担连带责任。

(2)遗嘱监护人。遗嘱监护人,是指通过遗嘱委任的监护人。《民法典》第29条规定:“被监护人的父母担任监护人的,可以通过遗嘱指定监护人。”父母通过遗嘱选定的监护人,应当具备以下资格:一是遗嘱人须是亲权人。遗嘱指定监护人,遗嘱人必须是父或母,即亲权人。非亲权人不得以遗嘱指定监护人。即使是亲权人,如果亲权丧失或者被剥夺的,也不能通过遗嘱指定监护人。二是遗嘱人须是后死的亲权人。先死的亲权人由于尚有亲权人在世,因此无权指定监护人。如果亲权人共同遗嘱指定监护人,后死的亲权人没有改变遗嘱的意思,应当认为是后死亲权人的遗嘱。亲权人共同遗嘱指定监护人,又是同时死亡的,如在同一事件中死亡推定为同时死亡的,遗嘱有效。三是遗嘱须符合法律要求。遗嘱违反法律要求的,该遗嘱无效,不发生遗嘱委任监护人的效力。对其中具体问题,民法典总则编解释第7条作了规定:一是担任监护人的被监护人父母通过遗嘱指定监护人,遗嘱生效时被指定的人不同意担任监护人的,人民法院应当适用《民法典》第27、28条的规定确定监护人,即按照监护顺序确定监护人。二是未成年人由父母担任监护人,父母中的一方通过遗嘱指定监护人,另一方在遗嘱生效时有监护能力,有关当事人对监护人的确定有争议的,法院应当适用《民法典》第27条第1款的规定确定监护人。这是因为,父母一方通过遗嘱为未成年人指定监护人,在遗嘱生效时,另一方尚健在且有监护能力,如果发生确定监护人争议,应当依照监护顺序确定该未成年人的监护人,父或者母是未成年人当然的法定监护人,因此,应当由健在的父母一方作为未成年子女的监护人。

(3)意定监护协议的意定监护人。《民法典》第33条规定:“具有完全民事行为能力的成年人,可以与其近亲属、其他愿意担任监护人的个人或者组织事先协商,以书面形式确定自己的监护人,在自己丧失或者部分丧失民事行为能力时,由该监护人履行监护职责。”按照这一规定设立的意定监护人,应当在本人具有完全民事行为能力时,依自己的意思选任监护人,并且与其订立委托监护合同,将有关自己的监护事务全部或者部分代理权授予意定监护人,在本人丧失或者部分丧失民事行为能力的事实发生后,发生效力,产生监护关系。

3. 自愿监护人

自愿监护人也叫作无因监护人,是指不负有法定监护义务的人自愿担任监护人,并经主管组织同意的监护人。自愿监护人与法定监护人的最大区别,就在于没有法律规定的监护义务。自愿监护人应以主管组织同意为必要,非经同意,不能作为监护人。《民法典》第27条第2款第3项和第28条第4项分别规定,“其他愿意担任监护人的个人或者组织,但是须经未成年人住所地的居民委员会、村民委员会或者民政部门同意"，"其他愿意担任监护人的个人或者组织，但是须经被监护人住所地的居民委员会、村民委员会或者民政部门同意"，都可以成为自愿监护人。

作为自愿监护人的资格包括：一是须被监护人不存在法定监护人和意定监护人。如果被监护人已经有了法定监护人或者意定监护人，就没有必要设立自愿监护人。二是须为被监护人的其他亲属或者朋友且关系密切。设立监护关系，具有人身性质，因此，监护人与被监护人之间应当有相当的信任关系。不是其他亲属，也不是朋友，不能作为自愿监护人。三是须监护人出于自愿。由于其他亲属或者朋友对于被监护人并没有法定的监护义务，因此，自愿承担该责任是必要条件。四是年满8周岁以上的被监护人须征求其意见。如果被监护人是年满8周岁以上的人，被监护人不同意自愿者作为他的监护人的，应当尊重他们的意见。

4. 公职监护人

由被监护人住所地的居民委员会、村民委员会或者民政部门担任监护人，就是公职监护人。担任公职监护人，须被监护人没有法定监护人、意定监护人。上述机关作出监护的意思表示的，即为监护人。

5. 临时监护人

依照《民法典》第31条、第36条规定，在指定监护人之前，以及撤销监护人资格未指定新的监护人之前，应当设定临时监护人，安排临时监护措施，以确保被监护人的民事权益得到保护，防止在此期间受到他人侵害。

（三）监护机关

监护机关，是指行使监护职能的组织，包括监护权力机关、监护监督机关、监护执行机关和监护保障机关。

1. 监护权力机关

监护权力机关是指负担任免、更换监护人职责，并就监护中的一些重大事项作出决定的机关。我国的监护权力机关是被监护人住所地的居民委员会、村民委员会、各级人民政府的民政部门和人民法院。在担任监护人的事项发生争议时，所在单位、居民委员会、村民委员会有权在被监护人的近亲属中指定监护人。如果有人对上述指定不服的，法院有权进行裁决，并对监护人的撤换等作出判决。

2. 监护监督机关

监护监督机关，是指负责对监护人的监护活动进行监督，以确保被监护人的利益的机关。《民法典》第36条第2款规定的有关个人、组织，即"其他依法具有监护资格的人，居民委员会、村民委员会、学校、医疗机构、妇女联合会、残疾人联合会、未成年人保护组织、依法设立的老年人组织、民政部门等"，属于监护监督机构，如果发现监护人不能胜任或者有违反监护职责的行为，有权予以纠正，或者向法院请求，由法院撤销其监护人的资格。

3. 监护执行机关

监护执行机关，是指具体执行监护职责的机关。无民事行为能力人、限制民事行为能力人是由其住所地的居民委员会、村民委员会或者民政部门担任监护人的，它们就是监护执行机关。

4. 监护保障机关

监护保障机关,是指在被监护人无财产或者财产不足,又没有对其负有扶养义务的亲属时,负责被监护人的生活费用并支付监护人报酬的机关。在我国,由民政部门作为监护保障机关。

(四)被监护人

1. 未成年人

未满18周岁的未成年人,为被监护人。其中未满8周岁的未成年人是无民事行为能力人,已满8周岁未满18周岁的未成年人为限制民事行为能力人,都需要依法进行监护。

未成年人作为被监护人,具有以下条件之一的,即具备资格:(1)不在亲权照顾之下。未成年人不在亲权照顾之下,是指未成年人没有父母。可能是父母均已死亡,也可能是父母下落不明,如弃儿。(2)亲权人不能行使亲权。未成年人的父母均不能行使亲权的,应当为未成年人设立监护人。不能行使亲权,包括父母的亲权被剥夺或者丧失导致的不能,父母失踪导致的不能,父母被判刑、患病、吸毒以及与子女相距遥远不能直接行使亲权的不能。

2. 无民事行为能力或者限制民事行为能力的成年人

对于无民事行为能力和限制民事行为能力的成年人,应当设立监护人。

(五)监护法律关系的设立、变更和消灭

1. 监护法律关系的设立

监护作为一种民事法律关系,既有其设立、变更、消灭的过程,也有引起这一过程发生、发展的原因、条件、法律效力及责任。

(1)监护法律关系的设立方式。设立监护法律关系,通过设立监护人为之。

设立监护人,就是确立监护法律关系的权利主体,通过为监护法律关系的义务主体即被监护人设立监护人,而使监护法律关系正式确立。

(2)监护人的消极资格。监护人的消极资格,也叫作“监护人缺格”,是因为监护人的责任繁重,对于被监护人的利益所关至巨,以有相当能力且愿忠实为被监护人谋利益的人为必要。故各国立法均规定不得担任监护人的消极资格。有这种消极资格的人,谓之监护人缺格。[47] 所以,消极资格或监护人缺格,是指不得担任监护人的资格。结合我国实际,参考国外立法,监护人的消极资格包括以下几种:

一是无民事行为能力人和限制民事行为能力人。无论是未成年人还是精神病人,不具有民事行为能力或者民事行为能力受限制,本身就是受监护之人,当然不得作他人的监护人。国外有已结婚之未成年人可以为监护人的规定,依我国立法,未成年人结婚行为不具有法律效力,因而不存在这种例外的情况。

二是受刑罚处罚之人。受刑罚处罚,一般指受身体刑和名誉刑(剥夺政治权利),该人不得作为监护人。但其他受缓刑、管制处罚者,可不包括在内。已任监护人而受刑罚处罚的,应撤销其监护人的资格。

三是有危害被监护人合法权益可能的人。某人尽管具有法定监护人的资格,或者自愿

〔47〕 史尚宽:《亲属法论》,台北,荣泰印书馆1980年版,第640~641页。

作为监护人，但是，具有危害被监护人的可能的，不能作为监护人。危害的可能性如有显迹，即排除其监护资格。即使是对被监护人提起诉讼或者曾经提起过诉讼的人及其配偶和直系血亲，由于其有利害关系，有可能损害被监护人的利益，也不可作为监护人。

四是显然无支付能力的人。显然无支付能力的人不能作为监护人。对此，有的国家规定为破产，有的规定为无支付能力。综合而论，我国应以显然无支付能力的人为监护缺格。

五是去向不明的人。去向不明的人不能承担监护的责任，所以不能作为监护人。

六是外国人。依各国多数立法例，在一般情况下，外国人不得为本国自然人的监护人，例外的情况是，与未成年人有亲属关系的外国人，有监护资格。

(3)设立监护人的方式

设立监护人的方式分为四种：

第一，法定监护的设立。法定监护的设立分为三种形式：

一是当然设立。如果第一顺序的监护人只有一人，或者虽然有数人但是全体担任监护人的，为当然设立。

二是协议设立。《民法典》第30条规定："依法具有监护资格的人之间可以协议确定监护人。协议确定监护人应当尊重被监护人的真实意愿。"依照民法典总则编解释第8条规定，具体要求是：首先，未成年人的父母与其他依法具有监护资格的人订立协议，约定免除具有监护能力的父母的监护职责的，法院不予支持，因为这是父母的法定强制性义务。如果协议约定在未成年人的父母丧失监护能力时由该具有监护资格的人担任监护人的，则符合法律规定，法院依法予以支持。其次，依法具有监护资格的人之间依据《民法典》第30条的规定，约定由《民法典》第27条第2款、第28条规定的不同顺序的人共同担任监护人，或者由顺序在后的人担任监护人的，都是适当的，法院应当依法予以支持。

三是指定设立。指定监护适用的条件，是对担任监护人有争议。争议有三种情况：其一，后一顺序的人不同意由前一顺序的人担任监护人，并且相互争当的；其二，前一顺序的人不愿担任监护人，后一顺序的人也不同意担任，相互推诿的；其三，同一顺序的人(如祖父母和外祖父母，兄和姐)相互争当或者相互推诿。[48] 当出现这些情况之一时，应当指定监护人。

我国立法规定指定监护分为两种：一是有关组织指定，二是法院指定。当出现监护争议时，由被监护人住所地的居民委员会、村民委员会或者民政部门指定监护人，被指定的人以及相关的人对指定不服的，可以向人民法院申请指定监护人；有关当事人也可以直接向人民法院申请指定监护人。民法典总则编解释第10条规定，有关当事人不服居民委员会、村民委员会或者民政部门的指定，应当在接到指定通知之日起30日内向法院申请指定监护人，法院经审理认为指定并无不当，依法裁定驳回申请；认为指定不当，依法判决撤销指定并另行指定监护人。如果有关当事人在接到指定通知之日起30日后提出申请的，法院应当按照变更监护关系处理。

第二，意定监护的设立。意定监护的设立分为两种形式：

一是委托设立。委托设立监护人，应当有委托合同以及授权委托书。监护委托合同应当由委托人和受委托人双方的合意，特别是受委托人接受委托的意思表示，形式上应当符合

---

〔48〕 王利明等：《民法新论》(上)，中国政法大学出版社1988年版，第169页。

合同的一般要求。同时,还应当有授权委托书,根据委托合同,委托人授予受委托人监护的权利。根据《民法典》第 33 条的规定,成年人设立意定监护,应当由完全民事行为能力人与其选定的监护人(成年人的近亲属或者其他与自己关系密切、愿意承担监护责任的个人、组织中选定的人)签订意定监护协议,约定在成年人丧失民事行为能力或者限制民事行为能力时,监护协议生效,由约定的监护人履行监护职责,对丧失或者限制民事行为能力的成年人进行监护。民法典总则编解释第 11 条规定,具有完全民事行为能力的成年人(不包括 16 周岁不满 18 周岁的自然人)与他人依据《民法典》第 33 条的规定订立书面协议事先确定自己的监护人后,协议的任何一方在该成年人丧失或者部分丧失民事行为能力前请求解除协议的,都是合法的,因而应当依法予以支持。在该成年人丧失或者部分丧失民事行为能力后,被监护人无法解除协议,协议确定的监护人没有任意解除权,如果没有正当理由而请求解除协议的,不应予以支持。由于《民法典》第 33 条对委托设立监护人的履行没有规定明确的监督措施,因此,该条司法解释规定,该成年人丧失或者部分丧失民事行为能力后,协议确定的监护人有《民法典》第 36 条第 1 款规定的情形之一,该条第 2 款规定的有关个人、组织申请撤销其监护人资格的,应当依法予以支持,保护好被监护人的合法权益。这个规定完善了成年意定监护制度的监督制度。[49]

二是遗嘱设立。这种设定监护人的方式,适用于未成年人的监护,即由未成年人的后死父或母以遗嘱指定特定的未成年人的监护人。对于已成年子女的监护,父母用遗嘱指定监护人的,应承认其效力。遗嘱的内容及程序、形式均须合法、有效。程序和形式应依遗嘱的一般规定,口头、书面均为有效。遗嘱符合上述三项条件,为有效遗嘱监护,遗嘱指定的监护人,在遗嘱生效之时即为监护人,取得监护权,发生监护法律关系。

第三,自愿监护的设立。设立自愿监护人应当符合自愿监护人的资格。自愿监护人提出监护的意愿之后,监护权力机关应当进行资格审查,经过审查合格的,作出同意的表示,自愿监护人才被设立,自愿监护人可以行使监护职责。

第四,公职监护人的设立。设立公职监护人由有监护人资格的监护机关决定。未成年人的父母所在单位或者未成年人、老年人住所地的居民委员会、村民委员会,精神病人所在单位或者住所地的居民委员会、村民委员会,或者民政部门,都具有监护人资格,它们决定作为监护人的,即为设立监护人。

2. 监护法律关系的变更

监护法律关系设立之后,可以依据一定的事实而发生变更。

监护法律关系的变更,是监护人因某种事由不再或不能继续担任监护人,而由其他监护人继任。这种变更,是在被监护人仍需进行监护的前提下,只有监护人进行变更。如果从监护人的角度看,变更监护人实际上是消灭了旧的监护关系;而从整个监护关系看,则为监护关系中监护权利主体的变更。因而,监护关系的变更也可以称为监护关系的相对消灭。

监护法律关系变更的首要条件是,被监护人尚须进行监护。如果监护人发生变更,而被监护人已经不再需要监护,则发生监护关系消灭的后果。

监护法律关系变更的事实是:

---

〔49〕 参见杨立新:《民法典总则编司法解释对成年意定监护制度的完善》,载《人民法院报》2022 年 2 月 28 日第 2、4 版。

(1)监护人死亡或丧失监护能力。监护人死亡,监护法律关系必须变更,应设置新的监护人。监护人丧失监护能力,即监护人出现了消极资格,因而不再具有监护资格,也必须更换新的监护人。

(2)监护人辞职。当事人有正当理由要求退出监护,称为监护人辞职。监护人原则上不得辞职,因为监护的职责是为社会的义务。没有正当理由,监护人不得辞职。日本民法规定,监护人辞职的正当事由如下:其一,为军人而服役者;其二,于被监护人住所之市或郡以外从事公务者;其三,较自己应先为监护人者曾有不得任监护人之事由,而其事由消灭者;其四,对于被监护人曾10年以上为监护者,但配偶者、直系血亲不在此限;其五,其他正当事由。我国立法未规定监护人辞职制度。在实务中,如当事人确有正当理由要求辞职的,应当准许。具体的正当理由应依实际情况判断。辞职请求,应向单位、村民委员会或居民委员会提出,如果发生争议,则应由法院决定。

(3)监护人撤销。《民法典》第36条规定:"监护人有下列情形之一的,人民法院根据有关个人或者组织的申请,撤销其监护人资格,安排必要的临时监护措施,并按照最有利于被监护人的原则依法指定监护人:(一)实施严重损害被监护人身心健康的行为;(二)怠于履行监护职责,或者无法履行监护职责且拒绝将监护职责部分或者全部委托给他人,导致被监护人处于危困状态;(三)实施严重侵害被监护人合法权益的其他行为。""本条规定的有关个人、组织包括:其他依法具有监护资格的人,居民委员会、村民委员会、学校、医疗机构、妇女联合会、残疾人联合会、未成年人保护组织、依法设立的老年人组织、民政部门等。""前款规定的个人和民政部门以外的组织未及时向人民法院申请撤销监护人资格的,民政部门应当向人民法院申请。"

撤销监护人资格应当由有关人员或单位向人民法院提出,由人民法院裁判。有撤销监护人资格的有关人员和单位包括:其他依法具有监护资格的人,居民委员会、村民委员会、学校、医疗机构、妇女联合会、残疾人联合会、未成年人保护组织、依法设立的老年人组织、民政部门等。上述个人和民政部门以外的组织未及时向人民法院申请撤销监护人资格的,民政部门应当向人民法院申请。

监护人的资格被撤销以后,应当按法定监护顺序继任或指定监护人。新的监护人产生以后,监护法律关系的变更即完成。监护法律关系变更以后,新的监护人为监护权利主体,被监护人仍然为监护关系的义务主体。依法负担被监护人抚养费、赡养费、扶养费的父母、子女、配偶等,被人民法院撤销监护人资格后,应当继续履行负担的义务。

被监护人的父母或者子女被人民法院撤销监护人资格后,除对被监护人实施故意犯罪的外,确有悔改表现的,经其申请,人民法院可以在尊重被监护人真实意愿的前提下,视情况恢复其监护人资格,人民法院指定的监护人与被监护人的监护关系同时终止。

应当特别强调的是,监护委托并不变更监护关系。例如,监护人因患病、外出务工等原因在一定期限内不能完全履行监护职责,将全部或者部分监护职责委托给他人,是可以的,被委托人依照委托,对监护人进行监护。但是,委托监护并不能使受托人成为监护人。因此,民法典总则编解释第13条规定,当事人主张受托人因此成为监护人的,法院不予支持。

3. 监护法律关系的消灭

监护法律关系的消灭是该法律关系的绝对消灭,是指监护法律关系因某些法定原因的存在而永远地消灭。这种监护关系的消灭,是一经消灭不再恢复,因而与相对消灭有别。所应区别的,是患精神病的被监护人恢复行为能力,监护关系消灭后,又患精神病被宣告为无行为能力人,又需要设置监护关系。因为这是一个新的监护关系,与前一个已经消灭的监护关系不同,因而前一个监护关系的消灭仍是绝对消灭,后一个监护关系也不是前一个监护关系的继续。

引起监护法律关系消灭的原因一般采取列举主义,详细规定监护关系消灭的各种原因。依照我国《民法典》第39条规定,监护关系消灭的原因是:

(1)被监护人取得或者恢复完全民事行为能力。未成年人已经满18周岁,即取得完全民事行为能力,监护关系自然消灭。有疑问的是,有劳动收入的16周岁未成年人,视为有完全民事行为能力人,对这种未成年人,监护关系是否消灭。此种情况应为监护关系消灭的原因,未成年人已满16周岁以后,发生以自己的劳动收入为主要生活来源的事实,以该事实的发生作为监护关系消灭的标志。丧失或者部分丧失民事行为能力的成年人恢复完全民事行为能力,也消灭监护关系。

(2)监护人丧失监护能力。监护人丧失监护能力,无法承担监护职责,因而消灭监护关系。

(3)被监护人或者监护人死亡。被监护人死亡,不再具有监护关系的义务主体,使监护关系存在成为不必要,因而监护关系消灭。被监护人死亡,包括自然死亡和被宣告死亡,均发生监护关系的消灭后果。被监护人被宣告失踪,是否为监护关系消灭的原因,有些国家认之,有些国家不规定为消灭原因。被监护人被宣告失踪,监护关系失去义务主体,应认定其为监护关系消灭的原因。监护人死亡,不存在监护关系权利主体,也使监护关系消灭。

(4)人民法院认定监护关系终止的其他情形。例如,被监护的未成年人被人收养,原有的监护关系消灭,新的监护关系产生。

监护人、其他依法具有监护资格的人之间就监护人是否有上述第2、4项规定的应当终止监护关系的情形发生争议,申请变更监护人的,法院应当依法受理。经审理认为理由成立的,人民法院依法予以支持。被依法指定的监护人与其他具有监护资格的人之间协议变更监护人的,法院应当尊重被监护人的真实意愿,按照最有利于被监护人的原则作出裁判。

监护法律关系消灭,发生法律上的后果,除了使被监护人脱离监护之外,主要是财产上的后果。

被监护人脱离监护,即为完全民事行为能力人,可以独立行使民事权利,独立承担民事义务,人身、财产权益均由自己维护,民事行为的实施亦独立为之。

在财产上,监护关系的消灭引起财产的清算和归还。

财产的清算,应对监护人予以监护的财产进行账目结算。账目结算,应由监护人和被监护人或被监护人的继承人进行,结算后的账目交给被监护人或者其继承人,经接受账目人同意者,方为结算完毕。

财产清算后的剩余财产,应归还给被监护人;被监护人死亡的,归还给其继承人;被监护人被宣告失踪的,应当交给其财产管理人;因亲权恢复而使监护关系消灭的,财产应交还给监护人的亲权人。

在监护法律关系相对消灭,即在监护关系变更中,也发生监护关系消灭的财产上的效果,原监护人应与新监护人清算被监护人的财产,并将剩余财产交新监护人管理,具体处理方法与前述监护关系绝对消灭的财产清算和剩余财产归还的办法相同。

三、监护权与监护职责

（一）监护权

1. 监护权的概念

监护权是指监护人对于不能得到亲权保护的未成年人、丧失或者部分丧失民事行为能力的老年人和精神病人等无民事行为能力人和限制民事行为能力人，以及民事行为能力不充分的障碍人的人身权益、财产权益，所享有的监督、保护的准身份权。

2. 监护权的法律特征

监护权的法律特征是：

（1）监护权的权利主体较为宽泛。监护权的权利主体包括亲属、其他自然人和有关团体、组织、机关。监护权的权利主体，主要是具有亲属关系的自然人，其亲属关系的范围以近亲属为限。在没有近亲属，或者近亲属不能行使监护权时，被监护人的其他亲属、朋友，也可以成为监护权的权利主体。除此之外，有关单位如未成年人所在单位和精神病人的所在单位，被监护人住所地的居民委员会、村民委员会以及政府的民政机关，也具有监护人的资格，可以成为监护人。

（2）监护权的中心内容是义务。监护权是权利，但现代民法中的身份权均以义务为中心，贯穿始终，监护权是准身份权，同样以义务为中心。这种义务称为监护职责，监护权的中心内容就是监护职责。

（3）监护权的取得基于事实和设置监护关系的行为以及授权。监护权因监护的种类不同，取得的方式也不同。

（二）监护人的职责

监护人的职责就是监护权的内容。《民法典》第 34 条第 1 款规定："监护人的职责是代理被监护人实施民事法律行为，保护被监护人的人身权利、财产权利以及其他合法权益等。"第 35 条规定："监护人应当按照最有利于被监护人的原则履行监护职责。监护人除为维护被监护人利益外，不得处分被监护人的财产。未成年人的监护人履行监护职责，在作出与被监护人利益有关的决定时，应当根据被监护人的年龄和智力状况，尊重被监护人的真实意愿。成年人的监护人履行监护职责，应当最大限度地尊重被监护人的真实意愿，保障并协助被监护人实施与其智力、精神健康状况相适应的民事法律行为。对被监护人有能力独立处理的事务，监护人不得干涉。"根据以上规定，监护人的职责包括以下内容：

1. 身上监护

就未成年人的监护而言，监护是亲权的延长。因此，对未成年人监护权的身上监护权与亲权中的身上照护权的内容基本相同，唯有不具管教权的内容。对于成年人的监护，其内容大体一致，略有区别而已。

监护权的具体内容是：

（1）居住所指定权。对于未成年人的身上监护权，包括居住所指定权。未成年人不得随意离开监护人指定的住所和居所。此权利由监护人行使。对于无民事行为能力或者限制民事行为能力的成年人，亦有居住所指定权。

(2)交还请求权。身上监护权包括被监护人交还请求权。当未成年人、丧失或者部分丧失民事行为能力的成年人被人劫掠、诱骗、拐卖、隐藏时,监护权人享有请求交还被监护人的权利。

(3)身上事项同意权。身上监护权还包括被监护人身份行为及身上事项的同意权。未成年、丧失或者部分丧失民事行为能力的成年的被监护人,不能独立行使身份行为和独立决定身上事项,必须经监护人同意方能行使。如限制民事行为能力人职业的许可、法律行为补正等,都由监护人为之。

(4)扶养义务。身上监护权包括扶养义务。这一义务源于亲属权的义务,监护人应当为被监护人提供扶养费,包括生活费和教育费,但被监护人有财产的除外。对被监护人无法定扶养义务之人,不承担此项义务。

(5)监督教育义务。身上监护权包括对被监护人监督、教育的权利和义务。被监护人是未成年人的,其教育、监督的权利和义务,与亲权的内容相同;被监护人是成年人的,监督的权利义务有特殊的内容,除保护被监护人的人身不受侵害外,还负有监督成年人不得侵害他人的权利,尤其是对"武疯子"更应进行特别的监督。监护人对被监护人监督不力,被监护人侵害他人财产权利和人身权利的,监护人应承担赔偿的义务。

(6)护养医疗义务。对于丧失或部分丧失民事行为能力的成年人,监护人还负有护养疗治的义务,应根据具体情况,对被监护人进行医治,使其能够康复。

2. 财产监护

监护人对被监护人有财产监护权,应全面保护被监护人的财产权益。财产监护权的内容是:

(1)财产管理权。财产监护权的主要内容是对被监护人财产的管理权。监护人管理被监护人的财产,首先必须开具财产目录,对被监护人的财产进行清点,登记造册。清点应有相关亲属、单位、组织的有关人员在场,以资证明,必要时应进行公证。在具体管理中,应依据财产种类的不同,分情况进行。对于现有的财产,应当妥善保存、利用;对于应改良的财产,应从增加财富价值的角度,加以必要的改良;对于消极的财产,应当积极寻求接受清偿的办法,使之早日成为积极财产,对于应当得到的抚养费、抚恤金、劳保工资等,应积极追要,使之归被监护人所有。管理权的范围,应当及于被监护人享有所有权的一般财产。监护人行使财产管理权,应以善良管理人的注意为之。监护人未尽此注意而造成被监护人财产损失的,应负赔偿责任。

(2)使用权和处分权。与亲权的财产照护权相比,财产监护权不包括收益权。这是因为,亲权人与未成年子女之间,一般是家庭共有财产制,父母就未成年子女的财产享有收益权,自属当然,即使不是家庭财产共有制,父母亦有这一权利。监护人利用、处分被监护人的财产,必须为被监护人的利益。非为被监护人的利益,监护人不得处分被监护人的财产。按照一般的立法规则,监护人的财产使用、处分权与亲权人的财产使用、处分权相比,不同之处是:第一,亲权人使用、处分财产,以特有财产为限;而监护人的财产使用、处分,则特有财产及非特有财产均包括之。第二,亲权人对子女财产的使用是无条件的;而监护人对被监护人财产的使用是有条件的,即必须为被监护人的利益。如果监护人为自己的利益而使用被监护人的财产,则应支付租赁费。第三,亲权人和监护人处理财产,均须为子女和被监护人的利益而为之,对其收益,亲权人可以自己取得;而监护人则必须将收益归于被监护人。第四,因亲权人对于子女财产有收益权,故子女财产管理费应由父母负担;监护人对被监护人的财产无收益权，故财产管理费应由被监护人负担。

(3)禁止受让财产义务。各国立法都规定禁止监护人受让被监护人的财产。禁止受让的财产，包括被监护人的一切财产，不问有偿无偿、动产不动产，均在禁止之列。这是因为，监护人即为被监护人的代理人，代理人代理被代理人与自己为民事行为，为法律所禁止。一般亦规定，祖父母为孙子女、外祖父母为外孙子女的监护人，父母为精神病子女的监护人时，不在受让财产禁止之列。老年人监护，因在一般情况下，监护人是被监护人信任的近亲属，原则上也应当受此约束，禁止受让财产，如果受让被监护人财产的，即使视为合法，但仍应当受到继承法规定的归扣制度的约束。

3. 民事法律行为和民事诉讼行为代理权

(1)代理民事法律行为。代理被监护人的民事法律行为，是监护人的重要权利之一。这是因为，监护人是被监护人的法定代理人。对于无民事行为能力人，监护人有完全的代理权，得以被监护人的名义进行民事活动和民事诉讼活动，为被监护人取得和实施权利，设定和履行义务。限制民事行为能力人因为其具有部分民事行为能力，可以进行与他的年龄、智力或精神健康状况相适应的民事活动，因而对于这些民事活动，被监护人可以独立进行。其他民事活动则由监护人代理进行，也可以在征得监护人同意后进行。限制民事行为能力人在征得监护人同意后进行民事活动，监护人可以进行监督，实施的民事行为不当，监护人可以补正。

监护人代理被监护人实施民事法律行为，包括一切民事法律行为，如人身权行为、财产权行为及其他民事法律行为。在代理这些行为时，监护人必须为了被监护人的利益而为之，违背这一原则，其代理行为无效。

(2)代理民事诉讼行为。对于被监护人发生的诉讼活动，监护人亦为法定代理人，享有代理权，代理被监护人参加诉讼，行使诉讼权利、承担诉讼义务。当监护人与被监护人之间原来依亲属权存在扶养关系时，监护人应当代理被监护人承担诉讼的结果；如监护人与被监护人之间不存在这种关系，则监护人以被监护人的财产承担诉讼结果，自己不承担民事诉讼的结果。

(三)违反监护职责应承担的民事责任

《民法典》第 34 条第 3 款规定："监护人不履行监护职责或者侵害被监护人合法权益的，应当承担法律责任。"这些责任包括以下内容：

1. 失职和滥用监护权的责任

监护人故意或者过失造成被监护人的人身损害或者财产损害的，应当承担相应的民事责任。监护人不履行监护职责，是失职；监护人侵害被监护人的合法权益，是滥用监护权。这些行为，监护人在主观上都具有故意或者过失，按照《民法典》第 1165 条第 1 款规定，构成侵权责任，应当承担相应的责任。

2. 替代责任

被监护人对他人造成人身损害或者财产损害，监护人承担替代责任。这是《民法典》第 1188 条规定的侵权责任。这种侵权责任是监护人侵权责任，其性质是过错推定责任，监护人的减轻责任则是公平责任的适用。[50]

---

〔50〕　参见杨立新：《侵权责任法》，法律出版社 2011 年版，第 223 ~ 224 页。

(四)监护人暂时无法履行监护职责时有关组织负有临时生活照料义务

《民法典》第34条第4款规定:"因发生突发事件等紧急情况,监护人暂时无法履行监护职责,被监护人的生活处于无人照料状态的,被监护人住所地的居民委员会、村民委员会或者民政部门应当为被监护人安排必要的临时生活照料措施。"这是根据新冠肺炎防控工作的实际情况和总结的经验确定的规则。

有关组织负有临时照料义务的适用条件是:第一,因发生突发事件等紧急情况,如发生新冠肺炎的大规模传染、非典感染,以及其他类似突发事件等紧急情况;第二,无民事行为能力人或者限制民事行为能力人的监护人对被监护人暂时无法履行监护职责,如新冠肺炎防控期间对武汉采取的特殊措施,使分离的监护人对其未成年子女不能履行监护职责;第三,由于监护人无法履行监护职责,因而使被监护人的生活处于无人照料状态,无法正常生活,陷入窘迫甚至危难。具备这三个要件,即应适用前述临时生活照料措施义务的规定。

负有对被监护人临时生活照料义务的组织,是被监护人住所地的居民委员会、村民委员会或者民政部门。居民委员会和村民委员会是地方自治组织,是特别法人,对本区的居民、村民负有职责。民政部门是政府的主管部门,不仅是监护的监督机关,也是负有监护义务的监护部门。当出现上述突发事件等紧急情况时,这些组织就负有对陷入困境甚至危难的被监护人承担安排必要的临时生活照料措施的义务。这是法定义务,是必须履行的。

该义务的具体内容是为被监护人安排必要的临时生活照料措施。例如,为被监护人设置专人进行生活照料,或者将被监护人集中起来进行生活照料等,使临时脱离监护的被监护人能够正常生活,防止出现意外。

第四节 宣告失踪与宣告死亡

典型案例

"文化大革命"期间,柴某因不堪忍受迫害逃离家乡,长期未归。《民法通则》实施后,经其妻夏某申请,法院对柴某宣告死亡。此后,夏某继承了柴某的遗产,并与宋某登记结婚。2000年,柴某回到家乡,要求夏某与宋某离婚,与自己恢复夫妻关系,共同享有夫妻共同财产。[51]

一、宣告失踪

(一)宣告失踪的概念和意义

宣告失踪是指自然人离开自己的住所下落不明达到法定期限,经过利害关系人申请,人

---

〔51〕 讨论提示:对柴某宣告死亡是符合法律规定的,被宣告死亡人生还的,应当撤销死亡宣告,财产恢复原状,婚姻关系只能维持现状。

民法院依照法定程序宣告其为失踪人的民事主体制度。《民法典》第 40 条规定:“自然人下落不明满二年的,利害关系人可以向人民法院申请宣告该自然人为失踪人。”第 41 条规定:“自然人下落不明的时间自其失去音讯之日起计算。战争期间下落不明的,下落不明的时间是战争结束之日或者有关机关确定的下落不明之日起计算。”

法律规定宣告失踪的目的,是通过人民法院确认自然人失踪的事实,结束失踪人财产无人管理及其应履行的义务不能得到及时履行的非正常状态,以保护失踪人和利害关系人的利益,并维护社会经济秩序的稳定。

(二)宣告失踪的条件

宣告失踪应当具备以下条件:

第一,必须自然人下落不明满 2 年。下落不明是指自然人离开自己最后的居所和住所后没有音讯,并且这种状况为持续不间断。只有从自然人音讯消失起开始计算,持续地、不间断地经过 2 年时间,才可以申请宣告失踪。下落不明与生死不明不同。生死不明是指不知自然人是否仍然生存,而下落不明既包括不知自然人是否仍然生存的状态,也包括知道自然人仍然生存着,但不知其住所或居所的状态。

下落不明起算的时间,应当从最后获得该自然人消息之日起算。如果是在战争期间下落不明的,则从战争结束之日起算。

第二,必须由利害关系人向人民法院提出申请。宣告失踪必须经由利害关系人向人民法院提出申请。由于宣告失踪的目的是了结债权债务关系,实现财产的代管,因此,利害关系人的范围界定较宽,与宣告死亡不同。依照民法典总则编解释第 14 条规定,法院审理宣告失踪案件时,认定为《民法典》第 40 条规定的利害关系人的范围是:(1)被申请人的近亲属,即配偶、父母、子女、兄弟姐妹、祖父母、外祖父母、孙子女、外孙子女;(2)依据《民法典》第 1128、1129 条规定对被申请人有继承权的亲属,即代位继承人和对公婆或者岳父母有继承权的丧偶儿媳和丧偶女婿;(3)债权人、债务人、合伙人等与被申请人有民事权利义务关系的民事主体,但是不申请宣告失踪不影响其权利行使、义务履行的除外。

宣告失踪的申请可由这些利害关系人中的一人提出或数人同时提出。如果数人中的一人或者部分人提出,利害关系人没有先后顺序的区别。即使各利害关系人就是否宣告失踪发生分歧,只要符合受理条件,人民法院应当受理。

第三,必须由法院根据法定程序宣告。宣告失踪只能由人民法院作出,其他任何机关和个人无权作出宣告失踪的决定。

人民法院在收到宣告失踪的申请以后,应当依据《民事诉讼法》规定的特别程序,发出寻找失踪人的公告。公告期满以后,仍没有该自然人的音讯时,人民法院才能宣告该自然人为失踪人。

(三)宣告失踪的法律后果

在自然人被宣告为失踪人以后,由于其民事主体资格仍然存在,所以不产生婚姻关系解除和继承开始的后果,只在以下两个方面产生法律效果:

第一,为失踪人的财产设定代管人。法院判决宣告自然人失踪的,应当同时指定失踪人的财产代管人。失踪人的财产应当由其配偶、父母、成年子女或其他愿意担任财产代管人的人代管。代管有争议的,没有以上规定的人或者以上规定的人无能力代管的,由人民法院指定的人代管。其中"其他愿意担任财产代管人的人",是指在失踪人的兄弟姐妹、祖父母、外祖父母、孙子女、外孙子女以及朋友中,愿意担任财产代管人的人。法院应当从上述人员中为失踪人指定财产代管人。如果失踪人是无民事行为能力人或者限制民事行为能力人,则由其监护人作为财产代管人。财产代管人不履行代管职责、侵害失踪人财产权益或者丧失代管能力的,失踪人的利害关系人可以向人民法院申请变更财产代管人。财产代管人有正当理由的,可以向人民法院申请变更财产代管人。人民法院变更财产代管人的,变更后的财产代管人有权要求原财产代管人及时移交有关财产,并报告财产代管情况。财产代管人兼具财产保管人和指定代理人的性质。一方面,财产代管人是代管财产的保管人,应当以善良管理人的注意保管失踪人的财产。另一方面,财产代管人是失踪人的指定代理人,在法律以及法院授权的范围内,有权代理失踪人从事一定的民事行为,即以失踪人的财产代其清偿债务,也有权代理其接受债权清偿。[52] 代管人应当妥善管理失踪人的财产,维护其财产权益。代管行为是一种无偿行为,因此,仅在代管人因自己的故意或重大过失造成失踪人财产的损害时,才承担赔偿责任,而无须对因一般的过失所造成的损害承担损害赔偿责任。

第二,清偿失踪人的债务并追索其债权。代管人的另一项职责是代理失踪人履行债务和受领他人的履行。失踪人所欠税款、债务和应付的其他费用,由财产代管人从失踪人的财产中支付。代管人有权从失踪人的财产中支付税款、债务和诸如赡养费、抚养费之类的其他应当支付的费用;代管人也要尽力追索失踪人的债权,代理失踪人受领他人所作的清偿。代管人不能代理失踪人从事清偿债务和追索债权以外的其他民事活动。

第三,具体的程序,应当依照民法典总则编解释第 15 条规定,失踪人的财产代管人向失踪人的债务人请求偿还债务的,法院应当将财产代管人列为原告。债权人提起诉讼,请求失踪人的财产代管人支付失踪人所欠的债务和其他费用的,法院应当将财产代管人列为被告。经审理认为债权人的诉讼请求成立的,法院应当判决财产代管人从失踪人的财产中支付失踪人所欠的债务和其他费用。

(四)失踪宣告的撤销

被宣告失踪的人重新出现或者确知他的下落,经本人或者利害关系人申请,法院应当撤销对他的失踪宣告。宣告失踪的撤销,同样要由法院依据法定程序进行。

失踪宣告经撤销,则财产代管随之终止。代管人应当将其代管的财产交还给被宣告失踪的人,并向宣告失踪人报告在其代管期间对财产管理和处置的情况。只要代管人非出于恶意,其在代管期间支付的各种合理费用,失踪人无权要求代管人返还。

二、宣告死亡

(一)宣告死亡的概念

宣告死亡是指自然人下落不明达到法定期限,经利害关系人申请,人民法院经过法定程序,在法律上推定失踪人死亡的一项民事主体制度。

---

[52]　王利明:《民法总则研究》(第 2 版),中国人民大学出版社 2012 年版,第 243 页。

宣告死亡与宣告失踪都是民法的民事主体制度的内容,有密切联系。在很多情况下,利害关系人往往是先申请宣告失踪,而后又申请宣告死亡,看起来,好像宣告失踪是宣告死亡的前置程序,但这样理解是不对的。宣告失踪并不是宣告死亡的必经程序,不管利害关系人是否曾申请过宣告失踪,都可以直接申请宣告死亡。

(二)宣告死亡制度的意义

自然人长期下落不明,会造成人身关系和财产关系的不稳定状态,既影响与其具有身份关系的人的身份问题,如与配偶之间的关系,又影响与其具有财产关系的人的财产利益,如下落不明人的债权人和债务人等。法律规定宣告死亡制度的意义,在于消除自然人长期下落不明所造成的财产关系和人身关系的极不稳定状态,及时了结下落不明人与他人的财产关系和人身关系,从而维护正常的社会秩序。

(三)宣告死亡的条件

宣告死亡应当具备以下条件:

第一,自然人下落不明达到法定期限。宣告一个自然人死亡,必须是其下落不明,并且必须达到法定期限。下落不明是指公民离开最后居住地后没有音讯的状况。此处所说的下落不明,是指生死不明,即离开其向来之住所或居所生死不明。[53] 如果知道某人还仍然活着,只是没有和家人联系或者不知道其确切地址,不能认为是下落不明。

由于宣告死亡比宣告失踪对被宣告人及其他相关当事人要产生更为严重影响,因此,宣告死亡所要求的下落不明的时间应当长于宣告失踪所要求的下落不明的时间,故《民法典》总则编规定,只有自然人下落不明满4年,或者因意外事故下落不明满2年,才能宣告该自然人死亡。只有在因意外事件下落不明,经有关机关证明该自然人不可能生存的,申请宣告死亡的时间才不受2年规定的限制。民法典总则编解释第17条规定,自然人在战争期间下落不明的,利害关系人申请宣告死亡的期间适用《民法典》第46条第1款第1项的规定,自战争结束之日或者有关机关确定的下落不明之日起计算。

第二,必须由利害关系人向法院提出申请。对于申请宣告死亡的利害关系人的范围,民法典总则编解释第16条规定,法院审理宣告死亡案件时,(1)被申请人的配偶、父母、子女,以及依据《民法典》第1129条规定对被申请人有继承权的亲属即对公婆或者岳父母有继承权的丧偶儿媳和丧偶女婿,应当认定为《民法典》第46条规定的利害关系人。(2)符合下列情形之一的,被申请人的其他近亲属,以及依据《民法典》第1128条规定对被申请人有继承权的亲属即代位继承人,应当认定为《民法典》第46条规定的利害关系人:一是被申请人的配偶、父母、子女均已死亡或者下落不明的;二是不申请宣告死亡不能保护其相应合法权益的。(3)被申请人的债权人、债务人、合伙人等民事主体不能认定为《民法典》第46条规定的利害关系人,但是不申请宣告死亡不能保护其相应合法权益的除外。可以操作的方法是:其一,如果被宣告死亡的人的债权人或者债务人主张宣告其死亡,被宣告死亡人的其他近亲属没有异议,且符合宣告死亡条件的,法院应当宣告死亡;其二,如果被宣告死亡的人的近亲属对此有异议,用宣告失踪的方法可以保护债权人的债权的,法院应当宣告被申请人失踪;

[53] 参见李宜琛:《民法总则》,新北,正中书局1947年版,第92页。

其三,近亲属与债权人或者债务人之间的意见发生冲突,不宣告死亡无法保护债权人或者债务人的利益的,可以宣告死亡,但其亲属关系不予以终止。此外,《民法典》第 47 条规定:“对同一自然人,有的利害关系人申请宣告死亡,有的利害关系人申请宣告失踪,符合本法规定的宣告死亡条件的,人民法院应当宣告死亡。”

第三,必须由人民法院依法定程序作出宣告。法院在受理死亡宣告申请后,应当依照《民事诉讼法》规定的特别程序进行审理,发出寻找下落不明的人的公告,公告期届满没有其音讯的,人民法院才能作出死亡宣告的判决。《民法典》第 48 条规定:“被宣告死亡的人,人民法院宣告死亡的判决作出之日视为其死亡的日期;因意外事件下落不明宣告死亡的,意外事件发生之日视为其死亡的日期。”

宣告失踪不是宣告死亡的必经程序,无论自然人是否曾经被宣告失踪,其利害关系人都可以直接到法院申请宣告其死亡。

(四)宣告死亡的法律后果

自然人被宣告死亡后,发生与自然死亡相同的法律后果,被宣告死亡的自然人在法律上被认定为已经死亡,其财产关系和人身关系都要发生变动。

宣告死亡的法律后果是:

第一,财产继承关系开始。自然人被宣告死亡之后,其生前所有的财产变为遗产,由他的继承人继承。被宣告死亡人的债权人有权要求其继承人清偿债务。

第二,婚姻关系终止。自然人被宣告死亡后,其与配偶的婚姻关系终止,双方当事人之间的婚姻关系不再存在,原配偶可以再婚。

(五)宣告死亡判决的法律效力

宣告死亡判决发生被宣告人死亡的法律后果。宣告死亡的目的并不是要绝对地消灭或剥夺被宣告死亡人的主体资格,而在于结束以被宣告死亡人原住所地为中心的民事法律关系,因此,被宣告死亡人的民事权利能力消灭,并不是部分丧失,而是仅仅在法律上的死亡推定,事实上并非已经丧失民事权利能力。被宣告死亡人如果仍在存活,并不能认为他的民事权利能力部分丧失,而是没有丧失,因此需要撤销死亡宣告。在其存活地的民事权利能力并不终止,其仍可依法从事各种民事活动。对此,我国《民法典》第 49 条规定:“自然人被宣告死亡但是并未死亡的,不影响该自然人在宣告死亡期间实施的民事法律行为的效力。”

(六)死亡宣告的撤销

被宣告死亡的人重新出现或者确知他没有死亡,经本人或者利害关系人申请,人民法院应当撤销对他的死亡宣告。《民法典》第 50 条规定:“被宣告死亡的人重新出现,经本人或者利害关系人申请,人民法院应当撤销死亡宣告。”

死亡宣告撤销的要件是:第一,必须被宣告死亡人仍然生存。宣告死亡只是一种法律上的推定死亡,被宣告死亡人未必已经死亡。如果被宣告死亡人仍然生存,应当撤销此宣告。第二,必须由本人或利害关系人提出申请。宣告死亡的利害关系人范围,与申请宣告死亡的利害关系人的范围是一样的,但没有顺序的限制。第三,必须由人民法院作出撤销宣告。死亡宣告必须由人民法院作出,同样,撤销其死亡的宣告也必须由人民法院作出。

死亡宣告撤销后的法律效果是：

第一，人身关系。死亡宣告被撤销的，婚姻关系自撤销死亡宣告之日起自行恢复，但是其配偶再婚或者向婚姻登记机关书面声明不愿意恢复的除外。声明不愿意恢复婚姻关系，以前的法律没有规定，因此，婚姻登记机构应当增设备案程序，对不愿意恢复配偶关系的配偶的声明予以备案。备案发生离婚的法律后果。被宣告死亡的人在被宣告死亡期间，其子女被他人依法收养的，在死亡宣告撤销后，不得以未经本人同意为由主张收养关系无效。

第二，财产关系恢复原状。不管利害关系人是因继承、受遗赠，还是因其他原因取得财产，都应当向被撤销死亡宣告的人返还财产。返还以返还原物为原则，如果原物不存在，则应当作出适当补偿。在确定返还义务人应补偿的数额时，主要考虑返还义务人所取得的财产的价值、其返还能力等因素。利害关系人隐瞒真实情况，致使他人被宣告死亡，取得其财产的，除应当返还财产外，还应当对此造成的损失承担赔偿责任。

第五节 个体工商户、农村承包经营户

一、个体工商户

个体工商户是指在法律允许的范围内，依法经核准登记，从事工商经营活动的自然人或家庭。[54] 在制定《民法典》总则编的过程中，很多人提出不再对个体工商户作出规定，但是更多的人认为，在工商局登记的个体工商户数量非常大，他们都是个体经营者，特别是在网络交易中，在网络店铺中经营的人大多数都是个体工商户，因此《民法典》总则编规定个体工商户还是有必要的。《民法典》第54条规定："自然人从事工商业经营，经依法登记，为个体工商户。个体工商户可以起字号。"

个体工商户是从事个体工商经营的单个自然人，或者是自然人家庭。如果是单个自然人申请个体经营，应当是16周岁以上享有劳动权的自然人。如果是家庭申请个体经营，作为户主的个人应该具有经营能力，其他家庭成员不一定都有经营能力。

个体工商户应当依法进行核准登记。目前，无论是自然人个体或者是家庭，凡是要进行个体经营都须依法向工商行政管理部门提出申请，并且经过工商管理部门的核准登记颁发个人经营的营业执照，取得个体工商户的经营资格。

个体工商户应当在法律允许的范围内从事工商业经营活动，包括手工业、加工业、零售商业以及修理业、服务业等。对此，应当在工商部门核准的经营范围内进行经营活动。如果个体工商户从事刻字、废品回收、印刷、旅馆等特种经营活动的，应当按照特业管理的规定，不仅须进行工商登记，而且还须经过当地市级公安机关同意；如果是经营饮食食品业的，还须取得食品卫生监督机构的卫生许可证，以及从业人员健康检查合格证；对于经营技术性较强的行业的，还必须取得有关技术考核的合格证明。

---

〔54〕 参见屈茂辉主编：《中国民法》，法律出版社2009年版，第114页。

个体工商户可以起字号,对于其字号享有名称权,其他任何人不得侵犯。在经营活动中,没有起字号的个体工商户,应当以工商行政管理部门登记的经营者的姓名作为经营者的名称,这种经营者使用的姓名实际上已经与自然人本身的姓名有所区别,具有字号的含义。

个体工商户可以聘请帮手或者学徒,原则上不得雇工,即使雇工也是属于个人劳务范畴,即便如此,个体工商户的业主也必须亲自经营。

二、农村承包经营户

农村承包经营户,是指在法律允许的范围内,按照农村土地承包合同的约定,利用农村集体土地从事种植业经营的农村集体经济组织的成员或者家庭。《民法典》第55条规定:"农村集体经济组织的成员,依法取得农村土地承包经营权,从事家庭承包经营的,为农村承包经营户。"农村承包经营户是农村集体经济组织的成员,该成员依照法律规定,与集体经济组织签订农村土地承包经营合同,利用农村集体土地进行农副业生产,才能够成为农村承包经营户。在我国农村,承包农村土地基本上是以户的形式,只有单身的农民才以个人名义承包土地。因此,农村承包经营户基本上应当是承包集体土地的家庭,但也不排斥个人承包。一般认为,农村承包经营户的家庭经营并不是个体经营,而是集体经济的一种经营方式。[55] 这种看法比较保守,在当前市场经济中,应当适应市场经济发展规律,给农村承包经营户以更广泛的经营空间,更好地利用承包的农村集体经济组织的生产资料,进行更广泛的经营活动,让农村集体经济更加迅速地发展。

农村承包经营户产生的依据,是农户以农村集体经济组织的成员身份与农村集体经济组织签订的土地承包经营合同。土地承包经营合同应当约定承包的生产项目,交付使用的生产资料的数量和承包日期,交纳集体的公积金、公益金、管理费,承包户有使用水利等公共设施的权利,此外还应当约定双方各自的权利和义务,以及应当承担的违约责任。在该合同的基础上,农村承包经营户取得承包农村集体土地进行经营的权利,成为农村承包经营户。

农村承包经营户的经营范围应当是利用集体土地,从事土地承包合同约定的农业或者副业生产。农村承包经营户与个体工商户不同,他们的经营范围是利用农村土地进行经营,而不是像个体工商户那样进行工商经营活动,是商品经营者。不过,随着我国农村经济的发展,农村承包经营户也开始利用农村集体土地从事商业化的开发,进行商业活动,进一步开发土地的利用价值。在这些方面,农村承包经营户的经营范围还应当适应市场经济的需要,把承包的农村集体土地作为生产资料,进一步扩大经营范围,在农村经营中取得更好的成果。

对于农村承包经营户的"户"的理解,应当结合历史情况确定。在农村集体土地承包经营中,承包权的主体是"农户",而不是个人。这个户是一个很宽的概念,概括的是承包主体的一家人。经过第二轮承包后,有的农户已经分解为多个户,但是有的还是沿用原来的户,无论是哪一种含义的户,都是指签订承包合同的那个家庭。

三、个体工商户和农村承包经营户的债务负担

既然个体工商户和农村承包经营户都是经营实体,都在进行经营活动,因而必定产生经

---

〔55〕 参见中国政法大学民法教研室编:《中华人民共和国民法通则讲话》,中国人民大学出版社1986年版,第61页。

营中的问题。个体工商户和农村承包经营户既区别于法人、非法人组织,也区别于自然人个人,是以户的形式出现的。不过,我国民法又不存在"家"的概念,只是在个体工商户和农村承包经营户中存在"户"的概念。因此,个体工商户和农村承包经营户在经营中所负债务,就与法人、非法人组织及自然人负担的债务都有所不同,应当由特别规则进行规范。因此,《民法典》第56条规定:"个体工商户的债务,个人经营的,以个人财产承担;家庭经营的,以家庭财产承担;无法区分的,以家庭财产承担。""农村承包经营户的债务,以从事农村土地承包经营的农户财产承担;事实上由农户部分成员经营的,以该部分成员的财产承担。"

(一)个体工商户的债务

个体工商户在经营中所负债务的清偿原则是:第一,个体工商户是以个人进行经营的,其所负债务就是个人债务,应当以个人财产承担。这种个体工商户通常是个人进行经营,并不是以家庭进行经营,因此应当以个人的财产对债务承担无限责任。对此,个体工商户应负证明责任。第二,如果是以家庭为单位进行经营的,无论是其收益还是负债,都是家庭共有财产的内容,对家庭在个体经营中负担的债务,当然是以家庭财产承担,应以家庭的全部财产承担无限责任。第三,如果个体工商户在经营中无法区分是个人经营还是家庭经营的,则应当按照有利于债权人的原则认定是家庭经营,其收益和所负债务都是家庭共同财产的范围,以家庭财产承担无限清偿责任。

(二)农村承包经营户的债务

农村承包经营户通常是以家庭为单位进行经营。农村承包经营户以家庭经营的方式,经营农村土地和其他生产资料,其取得的经营收入和所负的债务当然是家庭共同财产。因此处理农村承包经营户的债务负担责任,首先就应当确定,农村承包经营户的债务,以从事农村土地承包经营的农户财产承担,并且承担无限清偿责任。如果出现特例,农村承包经营户的经营活动并不是以户的方式承包,而是由农户的部分成员经营且有证据证明确实属实的,其实际取得的经营收益和所负的债务就应当以该部分成员的财产承担无限清偿责任,该家庭的其他成员对此不负责。

本章思考题

1. 自然人的概念与公民的概念有何区别?为什么民法使用自然人的概念更为适当?结合讨论第一节典型案例,问:店长选"贼",是以自然人身份实施的行为,还是以法人的身份实施的行为?
2. 自然人的民事权利能力有哪些特征?如何理解民事权利能力的类型?
3. 自然人的民事行为能力有哪些特征?分为哪些类型?
4. 我国的监护有哪些种类?结合讨论第三节典型案例,问:原告是未成年人,在民事诉讼中应当怎样进行法律保护?
5. 政府民政部门在监护制度中是何角色?

6. 简述宣告失踪和宣告死亡的规则,结合讨论第四节典型案例,问:柴某要求恢复婚姻关系的请求是否有理由？原来的夫妻财产关系应当怎样处理？
7. 个体工商户和农村承包经营户的债务应当怎样承担？

第五章 法　　人

本章要点

法人是法律规定具有民事权利能力和民事行为能力，能够独立享有民事权利和承担民事义务的人合组织和财合组织。法人的本质就是法人得与自然人同样具有民事权利能力，成为可以享有权利、负担义务的民事主体。法人人格否认是指法人虽为独立的民事主体，承担独立于其成员的责任，但当出现有悖于法人存在目的及独立责任的情形，若坚持形式上的独立人格与独立责任将有悖于公平时，再在具体个案中视法人的独立人格于不顾，直接将法人的责任归结为法人成员的责任。法人的民事权利能力是法人作为民事主体，享受民事权利并承担民事义务的资格。法人的民事行为能力是法人作为民事主体，以自己的行为享受民事权利并承担民事义务的资格。法人成立是法人开始取得民事主体资格，享有民事权利能力。法人的终止是法人丧失民事主体资格，不再具有民事权利能力与民事行为能力。法人机关是存在于法人组织体内部的担当法人行为和责任的机构。

法人　法人的本质　法人人格否认　法人的民事能力　法人成立　法人终止　法人机关　法人住所

第一节　一 般 规 定

典型案例

天津某公司分公司项目部将其安装一座大厦玻璃幕墙的工程承包给个人张某施工。分公司授权项目部与其签订了一份承揽合同，合同上有项目部负责人王某签字，并加盖了项目部和分公司的公章。玻璃幕墙安装工程完工后，张某经与王某结算，项目部需向张某支付工程款1200余万元。后项目部和分公司未按照约定向张某支付该工程款，且分公司现有资产仅50余万元。张某经多次催告无效后，将分公司、项目部、王某三方列为共同被告起诉至法院，请求立即支付工程款，并且承担连带清偿责任。

一、法人的概念及类型

(一)法人的概念与特征

1. 法人的概念

法人,是指法律规定具有民事权利能力和民事行为能力,能够独立享有民事权利和承担民事义务的人合组织和财合组织。《民法典》第57条规定:"法人是具有民事权利能力和民事行为能力,依法独立享有民事权利和承担民事义务的组织。"

2. 法人的特征

(1)法人是具有独立名义的社会组织体。法人与自然人的最大不同,就在于法人是一种社会组织体,即一定数量的自然人集合而成的团体。[1] 法人不是多个自然人的简单相加,而是一个统一的组织体,具有独立的名义。独立的名义是指民事主体能够以自己的名义参加民事活动,并能够在法院起诉、应诉。

(2)法人具有独立的财产。法人具有独立的财产,所拥有的财产独立于其成员的财产之外,对财产享有所有权,自主支配其所有的财产,享有完整的占有、使用、收益和处分的权能。具有独立的财产是法人能够享受民事权利、承担民事义务的财产基础,也是法人独立承担民事责任的财产保障。

(3)法人具有独立的意思。法人作为一个民事主体,也具有独立的意思,并且能够按照自己的独立意志参加民事活动,设定民事权利与民事义务。所不同的是,法人的意思是由法人的意思机关实现的。

(4)法人承担独立的责任。法人以其全部财产独立承担民事责任,用它的全部财产,独立清偿对其他民事主体的债务,对自己的不法行为承担民事责任。

(二)法人的产生原因与本质

1. 法人产生的原因

民法把法人作为一类独立的民事主体,主要原因是:[2]第一,把法人作为民事主体能够便利交易。自然人个人的力量总是有限的。由于合伙缺乏独立于这些组织成员之外的载体,因而就产生了创设一个独立于成员之外、具有独立民事主体地位的组织的需要。有了这个组织,就可以直接以自己的名义进行交易,并且独立承担责任。第二,把法人作为民事主体适应了限制其责任的需要。法人作为一个独立的民事主体,成员仅在其出资范围内间接地对法人的债务承担有限责任,能够通过财产的独立化,使法人发起人的投资财产与自己的财产相区别,将法人的民事责任与发起人的民事责任相区别,这正是限制责任的效果,构成了设立法人的本质动机。

2. 法人的本质

法人的本质,是法人得与自然人同样具有民事权利能力,成为可以享有权利、负担义务的民事主体。[3] 主要的学说有以下几种:

---

〔1〕 参见刘凯湘:《民法总论》,北京大学出版社2006年版,第169页。

〔2〕 参见[德]迪特尔·梅迪库斯:《德国民法总论》,邵建东译,法律出版社2000年版,第814页以下。

〔3〕 参见梁慧星:《民法总论》(第2版),法律出版社2001年版,第125页。

(1)法人拟制说。近代的法人拟制说认为,构成法人的本体者,为现实未存有的架空的东西,需以法律上的力量把它拟制为实在的东西。法人乃被法律拟制的主体,其本身并无意思、自觉行为等,又不会为侵权行为亦不会犯罪,故其纯属于法律世界中的存在。〔4〕至于这种法人与自然人的同等地位是否存在以及在多大范围内存在,取决于立法者的决定。〔5〕

(2)法人否认说。法人否认说彻底否认法人的拟制,而是将法人还原于多数个人的集合或者财产,认为除此之外并不存在任何实在的东西。法人否认说乃是法人拟制说的理论在背面的延伸,除去它的观念上的障碍,以实证的态度否认法人的存在。〔6〕

(3)法人实在说。法人实在说承认法人在社会现实中得以独立的统一体存在,法人是依法承认的权利主体。法人有机体说认为,法人的统一体因实存于人类结合的内部形成社会有机体,从而具有一个团体的存在性,同时还具有类似于个人意思的团体意思,因此构成一个社会的有机体。法人组织体说认为,法人存在的基础不在于其为社会有机体,而在于其具有权利主体的组织,这个组织,就是基于一定目的的社团或者财团,以此承认组织体的意思形成,对其实体赋予法律人格。

我国民法学通说采用法人实在说,在立法上,按照《民法典》第57条的规定,采取的也是法人实在说,近似于法人组织体说的立场。

(三)法人的类型

1.《民法典》对法人的法定分类

我国《民法典》以法人成立目的的不同为标准,将法人分为营利法人、非营利法人和特别法人。在理论上,与营利法人和非营利法人的类型相对应的,还应当包括中间法人,特别法人与中间法人相近,但是并不相同。

(1)营利法人。营利法人,也称私益法人,〔7〕是指以分配其经营获得的经济利益给社员为目的的法人。《民法典》第76条规定:以取得利润并分配给股东等出资人为目的成立的法人,为营利法人。营利法人的宗旨就是获取利润并将利润分配于成员,因此一切以法人名义进行的商业活动,其最终的受益人都是股东。企业法人是明显的营利社团法人。

(2)非营利法人。非营利法人,是指不以社员获得经济利益为目的,而以公共利益为目的设立的法人。《民法典》第87条规定,为公益目的或者其他非营利目的成立,不向出资人、设立人或者会员分配所取得利润的法人,为非营利法人。公益法人的宗旨是发展公益、慈善、宗教事业,它们即使从事商业活动,赚取利润,也是为了实现与营利无关的目的,其成员不能分享法人通过商业活动所获得的利益。

(3)特别法人。特别法人,是指既非以营利为目的也非以公益为目的的其他法人。非以公益为目的,表明此类法人团体的设立宗旨不在于谋求属于多数人的公共利益;不以营利为目的,表明此类法人团体的设立宗旨不在于追求设立人和成员的经济利益,不发生利益分配问题。因此,将机关法人、集体经济组织法人、基层群众性自治组织法人归并在一起,作为特别法人,而不是处于一种利益界限较为模糊的状态,通常是基于设立人和其成员在某个方

〔4〕 参见刘得宽:《民法诸问题与新展望》,台北,三民书局1991年版,第438页。
〔5〕 参见李永军:《民法总论》,法律出版社2006年版,第300页。
〔6〕 参见刘得宽:《民法诸问题与新展望》,台北,三民书局1991年版,第438页。
〔7〕 参见刘凯湘:《民法总论》,北京大学出版社2006年版,第179页。

面的共同志趣或者爱好,或基于感情联络的需要,或基于某些特定范围的共同利益,而由多数人设立的中间法人。[8]

2. 公法人与私法人

依据法人设立的法律依据属于公法还是私法为标准,可以将法人分为公法人和私法人。

公法人是指依据公法设立的法人,如依据主权行为或者以单行法直接设立的,或者事后经过法律承认其为公权力主体的法人。私法人是指依据私法设立的法人,即基于私法自治原则依设立行为而设立的法人。[9]

公法人和私法人的区分是:(1)产生的依据不同。设立公法人依据的是主权行为或者法律的规定,无须登记直接取得法人资格。设立私法人依据的是私法。(2)职责不同。公法人的职责在于履行国家的职能,如公共安全、国防、教育等,因此具有为实现此种职能而必需的公权力;而私法人的职责在于实现私人的意愿,不具有公权力的内容。(3)对成员的约束不同。公法人以国家的强制手段来约束其成员,并且对非成员进行管理;而私法人只能依据章程等对其成员加以约束,对他人没有管理的权力。

3. 社团法人和财团法人

按照法人成立的基础为标准,私法人可以分为社团法人和财团法人。这是民法理论对法人的最基本分类,但是《民法典》总则编没有采取这种方法。

(1)社团法人。社团法人,是指以人的结合作为其成立基础的法人。社团法人是以社员为成立要件之法人。[10] 社团法人最为强调的是"人的组织体",股份有限公司与有限责任公司均是典型的社团法人。没有社员则没有可能成立社团。因此,社员权既与社团法人的权利相分离,而又密切相关。例如,研究公司法人就不可能不涉及公司股东的权益及其保护问题。对法人的这种分类在学理上和实践中具有重要价值,应当特别重视。

社团法人不同于社会团体法人。社会团体是我国特有的概念,是指中国公民自愿组成,为实现会员共同意愿,按照其章程开展活动的非营利性社会组织,包括各种协会、学会、联合会、基金会等。其中有的社会团体具有国家机关的基本职能和属性,其财务管理、人员编制列入国家行政,所需经费也全部或部分由国家预算供给,如共青团中央、全国妇联等,应视为"公法人"。基金会虽然也是社会团体,但其性质属于财团法人。其他的大多数社会团体,如各种社会公益团体、学术研究团体、文学艺术团体以及宗教团体等,其成立的基础仍然在于组成团体的"人",因而属于社团法人。

(2)财团法人。财团法人,是指以某项捐助的财产为其基础而成立的法人。财团法人是因使用于特定目的的由财产上之集合而成立的法人。[11] 社团是"人的组织体",而财团是"财产组织体"。随着社会经济的发展,财团法人的重要性益显突出,人们乐于拿出财产或者死后捐出遗产进行公益目的使用。确认财团法人,有助于促进社会伦理道德的淳化,推进精神文明建设。[12] 《民法典》规定的捐助法人,属于财团法人。

---

〔8〕 参见刘凯湘:《民法总论》,北京大学出版社 2006 年版,第 179 页。

〔9〕 这种公法人与私法人的划分标准乃是目前德国民法学界的通说。参见黄立:《民法总则》(第 4 版),台北,元照出版有限公司 2005 年版,第 111 页。

〔10〕 参见黄右昌:《民法诠解 · 总则编》(上),商务印书馆 1946 年版,第 229 页。

〔11〕 参见欧阳溪:《民法总则释义》,上海法学编译社 1931 年版,第 77 页。

〔12〕 参见王利明主编:《民法学》,复旦大学出版社 2004 年版,第 59 页。

(3)社团法人和财团法人的区别。一是成立的基础不同。社团法人必须有社员,没有社员不能成立社团法人。而财团法人以财产为基础,因而没有社员。尽管财团法人也有管理人,但管理人不同于社员。在财团内仅存在行政管理机关成员,这些成员为创立人的意思和创立人所订的宗旨服务,[13]并不是财团法人的成员。因此,社团法人的最基本要素是人的要素,而财团法人的最基本要素是财产要素。[14]

二是设立的目的不同。社团法人的设立可以是为了营利,也可以是为了公益,前者称为营利社团法人,后者称为公益社团法人。[15] 而财团法人的设立则只能为了公益,所以财团法人只能是公益法人、非营利法人。

三是设立的行为不同。社团法人的设立行为限于自然人的生前行为,并且是两人以上所为的共同法律行为,表现为以设立法人为目的订立章程的法律行为;而财团法人的设立行为不限于生前的行为,也可以是死因行为,一般是指行为人的捐助行为,仅有一人捐助财产设立法人也可以成立。

四是设立的程序不同。社团法人的设立符合法定的设定条件即可,大多不需要经过行政机关的批准。而财团法人的设立则一般要经过主管机关的许可。无论是社团法人还是财团法人,设立都需要进行登记。

五是设立人的地位不同。社团法人在设立以后,其设立人将取得社员资格,如公司股东享有股东权,并能够行使自益权和共益权。而财团法人在设立以后,其设立人便与法人脱离关系,因为财团法人没有成员,其设立人不作为法人成员,也不直接参与或决定法人事务。

六是组织形式不同。社团法人由于是人的组织体,因此以社员大会(如股份公司的股东大会)为其最高的意思机关,是自律的法人。财团法人则没有意思机关,是他律的法人。这种区别的意义在于,社团法人可以由社员大会变更其组织及章程;而财团法人因没有社员,仅有捐助财产的保管人或受托人,因而其组织与章程非经法院不得自行变更。

七是解散不同。社团法人可以依照社员大会的决议,主动解散;而财团法人的目的、章程及组织的变更、管理方法的修改或者解散,均须由特定的机构依职权为之,不存在自愿的解散。

4. 企业法人与非企业法人

企业法人与非企业法人的区别是:(1)目的不同。企业法人是以营利为目的而设立的经济组织,企业法人都以营利为目的,可以从事广泛的经营活动。而非企业法人如机关、事业单位和社会团体法人并不是以营利为目的的经济组织,以从事非营利性活动(如行政管理活动、学术活动、宗教活动等)为主。(2)设立依据不同。企业法人的设立须依据特别法,要遵循发起程序,完成设立程序,经过登记才能成立。非企业法人,有些依据特别法设立,有些依据民法的规定设立,尽管有些非企业法人也要登记,但不在工商行政管理机关进行登记,而需要在法定的其他部门例如民政部门进行登记。(3)设立原则不同。企业法人大多是通过准则主义而设立,只要符合法定的设立企业的条件,通过登记便可以设立。而非企业

---

〔13〕 参见[葡]Carlos Alberto Da Mota Pinto:《民法总论》,林炳辉等译,澳门,法律翻译办公室、澳门大学法学院1999年版,第151页。

〔14〕 参见[葡]Carlos Alberto Da Mota Pinto:《民法总论》,林炳辉等译,澳门,法律翻译办公室、澳门大学法学院1999年版,第145页。

〔15〕 参见江平主编:《法人制度论》,中国政法大学出版社1994年版,第46页。

法人的设立大多需要通过国家主管部门批准才能成立。(4)机构设置要求不同。企业法人通常要求有健全的组织机构,具有决策机构、执行机构和监督机构。而非企业法人尽管也要求有一定的管理机构,但显然没有企业法人要求的那样严格。(5)清算的程序要求不同。企业法人在终止前必须经过清算,了结债权债务关系才能终止。但对非企业法人,因为其并没有从事广泛的交易活动,所以一般并不要求完成清算程序。

5. 民法法人与商法法人

民法法人和商法法人是大陆法系国家民法对法人的传统分类,其分类依据是法人设立的法律依据和目的事业,以及法律适用上的不同。《民法典》规定营利法人和非营利法人,与商法法人和民法法人近似,但不完全相同。

依照民法规范设立并适用民法规范调整的法人即为民法法人,依照商法规范设立并适用商法规范调整的法人即为商法法人。民法法人和商法法人都属于私法人,均通过私法规范设立,并体现私人意志而非国家意志,均不以强制手段作为实现目的事业的途径。[16] 商法法人均为社团法人,而不是财团法人;均为营利法人,而不存在公益法人。商法法人都具有健全的内部治理机构,以适应市场经济运作。这些是商法法人与民法法人的主要不同。

6. 本国法人与外国法人

根据法人的国籍,可以将法人分为本国法人与外国法人。具有本国国籍的法人为本国法人,不具有本国国籍的法人为外国法人。这一分类的意义主要在于各国一般对外国法人有专门的认许制度,并对外国法人在民事权利能力上进行特别的限制。[17]

二、法人的成立

(一)法人成立的条件

1. 法人成立的意义

法人成立,是指法人开始取得民事主体资格,享有民事权利能力。《民法典》第58条规定的法人的成立,表现为人合组织体、财合组织体或者营利法人、非营利法人开始具有法人的人格,成为民事权利主体的始期。

法人的成立与法人的设立不同。设立是行为,成立是结果;设立尚未成立,成立必须设立。因此,法人的成立与法人的设立是不同的概念,应当加以区别。

2. 法人成立的条件

(1)须有设立行为。法人必须经过设立人的设立行为,才可能成立。

(2)须符合设立的要求。首先,法人要有自己的名称,即确定自己法人人格的文字标识;其次,要有能够进行组织、经营活动的组织机构;再次,法人必须有自己固定的住所;最后,法人还要有必要的财产或者经费,能够进行必要的经营活动和承担民事责任。

(3)须有法律依据或经主管机关的批准。我国的法人设立不采取自由设立主义,凡是成立法人,均须依据相关的法律,以法律作为成立的依据。

(4)须经登记。法人的设立,原则上均须经过登记方能取得法人资格。例如,财团法人的设立必须经过登记才能设立。机关法人成立不须登记。事业单位法人和社会团体法人,

---

〔16〕 参见刘凯湘:《民法总论》,北京大学出版社2006年版,第180页。

〔17〕 参见苏号朋:《民法总论》,法律出版社2006年版,第143页。

除法律规定不需要登记的外,也要办理登记。

(二)法人的机关与住所

1. 法人的机关

(1)法人机关的概念和意义。法人机关,是指存在于法人组织体内部的担当法人行为和责任的机构。法人作为与自然人并列的一类独立的民事主体,也必须能够形成自己的意思、表达自己的意思并实现该意思,法人形成意思、表达意思并实现意思的机构就是法人机关。《民法典》第61条关于法人的法定代表人的规定,第80条至第82条关于营利法人的权力机构、执行机构和监督机构的规定,第91条、第93条关于理事会的规定等,规定的都是法人的机关。

(2)法人机关的分类。法人机关可以分为三类:一是意思形成机关即权力机关;二是意思表示机关即执行机关;三是法人的监督机关。法人的类型不同,是否具有这三类机关的情形也并不相同。就财团法人而言,由于其以财产为基础,没有社员,因此也无从产生意思形成机关,一般仅具有执行机关(如理事会)。而对于有限责任公司,我国《公司法》并不要求必须设立董事会与监事会,可以只设立执行董事与一名监事。

法人的活动有赖于法人机关,法人机关的活动也就是法人的活动。应当看到的是,法人机关必须通过自然人进行活动,因此,法人机关或者直接由自然人构成,或者间接由自然人构成,但无论如何,最终皆由自然人构成。因此,需要区别法人的机关与法人的机关成员。

(3)法定代表人。法人的法定代表人是指依照法律或法人的组织章程的规定,代表法人行使职权的负责人。《民法典》第61条第1款规定:依照法律或者法人章程规定,代表法人从事民事活动的负责人,为法人的法定代表人。

法定代表人以法人名义从事的民事活动,其法律后果由法人承受。既然法定代表人是法人的代表,那么法定代表人凡是以法人的名义从事的民事活动就都是法人的民事活动,并且法人通常都是通过法人代表来表达自己的意思、从事民事活动。

法人的章程或者权力机构对法定代表人的代表权范围的限制,不得对抗善意相对人。法定代表人的权限通过法人的章程或者权力机构作出规定,避免法定代表人在行使职权时超过法人授予其的代表权范围的限制,对法人利益造成损害。法定代表人超出法人的章程或者权力机构对法定代表人代表权限的范围限制,从事民事活动,从原则上说是无效的,并不是代表法人在从事民事活动,因此法定代表人超过法人的章程,或者权力机构对其代表权范围的限制从事的民事活动,并不承担其后果;但是例外的是,如果与该法人从事民事活动的相对人对该法定代表人所代表的法人的章程或者权力机构对其的代表权限的限制并不知情,并且这种不知情属于无过失,即该相对人是善意的,则法人的章程或者权力机构对法定代表人的代表权限范围的限制,不能对抗该善意第三人,法人不得以法定代表人从事的民事活动超出了法人章程或者权力机构授予其的代表权限而主张无效。因而,即使法定代表人所实施的民事活动超出了法人的章程和权力机构对其代表权限的限制,其与善意相对人实施的民事法律行为仍然有效。对此,《民法典》第504条规定:"法人的法定代表人或者非法人组织的负责人超越权限订立的合同,除相对人知道或者应当知道其超越权限外,该代表行为有效,订立的合同对法人或者非法人组织发生效力。"

2. 法人的住所

法人的住所,是指法人主要办事机构及与他人发生法律关系的中心地域。《民法典》第63条规定:“法人以其主要办事机构所在地为住所。依法需要办理法人登记的,应当将主要办事机构所在地登记为住所。”

法人的住所,在法律上具有重要意义:一是决定登记管辖;二是决定债务履行地;三是决定诉讼管辖;四是决定法律文书的送达地点;五是决定涉外民事法律关系的准据法。

确定法人住所的基本规则是:法人以其主要办事机构所在地为住所;公司以其主要办事机构所在地为住所。如果法人仅有一个办事机构,则无所谓主要次要之分,该办事机构的所在地就是法人的住所。如果法人有两个以上的办事机构,应当区分主要办事机构,该主要办事机构之外的办事机构为次要办事机构,而主要办事机构的所在地就是该法人的住所。

(三)法人的分支机构

法人的分支机构,是指企业法人投资设立的、有固定经营场所、以自己名义直接对外从事经营活动的、不具有法人资格,其民事责任由其隶属的企业法人承担的经济组织。[18]

法人设立分支机构,可以根据自己的实际需要确定。只有在法律、行政法规规定分支机构应当办理登记的时候,设立的分支机构才需要按照规定办理登记。

法人的分支机构是法人的组成部分,即使法人的分支机构经过了登记,也不能改变这一性质。法人承担责任的形式是有限责任。法人的分支机构承担责任的形式,实际上是应该由法人承担的有限责任。由于法人的分支机构可以单独登记,又有一定的财产,具有一定的责任能力,因而,法人的分支机构承担责任的方式是:第一,分支机构以自己的名义从事的民事活动,其后果才由法人的分支机构承担责任;第二,法人的分支机构产生的民事责任由法人承担,即法人承担直接责任;第三,先以法人的分支机构自己的财产予以清偿,法人的分支机构以自己的财产不足以清偿的债务,由法人负责清偿,即法人负担的是补充责任;第四,对于由法人承担责任还是由分支机构承担责任,选择权属于与法人分支机构发生法律关系的相对人。

(四)法人的登记

1. 法人登记的概念和意义

法人成立,有的需要进行法人登记,有的需要批准。营利法人必须登记,如果法律、行政法规规定须经有关机关批准的,如机关法人和社会团体法人的成立,都需要经过批准。

法人登记,是行政主管机关对法人成立、变更、终止的法律事实进行登录,以为公示的制度。法人登记的意义,一是在于对于法人成立、变更、终止的法律事实进行公示,使世人周知,使世人了解法人成立、变动的事实,因而法人成立、变更、终止的法律事实,仅仅存在尚不足以发生相应的法律效果,只有经过登记后,才能发生该事实的法律效力;二是具有公法上的管理职能,基于政府主管部门对法人的成立、变更和终止的情况进行管理。

---

〔18〕 原1997年9月2日国家工商行政管理局《关于〈中华人民共和国企业法人登记管理条例〉第三十五条第一款中分支机构含义界定的答复》(工商企字〔1997〕第222号)。

2. 登记的类型

(1)设立登记。法人设立登记的机关是由法律规定的。例如,公司法人和其他企业法人登记的机关是各级工商行政管理部门,社会团体的登记机关是各级民政部门。法律规定法人应当经过登记成立的,法人应该经过设立登记才能取得法人资格。

(2)变更登记。变更登记的机关与该法人设立登记的机关相同,即由法人进行设立登记的机关负责变更登记。变更登记的义务人是法人的法定代表人。变更登记的事项包括:法人合并与分立,以及法定代表人、住所、注册资本、名称、经营范围、增减分支机构等事项的变动。法人在存续期间,凡是上述事项发生变动的,都应当经过变更登记。

(3)注销登记。法人终止,需要进行注销登记。注销登记的机关与依法设立的登记机关相同。注销登记的义务人,要成立终止法人资格的法人清算组。

3. 法人的实际情况与登记的事项不一致

由于不同的原因,法人的实际情况可能与在法人登记机关的登记事项不一致。当法人及其法定代表人在与他人从事民事活动中,出现这种情况,将会影响法律行为的效果。《民法典》第 65 条规定:法人的实际情况与登记的事项不一致的,不得对抗善意相对人。对此,应当适用《民法典》合同编第 505 条的规定:"当事人超越经营范围订立的合同的效力,应当依照本法第一编第六章第三节和本编的有关规定确定,不得仅以超越经营范围确认合同无效。"

4. 法人登记机关的义务

法人的登记机关是法人登记的主管机关,代表国家对法人行使法人登记的管理职责。因此,法人登记机关对法人登记,既是其行政管理权力,也是其行政管理的义务。其中的义务之一,就是按照法人登记的公示要求,对法人登记的信息及时进行公布。其要求是:第一,公示应当及时,只要法人进行了相关的登记,就应该及时向社会公布,将法人的相关信息予以公示。第二,公示的法人登记信息的内容,应当包括法人登记的主要事项,包括法人的成立、法人合并与分立,以及法定代表人、住所、注册资本、名称、经营范围、增减分支机构等事项的变动。这一条文没有规定法人登记机关违反登记的上述义务应当承担的责任,对此,应该按照《国家赔偿法》以及其他法律的有关规定,如果没有及时公示法人登记事项,造成损失,如果存在过失,应当承担国家赔偿责任。

三、法人的民事权利能力和民事行为能力

《民法典》第 59 条规定:"法人的民事权利能力和民事行为能力,从法人成立时产生,到法人终止时消灭。"

(一)法人的民事权利能力

法人即为私权之主体,自有权利能力。[19] 法人的民事权利能力,是指法人作为民事主体,享受民事权利并承担民事义务的资格。

1. 法人的民事权利能力的特点

法人的民事权利能力与自然人的民事权利能力相比较,有以下特点:第一,权利能力的

---

〔19〕 参见徐谦:《民法总论》,上海法学编译社 1933 年版,第 114 页。

范围不同。专属于自然人的权利能力,非法人所得享有。[20] 故法人不享有与自然人人身不可分离的权利。第二,权利能力的开始与终止的时间不同。自然人的民事权利能力始于出生而终于死亡,以自然人的生命体的存续为其存在条件,在其出生之前和死亡之后享有准人格。法人的民事权利能力则始于法人成立,终于法人消灭,不存在出生之前和死亡之后的准人格。第三,权利能力的限制不同。限制自然人的权利能力,系基于法律之规定,而限制法人的权利能力,则基于法律及命令,此为二者之不同点。[21] 法人的权利能力只限制在法律或者行政命令的范围之内,并且受到设立人的意志的约束,设立人在设立法人时确立的目的范围直接决定了法人的权利能力范围。

2. 法人的民事权利能力的意义

法人的民事权利能力是法人实施民事行为和从事民事活动的前提和基础。尽管与自然人一样,法人也具有民事权利能力,但法人的民事权利能力不同于自然人的民事权利能力,受到法律和命令以及其他各种限制:一是对法人自然性质的限制。法人的民事权利能力受到其自然性质的限制,即不享有与自然人的人身不可分离的那些权利。二是法律命令的限制。法人只能在法律或行政命令的范围内,具有享有权利和承担义务的能力。由于设立法人的法律规定不同,各种法人享有的能力也不相同。例如,私营企业不得从事军工、金融业的生产经营。法人的民事权利能力不具有自然人民事权利能力的普遍性和平等性。三是法人目的范围的限制。法人的民事权利能力要受到其设立人的意志的约束,其设立人在设立法人时确立的目的范围直接决定法人的民事权利能力的范围。由于每个法人的目的范围不同,因而法人的民事权利能力各不相同。

3. 法人的目的范围与经营范围

在研究法人的目的范围时,应当特别强调法人的经营范围问题。对此,应当特别强调以下三点。第一,法人的目的范围与法人的经营范围是不同的。法人的目的是指法人的社会作用,法人的目的范围是指法人为了实现其社会作用而需要的活动范围。法人的经营范围,是指法人即公司从事的经营活动的范围。第二,研究法人经营范围的意义在于:首先,股东是根据经营范围来预测投资风险,作出投资决策的;其次,法人经营范围也是对公司的董事、经理的权力范围作出的限制,其权力范围应当与经营范围一致,超过的为越权行为;最后,第三人可以根据法人章程判断与法人签订的合同是否超越经营范围。从公司法的角度上来说,禁止公司超越经营范围是出于保护股东、债权人的利益和维护交易安全的目的。第三,营利法人即公司的经营范围问题,不是对法人的民事行为能力的限制。经营范围作为章程的任意记载事项,即法人可以明确经营范围以突出其特色与强项,也可以不明确经营范围,而从事任何合法的经营活动。

4. 法人民事权利能力的开始和终止

按照《民法典》第 59 条规定,法人的民事权利能力和民事行为能力,从法人成立时产生,到法人终止时消灭。这就是法人的民事权利能力和民事行为能力的开始和终止时间。

法人的民事权利能力从其成立时产生。具体情形是:一是有独立经费的机关从其成立之日起,具有民事权利能力。二是事业单位和社会团体法人,不需要办理法人登记的,从成

---

〔20〕 参见徐谦:《民法总论》,上海法学编译社 1933 年版,第 115 页。

〔21〕 参见徐谦:《民法总论》,上海法学编译社 1933 年版,第 114 ~ 115 页。

立之日起具有民事权利能力;依法需要办理法人登记的,从办理完毕核准登记手续之日起,具有民事权利能力。三是企业法人,申请企业法人登记,经企业法人登记主管机关审核,准予登记注册的,领取企业法人营业执照,取得法人资格,其合法权益受国家法律保护,即具有民事权利能力。

法人的民事权利能力从其终止时消灭。法人因依法被撤销、解散、依法宣告破产或其他原因而终止后,其民事权利能力即时消灭,民事主体资格不复存在,至法人清算完毕之日起,其民事权利能力最终消灭。

5. 法人的部分民事权利能力

与自然人一样,其民事权利能力也存在部分民事权利能力的情况。这就是设立中的法人和清算中的法人具有与其能够从事的民事活动相适应的部分民事权利能力。

(1)设立中的法人。依照《民法典》第 75 条规定,设立中的法人不同于筹备前的法人。筹备前的法人,是指发起人开始筹备成立某个法人组织,但还没有成立筹备机构从事实际的设立行为,此时的组织体称为筹备前的法人。而设立中的法人必须成立筹备机构,实际地从事设立行为。

由于设立中的法人在从事设立行为过程中也要从事一些民事行为,如借款、购买建筑材料等,从而发生一定的债权债务关系。

设立中的法人是一个具有相对的民事权利能力的特殊团体,其民事权利能力受到限制,具有部分民事权利能力。[22] 其受到限制主要表现在两个方面:一是其民事权利能力的范围仅限于从事必要的设立行为,凡是超出设立行为的民事行为都不得实施。必要的设立行为应当根据法律的规定、设立法人的协议以及行为的性质等来加以认定。二是应当以将来法人成立为条件而享有民事权利能力。尽管设立中的法人具有特殊的民事权利能力,但因为其是为了将来法人的成立而存在的,所以将来法人不能够有效成立,其权利能力要溯及既往地消灭,而应当由筹建人和设立人承担法律后果。[23]

设立中的法人在对外关系中具有的部分权利能力的内容,应当按照《民法典》第 75 条第 1 款规定确定,包括如下三个方面:第一,设立人为设立法人从事的民事活动,其法律后果在法人成立后由法人承受。第二,设立中法人的设立行为没有成功,法人未成立的,其在设立法人过程中从事的民事活动的法律后果,应当由设立人承受。设立人如果为二人以上,所有的设立人应当承担连带责任。第三,上述规定存在一个明显的缺陷,就是有一定组织形式的设立中法人,如有确定的设立中法人的筹备组,并且具有相对独立的财产,能够承担民事责任的,就具有自己承担民事责任的能力,完全可以用设立中法人的名义,承担民事活动的法律后果。

在法人设立中,设立人为设立法人而以自己的名义从事民事活动,而不是以设立中的法人的名义从事的民事活动,因而产生的民事责任,《民法典》第 75 条第 2 款规定给第三人以选择权,既可以请求法人承担该民事活动的后果,也可以请求法人的设立人承担该民事活动的后果,该第三人可以根据自己的利益决定选择哪一个请求权行使。

(2)清算中的法人。《民法典》第 72 条第 1 款规定:清算期间法人存续,但是不得从事

---

〔22〕 参见刘召成:《准人格研究》,法律出版社 2012 年版,第 263 页以下。

〔23〕 参见魏振瀛主编:《民法》,高等教育出版社、北京大学出版社 2000 年版,第 116 页。

与清算无关的活动。

清算中的法人仍然具有民事权利能力,仍然作为民事主体活动,但是由于其民事主体资格即将消灭,仅仅需要对于法人的财产关系进行清理,但是其民事权利能力受到限制,法人资格注销以后,就不再有民事权利能力了,其人格关系和财产关系都已经完全消灭。因此清算中法人的部分民事权利能力内容,是在其清算期间的民事权利能力。依照《民法典》第72条第1款规定,清算期间,法人存续,但是不得从事与清算无关的活动。清算的主要内容包括:一是清理公司财产、分别编制资产负债表和财产清单;二是通知、公告债权人;三是处理与清算有关的公司未了结的业务;四是清缴所欠税款以及清算过程中产生的税款;五是清理债权债务;六是处理公司清偿债务后的剩余财产;七是代表公司参与民事诉讼活动。清算中的法人对于上述活动还享有民事权利并负担民事义务,但是对于超出该范围的内容,清算中的法人不再享有民事权利和负担民事义务。

(二)法人的民事行为能力

1.法人的民事行为能力的概念

法人的民事行为能力,是指法人作为民事主体,以自己的行为享受民事权利并承担民事义务的资格。按照《民法典》第59条规定,法人的民事行为能力从法人成立时产生,到法人终止时消灭。

法人为取得其权利能力范围内之权利义务,或管理处分其已享有之权利义务,自于实际上有行为之必要,此为自然人所同然。[24] 法人具有独立的意思即团体意思,其意思由法人的意思表示机关向第三人表示,法定代表人作为法人机关成员,其行为就是法人本身的行为。

2.法人实施民事行为的代表人

由于法人拟制说和法人实在说的不同,法人拟制说采纳代理人说,认为法人的民事行为能力与未成年人一样,其行为必须由代理人加以完成;法人实在说采取代表说,认为法人机关的行为就是法人的行为,法人机关成员从事的法律行为以及实施的侵权行为,就是法人自己的法律行为或者侵权行为。《民法典》第61条第1款采纳的是机关代表说,即"依照法律或者法人章程的规定,代表法人从事民事活动的负责人,为法人的法定代表人"。首先必须承认法人具有自身的独立意志,而团体的意志和其成员的意志、管理人的意志是分开的,法人机关只是法人组织体的构成部分,法定代表人对外代表法人,而法人的机关对内可以执行法人的事务,但机关的行为必须要体现法人团体的意志。法定代表人的行为也就是法人自身的行为,所发生的权利义务和责任,均归属于法人。

法人对外实施民事行为,既可以由其法定代表人为之,也可以经由代理人为之。其区别在于:法定代表人与法人的关系为"名二而实一",[25] 法人的法定代表人实施的行为不发生由法人授权的问题;由法人的代理人实施的民事行为,则必须由法人授权,否则不发生法律效力。

3.法人民事行为能力的特点

与自然人的民事行为能力相比,法人的民事行为能力具有以下特点:

---

〔24〕 参见徐谦:《民法总论》,上海法学编译社1933年版,第116页。

〔25〕 梁慧星:《民法总论》(第2版),法律出版社2001年版,第139页。

第一,法人的民事行为能力与其民事权利能力取得和消灭的时间相一致。法人的民事行为能力始于法人成立,终于法人消灭,与其民事权利能力的取得和消灭是一致的,在法人存续期间始终存在。

第二,法人的民事行为能力与民事权利能力的范围相一致。法人能够以自己的行为取得权利和承担义务的范围,不能超出它们的民事权利能力所限定的范围。例如,咨询公司不具有从事大规模商业活动的民事权利能力,它也就不具有这样的民事行为能力。

第三,法人的意志取决于团体的意志。法人的意志是团体意志,是一种意志的综合,而不是个人意志的简单总和。法人通过团体意志,对外进行民事法律行为,实现法人目的。而自然人总是以自己的意志实现自己的目的。

四、法人的民事责任

(一)法人的民事责任能力

民事责任能力,是指民事主体据以独立承担民事责任的法律地位或法律资格,也称作侵权行为能力。《民法典》第60条规定:"法人以其全部财产独立承担民事责任。"这就是规定了法人的民事责任能力,其承担的民事责任的性质是有限责任。

我国民法承认法人的民事责任能力。法人作为一个实在的组织体,其本身不可能从事侵权行为。法人的侵权行为指的是法人对其代表人及成员在执行职务中的侵权行为承担侵权责任,即代表责任或者叫作替代责任。法人代表责任的根据在于:法人的代表人是法人的机关成员,是法人的组成部分,他们在代表法人从事经营活动时,其职权是由章程以及法律加以确定的,其活动的内容和范围主要是由法人规定的,其活动的目的是实现法人的职能。既然机关成员的经营活动就是法人的行为,他们在合法职权范围内从事经营活动,所产生的权利和义务理所当然地应由法人承担,因此,法人的机关成员在经营活动中实施的行为造成他人损害,构成侵权行为,侵权责任也当然由法人承担。确定法人的侵权责任适用《民法典》第1191条。

(二)法人承担民事责任的要件

第一,须有加害他人的侵权行为。构成侵权行为,应当按照《民法典》第1165条和第1166条规定,适用过错责任原则的侵权行为,加害人应当具有过错的要件;适用无过错责任原则的侵权行为,加害人无须具有过错的要件。至于其他的侵权责任构成要件,则应按照侵权行为的一般规则确定,须具备违法行为、损害事实和因果关系的要件。

第二,须因法人的代表人及其他工作人员的侵权造成损害。法人的代表人包括依据法律或者公司章程指定的对外代表法人的自然人,以及依法享有对外代表法人权利的人。法人的代表人实施的侵权行为造成他人损害,应当由法人承担侵权责任。法人的其他工作人员实施的行为造成他人的损害,如公司的其他工作人员实施的侵权行为造成损害,也构成法人的侵权责任。

第三,须因执行职务的行为所发生。法人的法定代表人或者其他工作人员实施侵权行为,只有在执行职务时,所造成的损害,才发生法人的侵权责任。超出执行职务的行为,即使是法定代表人或者其他工作人员的行为造成了他人的损害,也不构成法人侵权责任,而是个人负责的侵权行为。

(三)法人侵权责任的承担

1. 法人承担民事责任的一般规则

法人承担侵权责任是替代责任,即其法定代表人或者其他工作人员执行职务行为造成他人的损害,由法人承担责任,这是典型的替代责任。但是,从其他法律如《证券法》的规定来看,有些则要求法人对其法定代表人从事的侵权行为承担连带赔偿责任。例如,《证券法》第 85 条规定:"信息披露义务人未按照规定披露信息,或者公告的证券发行文件、定期报告、临时报告及其他信息披露资料存在虚假记载、误导性陈述或者重大遗漏,致使投资者在证券交易中遭受损失的,信息披露义务人应当承担赔偿责任;发行人的控股股东、实际控制人、董事、监事、高级管理人员和其他直接责任人员以及保荐人、承销的证券公司及其直接责任人员,应当与发行人承担连带赔偿责任,但是能够证明自己没有过错的除外。"对此,适用法律的规则是:法律有特别规定的,依照特别规定确定法人侵权责任,没有特别规定的,按照《民法典》第 1191 条第 1 款规定的替代责任规则,确定法人侵权责任为替代责任。

2. 法人的法定代表人承担责任的规则

《民法典》第 62 条规定的法定代表人因执行职务造成他人损害的责任承担规则,与《民法典》第 1191 条第 1 款规定的替代责任规则没有差别,并且对第 1191 条第 1 款规定的残缺部分作出了补充。第一,法定代表人因执行职务造成他人的损害,也就是法定代表人代表法人进行的职务活动,在造成了他人损害时,由于他的行为就是法人的行为,故应当由法人承担赔偿责任。第二,在法人承担了赔偿责任以后,如果法定代表人在执行职务中,造成他人损害是有过错的,只有法人可以向法定代表人要求追偿。这里要求的是要有法律规定或者法人的章程有规定。《民法典》第 1191 条第 1 款对此没有规定,是立法时的一个缺漏,刚好本条作了补充。

五、法人的变更

(一)法人合并

法人合并,是指两个以上的法人合而为一,归并为一个法人的行为。事实上,法人合并就是两个以上的法人合并成为一个法人。《民法典》第 67 条第 1 款规定:"法人合并的,其权利和义务由合并后的法人享有和承担。"

法人合并分为两种类型,不同的法人合并类型,法人合并以后法人的资格发生不同的变化。

1. 新设合并

新设合并也叫作创设合并,是指两个以上的法人合并成一个新的法人,被合并的原法人全部归于消灭的法人合并形式。

新设合并一般是拟合并的两个或两个以上的法人,在平等协商的基础上达成合并协议,按照协议合并后,所有参与合并的原法人均归于消灭,形成一个新的法人,原来被合并的法人所有的权利和义务都由新的法人承受。

2. 吸收合并

吸收合并也称存续合并，是指一个或多个法人归入一个现存的法人，被合并的法人主体资格消灭，存续的法人主体资格仍然存在。典型的吸收合并就是兼并，即由存续的法人兼并主体资格归于消灭的法人。

在吸收合并中，必须形成企业法人产权的转让，即由兼并企业受让被兼并企业的财产所有权，同时要坚持自愿兼并的原则，防止出现不适当的行政干预，特别是要防止地方政府将效益极差，无可利用价值的保护企业强加给效益好的企业兼并，同时兼并也要坚持有偿原则，符合促进兼并、鼓励产权交易的要求。

由于法人类型不同，合并的程序也不相同。例如，国家机关法人、事业单位法人等，其合并主要由国家依据立法或者行政命令的方法进行。而营利法人的合并，涉及合并法人的财产所有权、债权债务的处理，因而十分复杂，必须按照法定程序进行。例如，公司合并就必须依照《公司法》第173条规定，结合相关公司法的原理，要经过签订合并协议、股东会作出决议、持异议的股东行使股权回购请求权、编制资产负债表和财产清单、通知债权人、办理合并登记手续的程序。

（二）法人分立

法人分立，是指一个法人分成两个或两个以上的新法人的行为。法人分立也分为两种类型。

1. 新设分立

新设分立也叫作创设分立，是指将原来一个法人分割成两个或者两个以上的新的法人，原法人资格消灭，分立后的新法人成立。

2. 派生分立

派生分立也叫作存续分立，是指将原来法人分出一部分，成立一个新的法人，原法人资格仍然存在，分立的法人成为新法人。

新设分立，要将原来法人的财产所有权和债权债务，分割成两个部分或者多个部分，就分割后的财产成立数个新的法人。派生分立，仅仅是在仍然存续的法人中，将财产所有权和债权债务分出一部分，归分立后的新法人所有。

（三）法人分立和合并的债权和债务

法人合并后，产生对法人资格的影响。吸收合并，吸收方的法人资格继续存在，包括法人名称，可以继续使用，被吸收方的法人资格终止，并且办理注销登记；新设合并，合并各方的法人资格均终止，同时产生新的法人。法人合并后，对法人的所有权和债权债务发生影响，新设合并，合并各方的所有权和债权债务由新的法人概括承受，原债权人有权请求新设公司承担债务清偿义务；吸收合并，被吸收方的所有权和债权债务由吸收方承受，被吸收方的原债权人有权请求吸收方承担债务清偿义务。

法人分立的后果，一是法人资格的变化，即由原来的一个法人变为多个法人。新设分立，由于原法人的资格已经消灭，因而分立后的各个法人不能再使用原法人的名称，必须设立新的名称；派生分立，存续的法人仍然使用原来的名称，法人资格不变，分立后的新法人，不能使用存续法人的名称，须另外设置名称，取得新的法人资格。二是债权债务关系发生变化。新设分立,要根据分立的协议,将原法人的债权债务分成各个部分,由新设立的法人承受;派生分立,也要根据分立的协议,将存续法人的债权债务分出一部分,由新设法人承受。按照《民法典》第 67 条第 2 款规定,无论是新设分立还是派生分立,法人分立后的权利和义务,“由分立后的法人享有连带债权,承担连带债务”。只有一种情况即“债权人和债务人另有约定的除外”,但是,也不得对抗善意第三人。

六、法人的终止与清算

(一)法人的终止

1. 法人终止的概念

法人的终止,也称作法人的消灭,是指法人丧失民事主体资格,不再具有民事权利能力与民事行为能力。[26]

2. 法人终止的原因

(1)法人解散。法人解散是法人终止的主要原因。《民法典》第 69 条规定的法人解散的情形如下:

一是法人章程规定的存续期间届满或者法人章程规定的其他解散事由出现的。法人章程规定了法人的存续期间的,在法人的存续期间届满时,法人应当解散。法人章程规定有法人的解散事由的,当规定的解散事由出现后,法人也应当解散。

二是法人的权力机构决议解散的。法人的权力机构作出解散的决议,就是因法人成员的共同意志而解散。如果法人章程规定不许对法人解散,而全体成员共同决定解散,则应当对原章程进行修改,之后再解散。

三是因法人合并或者分立需要解散的。在法人合并中新设合并的原法人资格都要消灭,因此都需解散;在吸收合并中的被吸收法人,其法人资格消灭也需要解散。在法人分立中,新设分立的原法人资格消灭,需要解散;而在派生分立中,没有需要解散的法人。

四是法人依法被吊销营业执照、登记证书,责令关闭或者被撤销的。在法人存续期间,被吊销营业执照或者登记证书,被责令关闭,被撤销,都消灭了法人资格,都要解散法人。

五是法律规定的其他情形。在法人存续期间,因法律规定的其他情形法人需要解散的,该法人应当解散。例如,成立特定的法人是为完成特定的目的,当目的实现后,该法人没有必要继续存在;如果法人的目的已经确定无法实现,法人也应当解散。

(2)法人被宣告破产。《民法典》第 73 条规定:“法人被宣告破产的,依法进行破产清算并完成法人注销登记时,法人终止。”法人在其全部资产不足以清偿到期债务的情况下,经企业的法定代表人、主管部门或者企业法人的债权人等提出申请,由人民法院宣告企业法人破产。企业法人被宣告破产后,由清算组织负责对企业法人的财产、债权和债务进行清理,并变卖企业的财产清偿债务。对于破产企业,应仅以其资产清偿其债务。从宣告破产之日起,企业法人终止。

(3)法律规定的其他原因。在法人存续期间,当出现了法律规定的法人消灭的其他原因时,法人应当终止。

---

〔26〕 参见江平主编:《法人制度论》,中国政法大学出版社 1994 年版,第 154 页。

(二)清算

1. 清算的概念

清算,是指法人在终止前,应当对其财产进行清理,对债权债务关系进行了结的行为。

清算义务人未及时履行清算义务,造成损害的,应当承担民事责任;主管机关或者利害关系人可以申请人民法院指定有关人员组成清算组进行清算。法人的清算有两种形式:(1)依破产程序进行的清算。这是指法人在宣告破产以后,由主管机关或人民法院组织有关人员成立清算组织,依照破产程序进行清算,其程序应适用《企业破产法》的相关规定。(2)非依破产程序进行的清算。法人除因宣告破产而被解散外,应按法律规定(如《民法典》总则编、《民事诉讼法》等有关规定)的其他程序而不按照破产程序进行清算。

2. 清算法人

清算法人,是指在清算期间的只具有部分民事权利能力的法人。

清算法人在清算期间,可以进行清算范围以内的活动,只有在清算完毕并办理了注销登记之后,法人资格才最终归于消灭。在清算期间,法人在清算的必要范围内视为存续。

在清算期间,清算法人可以从事清算范围内的活动,包括清理财产、清偿债务,从事清算活动所必要的资金借贷、变卖法人的财产、追回被他人占有的财产、在法院起诉和应诉等。其间,法人应停止清算范围外的活动,不能实施超出清算范围的活动;已经实施的,应立即停止。清算法人不得擅自处理财产、抽逃资金、隐匿财产、逃避债务,否则,将依法追究法人及其法定代表人的法律责任。

3. 清算人

清算组织也叫作清算人,是指在法人清算中专门从事清算活动的人,如清算委员会、清算小组等。在法人解散时,清算义务人应当及时组成清算组进行清算。

清算义务人,包括法人的董事、理事等执行机构成员。如果法律另有规定的,凡符合法律规定的人,也是清算义务人。

法人在清算期间,其人格并不消灭,清算组织就是法人在清算期间的意思机关和执行机构,故应当由清算组织代表法人行使职权。

清算组织的职权是:对内清理财产,处理法人的有关事务;对外代表法人了结债权债务,在法院起诉和应诉。

4. 清算组的职责和程序

《民法典》第71条规定:"法人的清算程序和清算组职权,依照有关法律的规定;没有规定的,参照适用公司法律的有关规定。"

依照清算程序的目的,清算人的职责是:(1)了结现务,将法人于解散前已经着手而未完成的事务予以了结;(2)收取债权,清算人应将属于法人的债权一一收取,对于尚未到期的债权,或者条件未成就的债权,应当予以转让或者变价处理;(3)清偿债务,清算人对法人所负债务应当予以清偿,对于未到期债务,应当抛弃期限利益,提前清偿;(4)移交剩余财产,清算人负责移交于有权获得此财产的人;(5)代表法人参加民事诉讼。

清算程序是指在法人解散清算过程中,按照有关法律法规的规定应该经过的具体步骤。因此,清算是一个过程,是严格按照法律设置的严格的清算程序进行的过程。首先,法人解散事由出现之日起15日内要成立清算组,清算组正式成立后,法人开始进入实质性清算程序。开始清算程序后公告债权人并进行债权人登记,开始清理法人财产。财产清理后还要编制资产负债表和财产清单,制定清算方案,在经过相关部门组织确认后,可按照方案来分配财产。清算结束后,清算组应当制作清算报告和清算期间收支报表及各种财务账簿,在股东大会或者人民法院确认后,报送登记机关申请注销法人登记,并进行公告。

5. 清算终结

《民法典》第72条第2、3款规定:"法人清算后的剩余财产,按照法人章程的规定或者法人权力机构的决议处理。法律另有规定的,依照其规定。清算结束并完成法人注销登记时,法人终止;依法不需要办理法人登记的,清算结束时,法人终止。"

清算终结,是指清算人完成了清算职责。清算终结之后,应由清算人向登记机关办理注销登记并予以公告。完成注销登记和公告之后,法人即告消灭。

按照《公司法》的规定,公司清算结束之后,清算组应当制作清算报告,报告股东大会或者人民法院确认。之后报送登记机关申请注销公司登记,公告公司终止。如果该法人依法不需要办理注销登记的,在其清算终结时,该法人终止。

第二节 营利法人

|典型案例|

甲公司作为控股股东设立另一有限责任公司乙公司,通过乙公司借款的法律行为,将乙公司取得的财产转移至甲公司的账户,而对外债务都是以乙公司的名义发生的。乙公司的债权人要求乙公司清偿债务,乙公司称无力清偿,因为其绝大部分财产都已经被转移到甲公司名下,而甲公司作为股东之一,以对乙公司的出资额为限对乙公司的债务承担有限责任。乙公司的债权人向法院起诉,要求甲公司对公司的债务承担无限连带责任。

一、营利法人及其设立

(一)营利法人的概念

《民法典》第76条规定:"以取得利润并分配给其股东等出资人为目的成立的法人,为营利法人。营利法人包括有限责任公司、股份有限公司和其他企业法人等。"这一条文规定了营利法人的内涵与外延。

营利法人是指依法设立,以取得利润并分配给其股东等出资人而营利为目的的法人。营利法人是法人中的典型类型。

营利法人的法律特征是:

第一,营利法人具有人格性。与所有的法人一样,营利法人是一种法律意义上的人,具有法律上的人格,这种独立的人格使其能够区别于其成员而独立存在。人格是权利义务的归属点,也是作为民事主体的资格。

第二,营利法人是个人结合的社团。营利法人是社团法人,具有人合性,是以其成员的结合作为其成立的基础,其成立须有若干成员发起设立,因而具有鲜明的团体性特征。正是由于营利法人是股东的结合,因此营利法人具有社团性,属于典型的社团法人。

第三,营利法人的设立目的是取得利润并分配给其股东。与非营利法人完全不同,营利法人的设立目的完全是营利,而非公益目的或者其他目的。

营利法人的外延,包括有限责任公司、股份有限公司和其他企业法人等。有限责任公司的股东,以其认缴的出资额为限对公司承担责任;股份有限公司的股东以其认购的股份为限对公司承担责任。有限责任公司与股份有限公司最主要的区别,就是承担有限责任的财产范围不同。其他企业法人,则是有限责任公司和股份有限公司以外的其他以营利作为设立目的的企业法人。例如,无限责任公司、两合公司,尽管《公司法》对这两种公司没有作出规定,但是它们的性质都属于企业法人,因此也属于营利法人。

(二)营利法人的成立

1. 营利法人设立登记

《民法典》第77条规定:“营利法人经依法登记成立。”经依法登记成立的营利法人取得法人资格。

营利法人成立,是指发起和设立营利法人经过一系列筹建行为而取得法人资格的结果。营利法人成立,首先,必须具有《民法典》第58条第2款规定的法人成立条件,须有自己的名称、组织机构、住所、财产或者经费。其次,除了具备上述法人成立的条件,还必须符合营利法人设立的程序要求,特别是要依照法律规定进行登记。设立有限责任公司,除法律、法规规定须经有关部门审批的外,仅须向公司登记机关即工商行政管理部门申请设立登记,采准则设立主义。法律、法规规定须经有关部门审批的,采取行政许可主义,经批准后设立。设立股份有限公司,必须经过国务院授权的部门或者省级人民政府批准,显然采取行政许可主义。其他企业法人的设立,依照《企业法人登记管理条例》第14条规定,首先须经主管部门或者有关审批机关批准,然后才向登记机关申请登记,采取的是行政许可主义。

公司设立登记的性质有两种立法例,一是成立要件主义,是指依法必须登记的法人,非经登记不得成立;二是对抗要件主义,是指团体已经成立,即使未经登记,也具有法人的权利能力,登记自发生成立,对于团体的债务承担有限责任,并借此发生对抗善意第三人的效力。我国法律采取的是成立要件主义,即营利法人经依法登记成立,登记是法人成立的要件,非经登记,不取得法人资格。

2. 营利法人的营业执照

营业执照,是我国法人制度中,法人经依法登记成立后,由法人登记机关发给法人的资格证明。营业执照作为营利法人登记活动的产物之一,在我国民商事领域中具有重要地位,既能够证明法人资格和地位,又是建立法人信用的主要方式。《民法典》第78条规定:“依法设立的营利法人,由登记机关发给营利法人营业执照。营业执照签发日期为营利法人的成立日期。”按照这一规定,第一,营业执照由法人登记机关发给经过设立登记的营利法人。营利法人经过设立登记,即依法成立,由负责登记的工商行政管理部门,对经过设立登记的营利法人颁发营业执照。第二,营业执照具有双重属性,既是营利法人资格的证明,也是营利法人经营能力的证明。当与营利法人进行交易活动时,审查营利法人的资格和营业能力,主要检查的就是该营利法人的营业执照,因而营业执照在法人进行交易活动中具有重要的地位。第三,营业执照是营利法人成立时间的证明,营利法人究竟以何时为自己成立的时间,即营业执照签发的日期,为营利法人成立的日期。

3. 营利法人的章程

营利法人的章程,是指营利法人的成员就该法人的活动范围、组织机构以及内部成员之间的权利义务等问题所订立的书面文件。营利法人章程既是营利法人成立的必备要件,也是营利法人治理的重要依据,还是一种自治性规则。《民法典》第79条规定:“设立营利法人应当依法制定法人章程。”因此设立营利法人必须制定章程。正如《公司法》第11条规定:“设立公司必须依法制定公司章程。公司章程对公司、股东、董事、监事、高级管理人员具有约束力。”

营利法人的章程,与营利法人的发起人设立法人的发起协议不同。营利法人的发起人订立的发起协议,是发起人之间的共同行为,性质属于合同,这是各个发起人之间的权利义务关系,是发起人就设立营利法人的事项已经达成了合意,违反该协议的发起人要对其他当事人承担相应的违约责任。而营利法人的章程调整的是法人成员与法人之间的关系,参与章程行为的当事人的意思表示并不指向其他成员,而是指向法人的意思形成机构,不仅拘束同意该行为的当事人,对于没有表示同意,但事后加入的当事人也具有法律的拘束力。[27]

营利法人章程的内容,分为绝对必要记载事项和任意记载事项。

(1)绝对必要记载事项。绝对必要记载事项,是法律规定在章程中必须具备的内容,如果这些内容不予以记载,该章程就是无效的,持这种缺少绝对必要记载事项的章程申请营利法人设立登记,登记机关将不予登记。绝对必要记载事项的内容是,法人的名称、宗旨、业务范围、住所、资本总额、所有制形式、人员等。

(2)任意记载事项。任意记载事项不是由法律明文规定不可缺少的事项,既可以规定,也可以不规定在章程中。对此,营利法人在设立时,对于任意记载事项究竟是不是写在章程之中,应当认真斟酌,因为章程对于法人关系重大,一经登记就具有法律效力,成为法人行为的准则。如果斟酌不妥,将不利于营利法人发展的任意记载事项规定在章程中,将会对营利法人今后的发展形成障碍。

对于营利法人章程的制定法律有不同的要求。例如,法律要求有限责任公司的章程由股东共同制定,这是因为公司章程实际上是股东之间的协议,当然应当由股东制定,同时,有限责任公司股东共同制定章程具有可行性,因为有限责任公司的股东人数是有限的。但是法律对股份有限公司章程的制定,就不采取由股东制定的办法,如果股份有限公司的设立采取募集设立的方式,公众认股人是无法亲自签署公司章程的,所以法律要求,股份有限公司如果采用发起设立的方式,只要发起人制定章程即可,如果采取募集设立方式,则须由发起人制定章程,并由创立大会通过。

二、营利法人的治理结构

(一)营利法人治理结构概述

营利法人治理结构是指为实现公司最佳经营业绩,营利法人所有权与经营权基于信托

---

〔27〕 王利明:《民法总则研究》(第2版),中国人民大学出版社2012年版,第300~301页。

责任而形成相互制衡关系的结构性制度安排。营利法人治理结构的基本模式都是由三个机关构成,即权力机构、执行机构和监督机构。在这三个营利法人的机关中,如何配置权力制衡关系,就是营利法人治理结构的基本要求。《民法典》第 80 条至第 82 条,规定了营利法人治理结构的基本构造,分别对营利法人的权力机构、执行机构和监督机构规定了具体的要求。

(二)营利法人的权力机构

1. 营利法人权力机构的组成形式

《民法典》第 80 条规定的是营利法人的权力机构及其职权。

营利法人的权力机构,也叫作营利法人的意思机关,是营利法人形成法人意思的机关。营利法人的权力机构是营利法人的最高权力机关,是对法人内部作出意思表示的机关。权力机关并不对外进行意思表示,对外的意思表示是由执行机构进行的。

营利法人的权力机构组成形式,主要是股东与股东大会。

营利法人的社员被称为"股东",股东必须参加按照章程召开的大会,以多数决的方式对社团的事务作出决定。

社员组成的就是股东大会。股东大会由全体股东组成,属于营利法人的权力机构。股东大会的主要任务就是在法律与公司章程规定的范围内,以团体自治的方式就营利法人内部的重大事务作出决策。股东大会主要的任务是决定营利法人的内部事务以及设置和监督公司其他的机构。营利法人股东大会的行为并非全体股东的行为,而是营利法人的行为。

2. 营利法人权力机构的职权范围

营利法人权力机构的职权范围,是《民法典》第 80 条第 2 款规定的内容,包括:

(1)修改法人章程。法人章程在成立时通过并且生效。对法人章程的修改,是法人的重大事项,必须经过法人的权力机构作出决议。修改后的法人章程还应当报送法人设立登记机构备案。

(2)选举或者更换执行机构、监督机构成员。营利法人的权力机构对于法人执行机构、监督机构的成员,有权进行选举和更换。当法人成立时,设置执行机构和监督机构,执行机构和监督机构的成员由权力机构选举。法人成立后更换执行机构和监督机构的成员,也必须由权力机构作出决定。

(3)法人章程规定的其他职权。对于法人权力机构的职权范围,除上述两项以外,其他都由法人章程规定。章程规定了的法人权力机构的职权,就是权力机构的职权。

(三)营利法人的执行机构

1. 营利法人执行机构的设置

营利法人的执行机构,是对法人的权力机关所形成的意志具体进行贯彻执行的机构。营利法人的执行机构是营利法人的办事机构,只有法定代表人或者法定代表人授权的代表才能对外代表法人为意思表示,并非由执行机构直接对外作意思表示,只有在合议制机关的情况下,执行机构的所有成员,如董事会的所有董事都有对外代表法人的权力。我国目前行使的是法人对外代表的一元制执行机构体制,只有法定代表人或其他授权代表才能对外代表法人。依照《民法典》第 81 条规定,董事会是营利法人的执行机构,由股东大会选举产生,向股东大会负责。股份有限公司董事会由5名到19名董事组成,设董事长1人,可以设副董事长1人至2人,董事长和副董事长由董事会以全体董事的过半数选举产生。董事应以自然人为限。[28]

在营利法人中,董事长一人为公司的法定代表人,有权对外代表公司。但是不能认为董事长就公司与第三人的所有交易都有权代表公司作出意思表示,他只能在法律以及章程规定的事项范围内可以代表公司单独向第三人作出意思表示。至于董事会,则在其法定职权范围内,以董事会决议的形式对第三人共同表示意思。

2. 营利法人执行机构的职权

(1)执行机构召集权力机构会议。应当按照法人章程的规定,执行机构确定权力机构会议的召开时间、召开地点、参加会议的人员、会议讨论的议题等。权力机构会议作出决议后,执行机构要贯彻落实。

(2)决定法人的经营计划和投资方案。法人的经营计划和投资方案应当符合法人的设立宗旨和目的,不得违背权力机构的意志。法人的经营计划和投资方案决定后,执行机构还要贯彻落实。

(3)决定法人内部管理机构的设置。营利法人的内部管理机构和具体人员,都由执行机决定,确定了内部管理机构之后,还要确定和聘任具体的管理人员,以使法人开展正常的经营活动。

(4)行使章程规定的其他职权。法人章程对执行机构还规定有其他职权的,法人的执行机构应当行使这些职权。

(四)营利法人的监督机构

1. 营利法人监督机构的设置

营利法人的监督机构,就是对营利法人的执行机构进行的业务活动进行专门监督的机构。

营利法人的监督机构是监事或者监事会。股份有限公司必须设立监事会,监事会是公司的监督机关,由股东代表与公司职工代表组成,最低人数不得少于3人。其他营利法人设监事会,其成员不少于3人,但股东人数较少,或者规模较小的有限责任公司,可以设1~2名监事,不设监事会。

监事会中的职工代表由工会职工通过职工代表大会、职工大会或者其他形式民主选举产生。监事会设主席1人,由全体监事过半数选举产生。监事会主席召集和主持监事会,监事会主席不能履行职务或者不履行职务的,由半数以上监事共同推举1名监事召集和主持监事会会议。为了保证监事会的独立性,法人的董事、高级管理人员不得兼任监事。

监事会与董事会均为独立并行的公司机关,他们共同向股东会负责。

2. 营利法人监督机构的职权

(1)监督机构依法检查法人财务。

(2)对执行机构成员及高级管理人员执行法人职务的行为进行监督。对董事、经理执行公司职务时违反法律、法规或者公司章程的行为进行监督;当董事和经理的行为损害公司

---

〔28〕 参见江平主编:《新编公司法教程》(第2版),法律出版社2003年版,第212页。

的利益时,要求董事和经理予以纠正。

(3)行使章程规定的其他职权。例如,提议召开临时股东大会,在董事会不履行《公司法》规定的召集和主持股东会会议职责时,召集和主持股东会会议;向股东会会议提出议案;对董事、高级管理人员提起诉讼,以及法人章程规定的其他职权。

(五)营利法人的法定代表人和其他组织机构

1. 营利法人的法定代表人

营利法人的法定代表人,是指依照法律规定和法人章程的规定,能够对外代表营利法人从事民事法律行为、为法人设立民事权利义务关系的总负责人。法定代表人是营利法人的法人代表并且是执行业务的人,其法律地位,属于营利法人的常设机关。

法定代表人的特征是:第一,法定代表人是营利法人的对外代表,对外代表营利法人。第二,营利法人的法定代表人,是法人的机关之一。采取独任制,法定代表人就是法人的唯一机关;采用合议制机关的场合,法定代表人是法人机关的组成部分。第三,法定代表人是由法律或法人章程规定的自然人,具有法定性和章程规定性,并且只能由自然人担任。

法定代表人的职权范围是:法定代表人对外代表营利法人,对外具有行使营业和谈判上一切行为的权力,如代表营利法人对外签订合同,代表营利法人起诉、应诉、参加仲裁。因而法定代表人的代表权几乎与公司权利无异。法定代表人对内享有业务执行权,包括执行股东会和董事会的决议,负责营利法人的日常事务的处理,这意味着法定代表人并不具有一般业务决定权,营利法人的一般业务决定权属于董事会集体决定的权限。

2. 营利法人的组织机构

营利法人的组织机构,也称为营利法人的职能部门,是指营利法人的内部机构,如销售科(部)、设备科(部)等部门。企业法人的职能部门不是直接依照法律、法规设立的,而是根据企业法人的内部规章制度建立的,不单独领取营业执照,没有自己的名称,如车间、班组、办公室、科、处等。[29] 但是法律另有规定的,应当依照法律的规定设置。

三、营利法人出资人及相关人员的责任

《民法典》第 83 条规定:“营利法人的出资人不得滥用出资人权利损害法人或者其他出资人的利益;滥用出资人权利造成法人或者其他出资人损失的,应当依法承担民事责任。”“营利法人的出资人不得滥用法人独立地位和出资人有限责任损害法人债权人的利益;滥用法人独立地位和出资人有限责任,逃避债务,严重损害法人债权人的利益的,应当对法人债务承担连带责任。”第 84 条规定:“营利法人的控股出资人、实际控制人、董事、监事、高级管理人员不得利用其关联关系损害法人的利益;利用关联关系造成法人损失的,应当承担赔偿责任”。这两个条文规定了三种民事责任:一是滥用出资人权利,二是法人人格否认,三是滥用关联关系损害法人利益。

(一)滥用出资人权利

滥用出资人权利,是指营利法人的出资人为自己的利益或者为第三人谋取利益,利用自

---

〔29〕 参见贾桂茹等:《市场交易的第三主体——非法人团体研究》,贵州人民出版社 1995 年版,第 186 ~ 187 页。

己出资人的权利,损害法人或者其他出资人利益的行为。

构成滥用出资人权利的要件是:第一,行为的主体是营利法人的出资人;第二,营利法人的出资人实施了不正当地利用自己出资人权利的行为;第三,出资人滥用自己权利的目的,是为自己的利益,或者为第三人谋取利益,因而是故意所为;第四,出资人滥用自己权利的行为,给法人或者其他出资人造成损失的,滥用权利的行为与损害后果之间具有引起与被引起的因果关系。

滥用出资人权利的法律后果,是依法承担民事责任。这种民事责任的性质是损害赔偿责任。损害赔偿的请求权人,是因此受到损害的法人或者其他出资人。法人因滥用出资人权利而受到损害的,法人是损害赔偿请求权人;其他出资人因出资人滥用权利而受到损害的,受到损害的其他出资人是损害赔偿请求权人。损害赔偿范围按照所受损失的大小确定,法人或者其他出资人损失多少,就可以请求赔偿多少。

(二)法人人格否认

法人享有独立于其成员的人格,具有独立的法律地位,能够独立地承担法律责任,因而使其能够很好地保护其成员的利益,成员不必为法人的债务负责。但是,法人的这些特点有时会被其成员滥用,为自己谋取不正当利益。这一点在营利法人中最为明显。在这种情况下,可以突破法人独立人格,让其成员承担法人的责任。[30]

法人人格否认,是指法人虽为独立的民事主体,承担独立于其成员的责任,但当出现有悖于法人存在目的及独立责任的情形时,如果再坚持形式上的独立人格与独立责任将有悖于公平时,在具体个案中视法人的独立人格于不顾,直接将法人的责任归结为法人成员的责任。[31]

法人人格否认的构成要件是:第一,法人格否认的行为人是营利法人的出资人;第二,法人人格否认的行为,是营利法人的出资人滥用法人独立地位和出资人有限责任而逃避债务;第三,营利法人的出资人滥用其权利逃避债务的目的,是为自己或者第三人谋取利益;第四,出资人滥用法人独立地位和出资人有限责任的行为,损害了法人的债权人的利益,滥用行为与损害后果之间具有因果关系,法人的债权人是实际损害的受害人,其损害的程度应当达到严重的程度。

构成法人人格否认,应当承担民事责任。其民事责任的性质是损害赔偿责任。损害赔偿责任的请求权人,是受到严重损害的法人的债权人,法人的债权人基于自己的损害,可以主张损害赔偿请求权。法人人格否认民事责任的责任主体,是滥用权利地位的出资人和法人,承担赔偿责任的形态,是连带责任,即出资人和法人共同对受到损害的法人的债务人承担连带责任。损害赔偿责任的范围,是法人的债权人受到的实际损害,通常是法人的债权人所享有债权的可得利益。

(三)利用关联关系损害法人利益

关联交易,是指营利法人控股出资人、实际控制人、董事、监事、高级管理人员利用与其

---

〔30〕 参见苏号朋:《民法总论》,法律出版社 2006 年版,第 139 页。

〔31〕 参见李永军:《民法总论》,法律出版社 2006 年版,第 335 页。

直接或者间接控制的企业之间的关系，以及可能导致法人利益发生转移的其他关系，进行的交易。关联交易是一种特殊的自我交易，实际上也是一种利益冲突交易，在市场经济中本来是不可避免的。

关联关系，是在营利法人之间，如果一方控制、共同控制另一方，或者对另一方施加重大影响，以及两方或两方以上同受一方控制、共同控制或重大影响的，构成关联方。在关联方相互之间进行的交易就是关联交易。

正当的关联交易，法律并不禁止。但是，营利法人的控股出资人、实际控制人、董事、监事、高级管理人员，利用这种关联关系，进行关联交易，损害法人的利益，造成法人的损害，就构成利用关联交易的违法行为。因此《民法典》第84条规定：营利法人的控股出资人、实际控制人、董事、监事、高级管理人员利用关联关系造成法人损失的，应当承担赔偿责任。

构成利用关联关系损害法人利益的责任须具备以下要件：第一，行为的主体，是营利法人的控股出资人、实际控制人、董事、监事、高级管理人员，只有这种身份的营利法人工作人员，才有可能实施关联交易行为；第二，上述行为人与自己有关联关系的营利法人进行交易行为，即利用双方之间的关联关系，进行关联交易；第三，上述行为人实施关联交易的后果，是损害了法人的利益，造成了法人的财产损失，二者之间具有因果关系。

构成利用关联关系损害法人利益的责任，应当承担赔偿责任。损害赔偿请求权人是因关联交易受到损害的法人，法人可以向实施关联交易的法人的控股出资人、实际控制人、董事、监事、高级管理人员请求承担损害赔偿责任。赔偿责任的主体，分为两种情况：第一，与法人实施关联交易的行为人进行交易的对方当事人，如果不知道或者不应当知道这种情形的，责任主体为关联交易的控股出资人、实际控制人等；第二，如果关联交易的对方当事人知道关联交易行为人的目的，则构成连带责任，双方对法人的损失应当连带负责。

四、营利法人的活动

（一）营利法人决议瑕疵

营利法人的权力机构、执行机构、应当遵守法律、行政法规以及法人章程的规定，如果法人的权力机构或者执行机构作出的决议在内容上或者程序上存在瑕疵，就构成营利法人决议瑕疵，应当适用法律规定的有关行为瑕疵的规则，对这种后果予以纠正。《民法典》第85条对此作出了规定。

营利法人决议瑕疵的表现是：营利法人的权力机构、执行机构违反法律、行政法规和法人章程。具体的决议瑕疵表现为程序瑕疵和实体瑕疵。程序瑕疵包括以下两方面：(1)会议召集程序瑕疵，如董事会召集程序不符合章程规定、由无召集权人召集的会议、召集会议的通知瑕疵、会议目的事项之外的决议等；(2)会议方法瑕疵，如无表决权、股东或者表决权受限制的股东出席会议并参加表决、没有满足法定人数、要求或者计算方法违法等。实体瑕疵是指决议内容违反章程，营利法人章程本为股东之团体合意，权力机构、执行机构的决议违反章程的规定。

法人决议瑕疵的救济方法是：第一，营利法人的出资人享有撤销权，可以请求人民法院对有瑕疵的会议决议予以撤销，会议决议一经撤销，就不再对法人具有拘束力。第二，如果营利法人依据该具有瑕疵的决议，已经与相对人形成了民事法律关系，只有在相对人为善意的情况下,即相对人对法人的决议瑕疵不知情且无过失,该民事法律关系的效力不受影响,如果法人的相对人对决议瑕疵知道或者应当知道,仍与该法人发生上述民事法律关系的,则因瑕疵的决议而实施的民事法律行为建立的民事法律关系,法人的出资人可以请求撤销。

(二)营利法人经营活动准则

《民法典》第86条规定了营利法人经营活动准则。

1. 遵守商业道德

营利法人从事经营活动应当遵守商业道德。商业道德是指公认的道德规范在具体商业活动中的应用,为一定的社会经济和文化所决定,也反作用于一定的社会经济,对商业活动具有重要的指导意义。商业道德主要表现为:为人民服务、向人民负责、文明经商、礼貌待客、遵纪守法、货真价实、买卖公平、诚实无欺。营利法人在进行经营活动中,要遵守这些商业道德,获取更多的商业利益。

2. 维护交易安全

营利法人从事经营活动应当维护交易安全。维护交易安全原则的要求是,营利法人在交易中必须诚实信用,必须做到平等互利,必须严格遵守强行法的规定,保障和维护正常的交易秩序,促进交易的有序、顺利进行。营利法人进行经营活动必须遵守维护交易安全原则,以减少和消除交易活动中的不安全因素,确保交易行为的法律效用和法律后果的可预见性。

3. 接受政府和社会的监督

营利法人在从事经营活动中,一是要接受政府的监督,政府作为社会活动的行政管理者,有权对营利法人进行监督,对营利法人出现的违法活动,依法进行纠正,甚至予以行政处罚。二是要接受社会的监督,包括各种社会团体对企业的监督,更多的是接受消费者的监督。对于上述监督,营利法人有接受的义务,对于提出的监督意见,应当对照检查,予以整改,使营利法人的经营活动能够正常进行。

4. 承担社会责任

营利法人社会责任,是指营利法人在创造利润、对出资人和员工承担法律责任的同时,还要承担对消费者、社区和环境的责任,要求营利法人超越把利润作为唯一目标的传统理念,强调在生产过程中对人的价值的关注,以及对环境、对消费者、对社会的贡献。营利法人社会责任的主要内容是保护人权,保护环境,积极采取措施,反对强取和贿赂等任何形式的腐败行为,要求营利法人在经营活动中,明礼诚信,科学发展,文化建设,发展慈善事业,保护职工健康,发展科技。对于上述社会责任,营利法人必须承担。

第三节　非营利法人

| 典型案例 |

原告石某于2014年1月3日进入被告宝峰寺从事佛教教务工作,每月薪资3400元,其中工资3000元,补贴400元,双方没有签订劳动合同。同年5月23日,被告以原告不在宿舍就寝为由辞退原告。其间,被告在2014年2~4月均向原告发放了3400元的薪资,在2014年1月仅向原告发放了400元补贴,5月没有支付薪资。原告请求判令被告向法院补发2014年1月、5月薪资6400元,赔偿1~5月双倍薪资17000元。

一、非营利法人的一般规定

(一)非营利法人概念的界定

《民法典》总则编将法人分为营利法人、非营利法人和特别法人三种。非营利法人是指为公益目的或者其他非营利目的成立,不取得利润或者不向其出资人、设立人分配利润的具有民事权利能力和民事行为能力的法人。

《民法典》总则编规定的非营利法人包括:一是事业单位法人;二是社会团体法人;三是捐助法人,包括基金会、社会服务机构、宗教捐助法人等。

(二)非营利法人的法律特征

第一,非营利法人具有法人资格,而不同于非法人组织。尽管非法人组织也是民事主体之一,也具有民事主体资格,但却与法人具有本质性的区别,法人承担的责任是有限责任,而非法人组织承担的责任是无限责任。

第二,非营利法人的设立目的具有非营利性。非营利法人与营利法人最大的区别,就在于非营利法人的设立目的是为公益目的或者其他非营利目的,而不是像营利法人那样,进行所有的经营活动,都是为了赚取利润,完全出于经济的目的。无论是完全以公益为目的,还是虽非为公益目的但是设立也是为非营利性目的的非营利法人,设立的目的都需排除营利性。

第三,非营利法人财产权结构具有独特性。非营利法人的财产权构造,只有一个对外的法人财产权,其财产源于捐赠、拨款,或者也有出资人出资,但是无论是捐赠、拨款或者出资,都不享有非营利法人的股权,进而也就没有股权享有的权益。因此,尽管非营法人在其活动中也可能会获得利润,非营利法人与营利法人的区别在于,非营利法人不能向任何控制其机构的任何成员,包括管理人员、董事、理事或者托管人等分配利润。

第四,非营利法人兼具公与私的双重属性。一方面,非营利法人设立目的的公益性或者非营利性,使其与营利法人形成基本的区别;另一方面,尽管非营利法人的活动目的不具有私益性,但是其具有私法上的民事权利能力和民事行为能力,并且按照私法的规范承担民事责任。因此,非营利法人的公与私的双重属性十分鲜明,不仅与营利法人构成鲜明的界限,而且也与特别法人具有明显的区别。

(三)非营利法人的设立

事业单位法人、社会团体法人和捐助法人都是非营利法人,应当依法设立。

事业单位法人和社会团体法人,属于不需要办理登记的,从其成立之日起即具有法人资格,事业单位法人的设立通常不需要办理登记;属于需要办理登记的,例如各种协会、学会行业团体等,需要依照《社会团体登记管理条例》第9条规定,经过业务主管部门审查同意,向登记机关申请登记,这种方法属于行政许可主义。

基金会等财团法人的设立需要有捐助行为,即捐助人向主管机关表示设立财团的单独行为。除以遗嘱捐助之外,在其他的捐助行为中,捐助人应当以书面形式订立捐助章程。捐助章程中应当明确设立财团的目的、所捐财产以及组织管理方法。[32] 基金会等财团法人经过登记后,取得法人资格。

(四)非营利法人的终止

《民法典》第95条特别规定了为公益目的成立的非营利法人终止的要求,须遵守以下特别规则:

第一,不得向其出资人或者设立人分配剩余财产。这一规定是强制性规定,不得采取任何变通的方法变相分配非营利法人的剩余财产。

第二,其剩余财产应当按照章程的规定或者权力机构的决议用于公益目的。为公益目的成立的非营利法人在终止时处置剩余财产,如果该法人的章程对其剩余财产的处置有规定,应当依照其规定处置;如果该法人的章程对其剩余财产的处置没有规定,应当由该法人的权力机构对如何处置其剩余财产作出决议,按照决议的要求处置其剩余财产。

第三,其剩余财产不能按照法人章程规定或者权力机构的决议处理的,由该非营利法人的主管机关主持协调,将其转给与终止的非营利法人宗旨相同的或者相近的公益为目的的法人,由该受让剩余财产的非营利法人取得所有权,并向社会公告。

二、事业单位法人

(一)事业单位法人的概念和特征

事业单位法人是指为实现公益目的设立的,由设立人出资,从事非营利性的社会服务活动的非营利法人,如从事新闻、出版、广播、电视、电影、教育、文艺等事业的法人。

事业单位法人的特征是:第一,设立的目的具有公益性,是完全为了实现公益目的而设立事业单位法人;第二,事业单位法人的设立人,通常是国家机关或者其他组织,通常是用国有资产出资;第三,从事的活动通常是教育、科技、文化、卫生等公共事业,活动的方式是进行社会服务;第四,性质属于非营利法人,事业单位法人符合法人条件,不具有私益性,不取得利润,也不向其设立人分配利润。

我国事业单位法人的独特性在于,其任务是要完成政府所希望的,而又不必由政府直接解决的公共或行政事宜。事业单位法人具有的公共性,表明其是一种公共机构;既是由政府出资成立,但又不是政府行政机关的公共机构;既要完成政府的希望,还不能成为政府部门的附属而沦为政府权力随意延伸的工具。[33]

(二)事业单位法人的成立

根据《民法典》第88条及《事业单位登记管理暂行条例》相关规定,事业单位法人的成立,须经县级以上人民政府及其有关主管部门批准,并且应当依照《事业单位登记管理暂行

---

〔32〕 参见梅仲协:《民法要义》,中国政法大学出版社1998年版,第76页以下。

〔33〕 参见徐强胜:《我国事业单位法人制度改革的法理思考》,载《河南省政法管理干部学院学报》2006年第5期。

条例》的规定登记或者备案。法律规定具备法人条件、自批准设立之日起即取得法人资格的事业单位，或者法律、其他行政法规规定具备法人条件、经有关主管部门依法审核或者登记，已经取得相应的执业许可证书的事业单位，不再办理事业单位法人登记，由有关主管部门按照分级登记管理的规定向登记管理机关备案。事业单位法人的特点是不以营利为目的，从事社会公益事业。事业单位成立后，即取得事业单位的法人资格，成为民事主体，享有民事权利能力和民事行为能力，并且依法承担民事责任。

（三）事业单位法人的治理结构

依照《民法典》第 89 条的规定，事业单位法人设理事会的，除法律另有规定外，理事会为其决策机构。事业单位法人的法定代表人依照法律、行政法规或者法人章程的规定产生。

事业单位法人治理结构的特点是：第一，事业单位法人的决策机构是理事会，对事业单位法人的重大事项作出决策。第二，事业单位法人也要设立法定代表人，由该法定代表人代表事业单位法人行使管理职权，对外代表该法人。法定代表人应该按照法人章程的规定产生。第三，法律对事业单位法人的组织机构、法定代表人另有规定的，应当依照其规定设立事业单位法人的组织机构，确定其法定代表人。

（四）事业单位法人的终止

事业单位的设立目的实现，或者政府有关部门批准或者决定撤销，或者其权力机构作出解散的决议，事业单位法人资格终止。

事业单位法人终止后，其剩余财产，应该按照《民法典》第 95 条的规定处理，不得向其设立人分配剩余财产，仍应用于公益目的，或者转给与之相同或者相近的事业单位法人。

三、社会团体法人

（一）社会团体法人的概念及成立

社会团体法人是指基于会员的共同意愿，为实现公益目的或者会员共同利益等非营利目的设立的非营利法人。如工会、妇女联合会、青年联合会、工商业联合会，以及各类、各级学术团体等。

社会团体法人的特征是：第一，设立的目的具有公益性或者团体性，是为了实现公益目的或者会员的共同利益而设立，这些目的都不具有营利性；第二，社会团体法人的设立是基于会员的共同意愿，经过发起人发起，会员集资形成法人的财产；第三，从事的活动比较广泛，既有公益性活动，也有基于会员共同利益进行的活动；第四，性质属于非营利法人，须符合法人条件，不得进行商业经营活动，不得获取经营利益。

申请成立社会团体，应当经其业务主管单位审查同意，由发起人向登记管理机关申请筹备。成立社会团体，应当具备下列条件：一是有 50 个以上的个人会员或者 30 个以上的单位会员；个人会员、单位会员混合组成的，会员总数不得少于 50 个。二是有规范的名称和相应的组织机构。三是有固定的住所。四是有与其业务活动相适应的专职工作人员。五是有合法的资产和经费来源，全国性的社会团体有 10 万元以上活动资金，地方性的社会团体和跨行政区域的社会团体有 3 万元以上活动资金。六是有独立承担民事责任的能力。符合上述条件要求的,如果法律规定需要办理登记,办理完登记手续后,成立社会团体法人,成为民事主体,具有民事权利能力和民事行为能力。如果法律规定不需要办理法人登记,则成立之日起,具有社会团体法人资格,成为民事主体,享有民事权利能力和民事行为能力。

(二)社会团体法人的治理结构

社会团体法人的治理结构要比事业单位法人的治理结构复杂,但是比营利法人的治理结构要简单。

第一,必须设立社会团体法人的法人章程。在成立社会团体法人之前,应当先制定社会团体法人章程草案,在成立的会员大会或者会员代表大会上通过,成为社会团体法人的组织行动纲领。

第二,社会团体法人要设置权力机构。在我国的社会团体法人中,属于人合组织体的,如各种协会、学会、商会等,其权力机构分为两种:一种是社会团体会员较少的,要设会员大会,会员大会是其权力机构;另一种是社会团体会员较多的,规模过大,无法全体会员参加大会的,要推举会员代表,成立会员代表大会,会员代表大会是社会团体法人的权力机构。

第三,社会团体法人要设立执行机构。社会团体法人的执行机构是理事会,理事由会员大会或者会员代表大会选举产生,成立理事会,作为社会团体法人的执行机构,代表社会团体法人,执行会员大会或者会员代表大会的决议,按照章程组织社会团体的工作,进行日常管理。

第四,社会团体法人要设立法定代表人。社会团体法人的法定代表人须依照法人章程的规定,该社会团体的理事长或者会长担任该社会团体法人的法定代表,对外代表该社会团体法人。

四、捐助法人

(一)捐助法人的概念

捐助法人,是指以自然人或者法人、非法人组织为实现公益目的,自愿捐助一定资金为基础而成立,以对捐助资金进行专门管理为目的的非营利法人。

捐助法人具有以下特点:一是捐助法人是财产集合体,因而其性质属于财团法人。捐助法人不是根据捐赠人的意志,而是根据捐助法人的章程来管理和支配这些财产。二是捐助法人没有成员或者会员,只设立理事会和监事会,理事和其他工作人员都是作为捐助法人的管理者。三是捐助法人具有非营利性,活动宗旨是通过资金资助促进科学研究、文化教育、社会福利和其他公益事业的发展,不具有营利性,只具有公益性,为公益法人。

(二)捐助法人的类型

1. 基金会

基金会法人是指利用自然人、法人或者非法人组织捐赠的财产,以从事公益事业为目的,按照基金会管理条例成立的非营利法人。

基金会具有公益性、非营利性、非政府性和基金信托性等特点。其功能是:用于大规模社会福利资金以快速的方式被聚集起来;聚集的资金是为了实现更美好的社会愿景,实现自我发展的创新;其运作方式能筹集的资金高于其他非营利机构;改变传统的社会结构和财富结构,推动在政府和企业部门之外的社会财富的聚集,把其支配权交给了公民的代表,推动社会的发展。因此基金会在我国具有良好的发展前景。

我国典型的基金会,如中国残疾人基金会、茅盾文学奖基金会、宋庆龄儿童基金会等,其性质都是这种捐助法人。

2. 社会服务机构

社会服务机构是指由社会公益性资金或政府财政拨款举办的以公益为目的,运用专业技能在某些专业领域提供社会服务的机构。非营利性民办学校、民办医院、民办养老院、民办博物馆、民办社会工作机构等组织,都是社会服务机构。

社会服务机构原称为民办非企业单位,更名的主要原因是:一方面,民办非企业单位是一个否定式的命名,外延不清,从字面理解,容易涵盖其他组织;另一方面,这一名称内涵不清,不能准确反映这类组织提供社会服务、从事公益事业等特征。社会服务机构是以专业服务为专长的慈善组织,向受益对象提供无偿专业服务。

3. 宗教捐助法人

依照《民法典》第92条第2款的规定,依法设立的宗教活动场所,具备法人条件的,可以申请法人登记,取得捐助法人资格。因此,宗教捐助法人是依法设立,具备法人条件的宗教活动场所,经过登记成立的捐助法人。

宗教捐助法人的特点是:第一,是依法设立的宗教活动场所,包括寺院、道观、教会等;第二,上述宗教活动场所应当具备法人条件,应当有自己的名称、组织机构、住所、财产和经费;第三,宗教活动场所是否成立宗教捐助法人,应当依照宗教活动场所自己的意愿,可以申请登记成立捐助法人,也可以不申请登记成立捐助法人,凡是愿意登记为宗教捐助法人的,必须经过登记,取得宗教捐助法人资格。

依法设立的宗教活动场所经过依法登记,取得宗教捐助法人资格,成为民事主体,享有民事权利能力和民事行为能力,能够自己承担民事责任。既然宗教活动场所取得的法人资格是捐助法人,那么其属性就是财团法人,作为法人的是宗教活动场所的财产,而不是该场所。对此,必须予以明确。

(三)捐助法人的治理结构

捐助法人的治理结构,包括决策机构、执行机构和监督机构等,并设立法定代表人。

1. 章程

捐助法人应当制定章程,规定捐助法人的设立宗旨和活动范围等。捐助法人的章程应当经过理事会等捐助法人的决策机构通过生效。

2. 决策机构

捐助法人的决策机构,是捐助法人的理事会等财团法人的民主管理组织。理事会等民主管理组织,依照捐助法人章程的规定产生,是捐助法人的决策机构和议事机构,决定捐助法人的重大决策和重要事项。

3. 执行机构

捐助法人的执行机构,由捐助法人的章程规定。按照捐助法人章程规定的方法,设置捐助法人的执行机构,执行决策机构的决定,管理捐助法人的日常事务。

4. 监督机构

捐助法人的监督机构为监事会,如果捐助法人章程规定监督机构另有名称的,应当按照捐助法人的章程设置监督机构,监督决策机构和执行机构,依照国家法律的规定和捐助法人章程的规定,处理捐助法人的事务,对于违反国家法律规定和捐助法人章程的行为,有权提出纠正的意见。

5. 法定代表人

捐助法人要设置自己的法定代表人。捐助法人有理事会的,一般由理事长作为捐助法人的法定代表人,如果捐助法人章程另有规定的,依照其规定设置法定代表人。

(四)捐助人的权利

捐助法人的财产,由捐助人提供,因而捐助人尽管不享有捐助法人的活动中获得的利益,但是对于捐助法人享有部分权利。依照《民法典》第 94 条的规定,捐助人对捐助法人享有的权利是:

第一,查询捐助财产使用管理情况。捐助人向捐助法人提供捐助财产以后,捐助人基于其捐助行为,对捐助法人对捐助财产的使用和管理情况,有权进行查询。捐助法人对此负有义务,应当及时、如实答复。

第二,对捐助法人提出意见和建议。捐助人对于捐助法人对捐助财产的使用和管理,有权提出意见和建议,以便于改进工作,使捐助财产发挥更好的公益效益。捐助人对捐助法人行使这一权利,捐助法人也应当及时、如实予以答复。

第三,对于捐助法人错误的决定有权向法院主张撤销。在捐助法人存续期间,如果捐助法人的决策机构、执行机构或者其法定代表人作出的决定违反捐助法人章程的规定,不符合捐助人捐助财产设置捐助法人的意愿,捐助人享有向人民法院请求予以撤销的权利,查证属实的,人民法院予以撤销。除捐助人以外,与捐助法人有关的其他利害关系人或者捐助法人的主管机关,也享有该撤销权,可以请求人民法院予以撤销。

如果捐助人、其他利害关系人或者主管机关请求撤销捐助法人违反法人章程的决定,得到人民法院的支持,捐助法人的该决定可以撤销,但是捐助法人依据该决定与善意相对人形成的民事法律关系不受影响,不能因为捐助法人的该决定被撤销,而主张捐助法人与善意相对人形成的民事法律关系宣告无效或者被撤销。

第四节　特别法人

典型案例

被告枣园居委会与被告新子公司签订合同书,约定枣园居委会提供土地,新子公司提供资金,双方共同兴建半山一号房屋。2011 年 9 月 9 日,枣园居委会向原告美特好公司出具承诺函,同意新子公司与美特好公司签订房屋租赁合同,并承诺对新子公司在租赁合同项下的全部责任和义务承担连带责任。2011年10月17日,美特好公司与新子公司签订房屋租赁合同,美特好公司承租半山一号房屋,并支付4000万元定金。由于半山一号房屋未按期建成,美特好公司起诉枣园居委会与新子公司,请求解除房屋租赁合同,并由被告承担违约责任。

一、特别法人概述

特别法人是指我国现实生活中存在的,既不属于营利法人,也不属于非营利法人,具有民事权利能力和民事行为能力,依法独立享有民事权利和承担民事义务的组织。

特别法人具有以下特点:第一,特别法人既不属于营利法人也不属于非营利法人。特别法人与营利法人不同,不具有营利目的;尽管也是为公益目的或者其他非营利目的而成立,但是它不具有出资人和设立人,而是依据国家法律或者政府的命令而设立的,因而也不同于非营利法人。第二,特别法人具有法人的组织形式。特别法人有自己的名称、组织机构、住所,也有一定的财产或者经费,也有其法定代表人,并且依照法律的规定而设立,具备法人的所有的组织形式,是一个具有法人资格的组织体。第三,特别法人具有民事权利能力和民事行为能力,能够以自己的财产或者经费承担民事责任。第四,特别法人的外延具有法定性。只有法律规定的机关法人、农村集体经济组织法人、合作经济组织法人和基层群众性自治组织法人,才属于特别法人。

二、机关法人

(一)机关法人的概念及成立

机关法人是指依照法律和行政命令组建,享有公权力,有独立的经费,以从事国家管理活动为主的各级国家机关。这种机关从成立之日起,即具有法人资格。《民法典》第97条规定了机关法人资格的取得。

机关法人的基本特征为:第一,代表国家行使公权力;第二,机关法人的独立经费来自中央或者地方财政拨款;第三,只能在因行使职权所必需时才能参与民事活动,如购买办公用品、租赁房屋、购买交通工具与房屋等。

机关法人包括国家权力机关法人、国家行政机关法人、国家审判机关法人、国家检察机关法人、国家法律监督机关法人、国家军事机关法人。

机关法人分为两类:一是有独立经费的机关,二是承担行政职能的法定机构。前者是所有有独立经费的机关,后者专指国家行政机关。所谓独立经费,依照我国学理上的理解,应是指独立的预算单位。[34]

机关法人作为民事主体,只有在其从事为履行职能所需要的民事活动时,才有意义。这是因为机关法人的主要职能是行使公权力,而不是进行民事活动。只有为了行使其公权力所需要时才需进行民事活动,机关法人才作为民事主体,其法人资格才有意义。

(二)机关法人的终止及责任承担

机关法人的终止事由,是该机关被撤销。作为机关法人的机关,一经撤销其法人资格就

---

〔34〕 龙卫球:《民法总论》,中国法制出版社2011年版,第342页。

终止,不再具有民事权利能力,也不再具有民事行为能力。

机关法人被撤销的,法人终止,其民事权利和义务由继任的机关法人享有和承担;没有继任的机关法人的,由作出撤销决定的机关法人享有和承担。具体规则是:第一,机关法人终止后,其在从事为履行机关法人职能所需要的民事活动中发生的民事责任,由于自己的法人资格已经终止,无法承担,因而由继续履行其职能的机关法人予以承担。第二,机关法人终止后,如果没有继续履行其职责的机关法人,被终止资格的机关法人从事为履行职责所需要的民事活动应当承担的民事责任,就由撤销该机关法人的机关法人承担。

三、农村集体经济组织法人与合作经济组织法人

(一)农村集体经济组织法人

农村集体经济组织法人,是指在自然乡村范围内,农民将其各自所有的生产资料投入集体所有,集体组织农业生产经营,集体劳动或者个人承包,按劳分配,具有民事权利能力和民事行为能力的法人。

我国的农村集体经济组织法人经历了很长时间的历史演变,最初由解放后的合作化运动,农民将自己的生产资料交出来,形成集体所有的合作社。而后经过人民公社化运动,形成了集体所有制经济的一种组织形式。农村经过承包责任制的改革,经营形式转为一家一户模式,设立农村集体经济组织。

现有的农村集体经济组织形式多样,有村经济合作社、村股份经济合作社、自然村经济实体等。在最新的农村集体经济组织中,还有农民专业合作社、专业农场以及其他合伙农村企业的。这些农村集体经济组织都具有法人资格,具有民事权利能力和民事行为能力,以自己的财产承担民事责任。

(二)合作经济组织法人

合作经济组织也称合作社,故合作经济组织法人是指城市居民或者农民等小生产者,为了维护和改善各自的生产及生活条件,在自愿互助和平等互利的基础上,遵守合作社的法律和规章制度,联合从事特定经济活动所组成的具有企业组织性质的法人。《民法典》第100条规定城镇农村的合作经济组织依法取得法人资格。

合作社是指依据平等原则,在互助的基础上,自筹资金,共同经营,共同劳动,并共同分享收益的法人。无论城镇的还是农村的合作经济组织,依法成立后,符合法律的要求,就具有法人资格,具有民事权利能力和民事行为能力,依法承担民事责任。

四、基层群众性自治组织法人

(一)基层群众性自治组织的性质

基层群众性自治组织法人包括居民委员会和村民委员会。

居民委员会、村民委员会的任务,是办理本居住地区的公共事务和公益事业,调解民间纠纷,协助维护社会治安,并且向人民政府反映人民群众的意见、要求和提出建议。人民群众通过居民委员会和村民委员会,以及下设的各种委员会管理社会事务、办理公共福利和其他事业、解决生活学习、文娱体育和卫生等方面的问题、保护和改善本区域的环境、宣传遵纪

守法、自我教育。同时,居民委员会和村民委员会还要协助政府与犯罪分子的破坏活动作斗争,排解人民内部纠纷,调解一般民事和轻微的刑事案件,保持良好的社会秩序,保护群众的权利和利益。

(二)确认基层群众性自治组织为特别法人的意义

《民法典》为了进一步强化居民委员会和村民委员会的法律地位,确认居民委员会和村民委员会具有法人资格,为特别法人。

确认居民委员会和村民委员会为特别法人,具有民事权利能力和民事行为能力,能够承担民事责任,就是居民委员会和村民委员会成为民事主体,能够根据自己履行职责的需要,从事民事活动,设立民事法律关系,享有民事权利,负担民事义务,并且以自己的财产和经费承担民事责任。特别是农村的村民委员会,它不仅仅是基层的群众性自治组织,实际上还具有对村民的某些行政管理职能,对于组织农业生产、服务村民生活,也都具有重要的职责。特别是《民法典》第101条第2款规定,如果在一个村没有设立集体经济组织的,村民委员会就可以依法代行村集体经济组织的职能,对村集体的财产,特别是对村里集体所有的土地和其他生产资料,享有并行使所有权,组织农业生产,安排农业活动,为村民生活创造物质条件。因此,居民委员会和村民委员会为特别法人,具有重要意义。

本章思考题

1. 法人的概念和特征是什么?如何认识法人的本质?
2. 营利法人与非营利法人类型区分的标准是什么?
3. 简述法人的一般规定。结合讨论第一节典型案例,问:法人的分支机构应当如何承担民事责任?
4. 营利法人应当承担何种民事责任?结合讨论第二节典型案例,问:适用法人人格否认应当具备哪些要件?
5. 非营利法人如何处理剩余财产?结合讨论第三节典型案例,问:僧侣在寺庙挂单属于何种性质的行为?寺庙作为捐助法人应否承担对挂单僧侣的薪资清偿责任?
6. 居民委员会属于何种法人类型?结合讨论第四节典型案例,问:本案的居民委员会应否承担担保责任?

第六章　非法人组织

本章要点

《民法典》总则编规定非法人组织为独立的民事主体,是不具有法人资格,但是能够依法以自己的名义从事民事活动的组织。非法人组织应当依照法律的规定登记成立,在一般情况下应当承担无限责任,可以确定代表人,并在法律规定的情形下予以解散。非法人组织包括个人独资企业、合伙企业、不具有法人资格的专业服务机构,以及不具有法人资格的中外合资企业、外资企业、乡镇企业和街道企业。

非法人组织　个人独资企业　合伙企业　不具有法人资格的专业服务机构

第一节　非法人组织概述

典型案例

自然人甲欲制作录音遗嘱,委托乙律师事务所派见证人予以见证。律师事务所由于疏忽,只派了一名律师参加制作录音遗嘱,并由该律师一人签名见证。该遗嘱继承发生纠纷,被法院认定争议的录音遗嘱因只有一名见证人见证而无效,遗嘱继承人无法依照遗嘱取得遗产,受到损失。甲的遗嘱继承人向法院起诉乙律师事务所,请求乙律师事务所赔偿其损失。

一、非法人组织概念的提出与科学界定

(一)非法人组织概念的提出

《民法典》总则编第四章规定了"非法人组织",《民法典》总则编将原《民法通则》和原《合同法》规定的其他组织中的大部分提取出来,规定为非法人组织,作为民事主体之一,采用了"三分法"的立场,规定民事主体包括自然人、法人和非法人组织。这是我国民事主体制度的重大改革。

(二)非法人组织概念的界定

《民法典》第102条第1款规定,非法人组织是不具有法人资格,但是依法能够以自己的

名义从事民事活动的组织。非法人组织的概念具有以下几个鲜明的法律特征：

第一，非法人组织是不同于法人的社会组织。对于非法人组织的定位，《民法典》总则编规定为“组织”。非法人组织不是临时的、松散的机构，而是设有自己的代表人或者管理人，有自己的名称、组织机构和组织规则，具有稳定性的社会组织。非法人组织应当是人合性组织，而非资合性组织，与法人一样，要有自己的财产或者经费，且该财产和经费须由非法人组织独立支配。同时，非法人组织须设置代表人或者管理人，由代表人和管理人代表非法人组织实施法律行为。

第二，非法人组织有自己独立的名义。非法人组织须有自己独立的名义，应当有自己的名称，并且以自己的独立名义进行民事活动。这是非法人组织区别于自然人以及与依据合同成立的个人合伙的显著标志。非法人组织以自己的名义独立地对外进行民事活动，就表明他既区别于自然人，也区别于个人合伙。

第三，非法人组织有自己特定的民事活动目的。非法人组织作为一种稳定的社会组织，与法人一样须有自己的成立目的，如进行经营活动，发展教育、科学、宗教以及慈善事业。非法人组织的这些成立目的，尽管都是进行民事活动，但是性质有所不同，有的非法人组织的成立目的是进行经营活动，以营利为目的；也有的非法人组织的成立目的并不是进行经营活动，而是进行非营利活动。

第四，非法人组织是独立的民事主体。凡是符合《民法典》第 102 条第 1 款规定的非法人组织的概念要求的，就是独立的民事主体，具有独立的民法地位，能够以自己的名义独立地实施民事法律行为，参与民事活动，实现自己的设立目的。

（三）《民法典》规定非法人组织为独立民事主体的主要根据

《民法典》确认非法人组织是与自然人、法人并列的另一类民事主体，不仅使民事法律的规定相互协调，顺应了社会需求，也代表了现代民法主体制度的发展方向，是我国民事立法和民法理论发展的新成果。[1]《民法典》规定非法人组织的民事主体地位的理论根据是：

首先，《民法典》规定非法人组织具有独立的民事主体地位，反映了市场经济发展的需求。法律作为社会经济基础的反映，应当客观地反映经济社会的发展规律，使之适应经济发展的需要，同时也使法律在经济社会中具有生命力。独资企业、合伙企业、不具有法人资格的专业服务机构及其他组织，在我国经济社会中普遍存在，并且不断发展壮大，在市场经济发展中发挥越来越大的作用。《民法典》正视在我国存在非法人组织，并且顺应市场经济发展需求的这一客观现实，赋予非法人组织以民事主体的独立地位，使之成为独立于自然人、法人以外的第三民事主体，有助于加强对非法人组织的管理，有利于加速交易发展，活跃市场经济，使非法人组织能以自己的名义独立地参与市场经济活动，有利于调动和保护非法人组织的设立人、投资人发展经济的积极性和合法权益。

其次，《民法典》规定非法人组织具有独立的民事主体地位，反映的是民事主体制度从一元到多元的市民社会发展规律。纵观民法发展历史，存在市民社会主体由单一到多元的发展规律。自近代民法典规定民事主体制度以来，民事主体制度处于从一元到多元的发展状况。1804 年的《法国民法典》只规定了自然人是民事主体，民事主体就是一元结构。1900

---

〔1〕 参见郭明瑞：《民法总则中非法人组织的制度设计》，载《法学家》2016 年第 5 期。

年的《德国民法典》不仅承认自然人是民事主体,而且根据资本主义发展的经济状况,承认法人也是民事主体,顺应了市场需求,让法人在市场经济中能够发挥更大作用。1978 年,《法国民法典》修订,承认除了有限合伙之外的民事合伙具有独立的民事主体地位,进一步扩大了民事主体的范围。这些体现的,就是近现代社会民事主体制度的发展规律。30 年前制定《民法通则》时,我国正处于计划经济时期,对民事主体采取二元划分,只承认公民(自然人)和法人是民事主体;1999 年制定《合同法》,为了适应市场经济的需求,就把其他组织规定为合同主体。《民法典》把非法人组织规定为独立的民事主体,适应了时代发展的要求,体现了民事主体发展的规律。

再次,《民法典》规定非法人组织具有独立的民事主体地位,符合市民社会对民事主体的客观要求。判断一个社会组织或者经济实体为民事主体的标准,一是对外作为一个整体存在,能以自己的名义与第三人产生法律关系;二是拥有与个人财产相区别的独立的或共同的财产,存在与个人利益相区别的整体利益或共同利益;三是能依法以自己的名义起诉、应诉。《民法典》第 102 条第 2 款规定的独资企业、合伙企业、不具有法人资格的专业服务机构等,都具备了上述三个条件,确认其具有独立的民事主体地位,完全符合市民社会对民事主体地位的客观要求。

最后,《民法典》规定非法人组织具有独立民事主体地位,吸纳了我国 30 年的民事立法、司法经验和理论研究成果。原《合同法》对其他组织主体地位的规定,其他组织中的绝大部分都在市场经济发展中经受了考验,实现了其在市民社会中的主体功能。在司法实践中,最高人民法院首先是在《民事诉讼法》的司法解释中对其他组织进行界定,其后又总结了原《合同法》关于其他组织的规定在司法适用中取得的丰富经验。立法者确认,非法人组织之所以能够经久不衰,在于它顺应了商品生产者由独资经营走向联合经营的必然趋势,反映了有史以来的各种不同形态的经济社会共有的这种社会关系。随着市场经济的发展,其他组织的形式越来越多,内容越来越丰富,范围越来越广泛,在市场经济社会有长期存在的基础和条件,因此才在《民法典》总则编专设一章,规定非法人组织是独立的民事主体,与自然人、法人构成三位一体的我国民事主体制度体系。

面对非法人组织存在于市场经济社会、适应市场经济发展和其不可替代的客观事实,可以满怀信心地说,非法人组织作为独立于自然人、法人之外的第三民事主体,将在我国市场经济中发挥更广泛的作用。

二、《民法典》总则编对非法人组织规定的具体规则

(一)非法人组织的设立

《民法典》第 103 条规定:“非法人组织应当依照法律的规定登记。设立非法人组织,法律、行政法规规定须经有关机关批准的,依照其规定。”这是对非法人组织设立的要求。

对于非法人组织的设立是否有特别的要求,在《民法典》总则编的立法过程中是有争论的。有人认为,非法人组织其实就是其他组织的另一种说法,既然原来法律对其他组织没有规定设立的具体要求,那么对非法人组织的设立也不应当规定特别的要求。但是更多的人认为,非法人组织与《民事诉讼法》和原《合同法》规定的其他组织不同,因为《民法典》总则编规定非法人组织是独立的民事主体,既然如此,就必须对非法人组织的设立规定比较严格

的形式，保证非法人组织这种独立的民事主体在经营活动中有相当的公示性，进而使其他与非法人组织进行经济交往的民事主体，能够通过相当的渠道，掌握特定的非法人组织的具体信息，使其在经济交往中能够得到充分的安全保障。因此，《民法典》总则编对非法人组织的设立规定了比较严格的程序。

首先，非法人组织设立应当依照法律的规定进行登记。事实上，在《个人独资企业法》《合伙企业法》以及不具有法人资格的专业服务机构的管理办法中，也都规定了设立登记的程序。因此，这些非法人组织在设立时都必须进行登记，不登记不能取得经营资格。《民法典》第 103 条第 1 款规定的非法人组织的登记，实际上并不需要再规定一个非法人组织的设立登记程序，而是按照个人独资企业、合伙企业、不具有法人资格的专业服务机构等的设立登记程序进行了登记，取得了非法人组织的经营资格，同时也取得了民事主体地位。只是在有关法律中，由于原来没有关于非法人组织的规定，因此应当修改相关法律，使之与《民法典》总则编的规定相一致。

其次，根据《民法典》第 103 条第 2 款的规定，对于某一类非法人组织的设立，如果法律或者行政法规规定须经过有关机关批准才能设立的，则应当按照该法律或者行政法规的规定，报经有关机关批准。经批准后，才能取得非法人组织的资格，成为民事主体。律师事务所、会计师事务所这一类不具有法人资格的专业服务机构，按照法律规定应当经过批准，只有经过政府有关机关的批准，才能取得非法人组织的资格，成为民事主体。例如，司法部于 2008 年 7 月 18 日发布了《律师事务所管理办法》，2012 年 9 月、2016 年 9 月和 2018 年 12 月三次对该办法进行修订，对律师事务所的设立和批准都作出了具体规定，成立律师事务所应当依照该办法规定的报批程序，经过批准才能够设立。

（二）非法人组织的责任

《民法典》第 104 条规定："非法人组织的财产不足以清偿债务的，其出资人或者设立人承担无限责任。法律另有规定的，依照其规定。"

非法人组织的责任是无限责任，与法人承担有限责任完全不同。这是非法人组织与法人的根本性区别之一。无限责任的特点，就是投资人或者设立人在非法人组织的债务超过了非法人组织拥有的财产的情况下，出资人或者设立人不仅应接受出资损失的事实，须以非法人组织的财产清偿债务，还应当以自己的全部其他财产对非法人组织的债务承担责任，而不是像法人那样仅以出资为限承担民事责任的有限责任（有限合伙人的责任除外）。

承担非法人组织债务的主体，是出资人或者设立人。非法人组织在设立时，都有自己的出资人或者设立人。例如，合伙企业，每一个合伙人在设立合伙企业时都需要出资，并且按照出资的份额享有权利、负担义务。在合伙企业经营中，新加入的合伙人也属于出资人。对于非法人组织的债务，所有的出资人或者设立人都应当承担无限责任。如果出资人或者设立人为二人以上的，在对非法人组织的债务承担无限责任时，承担的是无限连带责任。

非法人组织承担债务的财产范围包括两部分：一是非法人组织自己的财产，也就是出资人或者设立人对非法人组织出资的财产。这些财产是以非法人组织的名义拥有，是非法人组织这种民事主体享有所有权的财产。二是出资人或者设立人自己个人的财产，他们的财产本来不是对非法人组织的出资，但是由于设立非法人组织的出资人或者设立人应当承担无限责任，因此，他们自己的财产也是承担非法人组织债务的财产。

《民法典》第104条后段规定了“法律另有规定的,依照其规定”的除外条款。这就是说,如果其他法律对非法人组织的债务承担责任作出与总则编这一规定不同的规定的,应当依照其特别规定确定非法人组织承担民事责任的方法。例如,《合伙企业法》第2条第3款规定:“有限合伙企业由普通合伙人和有限合伙人组成,普通合伙人对合伙企业债务承担无限连带责任,有限合伙人以其认缴的出资额为限对合伙企业债务承担责任。”这里有限合伙人以其认缴的出资额为限对合伙企业债务承担责任,承担的就是有限责任而不是无限责任,这就是法律对非法人组织债务承担责任的“另有规定”。按照这样的规定,有限合伙人对该非法人组织的债务以其认缴的出资额为限承担有限责任。

《民法典》第104条规定的是非法人组织进行债务清偿的顺序。《民法总则(草案)》第三次审议稿不是这样写的,而是“非法人组织的出资人或者设立人对该组织的债务承担无限责任。法律另有规定的,依照其规定”,对于怎样承担无限责任,分不清应当是先由非法人组织承担,清偿不足再由出资人承担,还是向谁请求承担无限责任都可以。第104条改成这样的顺序,即非法人组织的债务,先以其财产进行清偿,不能清偿的,再由其出资人或者设立人承担无限责任。这样规定是好的。但也有人说,不管是谁,因为都是无限连带责任,就可以直接向他请求,这个说法也有道理。现在这个规定,实际上是对债权人的限制,就是要先向非法人组织请求清偿,清偿不足时,再找出资人或者设立人要求承担无限责任,在客观上给债权人增加了负担。

这个问题就可以概括为:清偿债务有顺序还是无顺序。现在的规定是有顺序,实际上就是一个补充责任性质的无限责任,先由非法人组织的财产承担,不足的,再由出资人或者设立人的财产承担无限责任。这样的规定对于保护非法人组织的出资人或者设立人,是有好处的。

(三)非法人组织的代表

非法人组织可以设定代表人,代表该非法人组织。《民法典》第105条规定:“非法人组织可以确定一人或者数人代表该组织从事民事活动。”

非法人组织的代表人,是由非法人组织的出资人或者设立人推举产生的对外代表非法人组织的利益,对内组织经营管理的出资人或者设立人。《民法典》第105条规定非法人组织的代表人时,使用的概念是“可以”,其含义是非法人组织可以确定代表人,也可以不确定代表人。这不仅是非法人组织确定代表人并非必须,而且由于独资企业本来就是出资人个人负责,其出资人就是负责人,因而也就无所谓是否确定代表人。

确定非法人组织的代表人,如果有数个出资人或者设立人,应当由数个出资人或者设立人全体来推举代表人。非法人组织的代表人可以是一人,也可以是数人,遵从非法人组织的设立人和出资人的意愿。如果不推举代表人,则其全体出资人或者设立人为代表人。

非法人组织的代表人与非法人组织事务执行人不同。非法人组织事务执行人,是非法人组织的经营决策作出以后,委派具体执行经营决策事务的执行人。非法人组织事务可以由全体出资人或者设立人共同执行,也可以经由全体出资人或者设立人经过充分协商,推举其中一人或者数人具体负责执行,而其他出资人或者设立人则有权对执行人的经营活动进行监督和控制。非法人组织的代表人也可能是非法人组织的事务执行人,但是即使如此,他们的身份也是有区别的,因为非法人组织的代表人对外代表非法人组织,对内组织经营活动；而非法人组织的事务执行人仅对非法人组织的个别经营事务具体负责。

（四）非法人组织解散

非法人组织在符合法律规定的情形下可以解散。非法人组织解散是非法人组织的终止，是根据法律的规定终结设立非法人组织的协议，经过解散和清算等程序，最终注销非法人组织。如果是合伙企业，其解散就是散伙。《民法典》第106条规定了非法人组织解散的条件。即："有下列情形之一的，非法人组织解散：（一）章程规定的存续期间届满或者章程规定的其他解散事由出现；（二）出资人或者设立人决定解散；（三）法律规定的其他情形。"

1. 章程规定的存续期间届满或者章程规定的其他解散事由出现

这实际上规定了两种非法人组织解散的条件。一是非法人组织章程规定的存续期间届满，出资人或者设立人决定不再经营，非法人组织可以解散。非法人组织的存续期间，通常是在非法人组织设立的协议中明确约定，该存续期间届满，出资人或者设立人不愿意续期，不愿意继续经营的，就可以解散非法人组织。如果非法人组织在设立协议中没有规定存续期间，出资人或者设立人可以就合伙协议的期限问题进行协商，协商不成的，任何出资人或设立人主张不再继续经营的，也可以解散。二是非法人组织章程规定的其他解散事由出现的，非法人组织可以解散。就是在非法人组织设立的协议中如果约定了解散的事由，当约定的解散事由出现后，只要这些约定的解散事由不违反法律或者公序良俗，该非法人组织即应按照约定予以解散。

2. 出资人或者设立人决定解散的

在非法人组织存续期间内，只要全体出资人或者设立人决定终止非法人组织，就可以解散非法人组织。这种非法人组织的解散协议，与非法人组织设立协议的性质相同，都是全体出资人或者设立人意思自治的作用领域，应当由全体出资人或者设立人协商一致。

3. 法律规定的其他情形

非法人组织的解散，除了以上两种条件之外，《民法典》第106条还规定了"法律规定的其他情形"的解散事由。如果法律或者行政法规规定了非法人组织解散的其他事由，当该事由出现后，非法人组织依照这些法律或者行政法规的规定予以解散。例如，《合伙企业法》第14条规定，合伙企业的合伙人必须在两人以上，但合伙人中有死亡、丧失行为能力、退伙等原因，使合伙企业的合伙人变为一人时，合伙企业事实上就已经成为独资企业。在此情形下，为了避免合伙立即终止，法律规定了一定的宽限期，允许合伙人在30天内寻找新的合伙人，以满足合伙人数的法定要求，在合伙人不足法定人数满30天后，该合伙企业就解散。另外，非法人组织被依法吊销营业执照、责令关闭或者被撤销，都属于非法人组织进行违法活动或者违反公序良俗，被行政机关依照行政命令，取消非法人组织的资格，非法人组织无法进行经营，因而应当解散。非法人组织被兼并或者被宣告破产，也导致非法人组织解散。

非法人组织解散后应当进行清算，以终结非法人组织现存的各种法律关系，依法清理非法人组织的债权债务。《民法典》第107条规定："非法人组织解散的，应当依法进行清算。"但是本条对于非法人组织解散以后的清算并没有规定具体规则，对此，还应当参照适用《民法典》总则编第三章第一节的有关规定，即第70条至第73条的规定，包括成立清算组、清算程序、清算组的职权、清算期间非法人组织的存续，以及清算后的财产和注销登记等。

(五)非法人组织具体规则的法律准用

《民法典》关于非法人组织的规定比较简明,具体规则不足,因此,第108条规定了非法人组织具体规则的法律准用条款,即"非法人组织除适用本章规定外,参照适用本编第三章第一节的有关规定"。

非法人组织的具体规则准用内容包括:非法人组织的民事权利能力和民事行为能力、非法人组织的成立、非法人组织代表人的职责和责任、非法人组织的住所、非法人组织的登记、非法人组织解散的清算、非法人组织解散的后果、非法人组织在设立和清算期间的民事权利能力和民事行为能力,等等。这些规则,在非法人组织设立和运行以及解散中都应参照适用。

非法人组织并非一种特定的组织形式,而是由不同的组织形式构成的一种民事主体类型。《民法典》第102条第2款列举的个人独资企业、合伙企业、不具有法人资格的专业服务机构等,实际上都有专门的法律和行政法规进行规范。因此,非法人组织除了适用《民法典》总则编第四章关于非法人组织的规定之外,可以参照总则编第三章第一节关于法人的一般规定,同时也要适用不同的非法人组织类型的专门的法律、行政法规的规定。因而,尽管《民法典》关于非法人组织的规定比较简单,但实际上,对于非法人组织的设立、运行和解散都有充分的法律规则适用。

第二节 非法人组织的类型

|典型案例|

2012年开始,陈某与周某建立加工合作关系,为周某提供加工服务。2013年11月,周某经注册登记成立五金厂,企业类型为个人独资企业,并以五金厂的名义继续与陈某等人进行加工服务的民事活动。2016年,该五金厂资不抵债,无法清偿陈某的全部加工费,陈某主张周某以自己的财产承担无限责任。

一、个人独资企业

(一)个人独资企业的概念和特征

个人独资企业,就是个人出资经营、归个人所有和控制、由个人承担经营风险和享有全部经营收益的企业。

个人独资企业的特征是:

第一,由自然人个人独自出资独自所有。个人独资企业的投资人只有一个自然人,因而个人出资对个人独资企业的所有资产,都归投资者独自所有。在法律允许的范围内,投资者就是企业主,自己对个人独资企业的生产资料享有占有、使用、收益和处分的权利,无论是自己的投资还是自己的经营所得,都由出资者自己享有权利,他人无须过问。

第二，自主管理，雇工经营。个人独资企业是自然人个人的企业，不需要复杂的企业治理结构，因此经营管理灵活自由，企业主完全可以根据个人的意志确定经营策略，进行管理决策，不受他人的干预。个人独资企业还可以雇工经营，自己不一定直接参加劳动，或者不是劳动的主要力量，通过雇工，由工人作为生产经营活动的基本力量或者主要力量。

第三，生产经营规模受到一定限制。虽然个人独资企业也是经营实体，需要具备一定的经营规模，有必要的资金，有自己的名称，有一定数量的从业人员，有固定的生产经营场所和必要的生产经营条件，但是由于个人独资企业有限的经营所得，企业主有限的个人财产，企业主一人的有限工作精力和管理水平，都会使个人独资企业的经营规模受到一定的限制，因此与企业法人的生产经营规模有所不同。

第四，以个人财产对企业债务承担无限责任。个人独资企业不是法人，也不是一人公司，因而不能以出资者的出资为限承担有限责任，而是承担无限责任。个人独资企业的所有债务全部由投资人即企业主承担，投资者承担企业债务的责任范围不仅包括自己对个人独资企业的出资，还包括投资人个人的其他财产，并且以其他财产作为承担无限责任的保证，同时出资人对个人独资企业的债权人直接负责，对其债权人处于债务人的地位，承担全部债务。

（二）个人独资企业的性质

个人独资企业的性质是非法人组织，具有独立的民事主体地位，有民事权利能力，也有民事行为能力，因而改变了《个人独资企业法》规定的个人独资企业的性质。

过去认为，个人独资企业的法律地位是不具有独立的法律人格，不具有法人地位，是典型的非法人企业，其从事的民事或者商事活动属于企业主的个人人格或主体身份进行的，实质上是自然人从事商业经营活动的一种组织形式，没有权利能力，不具备主体资格，[2]不能成为民事权利主体。

《民法典》第102条改变了这种情形，认定非法人组织是不具有法人资格，但是依法能够以自己的名义从事民事活动的组织，赋予非法人组织以独立的民事主体地位，具有民事权利能力和民事行为能力，成为并列于自然人、法人的第三种民事主体。

二、合伙企业

（一）合伙企业的概念和类型

合伙企业是指由两个以上的合伙人订立合伙协议，共同出资、共同经营、共享收益、共担风险，并对企业债务承担无限连带责任的营利性组织。合伙企业属于非法人组织，是自然人和法人之外的独立民事主体，具有民事权利能力和民事行为能力，改变了合伙企业原来的法律地位。

按照《合伙企业法》的规定，合伙企业分为两种类型，即普通合伙企业和有限合伙企业；普通合伙企业又包括特殊的普通合伙企业。不过，按照《民法典》第102条第2款的规定，《合伙企业法》规定的特殊普通合伙企业，就是不具有法人资格的专业服务机构。根据总则

---

〔2〕　参见郭明瑞：《民法总则中非法人组织的制度设计》，载《法学家》2016年第5期。

编的这一规定,可以确定普通合伙企业不再包含特殊的普通合伙企业,而将其归并于不具有法人资格的专业服务机构。

(二)普通合伙企业

普通合伙企业与有限合伙企业相对应。普通合伙是指由普通合伙人组成,合伙人对合伙企业债务承担无限连带责任的组织。

普通合伙企业是典型的合伙企业形态,其特点为:一是普通合伙企业是合伙中最常见的合伙企业形式。绝大多数的合伙企业都是普通合伙企业,如果合伙企业没有特别的声明,都属于普通合伙企业。二是普通合伙企业不是合同型合伙关系。合同型的合伙是自然人通过订立合伙合同而进行合伙经营,而普通合伙企业是企业的形态,必须遵从企业设立的一般原则,依法进行登记,并且要有合伙企业的名称和生产经营的场所,满足法律或者行政法规规定的其他条件。三是普通合伙企业的合伙人对外承担无限连带责任。对于普通合伙企业负担的债务,不仅应当以普通合伙企业拥有的财产承担债务,当合伙企业的财产不足以负担债务时,还须以普通合伙人的个人财产承担无限责任。在合伙企业中,这是普通合伙企业与有限合伙企业的根本区别。

(三)有限合伙企业

有限合伙企业是指由普通合伙人和有限合伙人组成的合伙企业,其中普通合伙人负责合伙企业的经营管理,并对合伙企业债务承担无限连带责任,有限合伙人通常不负责合伙企业的经营管理,仅以其认缴的出资额为限,对合伙企业债务承担有限责任。[3] 实际上,有限合伙企业就是由有限合伙人参加的合伙企业。

有限合伙企业的特点是:(1)合伙人责任的特殊性。在有限合伙企业中,除了由普通合伙人承担无限连带责任之外,有限合伙人仅以自己的出资额为限承担有限责任,类似于公司股东的责任,如果有限合伙人认缴出资,但尚未实际履行出资义务,一旦合伙企业财产不足清偿债务,该有限合伙人应如实履行出资义务,如果有限合伙人在承担责任前已经取回其出资,则在承担责任时仍应以其出资的财产为限,对合伙企业的债务负责。[4] (2)合伙人人数的最高限制。依照《合伙企业法》第 61 条的规定,有限合伙企业的人数为 2 人以上 50 人以下,在一般情况下不超过 50 人的上限。(3)有限合伙企业出资具有特殊性。设立有限合伙企业,目的在于吸收社会上的资金,尤其是吸纳风险投资人的资金。为了限制风险投资的不确定性,法律规定有限合伙人可以用货币、实物、知识产权、土地使用权或者其他财产权利作价出资,但不得以劳务出资。(4)有限合伙人所享有的权利及负担的义务具有特殊性。有限合伙人并不享有普通合伙人所具有的事务执行权等权利,不能执行合伙事务,对外也不能代表合伙企业,但仍然享有决定合伙人入伙、退伙、提出建议、查阅财务资料等权利,同时,还享有普通合伙人不能享受的特殊权利,例如,与本合伙企业从事交易的权利、同业竞争的权利、以财产份额出质的权利、转让财产份额的权利等。在义务方面,虽然有限合伙人与普通合伙人都对企业负有出资义务,并且应当对企业的债务承担责任,但是有限合伙人所承担的

---

〔3〕 李飞主编:《中华人民共和国合伙企业法释义》,法律出版社 2006 年版,第 97 页。

〔4〕 参见韩长印主编:《商法教程》(第 2 版),高等教育出版社 2011 年版,第 135 页。

义务与普通合伙企业中的合伙人的义务明显不同。

三、不具有法人资格的专业服务机构

(一)不具有法人资格的专业服务机构的概念

不具有法人资格的专业服务机构,就是《合伙企业法》第55条第1款规定的"以专业知识和专业技能为客户提供有偿服务的专业服务机构,可以设立为特殊的普通合伙企业"。《民法典》第102条第2款规定的不具有法人资格的专业服务机构这一概念的来源,就是《合伙企业法》的这一规定。

在《民法典》规定不具有法人资格的专业服务机构概念之前,民法使用特殊的普通合伙企业的概念,并且认为特殊的普通合伙企业,是指以专业知识和专业技能为客户提供有偿服务,并依法承担责任的普通合伙企业。法律规定特殊的普通合伙的立法考量,是为律师事务所、会计师事务所等提供专业服务的企业提供更具灵活性的候选企业组织形式,以满足市场的需求。[5]

(二)不具有法人资格的特殊服务机构的特点

1. 特殊的设立要求

不具有法人资格的特殊服务机构的属性仍然属于合伙企业,并不是法人,而是非法人组织,但它与一般的合伙企业不同,可以采取特殊的普通合伙形式,不需要到工商行政管理部门办理注册登记,而是须经过相应主管部门进行审批,并按照法定程序成立。律师事务所必须依照我国《律师法》第18条的规定,应当向设区的市级或者直辖市的区人民政府司法行政部门提出申请,省、自治区、直辖市人民政府司法行政部门应当在收到报送材料之日起10日内予以审核,作出是否准予设立的决定。这是对不具有法人资格的特殊服务机构设立的特殊要求。

2. 特殊的业务范围

不具有法人资格的特殊服务机构是以专业知识和专门技能为客户提供有偿服务的专业服务机构,而不是进行商业经营活动,通常不需要以大型生产设备为条件,而是通过具备专业知识和专业技能的工作人员为客户提供服务,例如,律师事务所是通过律师为当事人代理案件提供专业服务,会计师事务所是为企业提供审计的专业服务。

3. 特殊的责任承担方式

不具有法人资格的专业服务机构,合伙人承担责任的方式并不是合伙人对合伙企业的全部债务都承担无限连带责任,而是针对这类合伙的合伙人在执业活动中的独立性,须通过分析一般过失与重大过失、故意引发的债务,确立不同的债务承担规则。对于某合伙人因故意或者重大过失引发的责任,其他合伙人承担的责任是有限的。此外,不具有法人资格的特殊服务机构由于是以其专业知识和专业技能提供服务,会存在较大的执业风险,合伙人承担的风险过大,将会阻碍这类企业的发展,而且不具有法人资格的专业服务机构承担责任和风险的能力有限,所以,要求不具有法人资格的专业服务机构必须建立执业风险基金,办理职

---

[5] 参见王利明:《民法总则研究》(第2版),中国人民大学出版社2012年版,第374页。

业保险。

4. 特殊的企业名称

《民法典》第 102 条第 2 款规定不具有法人资格的专业服务机构时,并没有对其名称作出规定,但是《合伙企业法》第 56 条规定:“特殊的普通合伙企业名称中应当标明‘特殊普通合伙’字样。”这是要求不具有法人资格的专业服务机构作为特殊的普通合伙企业,在名称上就要与普通合伙企业和有限合伙企业有所区别,以体现其合伙经营性质的特殊性是合伙人以其特殊知识与能力提供服务,同时也对与合伙进行交易的债权人作出必要提示,使有关交易当事人进行必要的风险防范。

四、其他非法人组织

《民法典》第 102 条第 2 款规定的“等”,是表明与除了个人独资企业、合伙企业、不具有法人资格的专业服务机构以外,还存在其他非法人组织。

确定法人以外的其他组织是否具有非法人组织资格,应当根据《民法典》第 102 条第 1 款以及相关规定要求的条件,这就是不具有法人资格、依法能够以自己的名义从事民事活动、经过登记、有独立的财产、有固定的经营场所、有自己的名称、承担无限责任。凡是符合这些要求的,就具有非法人组织的资格;凡是不符合这些要求的,就不属于非法人组织中的其他非法人组织。因此,依法登记领取我国营业执照的中外合作经营企业、外资企业,以及经依法登记领取营业执照的乡镇企业、街道企业,符合《民法典》总则编关于非法人组织条件的要求,都应该被总则编第 102 条第 2 款规定的“等”所涵盖,即享有民事权利能力,具有民事行为能力,成为民法中的第三类民事主体。

符合《民法典》总则编规定的非法人组织条件的其他组织,应确认其为非法人组织这种民事主体,享有民事权利能力和民事行为能力,并依照《民法典》总则编第四章“非法人组织”关于承担责任的规定,确定其责任承担的形式。

本章思考题

1. 如何界定非法人组织的性质?非法人组织有哪些特征?
2. 非法人组织包括哪些类型的组织?各自有何特点?
3. 结合讨论第一节典型案例,问:律师事务所作为不具有法人资格的专业服务机构,应当怎样承担损害赔偿责任?
4. 结合讨论第二节典型案例,问:非法人组织应该如何承担民事责任?个人独资企业作为非法人组织,与一人公司有何区别?

C编 | 法律关系客体

第七章　民事法律关系客体

本章要点

民事法律关系客体是民事主体之间民事权利和民事义务共同指向的对象。民事法律关系的客体是民事利益，是民事主体之间为满足自己的生存和发展而产生的，对一定对象产生的人身利害关系和财产利害关系。民事利益可以表现为物、行为、智力成果以及人身利益等，将这些具体的对象概括起来，就是民事利益。

客体　民事利益　人身利益　财产利益　物　物的类型

第一节　民事法律关系客体概述

典型案例

20年前，赵甲的妻子官某、孙甲的妻子李某同时在某医院生孩子。20年后，赵甲的儿子赵乙在大学献血，发现其血型显示自己不可能是由赵甲和官某生出的孩子。为了弄清事实，3人又做了一次血型检验，仍是同样的结果，因此怀疑是在医院抱错了孩子。当日在该医院出生了8个男孩。官某发现当日与自己生产时邻床李某的儿子孙乙酷似赵甲，迹象表明两家的孩子有抱错的可能。随后，赵家和孙家6人做亲子鉴定，结果却是：孙乙是赵甲和官某的亲生子，但赵乙与赵甲、官某及孙甲、李某均无血缘关系。上述6人作为原告向法院起诉，主张以侵害亲权追究该医院的侵权责任。[1]

一、民事法律关系客体的概念界定

关于民事法律关系客体的概念，有不同的称谓。有的称为民事法律关系客体，[2]有的称为民事权利客体，[3]还有的称为权利的客体、私权客体，或者民事法律关系标的。[4] 这些概念都是指同一事物，没有实质差别，本书使用民事法律关系客体的概念。

---

〔1〕 讨论提示：本案当事人之间法律关系的客体是身份利益。

〔2〕 参见王利明：《民法总则研究》，中国人民大学出版社2012年版，第397页。

〔3〕 参见梁慧星：《民法总论》，法律出版社2007年版，第147页。

〔4〕 参见陈华彬：《民法总论》，中国法制出版社2011年版，第333页。

对于民事法律关系客体概念的界定,主要有:认为民事法律关系客体是指民事权利义务共同指向的对象;[5]或者认为民事法律关系客体是指主体之间据以建立民事法律关系的对象性事物;[6]或者认为民事法律关系客体是指民事权利或者民事义务的载体;[7]或者认为是指主体之间得以形成法律关系的目标性事物;[8]或者认为权利由特定利益与法律上之力两要素构成,本质上是受法律保护的特定利益,此特定利益之本体,即是权利的客体。[9]

在上述定义中,民事法律关系客体须是民事权利和民事义务所共同指向的,该层面的认知基本上是一致的,分歧在于所指向的是什么,有的认为是对象,有的认为是对象性事物,有的认为是载体,有的认为是目标性事物。对于这些不同的对民事法律关系客体的解释性表述,其实并没有本质的差别,只有特定利益之本体的说法比较特殊。笔者赞同多数人的意见,仍然界定民事法律关系客体是对象,民事法律关系客体是指民事主体之间民事权利和民事义务共同指向的对象。

二、民事法律关系客体的法律特征

民事法律关系客体具有以下法律特征:

第一,民事法律关系客体是民事权利和民事义务所指向的对象。在民事法律关系的要素中,主体概括的是民事权利和民事义务的承载者,也就是人,这是民事法律关系中的第一位的物质要素。其客体,就一定是民事权利和民事义务所指向的另一个市民社会的物质要素。在市民社会,民事主体依照民法规则,通过权利和义务,把客体的要素公平地分配给每一个主体,就构成了民事法律关系。民事主体通过权利和义务,分配民事法律关系客体,构成整个市民社会的结构。因此,民事法律关系客体一定是民事权利和民事义务所指向的对象。

第二,民事法律关系客体是统一要素。很多学者都认为,民事法律关系客体具有不统一性,必须根据不同的法律关系分别确定,如归纳为物、行为、知识产品等,因此,民事法律关系客体不是划一的,[10]民事法律关系的客体,或民事权利的客体,具有多样性。[11] 这样的认识还没有将民事法律关系客体抽象到一定的程度。将其抽象到一定的程度时,民事法律关系客体就是一个统一的要素,而不是分散的、不能划一的要素。事实上,学者指出的民事法律关系客体"都必须能满足社会成员的利益需要"[12]的论述中,就已经说明了民事法律关系客体的基本属性,就是统一的要素,即民事利益。

第三,民事法律关系客体是市民社会的民事利益。民事法律关系客体既然是市民社会中的物质性要素,那么就集中地表现为民事权利和民事义务所指向的民事利益。既然对民事利益的特别保护就是民事权利,那么民事法律关系的客体也就一定是民事利益。在所有

---

〔5〕　参见王利明:《民法总则研究》,中国人民大学出版社2012年版,第397页。

〔6〕　参见张俊浩主编:《民法学原理》(上册),中国政法大学出版社2000年版,第58页。

〔7〕　参见李永军:《民法总论》,中国政法大学出版社2008年版,第23页。

〔8〕　参见龙卫球:《民法总论》,中国法制出版社2002年版,第113页。

〔9〕　参见梁慧星:《民法总论》,法律出版社2007年版,第147页。

〔10〕　参见王利明:《民法总则研究》,中国人民大学出版社2012年版,第398页。

〔11〕　参见梁慧星:《民法总论》,法律出版社2007年版,第59页。

〔12〕　王利明:《民法总则研究》,中国人民大学出版社2012年版,第398页。

的民事权利和民事义务所指向的对象中，除了少数民事利益属于精神性人格利益之外，其他的利益基本上都是物质性的，都与物以及物所表现的财富有关。尽管有些民事利益并不为民事法律关系所保护，例如，受法益保护的民事利益，以及不受法律保护的民事利益（如自然债），但并不影响民事法律关系客体是民事利益这一客观事实。

三、民事法律关系客体的确定

（一）对民事法律关系客体的不同意见

在民法的学说中，对于什么是民事法律关系客体的问题，历来存在意见分歧，没有统一的意见。主要观点是：

第一，物说。德国学者温德夏特认为权利的客体就是与权利相联系的物。在我国学者中，单一主张物是民事法律关系客体的较少。有学者认为，各国民法通常不对权利客体作出规定，而一般只对物权、债权所共同涉及的对象——物——加以集中规定，并且物不仅是物权的客体，而且也大多是债之关系客体所指向的对象。[13]

第二，行为说。奥斯丁认为，权利的客体就是作为或者不作为的行为，是民事主体应当受到约束的行为。我国有的学者认为，体现一定物质利益的行为，就是民事法律关系的客体，[14]采纳的基本上是行为说。

第三，物、行为和智力成果说。我国多数学者认为，民事法律关系的客体是指民事权利和民事义务所指向的事物，应当区分各种不同的法律关系而定，各种民事法律关系的客体分别为物、行为和智力成果。[15]

第四，物、行为、智力成果、人身利益和有价证券说。我国有的学者认为，民事法律关系客体概括起来，包括物、行为、智力成果、人身利益和有价证券，[16]或者是物、特定行为、智力成果、人身要素（人格、身份）等。[17]

第五，多样性说。有的学者认为，尽管民法一般只规定物，但物只是民事权利客体之一种，民事权利因其种类不同，可以有不同的客体，因此，对于民事法律关系客体不可一概而论，应区分不同的关系、不同的民事权利以论其客体。可见，民事法律关系之客体，或民事权利的客体，具有多样性，且随着现代社会财产及具有财产价值的东西日益扩张，民事权利客体的多样性也日益扩张。[18]

这些意见都是有道理的，但都不够全面，不够概括。仅将物作为民事法律关系的客体，必定过于狭窄，不能概括人身权法律关系的客体，也不能概括知识产权法律关系的客体；仅将行为作为民事法律关系的客体，能够将民事权利和民事义务所指向的对象全部概括，但这是从民事义务角度进行概括的，也有一定的局限性，如债的法律关系。至于将民事法律关系的客体采取列举式的方式进行描述，总会挂一漏万，难以穷尽民事法律关系客体的全部内容，既不经济，也比较复杂。

---

〔13〕 参见陈华彬：《民法总论》，中国法制出版社2011年版，第333页。
〔14〕 参见佟柔主编：《中国民法》，法律出版社1990年版，第36页。
〔15〕 参见李由义主编：《民法学》，北京大学出版社1988年版，第35页。
〔16〕 参见王利明：《民法总则研究》，中国人民大学出版社2012年版，第400～401页。
〔17〕 参见龙卫球：《民法总论》，中国法制出版社2002年版，第113页。
〔18〕 梁慧星：《民法总论》，法律出版社2007年版，第59页。

(二)民事法律关系的客体是民事利益

确定民事法律关系的客体,应当用更为抽象、概括的方法进行界定,而不宜采用具体列举的方式,也不能仅仅包括财产权利的客体而忽略人身权利的客体。

民事法律关系的客体应当是民事利益。理由是:

第一,民事利益概括了市民社会的全部利害关系。市民社会的主体是人,包括全体自然人和法人以及其他组织。民事主体的生存,依赖于市民社会提供的财产,同时自己也享有人格利益,以及相互享有身份利益。这一切,都构成了市民社会的利害关系。民事主体在整个活动中,就是在支配这些利害关系,而保障自己的生存以及社会的发展。这些利害关系都可以被民事利益的概念所概括,因此,民事利益是能够概括市民社会全部利害关系的概念,具备了作为民事法律关系客体的基本要素。

第二,民事利益所概括的利害关系是民事权利和民事义务所指向的对象。民事法律关系客体所概括的,就是民事权利和民事义务所指向的对象,而民事利益所概括的利害关系,恰好也是民事权利和民事义务所指向的对象。例如,无论是物还是行为以及智力成果等,都不是所有的民事权利和民事义务所指向的对象。因此,用民事利益作为民事法律关系的客体,完全符合民事法律关系客体的要求。

第三,民事利益能够概括所列举的各种客体,并且具有补充的余地。民事利益既包括人身利益也包括财产利益,能够概括一切民事法律关系的客体。即使民事法律关系的客体具有多样性,且随着现代社会中财产及具有财产价值的东西日益扩张,民事权利客体的多样性日益复杂,民事利益也能够涵盖全部的民事法律关系客体。因此,民事利益作为民事法律关系客体,可以避免挂一漏万的列举式表述的弊病,是能够胜任概括全部民事法律关系客体的要求的。

在学说上,认为民事法律关系的客体是民事利益的观点并不是通说,也没有被多数学者所承认。将民事法律关系的客体概括为民事利益是正确的,能够概括全部的民事法律关系所支配的对象,将其规定在民法总则之中,既简洁,又实用;既便于实际操作,又不过于理论化,是完全有道理的。同时,该理论概括清楚、明白,便于表述和理解。

四、作为民事法律关系客体的民事利益

(一)民事利益的概念

对于利益,有人认为是人们受客观规律制约的,为了满足自己的生存和发展而产生的,对于一定对象的各种需求;[19]有人认为利益就是好处,或者说是某种需要或者愿望的满足;[20]有人认为利益实质上是人与人之间的一种利害关系。[21] 利益就是一种人与人之间为满足自己的生存和发展而产生的对一定对象具有需求的利害关系。

作为民事法律关系客体的民事利益,是指民事主体之间为满足自己的生存和发展而产生的,对一定对象具有需求的人身利害关系和财产利害关系。民事利益可以表现为物、行

---

〔19〕 参见付子堂:《对利益问题的法律分析》,载《法学家》2001 年第 2 期。

〔20〕 参见沈宗灵:《法理学》,台北,五南图书出版股份有限公司 1994 年版,第 50 页。

〔21〕 参见王伟光:《利益论》,人民出版社 2001 年版,第 74 页。

为、智力成果以及人身利益等，但是，将这些具体的对象概括起来，就是民事利益。

应当看到的是，并不是所有的民事利益都是民事法律关系的客体，只有一部分民事利益才是民事法律关系的客体。民事利益实际上分为三部分：

1. 民事权利保护的民事利益

这一部分民事利益是民事法律关系客体。人格权法律关系的客体是人格利益；身份权法律关系的客体是身份利益，而不是特定身份关系之对方当事人；物权法律关系的客体是物；债权法律关系的客体是给付；知识产权法律关系的客体是智力成果；继承权的法律关系客体是遗产。后四种法律关系的客体即物、给付行为、智力成果和遗产都是财产利益。

2. 法益保护的民事利益

有一些民事利益并不设立民事权利保护，而是按照法益进行保护，即法律保护的民事利益。这一部分民事利益，民事权利并不予以保护，因而无法形成民事法律关系，但是法律采取其他方法予以保护。例如，除了具体人格权保护的人格利益之外，还有其他具体人格权无法保护的人格利益，其中死者人格利益、胎儿人格利益以及法律保护的其他人格利益，都是法益保护的其他人格利益；物权、债权、知识产权不能予以保护的其他财产利益，如商品条码等，也是财产利益，也受法律保护，也是法益保护的财产利益。[22]

3. 不受权利和法益保护的民事利益

在民事权利和法益保护的民事利益以外，还有其他民事利益，法律并不予以保护。例如，所谓的亲吻利益，由于嘴的伤害而丧失亲吻感受的利益，法律并不予以保护，不能称之为亲吻权。自然债务则是不受权利和法益保护的财产利益。

（二）民事利益的特征

民事利益作为民事法律关系的客体，具有以下法律特征：

第一，民事利益能够满足民事主体的生存和发展的需求。民事利益的基本作用，就在于满足民事主体的生存和发展需求。民事主体存在于市民社会，不仅要有物质条件的保障，还必须有精神利益的保障，只有这样，民事主体才能够生存和发展。民事利益对民事主体的生存和发展提供保障，能够满足民事主体的生存和发展，也是民事主体生存和发展的必要条件。

第二，民事利益表现的是民事主体之间的利害关系。在市民社会中，民事利益是一个整体，要分配给每一个民事主体具体的民事利益，民事主体才能够保证自己的生存和发展。民事利益并不是无限的，而是有限的、特定的，因此，具体的民事主体和具体的民事利益结合，就具有利害关系。民事利益表现的正是这种民事主体之间需求的利害关系。

第三，民事利益包括民事主体之间的人身利害关系和财产利害关系。民事利益不仅仅包括物，因为物仅表现的是物质的利害关系，并不能包括全部的财产利害关系，除物之外还有债的关系的客体即行为、知识产权的客体即智力成果。更为重要的是，民事利益要包括人身利益，即人格利益和身份利益。民事利益的完整构成，是人身的利害关系和财产的利害关系。

---

〔22〕 参见杨立新：《如何判断〈侵权责任法〉保护的民事利益范围》，载王利明主编：《判解研究》（2011 年第 4 辑），人民法院出版社 2012 年版，第 104 页以下。

(三)民事利益的类型

民事利益作为民事法律关系客体,可以分为最基本的类型,就是人身利益和财产利益。

人身利益概括的是人格利益和身份利益。财产利益概括的是静态财产利益、动态财产利益和无形财产利益;静态财产利益集中体现为物,动态财产利益主要表现为交易中的行为,而无形财产利益表现为智力成果。

五、《民法典》总则编规定的权利客体

《民法典》总则编只规定了部分民事权利客体,即第 115 条规定了物权客体,物包括不动产和动产,法律规定权利作为物权客体的,依照其规定。第 118 条规定了债权的客体,即行为。第 123 条规定了知识产权的客体,包括作品,发明、实用新型、外观设计,商标,地理标志,商业秘密,集成电路布图设计,植物新品种,以及法律规定的其他客体。第 124 条规定了继承权的客体是遗产。此外,第 127 条规定了数据、网络虚拟财产是民事权利客体,其中数据是数据专有权的客体,网络虚拟财产是物权客体。

第二节 人身利益

|典型案例|

某市一对夫妻共同生活近20年,育有一名16岁儿子。后双方感情破裂,均同意离婚,财产分割也无异议,但对抚育子女发生争议,最后查明该子不是男方的婚生子。男方起诉女方,主张追究女方侵害其生育权的责任。[23]

一、人身的概念和内容

(一)人身

人身,在古代汉语中有两个含义:一是指人体,[24]二是指人的品性;[25]现代汉语则指"个人的生命、健康、行动、名誉等(着眼于保护或损害)",[26]侧重于法律学意义的揭示,大致包括人体和人格。

民法意义上的人身,是指民事主体在物质上和精神上的人格和亲属之间的身份。人身包括人格和身份,前者是以物质性的人体和精神性的人格为其表现形式,后者是以亲属之间

---

〔23〕 讨论提示:女方对丈夫隐瞒与他人生育子女的客观事实,并非为侵害生育权的客观依据,而是造成男方延误生育子女的身份利益,因此,是侵害身份利益的侵权行为,构成侵权责任。

〔24〕 参见《梵网经·菩萨戒序》:"一失人身,万劫不复。"这里的人身就是指的人体。

〔25〕 参见《世说新语·贤媛》:"王郎,逸少(羲之)之子,人身亦不恶,汝何以恨乃尔?"王郎即王羲之之子王凝之,人身亦不恶即指王凝之的人品不坏。

〔26〕 中国社会科学院语言研究所词典编辑室编:《现代汉语词典》,商务印书馆 1978 年版,第 952 页。

的身份、地位为其表现形式。

（二）人格

人格作为法律概念，源于拉丁语的 Persona 和罗马法的 Caput，一般是指作为一个法律上的人的法律资格，也是指作为民事主体的必备条件的民事权利能力。

作为民事利益的人格，是指作为构成民事主体资格的各个要素，包括人格独立、人格自由、人格尊严，以及生命、健康、身体、姓名、名称、肖像、名誉、信用、荣誉、人身自由、隐私、个人信息和性等人格要素。《民法典》第 109 条至第 111 条规定的人格权，其客体就是这些人格要素所包含的人格利益。

（三）身份

法律意义上的身份，是指特定亲属之间的相互地位。在古代和中世纪，身份体现的是家族中的权力和特权，如家父权、家长权等。经过资产阶级革命，身份概念排斥其原本所包括的权力因素，注入义务中心的观念，变狭隘的特权为普遍的权利，变目的的社会结合的财产法上的支配为本质的社会结合的身份法上的支配，变单方的支配为相互的支配，〔27〕产生了现今的科学内涵。在知识产权成为民事权利之后，身份关系被扩展应用于确定权利人与智力成果之间的关系。

作为民事利益的身份，是指民事主体在亲属相互之间，以及其他非亲属的社会关系中所处的稳定地位。将身份界定为特定身份关系之对方当事人，是一种对身份权和身份的误解。〔28〕对此，笔者在有关著述中充分说明了这个意见。〔29〕《民法典》第 112 条规定的自然人因婚姻、家庭关系等产生的人身权利，就是身份权，其客体就是身份利益。

身份包括两种：一是亲属相互之间的稳定地位，二是非亲属的社会关系。例如，作者与自己的作品、发明人与自己的发明专利、商标权人与自己的注册商标中，民事主体所处的稳定地位。这些都表明一种社会地位，表示民事主体在某种特定的法律关系中的地位。在通常对身份概念的使用中，是指前者。

二、人身利益的概念和特征

人身利益是指民事主体在人格关系和身份关系上所体现的与其自身不可分离的利益。作为民事法律关系客体即民事利益的人身利益，具有以下法律特征：

第一，人身利益是与民事主体的自身不可分离的利益。人身利益基本上是民事主体的固有利益，尽管人身利益中的身份利益是基于法律事实取得的，但其也不能与民事主体的人身相分离。人身利益与民事主体的不可分离性，与财产利益具有严格的区别。一个民事主体没有财产可以生存，如果没有人身利益则丧失民事主体资格，就无法生存。

第二，人身利益包括精神利益和财产利益。人身利益主要是精神利益，其中也包括相当的财产性利益。应当看到的是，人身利益并不是通常所说的非财产利益。这是因为，人身利

---

〔27〕 参见王利明主编：《人格权法新论》，吉林人民出版社 1994 年版，第 196 页。

〔28〕 参见梁慧星：《民法总论》，法律出版社 2007 年版，第 59 页。

〔29〕 参见杨立新：《从契约到身份的回归》，法律出版社 2007 年版，第 88 页以下。

益的非财产性并不是它的本质属性,同时,这种说法容易与苏联民法的人身非财产权的概念相混淆,以至于曲解我国的法律。[30]

第三,人身利益包括人格利益和身份利益。人身利益包括两大体系,就是人格利益和身份利益,这两种利益构成完整的人身利益。仅仅强调人身是人格利益,则有失全面。有人主张我国《民法通则》的"人身权"一节只规定了人格权,因此,我国的人身利益就仅仅包括人格利益而不包括身份利益。这样的观点是不对的。在我国现行法律中,身份权规定在婚姻家庭法中,因而在原《民法通则》中才没有规定身份权。

第四,人身利益的享有者包括自然人、法人和其他组织。人身利益的主要享有者为自然人,特别是亲属身份利益更是如此,只能由自然人所享有。但是,法人也必须具有人格,也享有人格利益,并且基于其创作等,也可以享有著作人身权等身份利益。即使没有赋予主体资格的其他组织,也享有一定的人格利益和身份利益。

三、人身利益的内容

(一)人格利益

人格利益,是指民事主体对于自己作为构成民事主体资格的各个要素所享有的利益。人格利益分为物质型人格利益和精神型人格利益。

1. 物质型人格利益

物质型人格利益,是指自然人对于自己构成民事主体资格的物质性要素所享有的利益,主要表现为生命利益、健康利益和身体利益。这种人格利益是人之所以为人的物质条件,是维持生命、维持人体组织完整和人体器官正常机能,享有民事权利、承担民事义务的物质基础。侵害自然人生命、身体、健康,所造成的损害为有形损害,表现为自然人的身体缺损、健康损伤和生命丧失。

物质型人格利益,是自然人才有的,基于自然人的物质表现形式即人体以及人体所负载的生命、身体、健康的人格利益。法人没有身体,因此也没有物质型人格利益。

生命是生物学的概念,指"生物体所具有的活动能力",[31]是"由高分子的核酸蛋白体和其他物质组成的生物体所具有的特有现象"。[32] 生命的本质,实质上是蛋白质存在的一种形式。在法律上,生命仅指自然人的生命,是人体维持其生存的基本的物质活动能力,是人的最高的人格利益,具有至高无上的人格价值,是人的第一尊严,是生命权的客体。生命之于人的最高价值在于,生命是人具有民事权利能力的基础;生命具有不可替代性,"没有什么法律的替换品或代替物";[33]生命不仅对于人的本身具有价值,而且对于整个社会具有价值。

自然人的健康,是指维持人体生命活动的生理机能的正常运作和功能的完善发挥。健康有两个要素:一是生理机能的正常运作;二是生理功能的完善发挥。通过这两个要素的协调一致发挥作用,达到维持人体生命活动的最终目的。健康作为健康权的客体,最重要的意

---

〔30〕 参见梁慧星:《中国民法经济法诸问题》,法律出版社1991年版,第49页。

〔31〕 中国社会科学院语言研究所词典编辑室编:《现代汉语词典》,商务印书馆1979年版,第1016页。

〔32〕 辞海编辑委员会编:《辞海》(缩印本),上海辞书社1979年版,第1727页。

〔33〕 [德]康德:《法的形而上学原理》,沈叔平译,商务印书馆1991年版,第166页。

义在于维持人的民事行为能力，使人能够自主实施民事行为，行使民事权利，负担民事义务。

自然人的身体，是指自然人的生理组织的整体，即躯体。身体包括两部分：一是主体部分，二是附属部分。主体部分是人的头颅、躯干、肢体的总体构成，是身体的基本内容。附属部分，如毛发、指（趾）甲等附着于身体的其他人体组织。身体虽然由头颅、肢体、器官、其他组织以及附属部分所构成，但它是一个完整的整体。身体具有完整性和完全性的基本特征。身体权保护自然人身体组成部分的完整性，破坏了身体的完整性和完全性，就破坏了身体的有机构成，损害了自然人的物质人格。

2. 精神型人格利益

精神型人格利益，是指民事主体对于自己构成民事主体资格的精神性要素所享有的利益。精神型人格利益可以分为四种类型：

（1）一般人格利益。一般人格利益是一般人格权的客体，概括的内容是人格平等、人格自由和人格尊严。

人格平等的实质内容，是民事主体独立地享有人格，并且在人格上一律平等。在法律面前，任何民事主体都享有平等的主体资格，享有独立人格，不受他人的支配、干涉和控制。人格平等表明人人都有平等的权利，人人都有保护个人人格的权利，人人都有捍卫个人人格独立性的权利。人格平等表现为：民事主体的人格不受他人支配，民事主体的人格不受他人干涉，民事主体的人格不受他人控制。

人格自由是私法上的抽象自由，既是指人格的自由地位，也是指人格的自由权利，是权利主体自主参加社会活动、享有权利、行使权利的基本前提和基础。权利主体丧失人格自由，就无法行使任何权利，不能从事任何社会活动。民事主体特别是自然人如果丧失人格自由，则将沦为他人的财产，变成物的范畴，而不再成其为人。在今天的法律中，人人都享有人格自由，人格自由具有重要的法律意义，是自然人、法人享有一切具体自由权的基础和根源。因此，人格自由与人身自由完全是两个不同的概念：前者是一般人格利益的内容，后者是具体人格权。

人格尊严是指民事主体作为一个“人”所应有的最起码的社会地位，并且应受到社会和他人最起码的尊重。人格尊严就是把人真正当成“人”。从主观上看，人格尊严是一种人的观念，人格尊严是自然人、法人对自身价值的认识。从客观上看，人格尊严是他人、社会对特定主体作为人的尊重，是一种对人的价值的评价，是把人真正当成一个“人”所应具有的尊重。同时，人格尊严还是人的主观认识和客观评价的结合，人格尊严既包括自我认识的主观因素，也包括社会和他人的客观评价和尊重。

（2）标表型人格利益。标表型人格利益，是指民事主体标表自己人格特征的人格利益，主要是姓名利益、名称利益、肖像利益和声音利益。

姓名是用以确定和代表个体自然人并与其他自然人相区别的文字符号和标记。姓名包括姓和名两部分，姓是自然人一定血缘遗传关系的记号，名则是自然人区别于其他自然人的称谓。姓与名的组合，构成一个自然人完整的文字符号和标记，因而姓名是自然人的人身专用文字符号和标记，是姓名权的客体。姓名利益的意义在于，姓名在法律上使某一自然人与其他自然人区别开来，独立地参加民事活动，行使法律赋予的各种权利和承担相应义务。

名称是指法人及其他组织在民事活动中，用以确定和代表自身，并区别于他人的文字符号和标记，是名称权的客体。名称的基本作用，在于使上述主体在社会活动中，确定自身的称呼,以其代表自身,并区别于其他自然人、法人和其他组织。

自然人的肖像,是指通过绘画、照相、雕塑、录像、电影艺术等形式使自然人外貌在物质载体上再现的视觉形象,是自然人的人格利益,是肖像权的客体。肖像利益既包括精神利益,也包括财产利益,因为肖像所具有的美学价值,会在市场经济中变为财产价值,肖像权保护这两种利益。此外,一个具体的肖像作品同时体现着两方面的权益,一方面是肖像作品的著作权所有人所享有的著作权,另一方面是肖像人就该肖像所享有的人格权。就同一肖像而言,这两方面的权益无疑是冲突的,法律所调整的正是这种冲突关系。〔34〕

声音利益也是人格利益,与肖像利益相似,可以标表人格的不同,具有精神利益和一定的财产利益。

(3)评价型人格利益。评价型人格利益是指民事主体在具有评价性的人格要素方面所享有的人格利益,主要是名誉利益、信用利益和荣誉利益。

名誉是指人们对自然人或法人的品德、才能及其他素质的社会综合评价。名誉包括内部名誉和外部名誉,前者是指各人内在之价值,即人之内部的价值;后者为外部的名誉,指对于人之属性,而由他人所为之评价。〔35〕 内部名誉是主观名誉,是对自我的价值评价;外部名誉是客观名誉,是他人的客观评价。外部名誉是客观的评价,是名誉权的客体,名誉权保护民事主体的这种客观的外部评价不受他人侵害,以保持民事主体的尊严和地位。

信用具有多重含义,民法保护的信用是指自然人或者法人切实信守对他人所作的允诺,也指他人对民事主体诚实守信等方面的良好行为产生的信赖,以及履行其允诺的行为能力的评价,既是主观的表现,也是社会的评价。〔36〕 信用权保护民事主体的信用利益,不受他人侵害,借以维护民事主体在经济方面的形象和地位。

荣誉是社会对民事主体的褒奖,是积极的、正式的、公开的评价。将具体的荣誉,诸如精神奖励、物质奖励、光荣称号、奖金、奖牌、勋章、奖杯等抽象起来,就是社会对于特定民事主体的积极评价,是特定民事主体在社会生产、社会活动中有突出表现或突出贡献,有关组织所给予的积极的正式评价。荣誉权保护这种人格利益不受侵害。

(4)自由型人格利益。自由型人格利益是指民事主体对于自身具有一定自由支配的人格要素所体现的人格利益,主要有人身自由、隐私利益、个人信息利益和性利益。

人身自由是自然人的人格利益,包括身体自由权和精神自由权。身体自由也称作运动的自由,是指自然人按照自己的意志和利益,在法律规定的范围内支配自己外在身体运动的自由。精神自由也称作决定意思的自由,是自然人按照自己的意志和利益从事正当的思维活动、观察社会现象的自由,是进行正确的民事活动的前提。人身自由权以人身自由为客体,保障自然人的人身活动自由和思维意志自由,不得非法限制或剥夺自然人的身体自由,不得非法限制、妨碍自然人的精神自由。《民法典》人格权编第 1011 条规定的行动自由,就是身体自由权。

自然人的隐私,是自然人与公共利益、群体利益无关的,不愿他人知道或他人不便知道的个人隐私信息,不愿他人干涉或他人不便干涉的个人私事,以及不愿他人侵入或他人不便

〔34〕 参见王利明主编:《人格权法新论》,吉林人民出版社 1994 年版,第 362 页。

〔35〕 参见龙显铭:《私法上人格权之保护》,中华书局 1949 年版,第 70 页。

〔36〕 参见王利明主编:《人格权法新论》,吉林人民出版社 1994 年版,第 190、191 页。

侵入的个人领域。隐私有三种形态:一是个人信息,为无形的隐私;二是个人私事,为动态的隐私;三是个人领域,为有形的隐私。[37] 隐私是隐私权的客体,将上述自然人的隐私予以严密的保护,并且通过这种保护,保障自然人的尊严、信心和地位,使自然人能够更体面地生活在市民社会中。

自然人的个人信息,是自然人的身份信息,就是有关自然人身份的各种信息。由于个人信息关乎个人身份,在很多场合进行民事活动都要提交个人信息以验证身份,因此,个人信息极容易被泄露,进而造成自然人权益的损害。《民法典》第 111 条确立了个人信息权,依法保护自然人的个人信息。

自然人的性利益,是自然人就自己的性支配上所享有的利益,具有生理因素、心理因素和法律因素,是性自主权的客体。生理因素是指性利益是自然人的性自由,即任何人不能以暴力、胁迫或其他手段违背其意志实行性行为;心理因素是指性利益是权利主体因其保有性自由,通过性对象的选择,而获得内心快乐体验和美的享受;法律因素是指性自由的行使必须在法律范围内进行,超越法律范围的性行为即是不法性行为。

(二)身份利益

身份利益,是指自然人就其在亲属相互之间,以及自然人或者法人在其他非亲属的社会关系中,所处的稳定地位所享有的利益。如配偶对其相互之间的配偶利益的支配,著作权人对自己的著作所体现的利益具有的支配关系等,都是身份利益。身份利益与民事主体的人身不可分离,身份利益必须处于特定的社会关系之中,离开特定的社会关系不存在身份利益。身份利益受配偶权、亲权、亲属权以及著作权的保护。

身份利益分为基本身份利益和支分身份利益。

1. 基本身份利益

基本身份利益,是民事主体对于特定身份关系的支配性利益,是为配偶、为父母、为亲属、为作者的利益。

配偶是夫妻相互之间的身份和法律地位。现代民法强调自然人的平等权利,故以配偶确定夫与妻相互平等的法律地位成为现实。配偶利益是配偶之间在相互平等的身份关系中,地位平等、相互尊重、相互辅助、共同同居生活的相互关系所体现的身份利益。配偶权保障配偶双方平等支配配偶利益,实现共同生活、亲属繁衍,保障社会安定利益的实现。

亲子利益是指父母与未成年子女之间的身份、地位所体现的身份利益。亲子利益更重要的是未成年子女的利益,以及父母对未成年子女所负有的人身照护和财产照护的义务,同时也是确认父母与未成年子女之间体现的亲情和关爱。亲子利益是亲权的客体,亲权固定亲子利益,依法保护亲子利益不受侵犯。

亲属利益概括的是与配偶权保护的配偶身份利益和亲权保护的亲子身份利益相并列的,在其他近亲属之间的身份地位关系所体现的身份利益,包括父母与成年子女,祖父母、外祖父母与孙子女、外孙子女,兄弟姐妹之间身份关系体现的身份利益。亲属权以其他亲属利益为客体,保护亲属利益不受侵犯。

作者利益是指民事主体对于自己的著作所享有的表明作者身份地位和享有获得财产报

---

〔37〕 参见王利明主编:《人格权法新论》,吉林人民出版社 1994 年版,第 480 ~ 482 页。

酬的利益。作者身份地位的利益,体现的是作者之所以为作者的资格,而不是人之所以为人的资格,因而区别于人格利益。作为作者,另一项利益就是通过著作的使用而获得财产价值的利益,即作者利益中的财产利益。

2. 支分身份利益

支分身份利益,是指由基本身份利益派生的具体身份利益。支分身份利益具有多样性、复杂性的特点。配偶的支分身份利益是诸如配偶之间共同生活、相互依靠、相互体贴的依赖关系,互相扶助、扶养关系等。亲子的支分身份利益是父母对未成年子女的管理、教育、抚育以及相互尊重、爱戴关系。其他近亲属的支分身份利益是相互扶养、抚养、赡养关系。著作人身权的支分身份利益表现为署名、修改、发表、维护作品完整等利益。

第三节　财 产 利 益

| 典型案例 |

某工程队承揽某地下工程施工,在施工过程中,将埋藏在该区域地下的供电局的电缆挖断,造成大面积停电,致使该区域11家工厂停工8小时,造成损失。供电局和该11家厂家分别向法院起诉,请求赔偿财产损害。[38]

一、财产和财产利益

(一)财产

在民法中经常使用财产的概念,这些财产并不是民法意义上的全部财产,《民法典》第115条规定的物是财产中的一部分。

财产是指由具有金钱价值的权利所构成的集合体。[39] 因此,财产是一个范围广阔的概念,包含市民社会中所有的那些具有金钱价值的事物,其中最主要的财产就是物,但又不仅仅是物。之所以将我国调整物的归属和利用关系的法律称为物权编而不是财产法,理由是物权编并不是调整所有财产关系的法律。

(二)财产利益

财产利益是指在财产这种具有金钱价值的事务中对民事主体的物质生活和精神生活所具有的价值性和有用性。

由于财产利益包含在财产之中,因此,财产与财产利益具有统一性和一致性。民法在讲财产的时候,实际上就是在讲财产利益,但这两个概念其实是有区别的,财产概念更侧重于是指财产的本身,而财产利益则主要是指财产的价值性和有用性。

---

[38] 讨论提示:本案的民事法律关系客体是财产利益,即纯粹经济利益。

[39] 参见王泽鉴:《民法总则》,中国政法大学出版社2001年版,第233页。

财产包括物权中的静态财产即物、债权中的动态财产和知识产权中的无形财产。所以，财产利益也包括静态财产利益、动态财产利益和无形财产利益。继承法律关系中的遗产，应当包括在静态财产利益当中。

二、财产利益的范围

(一)静态财产

静态财产，是指民事主体所拥有的具有现实价值的财富。静态财产的最典型表现是物，包括动产和不动产，其次为其他静态的财产，如作为担保物权客体的那些权利和遗产。在这些静态的财产上所体现的价值性和有用性，就是静态财产利益。这些静态财产利益是物权的客体。

物的概念和范围，在下文将进一步详细阐释。在这里，对静态财产的另一种分类作出说明。

静态财产的范围是：

第一，一般财产。一般财产是指依人的一般生活目的而结合的财产。例如，自然人、法人通常拥有的财产，如房屋、车辆、衣物、粮食等。

第二，特别财产。特别财产是指从一般财产中分离的财产。具体表现是一人除主财产之外，尚有一个或者数个特别财产，如未成年人的特有财产、夫妻各自的个人财产等。未成年人的财产之所以有特殊性，是因为未成年人不具有民事行为能力或民事行为能力不健全，需要监护人予以照护；夫妻各自的个人财产，是夫妻个人在拥有的夫妻共有财产之外，还拥有的属于个人自己支配的个人财产，《民法典》婚姻家庭编对于这部分个人财产也予以保护，在保护夫妻共同财产共性的同时，也尊重个人财产的个性。

第三，联合财产。联合财产是分别属于两个主体，依一定的目的而结合的财产。例如，因结婚形成的，将个人所享有的婚前个人财产，经双方同意，结合为夫妻共同财产，而非指夫妻婚后所得形成的共同财产。

第四，独立财产。独立财产是指依独立的目的而结合，在一般财产中独立管理的财产。例如，破产财产就是为清算的目的，在破产法人的财产中独立出来进行管理的财产。

第五，集合财产。集合财产是指为特殊目的，将属于多数主体的财产的一部分，经集合而形成一个独立的财产。例如，因合伙经营而形成的合伙财产，因共同继承而形成的共同继承财产。

第六，纯粹财产利益。纯粹财产利益是指没有物的财产外形而具有财产价值的民事利益。例如，甲工程队挖掘地下道而挖断乙电业公司的地下电缆，造成停电，致使丙公司不能营业，乙的电缆损失是物的损失，而丙的停业损失，就是纯粹财产利益损失。

(二)动态财产

动态财产是指不是民事主体所拥有的现实财富，但是通过交易等形式可以期待的、将来可以实现的财产价值。

动态财产的最基本形态是债权。绝大部分债权关系中的财产，都是流转过程中的财产。这种财产并非静态地归属于哪方所有，也不表现为静态地为谁所利用，而是在一方民事主体向另一方民事主体的流转中,变成一种财产的期待权。例如,将自己的金钱存放在银行之中,形成储蓄债权,从形式上,存款人已经丧失了储蓄的金钱的所有权,但取得的是请求实现的本金债权和获得孳息的利息债权,债权人行使该债权,不仅可以取得本金的静态财产,还可以取得由此孳息的利息的静态财产。由此,债权的实现结果,是将动态的财产转化为静态的财产,其转化的方式即给付行为。

通常学者认为,行为是民事法律关系的一个重要客体,债权关系的标的为他人的特定行为,[40]这种行为表现为债务人所应当作出的行为或不行为。[41] 事实上,债权法律关系的客体是给付行为,称其为特定行为并无不可,但绝大多数的给付行为,体现的都是动态的财产利益,即流转中的财产利益。这种财产利益并非行为的本身,而是给付行为所体现的财产利益。即使将债权法律关系的客体界定为一定行为或者不为一定行为的特定行为,它也仍然是财产利益。因此,债权法律关系的客体仍然是财产利益。

(三)无形财产

无形财产是指智力成果。它是民事主体脑力劳动的产物或者结果,智力成果有的有其物质表现形式,如著作、商标;有的没有物质表现形式,如专利。但是,它们都表现了民事主体所拥有的财富。《民法典》第 123 条规定的作品,发明、实用新型、外观设计,商标,地理标志,商业秘密,集成电路布图设计,植物新品种,以及法律规定的其他客体如数据,这些智力成果是典型的无形财产,是现代社会最重要的无形财产,是知识产权的客体。[42]

本章思考题

1. 民事法律关系的客体究竟是什么?把民事利益作为民事法律关系的客体,有哪些理由?
2. 民事利益作为民事法律关系的客体,具有哪些特征?
3. 结合讨论第一节典型案例,问:父母与未成年子女之间是何种身份地位?他们之间的利益是一种什么样的民事利益?本案原告以侵害亲权起诉是否有理由?
4. 人格利益包括哪些利益?结合讨论第二节典型案例,问:该案侵权行为所侵害的是何种民事利益?
5. 结合讨论第三节典型案例,问:本案被告的行为造成的财产损害,是何种利益的损害?供电局的财产利益与 11 家厂家的财产利益有何不同?

---

〔40〕 参见龙卫球:《民法总论》,中国法制出版社 2002 年版,第 113 页。
〔41〕 参见王利明:《民法总则研究》,中国人民大学出版社 2012 年版,第 400 页。
〔42〕 参见王利明:《民法总则研究》,中国人民大学出版社 2012 年版,第 400 页。

第八章　物

本章要点

物,是民事法律关系客体中最重要的形式之一,体现的是民事法律关系客体中主要的财产利益。在民事法律关系中,物作为最重要的民事法律关系客体的财产利益,代表的是物质财富,体现的是市民社会的基本财产形态。民法上的物分为三个基本类型,即伦理物、特殊物和一般物。

物　不动产　动产　伦理物　特殊物　一般物　人体变异物　动物　海域　空间　自然力　虚拟物

第一节　物的概念及传统类型

典型案例

农民张某与某肉联厂口头商定:由肉联厂将其两头黄牛宰杀,宰杀后按净得牛肉以每斤2.2元的价格进行结算,由肉联厂收购;牛头、牛皮、牛内脏归肉联厂,再由张某给付宰杀费7元。宰杀过程中,在一头牛的下水中发现牛黄70克,厂长决定将这些牛黄出售,得款2100元。张某去肉联厂结算款项时,听到工人们议论此事,去厂长那儿证实后说:“早知道牛下水中有牛黄,下水就不给你们了。”张某向肉联厂索要2100元牛黄款被拒绝后,向法院起诉。[1]

一、物的概述

(一)物的概念

物,是民事法律关系客体中最重要的形式之一,体现的是民事法律关系客体中主要的财产利益。物,是民法的基本范畴之一,与人相对应,是民法社会物质构成要素之一。

对于物的概念的界定有很多种,比较准确的是“物是指具有实用价值、能满足人的某种

〔1〕 讨论提示:牛黄是原物牛的孳息,应当依照孳息规则处理。

需要并能为人所控制和支配的物质对象”。[2] 除人体之外,物也包括能够为人力所控制并能够独立满足人类社会生活需要的有形物和自然力。

广义的物包括有体物、无体物(权利),也包括智力成果、工商业标记等无形财产;从狭义上说,物则仅指作为物权客体的物,原则上为有体物。在罗马法初期,就有有体物与无体物的区分,德国法系各国立法一般规定民法上的物为有体物。随着社会的发展,各国及地区也承认无体物,认为有体物者,谓能与人官骸相触者,若不能与人官骸相触,虽可视可听可嗅,不得谓有体物;因官体所不能触者,遂别为物体物。[3]

(二)物的特征

物具有下列法律特征:

第一,物能够为人力所控制。有体物必须能够为人力所控制。对于目前人力所不能控制的物,如日月星辰等,由于其无法为人们所支配,因此不能作为物权的客体,也不是民法上的物。随着人们对自然力控制能力的不断与时俱进,人们对物的控制力不断增加,物的范围也在不断扩大。现代民法关于物的概念已经从罗马法上的有形物扩展到一切固体、液体、气体、热、光、电磁波、能量等自然力以及能够为人力控制并具有价值的特定空间。2005 年 9 月,李捷开设所谓的“月球大使馆”,自任月球大使馆 CEO,在北京叫卖月球土地所有权,298 元 1 英亩(约合 6 市亩),共与 34 人成交,卖出 49 英亩后,被工商管理部门叫停。[4] 月球的土地是物,但不是民法上的物,因为不能为人力所控制,且为人类共同资源。

第二,物能够满足人类的某种需要。权利的客体是民事利益,同样,权利的背后就是一定的民事利益。因此,作为物权客体的物应当能够为权利人带来一定的经济利益,或者能够满足其某种需要。物权法的功能之一,就在于确定特定财产的归属关系。对人类没有意义、不能满足人类需要的物,没有必要纳入民法的调整范围并为其确定归属和利用的秩序。

第三,物须存在于人身之外。物必须存在于人身之外,与人相对应,构成民法社会的两大基本物质构成要素。现代民法不再允许对人身进行支配,因此,人的身体或者身体的一部分不能认为是物。以人工连接在身体上的物,如假肢、假牙等,如果不能自由拆卸,且在生活习惯上认为已经构成身体一部分的,也不能认为是物,而是身体的组成部分。但人体组成部分一旦与人体分离,就可以成为民法上的物。自然人的器官、血液、骨髓、组织、精子、卵子、毛发等已经与身体分离的,以不违背公共秩序与善良风俗为限,可以作为物。尸体在民法上是一种特殊的物,所有权人对其并不享有经济利益,只承担安葬、祭祀的义务并享有相应的精神利益,在他人侵害死者遗体、遗骨的情况下,有权提出精神损害赔偿。

第四,物须为独立一体。物必须在物理上、观念上、法律上能够与其他的物相区别而独立存在,不依附于人或者其他物,因此,物必须为独立一体。只有如此,物才能够被人所支配,并能够满足人的某种需要,否则就不能称之为物,而只是物的部分。

物必须在物理上、观念上能够与其他的物区别开而独立存在。物理上的独立性是指物

---

〔2〕 刘凯湘:《民法总论》,北京大学出版社 2006 年版,第 59 页。

〔3〕 参见严献章:《民法总则》(下册),湖北法证编辑社 1905 年版,第 4 页。

〔4〕 王巍:《月球大使馆状告北京工商败诉》,载《法制晚报》2006 年 11 月 9 日。

必须在现实形态上与其他物相区分,传统民法观念认为物必须具有物理上的独立性,才能成为独立物。但随着社会的发展,物即便不具有物理上的独立性,也可以根据交易上的观念和法律规定作为标准来确定某物是否具有独立性。例如,一块土地虽然在物理上无法与其周围的土地分离,但在观念上可以通过确定其范围来使之独立,也可以通过法律规定的登记方法将分割的数块土地公示于众,因此,宗地也具有独立性。

(三)物的意义

在民事法律关系中,物作为最重要的民事法律关系客体的财产利益,代表的是物质财富,体现的是市民社会基本的财产形态。物不仅作为物权关系的客体,也可以成为继承权的客体。即使在债权关系中,物也是给付行为的主要标的,如买卖、租赁合同中交付的标的物,借用、保管合同中借用、保管的标的物。因此,物通常被视为权利客体的代表而规定在民法总则中。

二、物的分类

(一)不动产与动产

以物是否具有可移动性为标准,物可以分为不动产和动产。

1. 不动产

不动产是指依自然性或者法律的规定在空间上占有固定位置,移动后会影响其经济价值的物,包括土地、土地定着物、与土地尚未脱离的土地生成物、因自然力或者人力添附于土地并且不能分离的其他物。

土地有地籍,以市县为单位,市县分区,区内分段,段内分宗,按宗编号,每号为个别的不动产,即宗地。

土地定着物是指房屋等建筑物、工作物,其附着于土地,固定而不易移动,因此为不动产。土地定着物并不是土地的附属部分,因其有独立使用价值,而为独立的不动产。临时附着于土地的物,如艺术节期间临时搭建的舞台,或者可随时移动的物,如街头的流动厕所等,不能认为是定着物。

与土地尚未脱离的土地生成物,是指林木和农作物。

因自然力或者人力添附于土地并不能分离的其他物,是指人工渠道等。

我国法律承认土地和建筑物为相互独立的不动产,但通常情况下,土地和建筑物的权利应一并移转,即"地随房走"或者"房随地走"。

有两种特殊的不动产应当注意:一是企业用以从事经营活动的各项财产的整体或能够从事独立经营活动的一部分,可以作为物权的客体,在整体上应视为不动产。二是与不动产尚未分离的土地出产物,传统民法认为其与土地分离以前为土地的部分,司法实践承认与不动产尚未分离的土地出产物并非土地的部分,而为独立的不动产。

2. 动产

动产是指不动产以外的其他能在空间上移动而不会损害其经济价值的物。因此,不动产以外的其他的物都是动产。在法律上各种可以支配的自然力,也属于动产。货币和有价证券,为特别动产。

3. 区分不动产和动产的意义

区分不动产和动产的意义在于:第一,物权类型不同,用益物权限于以不动产为客体,而动产质权、留置权的客体则以动产为限;第二,以法律行为作为物权变动的法定要件不同,不动产物权变动以登记为要件,而动产物权变动一般以交付为要件;第三,公示方式不同,不动产物权以登记为公示方式,而动产物权以占有为公示方式,通常不要求进行登记。具有特殊性的是,汽车等交通运输工具虽然可以移动且不损害其价值或用途,但一般法律规定其适用不动产的物权变动规则,因此,也将其称为准不动产。

(二)主物与从物

以物是否在交易观念上具有附属性为标准,可以将物分为主物与从物。

主物是指从物以外的物,即能够独立发挥效用的物。从物是指从属于主物的物。它不是主物的组成部分,但根据交易观念从属于主物,并常对主物发挥辅助效用,因此叫作从物。

主物与从物是否需要同属于一人,各国立法规定不一。一般认为,从物暂时与主物分离的,不改变其从物的性质。从物从属性质终止,不得对抗先前已经对主物享有权利的第三人。

区分主物和从物的意义在于:如果没有法律的特别规定或当事人的特别约定,就主物进行的处分,效力及于从物;因标的物的主物不符合约定解除合同的,解除效力及于从物,但因标的物的从物不符合约定被解除的,解除的效力不及于主物。

应当注意的是,从物不能是物的组成部分。物的组成部分包括物的重要成分和非重要成分。对物的整体性质和效能发挥决定作用的组成部分,为物的重要成分,如房屋的栋梁;其他组成部分则为非重要成分,如汽车的轮胎。重要成分和非重要成分区分的意义在于,重要成分,不得脱离物的整体而独立成为权利的标的,而对非重要成分法律不作这样的要求。

(三)原物与孳息

以物的产生关系不同为标准,可以将物分为原物与孳息。孳息是指因物而产生的收益。[5] 产生孳息的物就是原物。

孳息包括天然孳息和法定孳息。天然孳息,是指按照物的自然生长规律而产生的果实与动物等出产物。法定孳息,是指因法律关系而得到的利息、租金及其他收益,这种法律关系既可因法律行为而产生,如根据租赁合同而产生的租金,也可因法律规定而产生,如迟延履行的情况下,根据违约责任产生的对迟延利息的请求权。

区分原物和孳息的意义在于确定孳息的归属。对于孳息的收取,如无法律特别规定或当事人特别约定,天然孳息的收取权归原物的所有人。法定孳息的收取人通常为债权人,按照其权利存续期间的日数取得孳息。

(四)消费物与非消费物

以是否可以进行重复使用作为标准,物可以分为消费物和非消费物。

---

〔5〕 在早期,孳息也叫作果实,仅指原物产生的新物,后来叫作孳息。参见朱采真:《民法总则新论》,世界书局 1930 年版,第 155 页。

消费物是指不可重复使用,一经使用即改变其原有形态、性质的物。换言之,按照对该物通常的使用方法,只可使用一次即不能再行同一使用的物,就是消费物。

非消费物是指经反复使用不改变其形态、性质的物,即消费物之外的物即为非消费物。

柴、米、油、盐、墨、纸等均为消费物,一经使用即不复存在。金钱也为消费物,使用后即发生所有权的转移,不能再进行使用。而笔、砚、衣服、房屋等,均为非消费物。

区分消费物和非消费物的意义在于:非消费物可以作为使用借贷或者租赁的标的物;而消费物让与其使用权即须移转其所有权,因此,只能成立消费借贷,不可用于使用借贷或者租赁。

(五)代替物与不代替物

以物是否可以代替作为标准,物可以分为代替物和不代替物。

代替物是指具有共同的特征,能以品种、规格、质量、数量等相互代替的动产。因此,代替物可以依据相同品种、规格、质量、数量的物加以替换。

不代替物是指不能以品种、规格、质量、数量等加以相互代替的动产。

区分代替物和不代替物的依据在于该动产的个性是否为社会所注重。其个性不为社会所注重的,为代替物,如金钱、米、面等。反之,则为不代替物,如牛马、书画等。这种区分的意义在于仅代替物方可作为消费借贷的标的物。

(六)特定物与非特定物

以是否依据当事人主观意思具体指定为标准,物可以分为特定物和非特定物。

特定物是指根据当事人的意思能够具体指定的物。不特定物是指不能根据当事人的意思具体指定的物,仅以品种、规格、质量、数量抽象指定。

应当注意特定物与不特定物和代替物与不代替物之间的界限。特定物与不特定物的分类标准在于根据当事人的主观意思具体指定,是交易方法的区别,而不是物本身的区别。而代替物与不代替物的区分标准是根据一般交易观念而客观确定的。尽管通常不代替物作为特定物交易,而代替物作为不特定物交易,但代替物也可以因当事人的意思而成为特定物,例如,金钱为代替物,但依最高人民法院的司法解释,封金为特定物。而不代替物也可以因当事人的意思而成为特定物,例如,赛马为不代替物,但如果当事人只是约定澳大利亚血统赛马 10 匹,则其只是不特定物。

既然特定物与不特定物的区分是交易方法的区分,因此,这种分类的意义主要体现在债法中债的履行、风险负担、违约责任形态等问题上。

(七)可分物与不可分物

以物能否分割以及分割是否损害其用途及价值为标准,物可以分为可分物与不可分物。

可分物是指经分割不改变其性质或者不影响其用途的物,如一吨大米。不可分物是指经分割会改变其性质或者影响其用途的物,如一头牛。

法律区分可分物与不可分物的意义在于:在共有财产分割时,可分物可以采取实物分割的方式,不可分物只能采取变价分割的方式;在多数人之债中,标的物为可分物或不可分物决定了该债是可分之债还是不可分之债。

(八)单一物、结合物与集合物

以物的表现形态的不同为标准,可以分为单一物、结合物和集合物。

单一物是指在形态上能够独立成为个体的物,如一头牛。

结合物是指由数个物结合而成,在社会观念上视为一个独立个体的物,如汽车、房屋。在结合物中,各个组成部分虽然没有丧失其个性,但形体上已经成为一个单一的个体,因此,法律将各个组成部分仅视为物的成分,而将结合物的全部视为权利的客体。由此,学者认为狭义的单一物与结合物共同构成广义的单一物。

集合物是指由多个单一物或结合物集合而成的物。这种集合可能是因当事人的意思或经济上的目的等事实而发生的,如一个图书馆的全部书籍、一个商店内的全部商品、一个企业的全部机器设备;也可能是因法律而发生的,又称为权利义务的集合,指多数物和权利在法律上视为一体,如遗产、夫妻共有财产。

区分单一物、结合物与集合物的意义在于:对于单一物或者结合物,原则上权利应当存在于物的全部,其组成部分不能独立成为权利客体;而对于集合物,原则上应就组成集合物的各个物分别成立权利,一般不宜将其整体作为权利的客体。但在例外情况下,集合物可以作为一个抵押权的客体,如财团抵押。

(九)流通物、限制流通物与禁止流通物

以物在流转过程中所受限制的程度为标准,可以将物分为流通物、限制流通物和禁止流通物。在计划经济体制下,物的流转受到计划的严格限制。随着我国市场经济的不断发展,对物的流转限制也逐渐宽松。这种物的种类划分是动态的。

流通物是指国家法律法规未作任何限制,可以作为交易标的物任意流通的物。

限制流通物是指国家法律法规进行适当限制流通的物。限制流通物作为交易的标的时,可能受到交易主体、交易程序等方面的限制,如要求文物的买受人为国家指定的收购单位,否则交易无效。

禁止流通物是指国家法律法规予以禁止,不得作为交易标的物的物,如淫秽书画、毒品等。禁止流通物作为合同的标的物,合同因标的违法而无效。但对可流通性的限制并不意味着其不得成为物权的客体。

区分流通物、限制流通物和禁止流通物的意义,主要体现在法律行为的效力方面。但应当注意,对物的可流通性的限制限于法律与行政法规的强制性规定,行政规章、地方性法规等规范性文件对物的可流通性进行的禁止性规定,并不妨碍合同的效力。

(十)人格物与非人格物

人格物是指与人格利益紧密相连,体现人的深厚情感与意志,其毁损、灭失所造成的痛苦无法通过替代物补救的特定物。[6] 例如,有特定纪念意义的相片或礼品、家传宝物、友人书信等。这些物都具有人格利益因素,对物造成的损害,会引起权利人的精神痛苦,需要通过精神损害赔偿的方法进行救济。

---

〔6〕 参见冷传莉:《论人格物的界定与动态发展》,载《法学论坛》2010年第2期。

非人格物是指不具有人格利益的一般物，如土地、建筑物、商店里的商品、流通中的报刊与杂志等。

第二节　物的类型化的必要性

| 典型案例 |

彩某的妻子焦某怀孕7个多月，突患感冒，便在一家私人诊所进行治疗。20天后，焦某的胎动减少，到另一医院就诊，诊断发现胎儿已经死亡，并建议其到医疗条件较好的医院进行引产。2005年3月4日，焦某到北京某医院剖官产下一死胎。随后，彩某向警方报案，控告私人诊所非法行医，造成死胎的损害后果。警方出具法医鉴定委托书，要求对死胎进行法医鉴定。彩某找到医院提出给死胎作法医鉴定时，医院告知其死胎是病理性医疗废物，不需要按照一般尸体处理方法进行处理，死胎的父母也没有对死胎的处分权，医院已经把死胎作为"医疗废物"处理了，故无法进行死胎检验，致使彩某和焦某无法追究私人诊所的法律责任。彩某、焦某夫妇将该医院诉至法院，要求医院赔偿损失，赔礼道歉。〔7〕

一、我国民法对物的规定的欠缺和物的多极化发展

（一）我国民法对物的规定的欠缺

我国民法目前对物的规定，是在《民法典》总则编中，第115条规定："物包括不动产和动产。法律规定权利作为物权客体的，依照其规定。"

对物的上述规定存在欠缺，主要表现是对物的规定简单化和类型化不够。《民法典》对物的规定只简单规定了不动产和动产，使我国民法对物的规定没有构成相应的体系。

（二）当代科技发展对物的民法规则提出的新问题

民法关于物的概念，是对物理学研究成果的借鉴，在20世纪初期止步于经典物理学阶段之后，又受到了来自现代社会变迁、商业活动和科学技术发展等各方面的新冲击。当代物的概念的发展，给民法提出了以下六个主要问题：

1. 医学科学技术的快速发展

从1954年成功完成第一例肾脏移植手术以来，随着医学科学的不断发展，现代医学对人的器官、组织的利用技术不断提高；随着科学技术的发展，活人的身体不属于物的概念受到挑战。〔8〕 特别是输血和器官移植行为越来越普遍，在民法上表现为脱离人体的器官及组织〔9〕、

---

〔7〕 讨论提示：本案的民事法律关系客体是人体医疗废物，属于人体变异物，具有物的属性。

〔8〕 参见王利明主编：《民法》，中国人民大学出版社2000年版，第90页。

〔9〕 参见杨立新、曹艳春：《脱离人体的器官或组织的法律属性及其支配规则》，载《中国法学》2006年第1期。

死胎[10]、尸体[11]、人体医疗废物[12]和胎盘[13]等,以不违背公共秩序与善良风俗为限,在特定情况下成为物权客体。这些学说为顺利实施器官移植、死后人体组织利用、尸体捐赠及相关立法,提供了理论上的充分依据。

2. 生态时代的逐步到来

在20世纪70年代以来兴起的生态伦理学和当代环保主义学说的影响下,对于动物的保护为社会各界所重视,并最终体现在立法上。1990年《德国民法典》增加第90a条,规定:"动物不是物。它们由特别法加以保护。除另有其他规定外,对动物准用有关物的规定。"尽管此项规定乃"概念美容",[14]但也的确是民法理论对动物地位反思和激烈讨论结果的集中体现。即使在民法范围内几乎没有什么对动物的特别规定,但动物保护思想也可以纳入价值评判问题。[15]

3. 海域现代化商业利用的发展

随着人口的激增和经济的发展,陆上资源的紧缺甚至枯竭,各国都不约而同地将资源现代化商业开发利用目光投向了海洋。我国对于海域的现代化商业利用始于20世纪60年代对渤海湾浅海石油的勘探和开采。我国《海域使用管理法》第一次在实体法上规定了海域使用权,并对海域作了科学的界定,即存在于内水和领海上,由水面、水体、海床和底土四部分构成的立体区域。原《物权法》第122条明确了海域使用权的权利属性为用益物权。《民法典》第395条新增了海域使用权可以作为抵押财产的规定。这些都为我国海域的商业化利用提供了法律依据。

4. 空间成为独立利用的对象

现代社会经济发展,土地资源紧张,土地利用向立体化方向发展,空间已经成为独立的利用对象,并得到了建筑技术进步的保障。在城市建设较为发达的国家,已经出现了数十年的地上空间建筑实践。我国《民法典》物权编第345条规定:"建设用地使用权可以在土地的地表、地上或者地下分别设立。"其中在地上或者地下设立的建设用地使用权,就是以独立空间为客体的分层地上权。

5. 虚拟财产的大量出现

世界上第一台计算机"ENIAC"于1946年在美国诞生,人类从此进入数字化时代。1986年,世界进入Internet时代。此后以网站、电子邮箱、即时通讯、网络游戏、搜索引擎以及博客、微博等不断发展的网络电子产品为里程碑的互联网服务,将人类带入了网络时代,同时也产生了大量的虚拟财产,既有虚拟的不动产,也有虚拟的动产,极大地丰富了民事主体的物质生活和精神生活。

6. 货币电子化与证券电子化

电子商务的快速发展催生了货币电子化现象,使货币分为虚拟货币和电子货币两大类

---

〔10〕 参见杨立新:《死胎的法律性质及其民法保护》,载《人民法院报》2005年6月8日。
〔11〕 参见杨立新:《尸体的物权属性及其物权规则》,载《法学家》2005年第4期。
〔12〕 参见杨立新、曹艳春:《人体医疗废物的权利归属及其支配规则》,载《政治与法律》2006年第1期。
〔13〕 参见曹艳春:《论胎盘的法律属性及其规制》,载《河北法学》2006年第3期。
〔14〕 [德]迪特尔·梅迪库斯:《德国民法总论》,邵建东译,法律出版社2000年版,第877页;王泽鉴:《民法总则》,中国政法大学出版社2001年版,第209页。
〔15〕 参见[德]迪特尔·施瓦布:《民法导论》,郑冲译,法律出版社2006年版,第227页。

型。20世纪末,世纪证券市场开始积极利用计算机网络技术,自此逐步进入证券电子化时代。证券不再以纸质凭证为依托,而以电子化的方式发行、交易、登记、分类、存储,借助计算机读取形式来记载和表彰民事权利。

这些问题,民法必须面对,而且应将其纳入物的范畴,提出具体的法律规制办法。

二、物的类型化

在市民社会中,随着物的范围的极大扩展,民法的应对却显得没有像提出人的发展以及修正人格概念那样及时。至今,民法对于物的多极化发展都没有提出制度性的规则。物的范围的扩展趋势,导致了物的亚种类个性增强,共性减弱,正如孟子所说:"夫物之不齐,物之情也。"[16]新出现的非有体物已经无法完全适用传统民法物和物权制度,如占有制度、移转方式、返还原物等。有学者从物权客体的特定性角度出发进行论证后提出,追随黑格尔整合形而上学,建立统一的可以解释一切物权客体属性的理论是不现实的,比较可行的方法是采取类型化的路径来概括物权客体的属性。[17]

无论是物的范围的扩展,还是物的种类的新生,都必须在民法中进行新的界定和规制,但仅仅以对物的类型化来概括物权客体的属性,是不够的。民法对于物的规制,并不单单要确定物的属性,更重要的是确定物的地位、支配物的规则,以及对不同类型的物的不同保护立场。否则,对于新类型的物就会丧失法律的规制。既然人格概念和人格制度的提出应对的是市民社会初期人的体系结构的复杂化,那么在今天,市民社会的物的体系结构由单一化转变为多极化、复杂化,借鉴市民社会初期民法对人的体系复杂化而确立的人格制度,为了更好应对当代市民社会物的多极化、复杂化的现状,应当提出物的类型化的具体制度,来概括不同类型的物的结构体系,同时,还应确定物的不同资格和地位、确定人对不同类型的物的不同支配规则,以及对不同地位的物的不同保护方法。因此,当代民法应当进行必要的物的类型化。这是物的种类不断扩展,法律对其进行规制的规则不断变化的新形势下,民法应当采取的基本对策。

物的范围的极大扩张,除了需要对物的概念重新界定之外,还必须对多极化的物的种类进行科学的梳理,在传统的物的理论基础上,形成科学的、有系统的物的体系。其基本方法,就是类型化的研究方法。物格的概念实际上就是对物的类型化。

物格制度的划分标准不同于传统民法物的分类思路。在展开层次和排列顺序设计上,坚持了民法应有的人类中心主义的指导思想,将各种物所具有的不同层次的"自然属性"作为一以贯之的划分标准,以物范围的扩展趋势为根据,兼顾已有的特殊物的法律制度,以树型展开为模式作出科学设计和规划。基本展开思路如下:首先,以物是否具有特殊的自然属性为标准,可以将物划分为特殊物和一般物。普通物与特殊物的划分在罗马法上就已存在。[18] 传统民法的特殊物一般是指货币,当今应当将特殊物概括为由于其自然属性的特殊性,而在法律上具有特殊意义或地位的物。[19]其次,以是否具有生命伦理属性为标准,有生

---

〔16〕《孟子·滕文公上》。

〔17〕 参见崔建远:《土地上的权利群研究》,法律出版社2004年版,第33~34页。

〔18〕 参见周枏:《罗马法原论》,商务印书馆1994年版,第277~281页。

〔19〕 参见杨立新、朱呈义:《动物法律人格之否定——兼论动物之法律"物格"》,载《法学研究》2004年第5期。

命伦理属性的特殊物属于伦理物,没有生命伦理属性的特殊物属于特殊物。再次,以更具有区分意义的自然属性作为再次级物格的划分标准。例如,伦理物格所涵括的物包括人体组织和器官、动物尤其是野生动物和宠物、植物尤其是珍稀植物。而人的组成部分和动物、植物在自然属性上的天然差别,是次级物格划分的根本标准。特殊物格中的虚拟物、货币和证券,也正是由于各自具有不同的自然属性,而分为不同的次级物格。最后,物格制度具有开放性。随着社会进步和科技发展,物的范围还会逐步扩展,还会出现一些新的物的类型。新型物及其相应的物格划分标准,都应该是各种物在自然属性上的差异。

据此,民法物格将民法上的物分为三个物格,即将物分为三种基本类型:第一类是伦理物,是具有生命伦理价值的物。第二类是特殊物,是具有特殊法律属性并应建立特殊法律制度的物,但不包括伦理物格的物。第三类是一般物,用来涵盖上述两个物格之外的其他物,也就是一般物。

第三节　不同类型的物

典型案例

游戏玩家李某从2001年开始,花费了几千小时的精力和上万元的现金,在被告网络游戏运营商B科技有限公司(以下简称B公司)名叫“红月”的游戏里,积累和购买了各种虚拟“生化武器”几十种,这些装备使他在游戏中所向披靡。2003年2月的一天,当他再次进入游戏时,却发现自己武器库里的所有武器装备都不翼而飞,其中包括自己最心爱的3个头盔、1个战甲和2个毒药。经查证,在2月17日12时55分左右,这些装备被一个叫SHUILIU0011的玩家盗走。李某找B公司交涉,B公司拒绝将盗号者SHUILIU0011的真实资料交给李某,李某便以B公司侵犯了他的私人财产为由,起诉B公司,要求赔礼道歉,赔偿他丢失的各种装备,并赔偿精神损失费1万元。[20]

一、伦理物

(一)人体变异物

人体变异物是指从人的人体衍变、异化而来的具有物的形态,包含人格利益因素的特殊物。

人体变异物的范围主要包括:(1)脱离人体的器官、组织,是指从人体分离后,在植入新的人体之前的人体器官或组织,用途上分可以用于捐赠的和用于储存的人体的器官或组织两种。(2)人体医疗废物,是指由于医疗活动而脱离人体的无生命价值或者生理活性的器官、组织以及人体孳生物,包括由于医疗活动而脱离人体的无生命价值或者生理活性的器官,如胎盘等;由于医疗活动而脱离人体的无生命价值或者生理活性的组织,如体液、血液

---

〔20〕 讨论提示:本案当事人争议的装备,属于虚拟动产。

等;由于医疗活动而脱离人体的无生命价值或者生理活性的孳生物,如肿块、肉瘤、结石、葡萄胎等。[21] (3)尸体,以及遗骨、骨灰。

长期以来,在民法研究中围绕"人体是否是物""人体是否成立所有权"的回答一直存有争议。我国传统民法对于人体变异物性质的认识中,存在物与人格之争。虽然传统民法不认为人体变异物为法律上的物,但随着科学技术的发展以及民法物的范围的扩展,越来越多的学者支持人体变异物为法律上的物。人体的组成部分一旦从人体脱离,或者从人体衍生、变异出来,或者就是由人体本身变异的尸体,都具有物的形态和物的属性,因此,法律应当将其作为物来对待,赋予其物的地位,这是更为实事求是的态度,而非亵渎人类和人格。[22]

(二)动物

民法总则不能回避动物的问题。在20世纪90年代,欧洲一些国家修改其民法总则,对动物的地位作出特别规定,以更好地保护环境,维护动物的福利。在上述修法运动中提出了动物人格权的理论,认为民法保护动物,就必须赋予动物以民事主体资格,使其享有人格权。这样的理论是不妥当的,也无法在民法总则中实现。我国《民法典》关于绿色原则的规定,体现了既要保护好动物又不能违反民法的一般规则和规律的要求。

虽然动物法律人格无法实现,充其量是一部分人的想象,但动物在民法中的地位依然是民事法律关系的客体。按照民法物格的思路,动物属于有生命的物,是具有生命伦理因素的物,在法律上应予以特殊对待。民法应当坚持动物为物,实行特殊的支配规则和保护措施,对其予以特殊保护。

民法应当规定对动物的特殊保护措施,尊重它们的生存、生命、健康,使它们成为这个世界上除了人类之外最重要的生灵,实现对动物的良好保护。这样就使动物在《民法典》中依然处于权利客体的地位,只具有法律物格,这也是对动物法律物格的坚持。同时,这也兼顾了动物的特殊性,在具体内容的设计上也体现了对动物的特殊保护。

我国部分学者对动物在民法中的地位表达出了正确意见。有学者正确分析了《德国民法典》修改后的规定,认为"我国民法典应当借鉴《德国民法典》的做法,即我国民法典应当把物分为普通的物和动物,并明确规定,对于动物,则应适用关于保护动物(包括普通动物)的特别法,这样规定可体现出生态时代的绿色主义精神,有利于协调人与自然之间的关系,有利于维护生态系统之平衡,有利于尊重和保护动物的权利"。[23] 这体现了将动物与普通物予以区分、不同对待的思想。有学者更进一步,认为"同样道理,动物作为物的一种,也有其特殊性,不同于普通物,立法如果将其作为特殊物看待,对人类支配动物的行为加以严格限制,并制定特别的规则(如《动物保护法》)对动物加以特殊的保护,那么,人与自然的和谐就能够达到"。[24]

民法中的动物有别于生物学上的动物,不能包含生物学意义上的所有动物,这也是《民法典》操作性的要求。基于民法调整的需要,应当明确民法规定的动物是哪些,不能将全部

---

〔21〕 参见杨立新:《民法物格制度研究》,法律出版社2008年版,第70~73页。

〔22〕 参见杨立新、陶盈:《人体变异物的性质及其物权规则》,载《学海》2013年第1期。

〔23〕 曹明德、徐以祥:《中国民法法典化与生态保护》,载《现代法学》2003年第4期。

〔24〕 陈本寒、周平:《动物法律地位之探讨——兼析我国民事立法对动物的应有定位》,载《中国法学》2002年第6期。

动物都涵盖在内。

动物是特殊物,权利主体在对动物行使权利时应当异于普通物,确认动物是一类特殊的物,对动物行使权利时适用《民法典》关于物的规定,但《民法典》有特殊规定或另有法律法规规定的除外。民事主体在行使权利时,应当尊重动物的生存、生命、健康,不得以违背人道主义的态度残酷地对待动物。

由于动物不同于一般物,所以不仅对动物的权利行使具有特殊性,而且动物的保护主体也具有特殊性。因此,应当建立动物保护人制度。对于一般物,所有人就是保护人,其他人负有不得侵害的绝对义务。而对于动物,除了一些所有人作为保护人外,动物的保护人更加宽泛,一些不是所有人的主体也可以作为保护人。

二、特殊物

(一)海域

"海"是地理学上的名词,是指靠近大陆比洋小的水域;"域"是指一定疆界内的地方。因此,海域应该是与陆地相连的一定界限之内的边缘海区域,是与陆域相对应的概念。[25]

在国际法上,海域可分为地理海域与主权海域两种。地理海域,是最广义的海域,泛指海洋的所有组成部分。我国《海域使用管理法》第 2 条第 1 款规定:"本法所称海域,是指中华人民共和国内水、领海的水面、水体、海床和底土。"据此,海域是指存在于内水和领海上,由水面、水体、海床和底土四部分构成的立体区域。

海域是物。海域完全符合物的要求:第一,海域显然是存在于人身之外的有体物,此无须多论。第二,海域能够满足人类的多种需要,具有有用性。第三,随着科技的发展,海域已经可以为人力控制支配,具有可支配性,且具有独立性和特定性。

确定海域是物的意义在于,海域作为物权的客体,物权之法律规则就可以在不违背其特性的情况下完全适用于海域。其中尤为重要的是物权请求权制度对海域物权的适用。在《物权法》中规定海域的权属,将原来仅仅从主权意义和自然资源意义上认识和对待的海域,转变为财产权意义上的一种物来看待,从而可以通过物权请求权来进行保护。[26] 依物权法理论,物权请求权可分为返还请求权、妨害排除请求权和妨害预防请求权三种,这三种请求权均可适用于海域使用权。

海域的性质是不动产。海域是由水面、水体、海床和底土四部分构成的一个整体,缺少其中任一要素均不能称其为海域。虽然浩浩之海水显然具有流动性或可移动性,但海床和底土却无法进行物理上的移动,因此,作为一个立体范畴的海域,其首先属于一个地理上固定的区域,和土地一样具有不可移动性,故海域属于不动产的范畴。如同土地表层的泥土同样可以被挖掘、移走(且还不像海水那样基于流动性而能够迅速恢复其自然性状),但并不影响土地的不动产性质一样,作为海域组成部分的海水所具有的流动性,丝毫不影响整个海

---

〔25〕 参见刘保玉、崔凤友等:《海域使用权制度研究》,载梁慧星主编:《民商法论丛》(第 32 卷),法律出版社 2005 年版,第 2 页。

〔26〕 参见吴春岐、郑晓敏:《什么是物权法的海域使用权制度》,载《检察日报》2007 年 4 月 9 日。

域的不动产属性。[27]

(二)空间

空间是指依不动产登记确定的在地表之上或者地表之下,能够独立使用并设立物权的特定范围。其特点有:一是空间须处于地表之上或者地表之下,二是空间须能够确定特定范围,三是空间须可以独立使用,四是空间须能够依不动产登记进行公示。空间在哲学上是较为抽象的概念,是与时间相对的一种物质存在形式,表现为三维。民法上的空间并不是哲学的空间概念,而是作为物的表现形态的概念。

空间依附于地表,但不包括地表,处于地表之上或者地表之下。空间作为物,具有抽象的性质,因此,归属于特殊物格之中,需要制定特别规则,确定其权属。

在我国,由于土地属于国家和集体所有,不存在私有,因此,空间属于国家所有和集体所有。国家所有的土地,其空间属于国家所有;集体所有的土地,其空间属于集体所有。在国家或者集体所有的土地之上,可以设立分层地上权;[28] 在分层地上权之间,可以设定空间地役权。

空间主要有两种表现形态:

1. 地下空间

地下空间是近年来逐渐发展出的空间利用形式,常见利用方式是在地表之下一定深度建设建筑物,包括地下停车场、人防工程和地下商场等。

2. 地上空间

地上空间在我国是较新的空间表现形态。以现有的建筑技术,地上空间建筑不可能是漂浮的,必须获得一定向上的支撑力。在具体表现形式上,有的以空间下方的建筑物为支撑,如房屋加盖;或者通过支撑柱等结构进行支撑,如高架桥;特殊情况下以两侧建筑物为依托,如空中走廊等。在城市建设较为发达的国家,已经出现了数十年的地上空间交易和建筑实践。利用空间,其物权法的规则是设置分层地上权,性质属于用益物权中的地上权。分层地上权的规则就是空间利用规则。

分层地上权也叫作区分地上权、空间权、发展权或者分层建设用地使用权,是指在他人所有的土地之上或者之下特定范围所设定的地上权。《民法典》第 345 条规定:“建设用地使用权可以在土地的地表、地上或者地下分别设立。”其中在地表设立的,是建设用地使用权;在地上或者地下设立的,就是分层地上权。例如,在西气东输的天然气管道建设用地上,尽管在现实的土地管理制度上,批准的是临时建设用地使用权,但其实就是在地表之下设立的分层地上权。城市建设的地铁、地下商场等,同样也是地表以下设立的分层地上权。

(三)自然力

电力、热力等自然力的性质属于物。由于我国法律未明确自然力是物,自然力是否能够纳入民法的规范之中,似乎并不明确。

---

〔27〕 参见刘保玉、崔凤友等:《海域使用权制度研究》,载梁慧星主编:《民商法论丛》(第 32 卷),法律出版社 2005 年版,第 32 页。

〔28〕 分层地上权就是分层建设用地使用权或者空间建设用地使用权。关于这个概念的说明,参见杨立新:《物权法》,法律出版社 2013 年版,第 318 页以下。

自然力是指以动态方式存在的可直接利用的商品化二次能源的能量表现形式。这是一个开放性的概念,随着科技的进步,自然力的概念必然将包括电力、热力以外的其他类型。

自然力的特征是:自然力是人工转化得到的二次能源的能量表现形式;自然力是高度"商品化"的产品;自然力具有高度的动态性;自然力具有可直接利用性,无须再次转化;自然力具有可排他支配性;自然力具有可确定性。因此,自然力是物,是物权的客体。

自然力是特殊物,主要体现在以下三个方面:其一,自然力是具有高度可替代性的种类物。同样质量的自然力,是蕴含了同种能量的自然力表现形式,具有高度的可替代性。其二,自然力是具有不可返还性的消耗物。与货币的消耗性不同,自然力的消耗性具有单向灭失性的特点,因此,不能像货币的消耗那样通过返还同样数量的货币来填补损害。其三,自然力是危险物。能量的本质就是做功的能力,自然力在使用过程中具有一定的危险性,1 千伏及以上的高压电在侵权法上作为高度危险物进行规范,我国发改委还专门颁布了《电力安全生产监督管理办法》对电力生产进行规范。

(四)网络虚拟财产

网络虚拟财产也称为虚拟物,是指虚拟的网络本身以及存在于网络上的具有财产性的电磁记录,是一种能够用现有的度量标准度量其价值的数字化的新型财产。《民法典》第127 条规定的网络虚拟财产,尽管没有明确规定其物的属性,但是,网络虚拟财产不能成为人身权的客体,也不能成为债权、知识产权的客体,当然只能是物权的客体。因此,网络虚拟财产的法律属性就是虚拟物,是物权客体。因而,这一规定反映了时代特征,具有重大的现实意义。[29]

之所以虚拟物被作为研究的重点,是因为其因联入互联网而具有了更大的财产性和可利用性。在本质上,无论是否联入互联网,虚拟物都是存在于计算机系统中的具有财产性的数字记录。随着社会进入数字化时代,虚拟物的种类大量增加,基于数字记录的虚拟物,具有不同于传统财产类型的特点。因此,需要用民法的视角,对虚拟物能够适用一般物权规则的情况予以确认,对需要建立特殊物权规则的情况进行研究,完善相关的法律制度,维持虚拟世界的财产秩序,保障虚拟物的交易安全。

网络虚拟财产的特征是:第一,网络虚拟财产是虚拟的网络本身以及存在于网络上的具有财产性的电磁记录;第二,网络虚拟财产是现实世界中人类劳动和财富的异化;第三,网络虚拟财产是在价值上能够用现有的度量标准衡量的财产。

网络虚拟财产可以分为以下两大类型:网络本身和存在于网络上的虚拟财产。网络本身是一种重要的虚拟财产。存在于网络上的虚拟财产又可以分为三种形式:一是网络游戏中的网络虚拟财产,包括网络游戏中的账号(ID)及积累的"货币""装备""宠物"等财产。二是虚拟社区中的网络虚拟财产,包括网络虚拟社区中的账号、货币、积分、用户级别等。三是其他存于网络的虚拟财产,包括 OICQ 号码、电子信箱及其他网络虚拟财产等。第三类是一个包容性、兜底性的类型,只要是非虚拟网络本身,也不属于上述两种形式的虚拟财产以外的网络虚拟财产,均可以归属于第三类。

---

〔29〕 参见杨立新:《民法总则规定网络虚拟财产的含义及重要价值》,载《东方法学》2017 年第 3 期。

本章思考题

1. 举例说明物的概念和特征有哪些？
2. 不动产和动产的概念是什么？区分不动产和动产有什么意义？结合讨论第一节典型案例，问：主物与从物是什么关系？区分主物与从物在法律上有何意义？
3. 为什么要对物进行类型化？物的类型化怎样进行？
4. 结合讨论第二节典型案例，问：死胎在民法上应当怎样界定其性质？人体变异物的物权法律规则应当怎样确定？
5. 虚拟物属于何种物的类型？结合讨论第三节典型案例，问：对虚拟财产应当如何进行民法保护？

D编　|　法律关系内容

第九章　民事权利与义务

本章要点

民事权利和民事义务是民事法律关系的内容，其中民事权利是民事法律关系内容的核心，是私法的核心概念，同时也是对法律生活多样性的最后抽象。民事权利是由特定民事利益和法律上之力相结合，共同构成的民事主体自由行使意志、实施法律行为的范围。法益与民事权利不同，是指受到法律保护的特定民事利益。权利的本质表现为法律上之力，是由特定的利益和法律上之力两因素构成的。支配权、请求权、抗辩权和形成权是民事权利中的基本类型。民事义务是与民事权利相对应的概念，是指义务人为满足权利人的要求而为一定的行为或者不为一定行为的法律负担。

民事权利　法益　权利本质　支配权　请求权　抗辩权　形成权　民事权利行使　民事权利保护　民事义务

第一节　民事权利概述

典型案例

王某和张某婚后没有生育子女，双方对饲养的小狗威威宠爱有加。夫妻因发生纠纷而离婚，但如何解决威威的"抚养"问题却成为争议的焦点。张某主张在离婚后对威威有探视权，王某则认为离婚后两人都会有各自的生活，拒绝张某再探视威威。双方发生争执，诉请法院裁断。[1]

一、民事权利的概念

（一）民事权利概念的界定

民事权利和民事义务是民事法律关系的内容，其中民事权利是民事法律关系内容的核心。权利是私法的核心概念，同时也是对法律生活多样性的最后抽象。[2] 可以说，民法就

〔1〕 讨论提示：离婚后对宠物的探视，不属于民事权利，不受民法调整。

〔2〕 德国学者冯·图尔所说。转引自［德］迪特尔·梅迪库斯：《德国民法总论》，法律出版社2000年版，第62页。

是以民事权利为中心构建起来的完整的民事法律规范体系。

民事权利是由特定民事利益和法律上之力相结合,共同构成的民事主体自由行使意志、实施法律行为的范围。

(二)民事权利与相关概念

1. 法益

法益是指受到法律保护的特定民事利益。民事权利所保护的是民事利益,但并非一切民事利益都受到权利的保护。法律所保护的权利,均正式授予其“权”的称谓,没有这种权利称谓的,都不能称为权利。但是,法律也保护某些民事利益,不对其授予权利的称谓,而仅仅将其作为利益保护,这样的民事利益就是法益。例如,死者的人格利益受到法律保护,但因其已经死亡,就不再作为民事主体存在,无法享有权利,这种利益就只能按照法益进行保护。民事利益分为三部分:一是权利保护的民事利益;二是法益保护的民事利益;三是民法不保护的民事利益。《民法典》第126条关于“民事主体享有法律规定的其他民事权利和利益”的规定中的利益,就是法益。

法益与权利的基本区别在于,权利对应的是义务,而法益没有相对应的义务以及义务人。

2. 权能

权能是指民事权利的具体功能。例如,所有权具有占有、使用、收益、处分的权能,人格权具有控制、利用、有限转让、适当处分的权能。[3] 这些权能,都是所有权和人格权所具有的具体功能。

3. 权限

权限是指就本身具有某种职责在内的权利,法律规定或者当事人约定的适当界限。因此,权限就是权利行使的范围和程度。例如,监护权是法律规定的权利,其权限就是其权利行使的界限;代理权是当事人授予的权利,其权限就是当事人所约定的代理被代理人行使代理权的界限。这些权利的目的往往是为他人享有某种利益,与行为人自身享有的利益无关。[4]

二、民事权利的本质和本位

(一)民事权利的本质

对于民事权利的本质,理论上众说纷纭。在历史上主要有以下三种不同观点:

第一,意思说。意思说又叫作意志说,是德国学者温德夏特首倡,以德国学者萨维尼的主张为代表,认为权利的本质就是意思(意志),是个人意志所能自由活动或自由支配的范围。意思或者意志是权利的基础,无意思则无权利。[5] 反对者认为,这种学说解释了权利的本质是个人的意志,权利作为法律赋予权利人享有的意志自由,体现了权利人的自由意

---

〔3〕 参见杨立新:《人格权法专论》,高等教育出版社2005年版,第33～35页。

〔4〕 参见龙卫球:《民法总论》,中国法制出版社2002年版,第121页。

〔5〕 参见[意]罗尔夫·克尼佩尔:《法律与历史——论〈德国民法典〉的形成与变迁》,朱岩译,法律出版社2003年版,第64页。

志，但是，该主张没有解释意志产生的根源，因而导致一方面要求享有权利者必须有意思能力，而另一方面又要说明无意思能力的未成年人和精神病人为什么能够具有权利能力。此外，这种主张也无法解释很多法律关系是因客观事实的发生而发生、变更或者消灭的客观现象。

第二，利益说。利益说的代表人物为德国学者耶林，主张权利是受法律保护的利益，〔6〕凡依法律规定归属个人生活的利益即为权利。法律定分止争，纠纷无非是因人们对利益的争执而引起，如果没有利益的存在，就没有纠纷，因此，也就没有必要进行法律的调整。反对者认为，一方面，法律所保护的利益未必都表现为权利，例如，为了保护未成年的利益而通过设立行为能力制度而对其加以限制；另一方面，权利也未必都蕴含一定的利益，例如，代理人虽享有代理权，但其并未因此而享有物质的或者精神的利益。因此，学者批评利益说的时候指出，权利的实质不是存在于利益之中，而是存在于为保护这种利益而由法律命令所作的决定之中。〔7〕

第三，法力说。法力说也叫作法律力量说，由德国学者梅克尔为代表，认为权利的本质表现为法律上之力，权利是由特定的利益和法律上之力两因素构成的。特定利益为权利的内容，法律上之力为权利的外形。法律为保护或充实个人的特定利益，才给人以特定的法律上的力，使其借以享受特定的利益。〔8〕根据法力说，权利乃是一种法律上之力，其为法律所赋予，这种力量受到法律的支持和保护，依照这种力量，权利人可以支配特定的物，可以请求义务人为一定行为或者不为一定行为，因此，将法律上之力作为所有权利的共同特征是深具意义的。

法力说克服了意思说和利益说的不足，得到我国主要学者的支持，为我国民法解释权利本质的通说。

（二）权利本位

权利本位与义务本位相对应，是指权利是民事法律关系中的核心，民法的终极目的在于实现、保障民事主体依法享有的各项民事权利，权利的实现是民法的基本作用和基本任务。

义务本位反对权利本位思想，甚至否认权利概念的存在，认为人们只有依据法律从事社会互助的社会义务，绝无权利可言。因此，人们在法律上只有连带关系，无所谓权利。〔9〕

确立权利本位观念，对于我国民法建设和现代法治建设具有极为重要的意义，原因在于，我国在历史上历来忽视权利，极力强调公民对国家、对社会、对他人应尽的义务。因此，公民的权利屡屡被侵害甚至践踏，即使在日常生活中，公民的权利也经常无法主张，这些都是司空见惯的事实。为了确保人的权利的实现，必须确立权利本位观念，不仅使每一个民事主体都能够普遍建立权利观念，尊重他人的权利，而且使整个社会都能够确立尊重权利、保护权利的意识。因此，我国民法确立权利本位观念，在《民法典》总则编专门规定了“民事权利”一章，以彰显民事权利的重要地位以及在法治建设中的重要地位。

---

〔6〕　参见［德］耶林：《拿破仑法典以来私法的普通变迁》，徐砥平译，中国政法大学出版社2003年版。

〔7〕　参见［法］狄骥：《宪法论》，钱克星译，商务印书馆1959年版，第200页。

〔8〕　参见申卫星：《溯源求本道“权利”》，载《法制与社会发展》2006年第5期。

〔9〕　参见龙卫球：《民法总论》，中国法制出版社2002年版，第125页。

三、民事权利的特征

民事权利具有以下三个基本特征：

第一，民事权利是以特定的民事利益为客体。民事权利的背后都是特定的民事利益，民事利益既是民事法律关系的客体，也是民事权利的客体，这表现在，民事权利的设定体现了民事主体的特定民事利益，民事主体为追求一定的民事利益，从事一定的民事活动，从而获得权利。当然，民事主体享有、行使某种权利，都是为了满足某种利益的需要，但是这种民事利益有时候并不都是个人利益的内容，因为国家协调个人利益和社会利益之间的冲突，会对一定的民事利益进行限制，因此，民事利益中有时候会包含公共利益的内容。同时，特定民事利益是民事权利的构成要素，但不是说所有的民事利益都表现为权利，法律将不同的利益区分为权利保护的民事利益、法益保护的民事利益以及法律不予保护的利益。从这个意义上说，民事权利就是特定的民事利益，民事权利是法律之力和特定利益的结合，是类型化了的民事利益。[10]

第二，民事权利是对特定民事利益赋予的法律之力。民事权利并不是天赋的，也不是自然的，而是法律赋予的，从而权利人可以凭借法律赋予的这种法律之力，要求他人为一定行为或者不为一定行为，可以直接支配权利客体，排斥他人的非法干涉，有权利用标的物获得利益，在受到侵害时获得法律的保护，以保证实现自己的特定民事利益。因此，仅仅有特定民事利益并不能构成民事权利，必须有法律之力，才能够保障特定民事利益的实现。从这个意义上说，民事权利就是法律之力。

第三，民事权利是民事主体自由行使意志、实施法律行为的范围。正因如此，民事权利的存在就为民事主体的意志和行为提供了自由和空间，在这个空间之中，民事主体可以按照自己的自由意志，实施法律行为，实现民事利益。因此，民事权利也就表现为民事主体一定范围内的行为自由。法律保障民事主体在权利设定的空间中，自由支配，自由行为。这种自由表现为：一是行使权利的自由，可以自由选择行使或者不行使权利；二是可以自由处分自己的非专属性的权利，如丢弃或者毁损自己所有的财产；三是可以自由选择行使权利的方式，只要该方式不妨害公共利益或者他人利益；四是可以自由选择权利救济方式，如在财产受到损害的时候，选择物权请求权进行救济，或者选择侵权请求权进行救济。因此，民事权利是民事主体自由行使意志、实施法律行为的范围。

四、民事权利类型的一般划分

（一）人身权、财产权与综合性权利

以权利的客体是否具有财产价值为标准，可以将民事权利分为人身权、财产权和综合性权利。

1. 人身权

人身权是指以人格利益或身份利益为内容、与权利人的人身不可分离的民事权利。人身权包括人格权和身份权。人身权一般都具有专属性，原则上不得转让、抛弃和继承。但随

---

〔10〕 参见王利明：《民法总则研究》，中国人民大学出版社2012年版，第415页。

着市场经济的发展，一些人格利益也具有财产价值，人格权中的一些权能，例如，肖像权的使用权、名称权等，可以依法转让他人。

2. 财产权

财产权是指与权利人的人格、身份相分离，直接体现某种财产价值的权利。财产权包括物权和债权。财产权原则上不具有专属性，可以转让、抛弃、继承。财产权的主体限于现实地享有或可以取得财产的人，而不像人格权那样为一切人普遍地享有。[11]

3. 综合性权利

综合性权利是指那些兼具财产性和人身性，其内容既包括人身利益又包括财产利益，专属性并不强烈的民事权利。综合性权利包括知识产权和继承权。综合性权利并不具有强烈的专属性，因此，权利人对知识产权可以转让、放弃，还可以依法继承；继承权可以放弃。

（二）绝对权和相对权

以权利的义务主体是否特定为标准，民事权利可以分为绝对权和相对权。

1. 绝对权

绝对权也称为对世权，是指以权利人以外的任何第三人为义务人的民事权利。因此，绝对权的权利人是特定的，其义务人是权利人之外的任何人。

绝对权并非意味着权利人的权利不受任何限制，而是指权利的行使无须得到他人的同意或他人积极行为的辅助。除权利人以外，其他任何人都对权利负有不可侵害和妨害的义务。义务人的义务是不作为，只要不妨碍权利人行使权利就是履行了义务。因此，其义务主体是不特定的，义务人承担的只是不侵害或不妨害权利的消极义务。权利人的权利可以对抗一切不特定的义务人。人格权、身份权、物权、知识产权等各种支配权都是绝对权。支配权和绝对权是对同一种权利从不同方面的表述。绝对权通常都具有公开性，须以特定方式予以公示。

绝对权分为两种类型：

（1）普通的绝对权。普通的绝对权，是指权利主体为一人，没有其他人作为权利主体的绝对权。由于这种绝对权只由一个权利主体享有权利，因此，行使权利的规则比较简单，权利人行使权利不受他人意思的制约，是最为典型的绝对权。

（2）具有相对性的绝对权。具有相对性的绝对权，是指权利主体为二人以上，在两个以上的权利主体之间形成相对性权利义务关系的绝对权。在共有权（包括物权的共有权和知识产权的共有权）以及身份权中，权利主体有都是二人以上，特别是建筑物区分所有权的共有权，权利主体有数十人、数百人、数千人甚至数万人。在多数权利人共同行使一个权利的时候，就存在较多的制约因素，因此，在多数民事权利主体之间形成了相对性的权利义务关系。因而，在具有相对性的绝对权中，权利义务关系就形成了外部关系和内部关系这样两种权利义务关系。外部关系，是作为绝对权的权利人与义务人之间发生的权利义务关系，这是绝对权的法律关系。内部关系，是多数权利主体之间享有权利、负担义务而形成的相对性的权利义务关系，借以协调多数权利人之间的利益关系。这种既具有外部关系又具有内部关系的绝对权，情况非常复杂，必须内外兼顾，妥善处理内部和外部的权利义务，协调好各种利

---

〔11〕　参见谢怀栻：《谢怀栻法学文选》，中国法制出版社 2002 年版，第 354 页。

益关系。

2. 相对权

相对权也称为对人权,是指权利人只能够请求特定的义务人为一定行为或者不为一定行为的民事权利。

相对权的义务人是特定的,权利人只能对抗特定的义务人,而不能对抗义务人之外的其他第三人。权利人只能向特定的义务人主张自己的权利。相对权的义务人所承担的义务主要是积极行为的义务,只有通过义务人的行为,权利人才能实现自己的权利。在特殊情况下,相对权的义务人承担的也可能是不作为的义务。相对权仅在特定的当事人之间存在,所以,相对权通常无须具有公开性。债权是典型的相对权。

(三)主权利和从权利

以民事权利之间是否存在主从关系为标准,民事权利可以分为主权利和从权利。

主权利是指数个有主从关系的权利中,不依赖于其他民事权利就可以独立存在的权利。民事权利通常都是主权利。

从权利是指必须以其他民事权利的存在为前提才能存在的民事权利。从权利一般包括地役权、抵押权、质权、留置权以及保证债权等。基于合同自由原则,当事人可以自由约定多项权利之间的从属性。

从权利对主权利的从属性,称为“从随主”原则,通常表现为以下方面:

第一,从权利的发生以主权利已经发生为前提。在具有主从关系的民事权利之间,如果主权利并未发生,则从权利也不能发生,例如,担保物权所担保的主债权因合同无效而不能发生,创设从权利的法律行为也应当无效,从而使担保物权不能设立。例外的是,在最高额抵押权和最高额保证债权中,其成立不以主债权的成立为前提。

第二,权利人对主权利的处分原则上及于从权利。处分主权利,其效力及于从权利。例如,债权人转让其债权,为担保该债权所设立的抵押权等从权利也一并转移,但该从权利系专属于主权利人的除外。[12] 地役权人转让需役地使用权,受让人一并取得地役权。

第三,主权利消灭,其从权利随之消灭。在主权利消灭的时候,其从权利一并随之消灭。例如,主债权因清偿、提存、抵消、混同、免除等原因消灭,担保物权、保证债权等从权利一并消灭。

(四)专属权与非专属权

以民事权利是否可以与其主体相分离为标准,可以分为专属权和非专属权。

1. 专属权

专属权是指专属于特定的民事主体的民事权利。专属权与主体不能分离,不得转让、继承。人格权、身份权都具有人身性,为专属权。

专属权分为享有上的专属权和行使上的专属权。享有上的专属权是专属于特定人享有,不可与权利人相分离,不得转让的权利。行使上的专属权,是指行使与否,只能由权利人

---

〔12〕《合同法》第81条规定:“债权人转让权利的,受让人取得与债权有关的从权利,但该从权利专属于债权人自身的除外。”

决定,他人不得代理或者代位行使的专属权。

此外,在义务上也可能有专属性,例如,委任合同和承揽合同所生的义务,就是专属性义务。

2. 非专属权

非专属权是指非专属于权利人本人,可以转让、继承的民事权利。物权、债权、知识产权等财产权原则上属于非专属权,但基于扶养关系、抚养关系、赡养关系、继承关系产生的给付请求权和劳动报酬、退休金、养老金、抚恤金、安置费、人寿保险、人身伤害赔偿的请求权等权利,虽为债权,但具有专属性,为专属权。[13]

(五)既得权与期待权

1. 权利划分

以权利是否实际取得为标准,可以将民事权利分为既得权和期待权。

既得权是指权利人已经实际取得并且可以现实地享有其利益的实体民事权利。在民事权利中,大部分都是既得权,如人格权、身份权、物权、债权、知识产权等。

期待权是指权利人享有的,尚未现实地取得而于将来可能取得的实体权利。期待权包括两种类型:一是约定的期待权;二是法定的期待权。约定的期待权是当事人通过约定形成的期待权,例如,保险合同受益人的期待权、附所有权保留的买卖合同中买受人的期待权,都是通过约定产生的期待权。法定的期待权,主要是继承关系中,被继承人健在时继承人享有的期待权,须在被继承人死亡时,该期待权变为既得权,开始继承被继承人的遗产,实现继承权。

期待权的特点是:

(1)期待权是一种未来的具有或然性的权利。期待权的关键在于权利在期待中,而不是现实地享有。故期待权是尚未由权利人现实取得的权利,尚不能实际地享有权利带来的利益,因而只是一种未来的权利。即使是权利人未来的权利,该权利是否能够在未来确定地实现,变为既得权,也不能完全确定,因为期待权转变为既得权,还要取决于法定的或者约定的权利成就的条件,因此,期待权处于一种或然状态,而不是应然状态。例如,订立保险合同,保险受益人就享有了保险合同的保险利益,但保险事故没有发生,保险利益就永远不能实现,保险受益人的权利就不能转变为既得权,不能现实地享有这个权利,实现这个权利。

(2)期待权实际上是一种法律保护的利益。在民事权利中,期待权是一种权利的特殊形式,其特殊性在于:一方面,权利人享有这个权利,可以期待这个权利的利益实现;另一方面,这个权利还不能现实地实现,必须等待一定的条件成就,才能够转化为既得权。因此,期待权的实质,是民法保护权利人的一种利益,尽管这个利益还不是权利人的,但在适当的条件下,这个利益就会成为权利人的实际权利,期待的利益成为现实享有的利益。

2. 区分既得权与期待权的意义

民法区分既得权和期待权的意义是:第一,区分权利人是否实际取得某种权利,并且可

---

[13] 最高人民法院《关于适用〈中华人民共和国合同法〉若干问题的解释(一)》第12条规定:“合同法第七十三条第一款规定的专属于债务人自身的债权,是指基于扶养关系、抚养关系、赡养关系、继承关系产生的给付请求权和劳动报酬、退休金、养老金、抚恤金、安置费、人寿保险、人身伤害赔偿请求权等权利。”

以主张实现该权利。既得权是权利人现实地享有的权利,可以立即行使该权利,取得该利益。期待权的权利人由于其权利尚未成为既得权,对于权利所包含的利益只是在期待中,还不能现实地实现。第二,权利实现的条件要求不同。既得权无须某种法律事实的实际发生,就已经现实地存在,不必具备某种条件。而期待权的实现必须经过向既得权的转化,具备期待权变为既得权的法律事实,才能够成为可以现实享有的权利。第三,二者存在权利的可侵害性以及救济的方法上有区别。既得权具有可侵害性,被侵害后有具体的救济方法。期待权是否具有可侵害性,理论上有意见分歧,即使承认期待权能够受到侵害,但由于权利人享受的是一种未来的利益,具有不确定性,因而在确定救济方法时,与既得权存在区别。[14]

3. 期待权与期待利益

期待权的客体为期待利益,但并非所有的期待利益都能成为权利,期待利益是宽泛的概念,包括期待权所保护的期待利益,以及不能被期待权所保护的期待利益,即不能权利化的期待利益。在缔约过失中,缔约人享有期待利益,但由于合同没有成立,缔约人还不是合同当事人,并不享有债权,因此,该期待利益就是没有被权利化的利益,不构成期待权。[15]

第二节 民事权利的基本类型

| 典型案例 |

张某与赵某经3年恋爱后登记结婚。婚后数月,赵某即外出打工,每年仅回家数次,张某也一直未生育子女。赵某回家对妻子说自己患了性病,经医院检查,张某也已感染性病,经治未愈。赵某向法院起诉要求离婚,张某同意,财产分割也没有分歧。张某提出自己被丈夫赵某传染上性病,今后仍需治疗,要求赵某补偿2万元,但赵某仅同意给付5000元。[16]

以民事权利的功用为标准,可以将民事权利分为支配权、请求权、抗辩权和形成权四种基本类型。这种民事权利的分类特别重要,因此专门进行说明。

一、支配权

(一)支配权的概念和特征

1. 支配权的概念

支配权是指权利人直接支配权利客体并排除他人干涉的权利,是得就权利之客体为直接的支配权利。[17]

具有绝对权性质的民事权利都是支配权。物权作为权利人依法直接支配特定物的排他

---

〔14〕 参见王利明:《民法总则研究》,中国人民大学出版社2012年版,第449页。
〔15〕 参见刘凯湘:《民法总论》,北京大学出版社2006年版,第89页。
〔16〕 讨论提示:本案张女士行使的权利,属于权利保护的请求权,为侵权请求权。
〔17〕 参见梁念曾:《中国民法总论》,建设印刷所1948年版,第22页。

性权利，是典型的支配权；知识产权、人格权、身份权作为权利人直接支配智力成果和工商业标记、人格利益、身份利益的权利，也属于支配权。

2. 支配权的特征

(1) 支配权的内容是权利人对其客体的直接支配。支配是指权利人在其权利范围内可以按照自己的意志依法对权利客体管领和处理，这种管领和处理不仅可以通过法律行为进行，也可以通过权利人自己依法直接占有、使用、处分标的物等事实上的使用、处分等行为进行支配。权利人对客体的支配，既不需要他人的同意，也无须义务人积极履行行为的配合。

(2) 支配权的义务主体是不特定的任何人。任何民事权利的权利人都是特定的，其义务人是否特定，是区别支配权和请求权的基本标准。支配权的义务人是权利人之外的不特定的任何第三人。权利人可以排除其他任何人对其行使权利的不当干涉。任何人侵害其权利客体、妨害权利的行使，甚至只是对权利客体造成危险时，无论行为人是否有过错，权利人基于其支配权均可以请求停止侵害、排除妨碍、消除危险等。[18]

(3) 支配权的客体具有特定性。支配权的权利客体是特定的。无论是人身利益还是财产利益，如果没有特定，就不能作为支配权的客体，否则支配权就无所归依，权利人的支配就无从谈起，第三人也无法履行其不得妨碍权利行使的义务。不过，支配权客体的特定并非必须为物理上的特定，只要社会一般观念认为特定即可。

(4) 支配权具有排他性。既然权利人可以依据自己的自由意志对客体加以支配，那么，在同一权利客体上就不能同时存在两个内容不相容的支配权。例如，在同一个物上不能并存两个所有权。

(5) 支配权具有社会公开性。支配权应当具有社会公开性，以使权利人之外的第三人知悉权利的现状，避免动辄得咎。因此，支配权通常要通过一定的方式加以公示。对于此种公示，人格权通过人身利益的存在而为公示；某些身份权通过登记公示，如结婚、离婚、收养和解除收养，其他的身份权则依据亲属的事实记载于户口簿而为公示；物权则通过占有或登记进行公示；知识产权则通过登记或在作品上署名的方式进行公示。

(二) 支配权的类型

1. 支配人身利益的支配权

对于人身利益进行支配的民事权利，是人格权和身份权。人格权的权利人支配的是人格利益，包括物质型人格利益和精神型人格利益。身份权的权利人支配的是特定亲属关系之间的身份利益，而不是对方亲属的人身。那种认为身份权的客体为特定身份关系之对方当事人的看法，[19] 是陈腐的、早已经被抛弃的观点，实际上是没有必要再提及的，并且也不能以此否定我国身份权的存在。

2. 支配财产利益的支配权

对于财产利益进行支配的民事权利，是物权、知识产权以及继承权。物权所支配的对象是物，物权人可以对物依照自己的意志独立进行支配，并不需要他人的意思和行为的介入。不过，物权人对物的支配范围不仅受物本身的性质和效用等的限制，而且受到物权本身内容

---

〔18〕 这些请求权通常被认为是物权请求权，但实际上各种支配权均具有此种效力。

〔19〕 参见梁慧星：《民法总论》，法律出版社 2007 年版，第 59 页。

的限制,例如,物权设置了负担,这个物权对物的支配就要受到限制。知识产权所支配的是作为无形财产的智力成果,对于自己所享有知识产权的智力成果,权利人可以依据自己的意思进行支配,他人无权限制。继承权是绝对权,也是支配权,它所支配的是被继承人的遗产,当继承人只有一个继承人时,该继承人行使继承权,就可以直接支配该遗产。当继承人有数人时,数个继承人共同享有对遗产的支配权。不过,继承权的支配权须待其成为既得权时,才可以实现。

二、请求权[20]

(一)请求权的概念和体系

请求权是指根据权利的内容,得请求他人为一定行为或者不为一定行为的权利。[21] 故谓之请求权者,约求他人行为(作为或不作为)之权利也。[22]

民法的请求权体系包括三种不同的请求权:一是本权请求权;二是固有请求权;三是次生请求权。在三种请求权中,第一种请求权即本权请求权是民事权利类型,而后两种请求权类型则是民法方法性质的民事权利,即救济权、保护权,是民事权利受到侵害后进行救济的民事权利。

(二)作为民事权利类型的请求权

本权请求权是基本的权利类型,如债权。在绝对权中也包含一些属于本权请求权的请求权。在绝对权中,有的绝对权并不存在本权请求权,因此,可以叫作无本权请求权的绝对权,如人格权、一般的物权、一般的知识产权;有的绝对权包含本权请求权。请求权的基本类型是:

1. 债权

债权是当然的请求权性质的权利,其基本内容就是请求权。其权利的内容,就是债权人请求债务人实施一定的行为,以实现自己的债权。

2. 相对性的绝对权内容中的请求权

在某些绝对权中,其某些内容具有请求权的性质。这主要表现在:

(1)身份权的本权请求权。在配偶权、亲权以及亲属权中,都存在某些请求权。诸如配偶权的扶养给付请求权,亲权中的抚养请求权、抚育费给付请求权,亲属权中的赡养给付请求权、扶养给付请求权等,都是身份权中的本权请求权。

(2)共有权中共有人之间的本权请求权。在一般的物权中并不存在请求权,因为物权的基本属性是支配权而不是请求权。但是,在共有权中,两个以上的共有人构成权利主体,在权利主体上形成了多数,因此,在共有人之间存在请求权。例如,对共有财产管理费用的给付请求权,就是这样的权利。

(3)继承权的本权请求权。继承权是继承人继承被继承人遗产的权利,其基本性质也是支配权,而不是请求权。但是,由于继承权会存在多数人继承的情况,在共同继承遗产中,

---

〔20〕 本节讨论的是作为民事权利类型的请求权,不包括作为民事权利保护方法的请求权。

〔21〕 参见王家福主编:《中国民法学·民法债权》,法律出版社1991年版,第7页。

〔22〕 参见梁念曾:《中国民法总论》,建设印刷所1948年版,第21页。

会出现共同继承人之间的请求权,如遗产管理费用的支付请求权。

(4)知识产权中的本权请求权。一般的知识产权不存在请求权,但在共有的知识产权中,存在权利主体之间的请求权。

(三)请求权的特点

第一,请求权的义务人具有特定性。请求权的权利人具有特定性自不待言,其义务人也须特定。权利人只能向特定的义务人提出作为或不作为的请求,而不能向义务人之外的其他第三人提出请求。因此,请求权法律关系具有相对性,是发生在特定的权利人和义务人之间的法律关系。

第二,请求权的客体是义务人的行为。义务人的行为包括作为(积极地为一定行为)和不作为(消极地不为一定行为)。在现代民法中,权利人不能直接对他人人身进行支配,所以,请求权人不能依赖自己单方的意思直接支配标的物从而实现权利,必须通过义务人的行为来进行。在义务人不履行义务时,权利人可以通过诉讼请求法院强制义务人履行义务。

第三,请求权通常无须公开。请求权的义务人是特定的人,第三人无须知悉权利的存在,与支配权完全不同,因此,法律不要求请求权必须通过一定方式进行公示。在通常情况下,由于第三人的原因导致义务人不能履行义务时,权利人不能向第三人提出请求;但如果该第三人明知权利的存在,故意通过一定的行为使债务人不履行义务的,权利人对该第三人产生侵权请求权,可以向该第三人提出请求。这就是第三人侵害债权制度。

三、抗辩权

抗辩权,是专指对抗他人请求权行使的权利,也就是拒绝相对人请求给付的拒绝给付权。故谓之抗辩权者,于他人请求给付时得为拒绝权利也。[23]

(一)抗辩权的概念和特征

抗辩权有广义和狭义之分。广义的抗辩权是妨碍他人行使其权利的对抗权。至于他人行使的权利是否为请求权,在所不问。就逻辑上而言,无请求即无抗辩,无请求权即无抗辩权存在的必要。如果将请求权比作矛,抗辩权就是盾。所以,民法上的抗辩权应仅指狭义的抗辩权。狭义的抗辩权乃专指对抗他人请求权行使的权利,也就是拒绝相对人请求给付的拒绝给付权。

抗辩权相对应的是请求权和形成权。与请求权和形成权相比较,抗辩权具有以下几个基本特征:

第一,抗辩权具有永久性。关于抗辩权是否有一定的期限限制问题,有学者认为,抗辩权大多有期限限制。因为请求权是有时效限制的,因而作为其反面的抗辩权,原则上也应当有期限限制,否则会使已经形成的法律关系处于不确定状态。该期限可能是法定的,也可能是法律没有规定的;而且同时履行抗辩权也应在履行期限内提出。[24] 但另有学者认为,权利若表现为攻击的形态,即要求对方变更现状的形态,表现于诉讼上,自会产生权利行使期

---

〔23〕 参见梁念曾:《中国民法总论》,建设印刷所 1948 年版,第 22 页。

〔24〕 参见王利明:《民法总则研究》,中国人民大学出版社 2003 年版,第 221 页。

间限制(消灭时效)的问题;反之,以防御的形态即以抗辩权的形态,对他方的变更现状请求主张消极的现状维持,表现于诉讼上时,则不应受到权利行使期间的限制,即抗辩权具有“永久性”的特征。简言之,即消灭时效只能在请求权里存在,反之,在抗辩权里则不受此限制。[25] 特别应注意的是,这里所说的“永久性”与下文所述的抗辩权分类中的永久抗辩权的“永久”不可混为一谈。永久抗辩权的“永久”系就其效力可永久排除对方的请求而言,而“永久性”的“永久”则指抗辩权不单纯因时间之经过而消灭而言。故不但永久抗辩权具有永久性,而延缓的抗辩权亦具有永久性。[26] 例如,同时履行抗辩权为延缓的抗辩权,虽然应在履行期限内提出,然而如果对方永久不为对待给付而向此方请求,则此方即可以永久行使抗辩权,不能单纯因时间的经过而使抗辩权消灭。

第二,抗辩权具有无被侵害的可能性。凡是权利,无论是绝对权还是相对权,虽然其权利内容不一,但均有不被侵害的效力,任何人都负有不得侵害的消极义务,这已成为权利的共同属性。但是抗辩权却例外,它没有被侵害的可能,不能成为侵权行为的对象。因为抗辩权在行使前,对原法律关系不产生任何影响,但一经行使,具体的权利义务关系随即发生一定的变化,他人没干预的机会。抗辩权在行使的过程中也没有被侵害的可能,因为抗辩权的行使行为是一种单方法律行为,权利人只要将其意思通知送达于对方就可以立即产生法律后果,无须他人行为的介入,因而也就没有被侵害的可能。

第三,抗辩权具有不可单独让与性。抗辩权是否可以单独转让,目前为止学界仍有疑义,但学者对于抗辩权可否单独转让也没有进行比较深入的讨论,通常认为须附随其所附的基本权利义务一起让与方可。可是,如果权利人或义务人把抗辩权单独让与,受让人是否可以取得抗辩权?我们认为,抗辩权为附属一定法律关系上的权能,其实质是权利的作用,抗辩权与所依附的基本权利义务的关系至为密切,而权利的作用须依附在基本权利义务的法律关系下才能够发挥其效能,因此,抗辩权的行使具有专属性。抗辩权一旦与基本法律关系分离,则作用本身无法单独存在,也将无行使的可能,故具有不可单独转让的特征。

第四,抗辩权具有无相对义务观念性。所谓无相对义务观念性,是指“无须相对人介入”。[27] 也就是说,因抗辩权无须相对人的协力,因而抗辩权无相对义务观念。相比较,请求权作为一种相对权,在其法律关系中,一方当事人享有权利,相对方当事人总要负有某种义务,权利人权利的实现是建立在义务人履行作为或不作为义务的基础上的,即必须介入相对人的行为才可以实现其权利。由于抗辩权具有无相对义务观念性,因此,在抗辩权法律关系中,只要权利人将抗辩的意思表达于对方,即可产生法律规定的效果,既不需要相对人的作为或者不作为,也不需要相对人对该意思通知表示同意或不同意,也就是说,相对人不负任何义务。

(二)抗辩权的类型

抗辩权以区别标准之不同可作如下分类:

1. 独立抗辩权与从属抗辩权

抗辩权以其是否从属于主债权为区别标准,可分为独立抗辩权与从属抗辩权。

---

〔25〕 参见刘得宽:《民法诸问题与新展望》,中国政法大学出版社 2002 年版,第 539 页。

〔26〕 参见郑玉波:《论抗辩权》,载《民商法问题研究》(四),三民书局 1991 年版,第 45 页。

〔27〕 林诚二:《论形成权》,载杨与龄主编:《民法总则争议问题研究》,台北,五南图书出版股份有限公司 1999 年版,第 77 页。

独立抗辩权的权利人,自己不必有主债权存在,仅对于他方债权的行使,可以进行抗辩。此时对方的债权称为附有抗辩权的债权,其效力是不完整的。例如,时效完成抗辩权、先诉抗辩权均为独立的抗辩权。

从属抗辩权的权利人,自己须有请求对待给付的债权,其抗辩权即从属于该债权而存在,提供担保作用。因而,该债权一旦消减,则其抗辩权亦随之消减。例如,同时履行抗辩权就是从属抗辩权。应注意的是,所谓的从属抗辩权的从属性,是从属于有抗辩权一方的债权而言的,但对其相对人的债权而言,则并非具有从属性,只能说相对人债权是附有抗辩权的债权,其效力不完整而已,两者不可混为一谈。

2. 永久性抗辩权、延缓性抗辩权和限制性抗辩权

抗辩权以其效力强弱的不同为区别标准,可分为永久性抗辩权、延缓性抗辩权和限制性抗辩权。

永久性抗辩权是指该抗辩权的行使可使请求权行使的效力被永久排除,其在诉讼上的效果,可使原告的诉讼请求得到驳回的裁判,如时效完成的抗辩权。有人认为,在德国法上,对不法行为取得的债权的抗辩(《德国新民法典》〔28〕第853条)、请求履行的债务,是没有法律上的原因而承担的抗辩(《德国新民法典》第821条),也是一种永久抗辩权。〔29〕但我们认为,这两种"抗辩权"所对抗的请求权,均无合法的权原,双方之间的法律关系建立在无效的法律行为基础之上,其权利的存在或存续本身就没有合法的基础,因此,对抗方是否认其请求权本身,应属于事实抗辩,而不是抗辩权。还有人认为,债的消灭如清偿、混同也属于永久抗辩权。〔30〕这种观点并不正确。如前所述,抗辩权是以对方请求权的有效存在为基础的,而事实抗辩则是以否认对方请求权为前提。债的消灭的抗辩是以对方请求权已经消灭为由,它应当属于事实抗辩而不是抗辩权。

延缓性抗辩权是指仅能使对方请求权于一定期间内不能行使或暂时地排除其请求权的效力,故也称为一时的抗辩权。〔31〕延缓性抗辩权主要有同时履行抗辩权、后履行抗辩权、不安抗辩权、先诉抗辩权和穷困抗辩权。

限制性抗辩权的效力表现在:义务人承认存在请求权,主张此种限制性抗辩权既不能永久性地,也不能暂时性地阻止权利人请求权的效力,只能令权利人有限地行使其请求权。《民法典》继承编第1161条第1款前段规定,继承遗产应当清偿被继承人依法应当缴纳的税款和债务,缴纳税款和清偿债务以其遗产实际价值为限。这就是限制性抗辩权。

(三)抗辩与抗辩权的区别

抗辩(事实抗辩)和抗辩权(权利抗辩)尽管在民事诉讼中都表现为实体法上的抗辩,但这两者之间还存在以下区别:第一,实体上的抗辩权为一种权利的作用,它以请求权的有效存在为前提,它表现为一种对抗权。而抗辩则为一种被告用以防御方法之主张,这种主张表现为否认请求权形成或存续合理性,不是以原告权利之存在及有效为前提。第二,实体法上之抗辩权,须法律条文中有明文规定,它是一种法定的权利。而事实抗辩为诉权之行使,只

〔28〕这是指2002年1月1日《德国债法现代化法》施行后,重新颁布的《德国民法典》。

〔29〕参见[德]卡尔·拉伦茨:《德国民法通论》(上册),王晓晔等译,法律出版社2003年版,第330页。

〔30〕参见林诚二:《民法总则编讲义》(上),瑞兴图书股份有限公司1996年修订版,第77页。

〔31〕参见郑玉波:《民商法问题研究》(四),三民书局1991年版,第43页。

要有可以防御原告主张的事实存在,就可以主张。正如有人指出的那样,"《民事诉讼法》中的抗辩是指所有的'事实上的主张',它们或者提出些诉讼的前提条件,或者是对于原告的实体法权利提出问题"。[32] 第三,实体法上的抗辩权与事实抗辩(权利障碍之抗辩、权利毁灭之抗辩)的区别还体现在证明责任的分配上,即是否必须由当事人主张,法院才加以审查。

抗辩权既然为一种权利,其效力不过是对已存在的请求权发生一种对抗的权利而已。而作为权利而言,义务人是否主张有其自由,当事人是可以放弃的。所以在诉讼中,义务人放弃抗辩的权利时,法院不得审究,须经当事人主张,法院方加以斟酌。而事实抗辩则为一种事实,这种事实的存在与否直接决定着原告请求权的有效存在与否,足以使原告请求权归于消灭。故在诉讼进行中,当事人纵未提出抗辩,法院有时也应查明案件事实,如果认为有抗辩事由的存在,为当事人的利益,须依职权予以有利之裁判。在诉讼中,当事人即使提出了事实抗辩和抗辩权,也会产生不同的后果。在当事人提出了事实抗辩的情况下,法官也应当依职权注意当事人所主张的事实抗辩,因为这总是或者涉及合法性问题,或者涉及权利争议整体问题,或者涉及法律救济问题等,这里法院原则上不受双方当事人行为的拘束,特别是不受自认的拘束,并且应当自己主动审查事实。而在当事人一方提出了抗辩权的情况下,法院要受到双方当事人行为特别是自认的拘束。

四、形成权

(一)形成权的概念、特征和形成理由

形成权是一种重要的权利类型,在民法中应用范围极广。《民法典》总则编没有对形成权作出一般性规定,只是在第199条规定除斥期间的条文中,体现了形成权的概念,并规定其适用除斥期间,确定形成权的存在期限。

1. 形成权的概念

形成权是指当事人一方可以以自己的单方意思表示,而不需要他方相应地作出某种行为,即可使法律关系发生变动的民事权利。故谓之形成权者,因一方之行为使某种权利发生变更或消灭之权利也。[33]

享有形成权,意味着法律赋予主体一种单方面的法律之力,即在特定情形下,法律允许权利主体对某项法律关系采取单方面的行动,不需要另外一个人的参与。形成权人的权利对应着相对人"受约束"或"受制约"的法律状态,其必须接受他人作出的决定。[34]

形成权包括约定形成权和法定形成权,前者系当事人意思自治的结果,是一个开放的子系统;后者是基于法律的特别规定,有严格的行使条件,如追认权、撤销权、解除权、抵销权等。

2. 形成权的特征

(1)单方行为形成性。形成权的单方形成性表现在以下三个方面:一是单方的法律之力是形成权区别于其他权利类型的核心特征。形成权人可依单方行为引发法律关系得丧变

〔32〕 [德]卡尔·拉伦茨:《德国民法通论》(上册),王晓晔等译,法律出版社2003年版,第333页。
〔33〕 参见梁念曾:《中国民法总论》,建设印刷所1948年版,第21页。
〔34〕 参见[德]迪特尔·梅迪库斯:《德国民法总论》,邵建东译,法律出版社2000年版,第74~75页。

更的法律效果,而形成权相对人得忍受自己的法律地位经由他人权利的行使而生变化,足见形成权法力之强大。二是这种单方之力的行使主要是意思表示,但不限于意思表示,事实行为也可以成为形成权的行使方式。三是“形成”是就该权利的作用而言的,形成权的客体是法律关系,其作用力在于“形成力”,即权利人能够单方面设定、变更或者消灭特定法律关系的力量。泽克尔将其概括为“形成一定法律关系”。[35]

(2)权利拘束对应性。形成权的拘束对应性表现在:形成权是一种“权利”而非“权能”。形成权符合权利的本质。形成权体现的利益虽需借助其他制度设计来实现,但实际上,形成权的享有和行使本身就体现为一种利益;此外,权利中所包含利益的直接或间接实现,仅仅是实现手段的差别,不能否认利益的客观存在。权能是权利的要素,体现权利的作用;形成权与支配权、请求权等是从权利作用的角度对权利体系进行的类型化构建。

(3)不可单独让与性。形成权的不可单独让与性的表现是:第一,形成权具有依附性。形成权与和它有关的法律关系中的人和法律地位结合在一起,要么不能转让,要么只能和权利人的地位一起在有关的法律关系中转让。[36] 第二,形成权具有专属性。其专属于它所依附的法律关系的权利人。这种专属性是流动的,依附性是第一性,专属性为第二性,形成权随着其所依附的法律关系的转让而移转于权利的受让人。

(4)无被侵害可能性。形成权的无被侵害可能性的表现是:第一,形成权在行使前,为特定法律关系的权利人所享有,仅是一项抽象的存在,权利人以外的任何人无法触及,更谈不上侵害。第二,形成权在行使时,系形成权人的单方行为,相对人处于受“拘束”的法律状态,且其一经行使即生效,权利在行使的瞬间实现了自身价值,这种瞬时性权利,不存在被他人侵害的可能性。第三,形成权在行使后,由于该权利的特征在于行使,即“权利行使 = 权利内容的实现 = 权利消灭”,已消灭的权利不可能成为侵权行为的客体。“若谓有侵害存在,则所侵害者为含有形成权之原来的法律关系,甚或权利人身份权、财产权而言。”[37]

3. 形成权的形成理由

由于权利人仅凭其单方意思即可产生使法律关系发生变动的效力,所以学者认为,形成权乃私法上之利器,威胁法律关系的稳定。[38] 形成权的行使本身作为契约原则的例外,须有充分的存在理由。德国学者称此理由为“形成理由”。[39]

形成权多数来自法律直接规定,也有来自“缔约自由”范围内的当事人约定。[40] 在形成

---

〔35〕 Emil Seckel, Die Gestaltungsrecht des Bürgerlichen Rechts, Wissenschaftliche Buchgemeinschaft Darmstadt, 1903, SS. 8 – 9. 申卫星:《形成权基本理论研究》,载中国民商法律网:http://www.civillaw.com.cn/article/default.asp?id = 25598。

〔36〕 参见[德]卡尔·拉伦茨:《德国民法通论》(上),王晓晔等译,法律出版社 2003 年版,第 292、281 页。

〔37〕 林诚二:《论形成权》,载杨与龄主编:《民法总则争议问题研究》,清华大学出版社 2004 年版,第 65 页。

〔38〕 参见林诚二:《论形成权》,载杨与龄主编:《民法总则争议问题研究》,台北,五南图书出版股份有限公司 1999 年版,第 65 页。

〔39〕 [德]卡尔·拉伦茨、[德]曼弗瑞德·沃尔夫:《德国民法中的形成权》,孙宪忠译,载《环球法律评论》2006 年第 4 期。

〔40〕 参见[德]卡尔·拉伦茨、[德]曼弗瑞德·沃尔夫:《德国民法中的形成权》,孙宪忠译,载《环球法律评论》2006 年第 4 期;申卫星:《形成权基本理论研究》,载梁慧星主编:《民商法论丛》(第 30 卷),法律出版社 2004 年版,第 15 页。

权是依据当事人约定的情况下,形成权相对人的同意就成为对方侵入其权利范围的正当理由;[41]在形成权是依据法律规定时,形成权侵入的界限以及理由即来自法律。[42]法律规定各形成权的理由也不尽一致,如受欺诈或胁迫的合同当事人的撤销权,是为了保护表意人的真正意思表示;法定解除权在于反映可归责于他方的给付困难;合同终止权的规定,在于使当事人相对容易接受那些无限期的或受到干扰的长期债务关系的约束;而抵销权则可以避免不必要的给付和对待给付,以简化给付的过程。[43]综上所述,形成理由一是约定情形下当事人的意思自治,二是法定情形下法律对各特殊利益状态的具体考量。

(二)形成权的地位和类型

1. 形成权在权利体系中的地位

抗辩权与形成权的区别决定了其独立于形成权的必要性。首先,二者性质不同。抗辩权是消极性、防御性的权利;而形成权是积极性、侵入性的权利。其次,二者行使方式不同。抗辩权仅仅针对请求权;而形成权作用于特定法律关系。最后,二者行使效果不同。抗辩权分为延缓抗辩权和限制性抗辩权,前者仅使法律关系处于暂时停滞状态,后者虽涉及权利消灭问题,但这种消灭并非权利的绝对消灭,只是使其丧失请求力;而形成权会直接导致法律关系的产生、变更与消灭,消灭的情形系权利的绝对消灭,其作用力远远强于抗辩权。

形成权与支配权、请求权应属并列关系。此外,由前述分析可知,抗辩权是独立于形成权的权利存在,有其独特作用和价值,故四者在权利体系的位阶上应是同样的,反映了权利作用的不同方式,作用力的多样性应没有高低之别。

2. 形成权的类型

(1)法定形成权与约定形成权。这是按照形成理由的不同而作的分类。法定形成权,是产生于法律直接规定的形成权。大多数形成权来自法律的直接规定,如法定解除权、追认权、撤销权、优先购买权等。约定形成权产生于“缔约自由”范围内当事人的约定,如约定解除权等。

(2)单纯形成权与形成诉权。这是按照形成权行使方式的不同而作的分类。单纯形成权,是无须通过法院(或仲裁机构),由形成权人以单方意思表示进行,当相对人了解,或到达相对人时发生效力的形成权。形成诉权,即必须以向法院(或仲裁机构)提起诉讼(或仲裁),通过法院的判决(或仲裁机构的裁决)来确定其效力的形成权。如对因重大误解而订立的或显失公平的民事行为的变更权和撤销权、债权人撤销权、违约金数额增减请求权和婚

---

〔41〕德国学者拉伦茨教授在论及先买权时分析了形成权不是抵触而恰恰符合私法自治原则,他指出:“反对形成权理论的主要论据是仅借单方表示即可创设一种债之关系,是‘一种体系上不能维持的权限’。然而,在法定先买权的情形,他却也认可这种权限,因此,其只能意指:此种权限在私法中是‘不能维持’的,因其抵触私法自治原则。然而,在私法中只能通过契约,质言之,透过义务人的认可,才能赋予先买权,因此可以认为,如是已满足此原则的要求。任何人借契约赋予他人先买权,其因此受他人未来决定的拘束,此与其受自己契约要约的约束并无不同,其为他人设定选择权或解约权之情形亦无差异。因此,巴勒施泰特的疑虑并无根据。依前所述,则将先买权构想为一种形成权,殆系最能配合事物情况者。”[德]卡尔·拉伦茨:《法学方法论》,陈爱娥译,商务印书馆 2003 年版,第 322 页。

〔42〕参见[德]卡尔·拉伦茨、[德]曼弗瑞德·沃尔夫:《德国民法中的形成权》,孙宪忠译,载《环球法律评论》2006 年第 4 期。

〔43〕参见申卫星:《形成权基本理论研究》,载梁慧星主编:《民商法论丛》(第 30 卷),法律出版社 2004 年版,第 15 页。

姻撤销权等。

(3)设立性形成权、变更性形成权与消灭性形成权。这是按照形成权行使的法律效果不同而作的分类。设立性形成权,是因形成权的行使而创设一定法律关系的形成权。例如,对无主物的先占权、出典人对典物的回赎权、先买权和追认权。变更性形成权,是因形成权的行使而使既有法律关系发生变更的形成权。例如,选择之债中的选择权、损害赔偿权人多种救济方法的选择权、定金和违约金并存时适用何者的选择权等。消灭性形成权,是因形成权的行使而使既有法律关系消灭的形成权。例如,撤销权、抵销权、解除权、终止权、免除权、离婚权、主张婚姻无效权、继承抛弃权等。

(4)财产性形成权、身份性形成权与身份兼具财产性形成权。这是按照形成标的不同而作的分类。其一,财产性形成权,是形成权行使的效果只变动财产权关系的权利,又分为债权性形成权与物权性形成权。债权性形成权即形成权行使的效果,只变动债权关系。如合同解除权、追认权、先买权、租赁合同终止权。物权性形成权即形成权行使的效果,只变动物权关系。如共有物的分割请求权。其二,身份性形成权,是形成权行使的效果,足以导致当事人之间的身份关系发生变动。如非婚生子女认领权、离婚权、收养终止权。其三,身份兼具财产性形成权,是以身份资格为前提而导致财产变动的形成权。如对继承的放弃权。

(三)形成权的行使与限制

1. 形成权的行使方式

形成权的行使是单方形成行为,即具备使法律关系得丧变更之力的单方行为,主要是以意思表示为核心的单方法律行为,即“一般都是通过对该形成权的对方所作的意思表示来完成的”。[44]

一般而言,形成权的行使由形成权人单方行为即可实现其法律效果;在特定情形下,基于相对方法律关系介入的难度或公共利益的考虑,法律要求形成权人通过诉讼的方式行使该权利,相应地,法律效果在裁判确定后才发生。前者称为“单纯形成权”,后者称为“形成诉权”。形成诉权之所以是形成权的子类,理由在于:第一,最终通过法院完成的形成行为,有赖于权利人提起诉讼并作相关主张的意思行为;第二,形成权相对人要接受法院作出的形成后果,与形成权人径行行使权利时受到的“拘束”状态效果一样。[45]

2. 形成权存在的合理性

如前所述,形成权概念的提出,是基于权利体系完备的需要、法律关系明晰的考量,以及实体程序衔接的诉求,这是其产生的形式合理性。

而形成权行使的“单方形成之力”及其对相对方的“拘束”作用、对法律关系的“侵害机能”,使我们反思其存在的实质合理性。

约定形成权是当事人在合同中,对形成权的设立及内容意思表示一致的结果,约定合同解除权便是典型,其充分尊重了私法自治的基本原则。形成权人得以依凭单方之力对他人的法律地位加以干涉,是因为事先取得了该人的同意;形成权相对人处于受拘束的法律状态,系其履行合同的必然要求。

---

〔44〕［德］卡尔·拉伦茨:《德国民法通论》(上),王晓晔等译,法律出版社2003年版,第291页。

〔45〕参见［德］卡尔·拉伦茨:《德国民法通论》(上),王晓晔等译,法律出版社2003年版,第291～292页。

法定形成权是基于法律规定而产生的,散见于法条中的具体形成权,是赋予形成权人对特定法律关系采取单方面行动的权利。其合理性需要结合具体制度来分析。如合同撤销权,是为了保护表意人的真实意思,维护静态交易安全;[46] 抵销权是为了"避免不必要的给付和对待给付,以简化给付的过程";[47] 追认权是为了弥补行为人意思能力的不足或对交易之物处分权的欠缺。

3. 形成权行使的限制

形成权从一定意义上说,"意味着对债法上的合同原则的偏离",[48] 其虽具形式和实质合理性,但行使上仍需受到限制,以纠偏相对人的"不利地位",实现利益的相对衡平,表现在:

(1)内部限制。约定形成权的行使条件可由当事人具体确定;对于法定形成权,法律规定了特定的事实作为其前提条件,该特定事实在学理上称为"形成原因"。[49] 法定形成权在制度设计的过程中,通过严格的构成上的限制性规定,为其自身提供合理性根据。

形成权行使须符合"可识别性"要求。表现有二:

一是形成权的行使通常不得附有条件或期限。形成权的行使凭借单方之力使法律关系发生变动,从一种稳定状态过渡到另一种稳定状态,如果允许其附条件,则拉长了法律关系的变动过程,使法律关系的变动效果依赖于未来不确定的因素,不利于法律关系的明确和法律秩序的稳定。

二是形成权的行使原则上不能撤销。形成权的行使以单方意思表示为主要方式,采到达主义,即到达相对人时即生效力,不得撤销是基于法律关系稳定性的考虑;但在到达相对人之前或同时到达相对人时,得允许形成权的撤回,因其并未对对方产生实质影响,也未使法律关系再度面临不确定的危险,应尊重形成权人无涉他人情况下的最终意思。同时,不可撤销也有例外。如果相对人同意该撤销,或者对之前的形成行为表示异议从而在实际上与原形成权人达成一项新的合意,即"一个放弃形成效果的契约",[50] 则赋予了原形成权人一项新的形成权,允许其以一个新的形成行为再度改变法律关系,达到"撤销"的法律效果。

除斥期间也从时间上限定了形成权的行使,逾期则权利本身归于消灭,从而督促权利人尽快行使权利,使法律关系的变动风险限制在可预期的时间范围内。《民法典》第199条规定:"法律规定或者当事人约定的撤销权、解除权等权利的存续期间,除法律另有规定外,自权利人知道或者应当知道权利产生之日起计算,不适用有关诉讼时效中止、中断和延长的规定。存续期间届满,撤销权、解除权等权利消灭。"

(2)外部限制。形成权的外部限制是指一般法律原则对形成权行使的规制。"除了由于权利的特别内容而产生的对权利的限制外,还有一些共同的限制,适用于所有的权利",主要包括:诚实信用原则、禁止权利滥用和权利失效规则等。[51]

---

〔46〕 参见陈华彬、陈军勇:《形成权论》,载《广西社会科学》2006年第4期。

〔47〕 [德]迪特尔·梅迪库斯:《德国民法总论》,邵建东译,法律出版社2000年版,第75页。

〔48〕 [德]迪特尔·梅迪库斯:《德国民法总论》,邵建东译,法律出版社2000年版,第75页。

〔49〕 [德]卡尔·拉伦茨:《德国民法通论》(上),王晓晔等译,法律出版社2003年版,第291~292页。

〔50〕 [德]卡尔·拉伦茨、曼弗瑞德·沃尔夫:《德国民法中的形成权》,孙宪忠译,载《环球法律评论》2006年第4期。

〔51〕 关于"权利的界限",可参见[德]卡尔·拉伦茨:《德国民法通论》(上),王晓晔等译,法律出版社2003年版,第304~312页;林诚二:《论形成权》,载杨与龄主编:《民法总则争议问题研究》,清华大学出版社2004年版,第71~73页。

第三节　《民法典》总则编规定的民事权利

典型案例

原告严某系唐山市路北区东窑庄×号自建平房的所有权人。2011年被告供电公司改电表时,将两个表箱8块电表悬挂于原告平房的外墙上。原告就此事与被告多次协商未果,被告将原告的电表拆除,停止给原告提供生活用电,并要求原告补交电费及违约金。原告向法院起诉,请求被告停止侵害其房屋所有权,并承担停止供电的违约责任。

一、人身权利

(一)人格权

1.一般人格权和人身自由权

《民法典》第109条规定的是人格尊严和人身自由权。《民法典》总则编之所以将这两个权利规定在一个条文中,是因为这两个权利是《宪法》规定的人格权利,因而在此将其转化为民事权利。

人格尊严是一般人格权的一般表述。一般人格权是指民事主体享有的,概括人格独立、人格自由、人格尊严全部内容的一般人格利益,并由此产生和规定具体人格权,同时对具体人格权不能保护的人格利益进行保护的抽象人格权。

人身自由权是指自然人在法律规定的范围内,按照自己的意志和利益进行行动和思维,人身不受约束、控制或妨碍的权利。其客体人身自由,是自由中的一种表现形式,是指人的身体和思维不受约束、不受控制和不受限制的状态,包括身体自由和思维自由。人格权法研究的自由,是人身自由,而不是一般的自由。人身自由权的内容包括身体自由权和思维自由权。

2.其他具体人格权

《民法典》第110条规定的是具体人格权。

生命权是指自然人维持其生命存在,以保证其生命安全利益为基本内容的具体人格权。生命权是一项具有普世性的基本人权。

身体权是自然人维护其身体完整并支配其肢体、器官和其他组织的具体人格权。身体权的内容保护身体完整权、身体利益支配权和身体权请求权。

健康权是指自然人以机体生理机能正常运作和功能完善发挥,从而维持生命活动的利益为内容的具体人格权。

姓名权是指自然人决定、使用和依照规定改变自己姓名,并维护其姓名利益的具体人格权。

名称权是指法人和非法人组织依法享有的,决定、使用、改变自己的名称,依照法律规定转让名称,并排除他人非法干涉、盗用或冒用的具体人格权。

肖像权是自然人以对在自己的肖像上所体现的精神利益和财产利益为内容的具体人格权。

名誉权是指自然人和法人、非法人组织就其自身属性和价值所获得的社会评价,享有的保有和维护的具体人格权。

荣誉权是指自然人、法人和非法人组织对其获得的荣誉及其利益所享有的保持、支配的具体人格权。

隐私权是自然人享有的对其个人与公共利益无关的私人信息、私人活动和私人空间等私生活安宁利益自主进行支配和控制,不得他人侵扰的具体人格权。

婚姻自主权是自然人按照法律规定,自己作主决定其婚姻的缔结和解除,不受其他任何人强迫或干涉的具体人格权。其权利内容包括订婚自主权、结婚自主权和离婚自主权。

3. 个人信息权

个人信息权,是指自然人依法对其本人的个人资料信息所享有的支配并排除他人侵害的人格权。

信息权的义务人及应当承担的义务:(1)一般义务人承担的一般保护义务,即信息权的权利人之外的任何义务人,都负有不得侵犯权利人个人信息的义务;(2)负有保护自然人个人信息权的特别义务主体,即《民法典》第 111 条中规定的有权依法取得个人信息的任何组织和个人,负有特别保护义务,即确保依法取得的个人信息安全,不得非法收集、使用、加工、传输他人个人信息,不得非法买卖、提供或者公开他人个人信息。违反这样的义务,应当承担侵权责任。

(二)身份权

身份权是指自然人基于特定的身份关系产生并由其专属享有,以其体现的身份利益为客体,为维护该种关系所必需的权利。换言之,身份权就是由亲属身份关系发生的权利。[52]《民法典》第 112 条中"自然人因婚姻家庭关系等产生的人身权利",就是身份权,包括配偶权、亲权和亲属权。

配偶权也称配偶身份权,[53]是指夫妻之间互为配偶的基本身份权,表明夫妻之间互为配偶的身份利益由权利人专属支配,其他任何人均负不得侵犯的义务。

亲权是指父母对未成年子女在人身和财产方面的管教和保护的权利与义务。[54]

亲属权也称其他亲属权,[55]是指除配偶、未成年子女与父母以外的其他近亲属之间的基本身份权,表明这些亲属之间互为亲属的身份利益由其专属享有和支配,其他任何人均负不得侵犯的义务。

二、财产权利

《民法典》第 113 条规定:"民事主体的财产权利受法律平等保护。"在该条之下,规定了

〔52〕 参见林菊枝:《亲属法新论》,台北,五南图书出版股份有限公司 1996 年版,第 16 页。
〔53〕 参见杨大文主编:《婚姻家庭法》,中国人民大学出版社 2012 年版,第 106 页。
〔54〕 参见李志敏主编:《比较家庭法》,北京大学出版社 1988 年版,第 227 ~ 228 页。
〔55〕 参见官玉琴:《亲属身份权理论与实务》,厦门大学出版社 2007 年版,第 214 页。

民事主体享有的具体财产权利。

(一)物权

《民法典》第 114 条规定:“民事主体依法享有物权。物权是权利人依法对特定的物享有直接支配和排他的权利,包括所有权、用益物权和担保物权。”物权的种类和内容,由法律规定。

物权包括所有权、用益物权、担保物权以及占有。

(二)债权

《民法典》第 118 条规定:“民事主体依法享有债权。债权是因合同、侵权行为、无因管理、不当得利以及法律的其他规定,权利人请求特定义务人为或者不为一定行为的权利。”

债权包括合同之债、侵权之债、无因管理之债、不当得利之债以及其他法律规定的债。

(三)知识产权

《民法典》第 123 条规定:民事主体依法享有知识产权。知识产权是权利人依法就智力成果享有的专有的权利。知识产权主要包括著作权、商标权和专利权,以及数据专有权等其他知识产权。

(四)继承权

继承权是指自然人按照被继承人所立的合法有效的遗嘱或者法律的直接规定而享有的继承被继承人遗产的权利。在继承中,遗留财产的死者称为被继承人;被继承人的财产称为遗产;取得遗产的人称为继承人;继承人继承遗产的权利称为继承权。

(五)股权等投资性权利

股权是指股东基于出资行为,在依法设立的公司中取得股东地位或者出资人资格,在公司中享有的以财产收益权为核心,并可以依法参与公司事务的权利。

其他投资性权利是指民事主体通过投资享有的权利。如民事主体通过购买证券、基金、保险等进行投资,而享有的民事权利。[56]

第四节　民事权利的取得、行使与保护

典型案例

李某与崔某订立房屋租赁合同,合同中约定:李某将其房屋出租给崔某进行服装经营,

〔56〕 参见张荣顺主编:《中华人民共和国民法总则解读》,中国法制出版社 2017 年版,第 412 页。

年租金20万元,每年1月底前交清,租期3年,在承租人支付第一年租金后10日内出租人将房屋交付承租人使用。合同签订后,李某即将房屋腾空,但因崔某未交房租,也就没将房屋交付崔某使用。合同签订30日后,崔某要求李某交付房屋,而李某则主张,崔某未交付房租不能交房。[57]

一、民事权利取得

民事权利的取得,是指民事主体依据法律赋予,或者依据合法的方式或根据,获得并享有民事权利。

通说认为,民事权利的取得方式有两种:一是原始取得;二是继受取得。[58] 不过,这种学说显然没有将人格权的取得概括进来。理由是,根据康德的伦理和法律思想,人对自己人格利益的支配不需要法律承认,便可受到法律的保护。尽管德国法仍然将包括人格权在内的各种原权视为一种法定权利而不是所谓的自然权利,但是,在权利取得上承认其原始性,因此,无须讨论人格权的取得问题。[59] 尽管如此,自然人和法人享有人格权,既不是原始取得,也不是继受取得,而是基于出生而由法律赋予的固有权利。

(一)《民法典》总则编规定的民事权利取得方式

《民法典》第129条规定:"民事权利可以依据民事法律行为、事实行为、法律规定的事件或者法律规定的其他方式取得。"按照这一规定,民事权利取得的具体方式是:

1. 民事法律行为

民事法律行为是取得、变更和消灭民事法律关系的行为,当然也是取得、变更和消灭民事权利的具体方式。正如《民法典》第133条的规定,民事法律行为是民事主体通过意思表示设立、变更、终止民事法律关系的行为。这样的民事法律行为当然是民事权利取得的方式。例如,缔约当事人通过订立合同的行为取得债权。

2. 事实行为

事实行为是法律事实的一种,是指行为人实施的不具有设立、变更和消灭民事法律关系的意图,但是依照法律的规定能引起民事法律后果的行为。事实行为不以意思表示为要素,属于无关乎心理状态的行为,因此,又叫作非表示行为。[60] 事实行为的行为人在实施一定的行为时,在其主观上并没有产生、变更或者消灭某一民事法律关系的意思,但是由于法律的规定,也会引起一定的民事法律后果。事实行为的特征是:第一,行为作为法律事实是一种由事实构成的行为,不包括当事人的意思要素;第二,因事实行为而引起的法律后果非出于当事人的意思表示,而是民法的一种强行性规范;第三,事实行为是一种垫底性的行为,民事法律行为具有行为人的意思表示,因而是穿着民事法律行为外衣的事实行为,然而事实行为没有当事人的意思表示,法律并不赋予其强制的法律后果,只有在其符合法律要求时才产生法律后果。因此,事实行为有合法的也有不合法的,但是当法律规定其发生法律后果时,

---

〔57〕 讨论提示:本案双方当事人通过订立租赁合同,承租人取得了租赁房屋的债权,但由于其一直没有交付租金,而合同约定交付租金是取得租赁权的前提条件,因此,承租人还不能主张行使交付租赁房屋的权利。

〔58〕 参见苏号朋:《民法总论》,法律出版社2006年版,第82页。

〔59〕 参见龙卫球:《民法总论》,中国法制出版社2002年版,第268页。

〔60〕 参见汪渊智:《论民法上的事实行为》,载《山西大学学报》(哲学社会科学版)2003年第3期。

同样可以取得权利。《民法典》物权编第 231 条规定:“因合法建造、拆除房屋等事实行为设立或者消灭物权的,自事实行为成就时发生效力。”这就规定了事实行为取得民事权利和权益变动的效力。例如,从事智力创造活动,拾得遗失物、漂流物等属于合法的事实行为;侵害他人的人身财产则是不合法的事实行为,但是法律规定这些事实行为都产生法律后果,能够取得民事权利。

3. 事件

事件也是法律事实的一种,又称为自然事实,是指与人的意志无关,能够引起民事法律后果的客观现象。[61] 事件与行为相对应,行为是行为人意志可以控制的,在民事法律行为中,行为人以意思表示为核心要素,即使是事实行为,虽然行为人并无意思表示,但仍是行为人意志可以控制的法律事实。但是事件不同,它与民事主体的意志无关,独立于人的意志之外,是不受人的意志控制的客观事实,它的发生、发展,都依照客观规律。但是事件一经发生,在法律规定的范围内可以引起法律后果,取得民事权利。曾经有行政行为或司法行为究竟是事件还是行为的讨论,通说认为法院的判决或者裁定以及行政机关的行政行为,都能够引起一定的法律后果,都是不为人的意志所能控制的,因而属于事件而不是行为。正如《民法典》物权编第 229 条规定:“因人民法院、仲裁机构的法律文书或者人民政府的征收决定等,导致物权设立、变更、转让或者消灭的,自法律文书或者征收决定等生效时发生效力。”这确认了司法行为、仲裁行为和行政行为的法律属性,在民法上属于事件。事件会发生民事权利变动的后果。例如,基于自然人出生的事件,父母和出生的子女之间发生亲权;基于自然人死亡的事件,死者丧失民事权利能力,但是其继承人的继承期待权变为继承既得权,死者的遗产由继承人取得所有权。

4. 法律规定的其他方式

法律规定的民事权利的其他取得方式,主要是法律直接赋予。法律直接赋予的民事权利只有人格权,因此,人格权是固有权利,而不是基于某种事实而取得的权利。人格权的固有性是人格权与其他民事权利的基本区别之一。债权等权利是相对权,物权等权利是绝对权,都有原始取得和继受取得的问题,但都不是民事主体的固有权,不具有固有性,均须依一定的法律事实才能获得。人格权也是绝对权,但人格权的获得不是依一定的法律事实,而是依人的出生。一旦自然人出生、法人成立,就依法享有人格权,并且与民事主体的存在共始终,自然人、法人只要具有法律上的人格,只要还在社会上存在,就享有人格权,既不能因某种事实而丧失,也不能基于某种原因而被剥夺。同样,尽管人格权与身份权都是人身权利,但人格权具有固有性,身份权不具有固有性,而是基于责任人出生的事实而取得。因而身份权与人格权具有不同的属性。

(二)民事权利取得的基本类型

1. 原始取得

民事权利的原始取得,也称民事权利的最初取得,是指不以他人已有的所有权和意志为根据,直接依照法律的规定,通过某种方式或行为取得所有权。

身份权的取得都是原始取得,分别基于两种法律事实而取得:一是基于自然人出生的事

---

[61] 参见王利明:《民法总则研究》,中国人民大学出版社 2012 年版,第 182 页。

实而取得身份权,亲权和亲属权基本上是基于出生的事实而取得。二是基于法律行为而取得,配偶权是基于结婚的事实而取得,收养是基于收养的法律行为而取得亲权或者亲属权。

继承权依据身份关系而取得,实际上是依据出生或者法律行为而原始取得继承权的期待权。

物权的原始取得,主要是通过劳动生产、天然孳息和法定孳息、添附、没收、先占等方式,都是基于法律事实和行为而取得。

知识产权的原始取得,是基于创造性的智力劳动,依据智力成果的法律事实,原始取得著作权、商标权、专利权以及其他智力成果权。

债权的原始取得,主要是依据法律行为取得,是通过双方当事人的法律行为订立合同,原始取得合同债权。其他债权的取得主要依据法律事实,如无因管理、不当得利、单方允诺以及侵权行为。

2. 继受取得

民事权利的继受取得,也称为民事权利的传来取得,是指权利人通过某种法律事实,从原权利人处取得民事权利。换言之,民事权利的继受取得是当事人依赖于他人对该权利的享有,[62]通过权利转移而获得权利。继受取得与原始取得不同,它是以原权利人的权利和权利人转让权利的意志为根据,而发生的权利取得方式。

物权、债权、知识产权都存在权利的继受取得,可以通过法律行为的方式,转让物权、债权和知识产权。买卖、赠与、互易等,都是物权的继受取得。知识产权转让的后果,也发生知识产权的继受取得。债的转移,包括债权转让和债权债务概括转移,实际上的后果都是发生债权的继受取得,受让人继受取得债权。

人格权、身份权以及继承权原则上不得继受取得,因为这些权利具有强烈的人身性,但其中有特例。例如,人格权中的有些权利内容可以转让,他人通过转让继受取得这些权利内容,如肖像权、隐私权等的部分使用权通过转让而继受取得;最特殊的是名称权,尽管它是人格权,但它可以转让,使受让人继受取得名称权。

二、民事权利行使

(一)民事权利行使的概念

民事权利主张、民事权利行使和民事权利实现,是三个紧密相关的概念。

民事权利主张是在民事权利的存在或权利的行使受到妨碍的时候,权利人对特定人提出的承认权利的存在,或者排除妨碍保障权利行使的要求。[63] 它不是权利行使的本身,而是民事权利行使的准备,尚未启动权利实现的过程。

民事权利行使是指民事权利主体具体实施构成民事权利内容的行为,实现其受法律保护的合法民事利益。[64] 换言之,权利之行使者,实现权利内容之行为也。[65] 民事权利的本质,是权利人为实现自身合法权益而得为一定行为或者请求他人为一定行为的可能性。把

---

〔62〕 参见苏号朋:《民法总论》,法律出版社 2006 年版,第 83 页。

〔63〕 参见苏号朋:《民法总论》,法律出版社 2006 年版,第 85 页。

〔64〕 参见江平主编:《民法学》,中国政法大学出版社 2000 年版,第 84 页。

〔65〕 参见曹杰、张正学:《民法总则注释》,商务印书馆 1947 年版,第 331 页。

民事权利的这种可能性变为现实性的具体行为，就是民事权利行使，将民事权利的内容予以实现。

在市民社会，人们所追求的并不是纸面上的权利，而是实际得到的权利。[66] 民事权利实现是民事权利行使的最终目的，是把民事权利的可能性变为最终的现实性，是行使权利的最终结果。

权利主张、权利行使和权利实现三者的关系是：权利主张仅是一定条件下权利实现的准备，其尚未启动权利实现的过程，而权利实现则渗透在权利行使之中，后者是前者的过程。[67] 不过，这仅仅是就民事权利特别是债权的一般情况而言。在绝对权的一般情况中，权利人行使权利并非必须主张，不行为也是在行使权利。例如，人格权和身份权，不主张也是在行使权利，只有当权利受到妨碍或者侵害的时候，才存在权利主张、权利行使和权利实现的问题。

（二）《民法典》总则编规定的民事权利行使规则

1. 自我决定权

民事权利行使的要求是，完全尊重民事权利主体的意愿，这规定的就是自我决定权。

自我决定权作为权利人对自己具体民事权利进行的自我控制与支配，是权利人针对自己的人格发展的要求，做自己权利的主人，决定自己的权利行使，实现自己的人格追求。因此，自我决定权是人格权权能的一种抽象，是一种一般性的概括，针对的是具体的人格要素的权利。[68]《民法典》第130条将自我决定权的含义进一步扩大，概括成权利人对自己所享有的全部民事权利的行使，都有自己决定的权利，大大增加了自我决定权的适用范围，使这一抽象的权利具有更重要的价值和意义。

自我决定权作为一种独立的民事权利，其特征是：第一，自我决定权是一个体现自我价值、根据自己意愿行使权利的权利，其价值表现在对自己民事权利与利益的支配和行使上，对于如何享有自己的权利和行使自己的权利，完全依照自己的自主意愿进行，体现行使权利的自我决定性。第二，自我决定权相对宽泛但缺失独立的保护对象，这个保护对象就是自己享有的所有的民事权利，也包括民事利益。凡是在《民法典》总则编“民事权利”一章中规定的民事权利和利益，都为权利人的自我决定权所支配。第三，自我决定权不是一个具体的民事权利，而是一个支配民事权利的权利，是具有权能性的权利。虽然民法对于权利和权能有明确的区分，但是严格说起来，两者并非泾渭分明，从权能到权利往往只是一线之隔。把民事主体独立、自主支配自己的权利塑造为一个抽象的民事权利，正是民事权利属性的突出体现。因此，《民法典》第130条规定，“民事主体按照自己的意愿依法行使民事权利，不受干涉”，确立了自我决定权，具有重要的价值。

自我决定权的权利内容，就是权利主体对自己所享有的民事权利和利益，依照自己的意愿进行支配，按照自己的意愿行使，通过支配和行使自己的权利，满足自己的要求，实现自我价值。

---

〔66〕 参见李永军：《民法总论》，法律出版社2006年版，第133页。

〔67〕 参见苏号朋：《民法总论》，法律出版社2006年版，第86页。

〔68〕 参见杨立新：《人格权法》，法律出版社2015年版，第127页。

2. 民事权利义务相一致

民事权利与民事义务相一致原则,是指民事权利和民事义务相辅相成,民事权利与民事义务永远相对应,民事主体在行使民事权利时,必须履行民事义务的民法基本准则。

民事权利与民事义务相一致,主要表现在以下几个方面:

(1)就特定的民事权利而言,必然与特定的民事义务相对应。当一个民事主体享有民事权利的时候,必有其他民事主体对该民事权利负有民事义务。在民法领域中,不会存在只有民事权利而没有民事义务相对应的情况,这是因为民事权利的实现,必须要有民事义务的履行,如果没有民事义务的履行,民事权利就是没有意义的。

(2)就特定的民事主体而言,当权利人享有民事权利的时候,必定也负有相应的民事义务。在一个法律关系当中,该民事主体享有民事权利,但在另外一个民事法律关系当中,该民事主体就是义务人,必定负有民事义务。例如,在自己享有名誉权的法律关系中,自己是名誉权人,对自己享有的名誉其他任何人不得侵害;但是在他人的名誉权法律关系中,自己就是民事义务人,对他人享有的名誉权负有不可侵义务。这也体现了民事权利与民事义务的一致性。

(3)就特定的行使民事权利行为而言,当一个特定的权利人行使自己的民事权利时,这个权利人的义务人必须履行自己相应的民事义务,以保障民事权利主体享有的民事权利的实现。在绝对权法律关系中,权利人享有的民事权利的实现,就是他的所有的义务人都负有不可侵义务的履行,只要他们不作为,不侵害权利人的权利,他们就履行了义务,权利人的权利就得到了实现。在相对权法律关系中,权利人和义务人相对应,民事权利和民事义务相对应,民事权利的实现,依靠的就是民事义务的履行,如果相对权的义务人不履行自己的义务,相对权的权利人就无法实现自己的民事权利。

正因为民事权利与民事义务相一致是民法的基本原则,因此,就要求民事主体在行使自己权利的时候,也必须履行法律规定的和当事人约定的义务。首先,这里提出的民事主体行使自己的权利,既包括绝对权,也包括相对权,无论是行使自己的绝对权还是相对权,都要有合法的根据,都是依照法律在行使自己的权利。其次,民事主体在行使自己权利的时候,也应当履行的民事义务,当然也包括绝对权法律关系的民事义务和相对权法律关系的民事义务。在绝对权的法律关系中,义务人所负有的民事义务,通常都是法律规定的,必须按照法律的规定履行自己的民事义务。在相对权的法律关系中,权利和义务基本上是双方约定的,当然也有法律所规定的,无论是法定的义务,还是约定的义务,义务人都必须履行,只有这样,才能够保障权利人的民事权利实现。

(三)民事权利行使的限制

民事权利行使尽管是实现自己的权益,但是,也事关义务人的利益,甚至事关国家、社会的利益。因此,对民事主体行使民事权利,法律在依法保护的同时,也对民事权利行使进行一定的限制,使其不能超越边界。

对于禁止权利滥用原则,《民法典》第132条作了专门规定,“民事主体不得滥用民事权利损害国家利益、社会公共利益或者他人合法权益”。权利人行使权利是自己的自由,但超出必要限度行使权利,就是滥用权利。我国法律一方面鼓励权利人行使民事权利,获得民事利益;但另一方面禁止权利滥用,为权利的行使划清具体的边界,防止因行使权利而损害社会公共利益或者他人的民事权益。

民法典总则编解释第3条规定:“对于民法典第一百三十二条所称的滥用民事权利,人民法院可以根据权利行使的对象、目的、时间、方式、造成当事人之间利益失衡的程度等因素作出认定。行为人以损害国家利益、社会公共利益、他人合法权益为主要目的行使民事权利的,人民法院应当认定构成滥用民事权利。构成滥用民事权利的,人民法院应当认定该滥用行为不发生相应的法律效力。滥用民事权利造成损害的,依照民法典第七编等有关规定处理。”

1. 权利滥用的界定

权利滥用,是指行为人以损害国家利益、社会公共利益、他人合法利益为主要目的行使民事权利的行为。民事权利主体在外表上虽属于行使权利,但在实际上是背离权利本质或超越权利界限的违法行为,其特征是:权利滥用具有行使权利的表征或与行使权利有关,这是权利滥用的形式特征;权利滥用是违背权利本旨或超越权利正当界限的行为,这是权利滥用的实质特征;权利滥用是一种违法行为,这是权利滥用的法律特征。法律对权利滥用行为予以否认或者限制其效力的原则,就是禁止权利滥用原则。[69]

2. 对权利滥用的认定

禁止权利滥用原则宗旨在于民事权利主体行使权利的时候,不得损害他人,因此,这一原则的核心是道德问题,要求权利主体行使自己的权利应当为他人着想,为社会着想,是以社会伦理观念为基础,把这一道德化的准则法律化,成为民法的基本原则。因此,禁止权利滥用原则是法律化的道德准则,具有法律调整与道德调整的双重功能。但是这个原则不确定,外延有十分广泛的行为准则,具有很高的抽象性,这是立法者没有信心将权利滥用的表现形式全部列举出来,事实上也不可能全部列举出来,因而禁止权利滥用原则是一个交给法官的判断准则,在具体审理案件中为法官职业方向,凭法官的良知和良心作出判断,故而禁止权力滥用原则是授权给法官的自由裁量权。

认定权利滥用的标准,是凡行使民事权利违背其本质或超越其正当界限。这是因为行使权利违背其本质或者超越其正当界限,就是与权利的功能不相容的行为,因而就属于权利滥用。对于是否构成权利滥用,法院可以根据权利行使的对象、目的、时间、方式、造成当事人之间利益失衡的程度等因素作出认定。

在具体适用禁止权利滥用原则时,应当严格区分权利、滥用权利和正当行使权利的界限,依据公平、正义的价值判断标准,准确把握权利的本质和权利的正当界限,根据当事人关于行使权利和滥用权利的实际情况作出判断。

3. 权利滥用的后果

构成滥用民事权利,发生两种法律后果:一是法院应当认定该权利滥用行为不发生相应的法律效力,使权利人滥用权利不能产生所预期的效果。二是滥用民事权利造成损害的,依照《民法典》第七编等有关规定处理,即构成侵权责任,承担侵权损害赔偿责任。

(四)民事权利失效

民事权利失效是指权利人长期不行使自己的权利,导致相对人合理地认为权利人不再

---

〔69〕 参见汪渊智:《论禁止权利滥用原则》,载《法学研究》1995年第5期。

行使其权利,则权利人行使权利的行为不受法律保护,权利本身亦不再存在。民事权利失效制度的目的在于保护相对人的信赖利益,如果权利人的积极行为或者消极行为导致相对人产生对权利人的信赖,相信权利人不会行使权利,则相对人的这种信赖应当得到法律的保护。[70]

民事权利失效有以下两种情形:

1. 依据权利人的行为导致民事权利失效

依据权利人的行为导致民事权利失效有两种情形:

(1)权利人通过自己的意思表示或者积极行为,导致相对人认为权利人不再行使权利,但权利人实际又行使权利。对此,由于债权人在一定的时间内不行使权利,债务人在客观考虑情况后,可以认为债权人将不再行使其权利,并且已经采取了相应的措施,因此,债权人延误行使权利违反了诚实信用原则,于此情形下,权利丧失。[71] 例如,合同权利人得知合同解除的事由发生之后,曾经明确表示放弃解除合同的权利,但事后又要解除合同,就属于这种情况。

(2)权利人的不作为在特定情况下,还有其他附加因素时,可以构成民事权利失效。例如,对于无权代理行为,相对人可以催告被代理人在30日内予以追认,被代理人未作表示的,视为拒绝追认,即被代理人通过纯粹的不作为而使其追认权失效。

2. 依照法律规定导致民事权利失效

依照法律规定导致民事权利失效,是由于法律规定的时效制度而使权利人的权利失效。其中包括绝对失效和相对失效。

民事权利因法律规定导致绝对失效,是法律规定的除斥期间的完成,导致民事权利彻底消灭,不得再主张行使。

民事权利因法律规定导致相对失效,是法律规定的诉讼时效期间完成,此时权利人的权利并未完全消灭,不过对方当事人即义务人产生抗辩权,义务人主张诉讼时效期间完成产生的抗辩权,即可对抗权利人的权利行使的请求,义务人不必履行义务;但如果义务人自愿履行义务,权利人相对失效的权利仍可以实现。

三、民事权利保护

(一)民事权利保护方法

对于民事权利的保护,多数学者认为是指主体在其权利受到他人侵害时,有权请求国家机关给予保护,从而使民事权利的实现获得了可靠的保障,因此,着重研究的是民事权利的自我保护即自力救济和国家保护即公力救济。[72] 这样的研究并非错误,但它并不是民法实体法保护民事权利的方法,而是保护民事权利的具体途径。依笔者所见,民法总则研究民事权利保护,应当是研究保护民事权利的具体方法,主要包括两个部分:一是民事权利保护请求权体系;二是民事责任制度。

民事权利保护请求权包括固有请求权和侵权请求权,这是保护民事权利的基本制度。

---

〔70〕 参见苏号朋:《民法总论》,法律出版社2006年版,第87页。

〔71〕 参见[德]迪特尔·梅迪库斯:《德国民法总论》,邵建东译,法律出版社2000年版,第116~117页。

〔72〕 参见王利明:《民法总则研究》,中国人民大学出版社2012年版,第460页以下。

从这个意义上看，请求权是民法的方法，而不是基本权利类型，因而与本权请求权相区别。当所有的基本类型的民事权利受到侵害的时候，权利保护请求权都提供救济方法，使权利人的损害得到救济，受到侵害的权利得到恢复。

民事责任相对于民事权利保护请求权：在固有请求权，其请求权人有权向对方当事人即请求权人的相对人请求承担民事责任；在侵权请求权，其请求权人也有权向对方当事人即侵权人请求承担侵权责任。因此，民法整个权利保护请求权与民事责任制度是相对应的，是相互衔接、相互配合的一个问题的两个方面。一个问题，就是民事权利保护；两个方面，就是权利人享有的权利保护请求权和相对人负有的民事责任。

（二）民事权利保护途径

民事权利保护途径，分为自力救济和公力救济。

1. 自力救济

自力救济也叫作私力救济，是指权利人自己采取合法手段来保护自己的权利，救济自己的损害。这种民事权利保护途径由于是由权利人自己实施，而不是通过公共途径进行，因而属于私力救济或者自我救济。自力救济的主要方法是：正当防卫、紧急避险、自甘风险、自助行为等。

2. 公力救济

公力救济，是指民事权利受到他人侵害后，权利人通过国家机关给予的救济，对民事权利予以保护。权利人寻求民事权利的公力救济，可以向人民法院或者仲裁机构起诉或者申请。具体方法是：

（1）确认之诉。确认之诉是请求人民法院确认某种权利是否存在的民事权利保护的公力救济方法。凡是对权属发生争议的，都可以提起确认之诉。例如，《民法典》物权编第 234 条规定："因物权的归属、内容发生争议的，利害关系人可以请求确认权利。"这就是规定物权的确认之诉。对于合同的效力、某种身份关系存在与否等，都可以提出确认之诉予以确认或者否认。在司法实践中，有的侵权人也提出确认之诉，请求确认侵权责任不存在或者不构成，这种诉讼是否构成确认之诉，有不同意见。笔者认为，尽管侵权责任的诉讼基本上都是被侵权人提出的给付之诉，以保护自己的权利，但"侵权人"如果认为自己的行为不构成侵权，为避免"被侵权人"的纠缠而提出确认自己不侵权的确认之诉，也并非没有道理。目前，也有一些法院受理这种确认之诉案件。

（2）给付之诉。给付之诉是请求人民法院或者仲裁机构责令对方履行某种行为，以实现自己的权利的民事权利保护的公力救济方法。请求返还价款、请求交付财产、请求偿付违约金、请求给付损害赔偿金等，都是给付之诉。例如，《民法典》第 577 条规定："当事人一方不履行合同义务或者履行合同义务不符合约定的，应当承担继续履行、采取补救措施或者赔偿损失等违约责任。"这里规定的就是明确的给付之诉。《民法典》规定的损害赔偿责任，也是给付之诉。给付之诉以权利人享有请求权为限。如果不存在合法有效的请求，就不能提起给付之诉。

（3）形成之诉。形成之诉是请求人民法院通过判决变更现有的某种民事权利义务关系，形成新的民事权利义务关系的民事权利保护的公力救济方法。典型的形成之诉，包括离婚之诉、解除收养之诉、分割共有财产之诉、解除合同关系之诉等。《民法典》在民事法律行为中规定的可撤销的民事法律行为,是明确的形成之诉。形成之诉须以权利人享有形成权为限。提起形成之诉,权利人必须享有形成权。权利人提起形成之诉,就是行使形成权,该形成权的实现,就能够导致法律关系发生改变,形成新的法律关系。

第五节　民 事 义 务

| 典型案例 |

某商场在其卖场通道处设置了一道玻璃门,未在该门上设置任何警示,很难发现该玻璃门的存在。杨某在进入卖场时没有注意到玻璃门,头部撞在玻璃门上,造成轻微脑震荡,向法院起诉,要求商场承担损害赔偿责任。[73]

一、民事义务的概念和特征

(一)民事义务的概念

民事义务是与民事权利相对应的概念,是指义务人为满足权利人的要求而为一定的行为或者不为一定行为的法律负担。[74]《民法典》对民事义务没有特别规定,主要是在第 176 条关于"民事主体依照法律规定或者按照当事人约定,履行民事义务,承担民事责任"中规定了民事义务。

民法以权利为本位,但是权利的实现须以义务的履行为前提,因此,民法既要研究民事权利,也要研究民事义务。

(二)民事义务的特征

第一,民事义务产生于法律的规定或者当事人的约定。民事义务当然依附于民事权利,但民事义务的产生,却是基于法律的规定或者当事人的约定。绝对权都是法律规定的民事权利,或者根据法律规定而依法取得的民事权利,因此,相对于绝对权的民事义务,就都是法律规定的义务。这样的义务不以当事人的意志为转移,是义务人依法应当履行的义务。对于相对权,由于权利的产生都是当事人约定的,因此,其相对应的民事义务也都是当事人约定的。当事人经过协商,确定了民事义务,就对民事义务人产生了拘束力,必须履行。民事义务还可以通过其他原因产生,如依据诚实信用原则而产生民事义务。

第二,民事义务的内容表现为为一定行为或者不为一定行为。前者为积极义务,后者为消极义务。为一定行为的积极义务,如依照债权人的请求交付货物;不为一定行为的消极义务,如名誉权关系中的其他任何人作为义务人,只要不对权利人的权利实施侵害行为,即为履行了义务。因此,民事义务就是为某种行为或者不为某种行为的必要性,是对义务人作为

---

〔73〕 讨论提示:本案商场应当负有保障顾客人身安全的注意义务。

〔74〕 参见王利明:《民法总则研究》,中国人民大学出版社 2001 年版,第 252 页。

或者不作为的约束。

第三,义务的履行是为了满足权利人的利益。义务是民事权利实现的前提,因此,义务人履行民事义务,目的在于满足权利人的利益,而不是为了直接实现义务人自身的利益。当然,义务人履行民事义务并非与义务人的利益毫无关系,因为许多民事义务与民事权利相对应,义务人负有义务的同时常常相应地取得一定的权利,因此,义务人履行一定的义务是其享受权利的前提,但这种利益是一种间接的利益,并不是直接享有利益。

第四,民事义务具有法律的强制性。民事义务是义务人为一定行为或者不为一定行为的必要性,在法律上具有强制性。因此,义务人必须履行民事义务,而不是像权利那样只是一种可能性,可以行使也可以不行使,甚至可以抛弃。民事义务的强制性表现在,当义务人不履行民事义务的时候,法律规定对其科以民事责任,权利人可以依据其请求权,请求法院强制义务人承担民事责任。因此,民事责任就是民事义务不履行的法律后果,是民事义务的强制性的法律保证。

二、民事义务的类型

(一)作为义务与不作为义务

作为义务是指行为人应当按照法律规定或者权利人的要求,通过作出积极行为以满足权利人利益要求的义务。例如,法律规定,父母应当抚养未成年子女,子女在父母需要赡养的时候应当担负赡养义务;在合同关系中,债务人的给付义务主要是作为义务。

不作为义务是指义务人应当按照法律的规定或者当事人的约定,不从事某种行为,以保障权利人权利实现的义务。最典型的不作为义务是绝对权中的义务人的不可侵义务,所有的绝对权的义务人只要不侵害权利人的权利,就履行了其不作为义务。在《民法典》合同编中,合伙合同的当事人关于合伙人之间不得进行竞业禁止的义务,是约定的不作为义务。

区分作为义务和不作为义务的意义在于,作为义务必须履行,不履行作为义务构成不作为的违法行为。关于不作为义务,义务人不得违反不作为义务而实施作为行为,违反不作为义务,构成作为的违法行为。

(二)法定义务与约定义务

法定义务是指由法律、法规规定以及根据诚实信用原则所产生的义务。

约定义务是指当事人在合同中通过协商确立的义务。

区别法定义务与约定义务的意义在于,法定义务体现的是国家的意志和社会公共利益,不允许当事人自己决定义务的内容,而约定义务体现的是民法意思自治原则,完全依据当事人意思来决定义务的内容。

(三)对世义务与对人义务

对世义务也叫作绝对义务,是指绝对权的义务人对权利人所负担的义务,事实上等于对所有的绝对权人都负有这样的义务。人格权的义务人,物权的义务人,以及其他绝对权的义务人负担的义务,都是对世义务。

对人义务也叫作相对义务,是相对权的义务人对特定的权利人所负担的义务,其义务仅仅对其相对的权利人承担,对他人不负有这样的义务。债权关系的义务人所负担的义务都是对人义务。

区分对世义务和对人义务的意义在于,对世义务的义务人对所有的权利人的义务都是一样的,都是不可侵的不作为义务。对人义务的义务人,仅仅对特定的义务人负担义务,义务的内容主要是作为义务,也包括不作为的义务。

(四)主给付义务、从给付义务与附随义务

主给付义务也叫作主义务,是指债的关系所固有的、必备的、直接影响债的目的实现的义务。在买卖合同中,卖方交付标的物、买方交付价款的义务,都是主给付义务。

从给付义务是指以辅助实现主给付义务为目的,以确保权利人的利益能够获得最大的满足的义务。从给付义务的产生,可以基于法律明文规定,可以基于当事人的约定,也可以基于诚实信用原则。[75]

附随义务是指合同当事人依照法律或者依照诚实信用原则、交易习惯以及合同约定产生的义务。这种义务并不单独存在,而是依附于主给付义务存在。例如,《民法典》第558条规定的债权债务终止后,当事人应当遵循诚信等原则,根据交易习惯履行通知、协助、保密、旧物回收等义务,是法定的附随义务;当事人之间约定的售后服务义务,是约定的附随义务。

相对于主给付义务而言,附随义务只是附随的,但是这并不意味着附随义务是不重要的,相反,在很多情况下,违反附随义务会给另一方造成重大损害,甚至构成根本违约。例如,出卖人不告知产品的使用方法,使买受人蒙受重大损失。[76]

(五)真正义务与不真正义务

真正义务是指违反该义务能够发生民事责任的民事义务。绝大多数民事义务都是真正义务,例如绝对权义务人所负担的不可侵义务,合同当事人约定的给付义务。

在有些情况下,虽然某人依法应当实施某种行为(包括作为和不作为),但在义务人不履行时,相对人也不能请求其承担民事责任,而只是使其遭受权利丧失或减损的不利益,这样的义务就是不真正义务。[77]

本章思考题

1. 权利、法益、权能、权限四个概念有哪些联系与区别?
2. 民事权利具有哪些法律特征?结合讨论第一节典型案例,问:本案当事人争执的“探视权”是民事权利吗?

---

〔75〕 参见王利明:《民法总则研究》,中国人民大学出版社2012年版,第472页。
〔76〕 参见王利明:《民法总则研究》,中国人民大学出版社2003年版,第256页。
〔77〕 参见王泽鉴:《债法原理》(第1册),中国政法大学出版社2001年版,第47页。

3. 简述支配权、形成权和请求权的基本内容。结合讨论第二节典型案例，问：张某请求赵某承担损害赔偿责任的权利是何种性质？这种权利主张是否予以支持？
4.《民法典》总则编第五章规定了哪些民事权利？结合讨论第三节典型案例，问：财产权利的体系包括哪些权利？保护民事主体财产权利的原则是什么？
5. 民事权利受到损害，公力救济有哪些方法？结合讨论第四节典型案例，问：崔某的债权可以请求法律保护吗？
6. 民事义务的特征有哪些？真正义务和不真正义务有哪些区别？结合讨论第五节典型案例，问：商场违反的是何种民事义务？

第十章 民事法律行为

本章要点

法律行为是自然人、法人或者非法人组织设立、变更、终止民事权利和民事义务的以意思表示为核心,能够产生当事人预期的法律效果的行为。准法律行为是由法律直接规定结果的当事人的表示行为,为用意思的表达告知他人事项。法律行为的核心是意思表示,即民事主体向外部表明意欲发生一定的民法上法律效果的意思行为。法律行为的效力状态分为有效的法律行为、相对无效的法律行为、绝对无效的法律行为以及效力待定的法律行为。附条件的法律行为是指法律行为效力的开始或者终止,以将来不确定事实的发生或不发生为条件的法律行为。附期限的法律行为,是指在法律行为中附有一定的期限,并把该期限的到来作为当事人的民事权利和民事义务发生或者消灭前提的法律行为。

民事法律行为　意思表示　意思表示不一致　意思表示不自由　法律行为的效力状态　附条件的法律行为　附期限的法律行为

第一节 一般规定

典型案例

原告张某因仓库施工,采购的冰箱无处存放,与被告钱某签订一份保管合同,约定由被告为原告保管50台冰箱,期限为6个月,原告支付2万元保管费。1个月后,原告又有一批办公用纸需要存放,被告同意原告将纸张存放在其仓库内不再另外收费。6月中旬天降大雨,被告仓库漏水致使原告存放的纸张被淋湿大半。原告在搬纸时发现纸张受损严重,还丢失2台冰箱。张某向法院起诉,要求钱某赔偿1.8万元的损失。[1]

---

〔1〕 讨论提示:本案的法律行为是合同行为,其中一个是有偿的保管合同;另一个是无偿的保管合同。

一、民事法律行为概述

(一)民事法律行为的概念和特征

1. 民事法律行为的概念

《民法典》第 133 条规定:“民事法律行为是民事主体通过意思表示设立、变更、终止民事法律关系的行为。”这就是对民事法律行为概念的定义。

2. 民事法律行为概念的产生和发展

民事法律行为概念的产生和发展,大致有四个过程。

(1)萌芽时期。法律行为概念的产生经历了一个发展过程。罗马法并不存在法律行为的概念,但是,对买卖、借贷、租赁等都作了明确的规定,已经有了法律行为概念的萌芽。日耳曼法在法律行为的产生中也有很大的影响。

(2)初创时期。法律行为概念在法国法时期初步创立,却没有使用这个概念,对有关法律行为的基本规则实际上已经建立起来了。

(3)建立时期。法律行为概念在理论上第一次提出,是由德国注释法学派学者创立的,他们通过对罗马法的分析和整理,提炼出了一套完整的法律行为理论。萨维尼在其名著《当代罗马法体系》一书中对法律行为理论作了深入、细致、详尽的研究,作出了完整、系统的论述,从而完善了法律行为理论。在立法上,最早采纳法律行为概念的是 1863 年的《萨克森民法典》,该法典在总则编第四章关于行为的第三节规定了法律行为,第 88 条规定了“如果某行为与法律要求相符,旨在设定、废止、变更法律关系的意思表示,即为法律行为”。第一次全面、系统、完善地规定法律行为的,是 1900 年实施的《德国民法典》,使用了 59 个条文规定法律行为的有关问题,创造了现代民法的法律行为制度,高度地概括了契约、遗嘱等行为的共同本质特征。

(4)完善时期。《瑞士民法典》肯定法律行为制度,同时将意思表示和法律行为相区别,构成了现代民法严密的法律行为的制度和观念体系。现今,大陆法系各国民法普遍规定了法律行为制度,在理论上建立了完善的理论体系。这是将民法的立法和理论进行高度抽象化的结果,是立法技术高度发展的结果。

3. 法律行为、民事行为和民事法律行为

我国的《大清民律草案》从日本民法中引入了法律行为的概念,1925 年《中华民国民律草案》也使用了法律行为的概念,并对法律行为制度作出了较详细的规定。至 1929 年、1930 年制定《中华民国民法》,正式建立了法律行为制度。

我国《民法通则》第四章规定了“民事行为”的概念,将本应当称为法律行为的概念,称为民事行为,详细规定了民事法律行为的概念和要件、无效的民事行为、可撤销的民事行为等制度。这种民事行为和民事法律行为的定义及其划分,并不是一个科学的做法,出现了混淆的现象。

《民法典》纠正了原《民法通则》的做法,直接规定了民事法律行为的概念,用民事法律行为的概念代替法律行为的概念,摒弃民事行为、无效的民事行为和可撤销的民事行为的概念。

4. 民事法律行为的特征

(1)民事法律行为是人为的法律事实。能够引起民事法律关系产生、变更和消灭的客观现象,就是法律事实。[2] 民事法律行为是一种人为的法律事实,具有明确的目的性,就是要引起民事法律关系产生、变更和消灭。

(2)民事法律行为是一种表意行为。民事法律行为的目的在于引起具体的、明确的私法上的权利义务关系的后果,民事法律行为的实施,都是当事人意图设立民事权利或者改变民事权利现状的行为,当然是表意行为。非表意行为不是民事法律行为。

(3)民事法律行为以意思表示为核心要素。民事法律行为是依当事人所谓的意思表示而发生一定私法上效果的法律事实,民事法律行为是意思表示的工具。意思自治原则是行为人可以按照自己的意志自由地创设权利与义务,而要在现实生活中产生具体的权利义务,行为人就必须将这种意志体现出来,否则,意志存在于内心而不表示于外,难以产生法律后果。[3]

5. 民事法律行为与准法律行为

在通常情况下,行为分为法律行为和事实行为,但在法律行为和事实行为之间还存在一个中间状态的行为,即准法律行为。

准法律行为是指由法律直接规定结果的当事人的表示行为,为用意思的表达告知他人事项。准法律行为和法律行为共同归纳为广义的法律行为。[4] 通常把准法律行为分为两种:

(1)意思通知。意思通知也叫作催告,是指权利人要求义务人履行义务或者要求法律关系的对方当事人确定某种关系的通知。[5] 意思通知虽然也是一种意思表示的行为,但这个意思系单纯的事实,而不论告知人是否愿意,均发生典型的法律效果。[6]

(2)观念通知。观念通知也叫作通知(或者告知),是把某种意思表示正式告诉对方,使对方知道的事实。[7] 观念通知不包括意思的表达,仅是将有关事实(过程或者状态)之消息告知,并不过问有何效果发生。[8]

由于准法律行为与法律行为之间不存在一条清晰的界限,因此,有关法律行为的规定应该可以类推适用于准法律行为,但由于准法律行为种类的不同存在较大的区别,也无法作出一般性的断言。

(二)法律行为的分类

1. 单方行为、双方行为、多方行为和决议行为

单方法律行为、双方法律行为和多方法律行为,是民法对法律行为的基本分类,《民法典》就是采用这种分类方法,第134条第1款规定:“民事法律行为可以基于双方或者多方的意思表示一致成立,也可以基于单方的意思表示成立。”以法律行为的成立对意思表示的依

---

〔2〕 参见佟柔主编:《中国民法学·民法总则》,中国人民公安大学出版社1990年版,第59页。原本的法律事实概念,就是民事法律概念,是由大陆法系民法学家创立的。但是法律事实被法理学借用、成为法学的一般概念之后,民法上的法律事实就被冠以“民事”法律事实的限定词,民事法律行为、民事法律关系等都是如此。

〔3〕 参见李永军:《民法总论》,法律出版社2006年版,第414页。

〔4〕 参见黄立:《民法总则》(修订4版),台北,元照出版公司2005年版,第191页。

〔5〕 参见李永军:《民法总论》,法律出版社2006年版,第26页。

〔6〕 参见黄立:《民法总则》(修订4版),台北,元照出版公司2005年版,第192页。

〔7〕 参见李永军:《民法总论》,法律出版社2006年版,第425页。

〔8〕 参见黄立:《民法总则》(修订4版),台北,元照出版公司2005年版,第192页。

赖为标准,法律行为可以分为单方法律行为、双方法律行为和多方法律行为。

单方行为也叫作单方法律行为,是指根据一方当事人的意思表示就可以成立的法律行为。这种行为无须他方当事人的同意就可以发生法律效力。订立遗嘱、放弃继承权、撤销委托代理、免除债务、追认无权代理等行为,都属于单方行为。凡是单方行为,一经实施就立即发生法律效果。

双方行为也叫作双方法律行为,是指双方当事人对应的意思表示达成一致才能成立的法律行为。民事法律行为是最为典型的双方行为。

多方行为也叫作多方法律行为,是指三方以上的当事人并行的意思表示达成一致才能成立的法律行为。例如,由三个以上的合伙人订立合伙民事法律行为的行为,为多方行为。

在多方法律行为中,有一种特殊的形式是决议行为。决议是由人合组织、合伙、法人的若干人组成的机构,通过语言形式表达出来的意思形成的结果,决议可以全票通过,也可以多数票通过的方式作出。决议不同于一般的法律行为:(1)决议是若干个意思表示一致,而且方向相同,不是对立双方当事人的意思表示的重合;(2)决议有全票通过也有多数票通过,因此,与多方法律行为各方意思须一致的意思表示不同;(3)决议主要调整组织的内部关系,不涉及对外的第三人,民事法律行为主要调整当事人之间的关系;(4)决议一旦通过生效,对不赞成决议的人都具有约束力,民事法律行为有任何一方不同意,均无法形成民事法律行为。[9]

区分单方法律行为、双方法律行为、多方法律行为和决议行为的界限,其意义是,有助于把握各种不同法律行为成立的要求,有助于把握各种不同法律行为的效力,准确适用法律。

2. 有偿行为和无偿行为

根据法律行为的双方是否承担对待给付义务即对价性为标准,法律行为可以分为有偿行为与无偿行为。

有偿行为也叫作有偿法律行为,是指双方承担互为对待给付义务的法律行为。对待给付是指当事人一方以付出某种利益为代价而交换所获得的利益。例如,买卖民事法律行为就是有偿法律行为。

无偿行为也叫作无偿法律行为,是指一方当事人承担给付义务而对方当事人不承担给付义务的行为。例如,赠与、无偿寄托、无偿保管等民事法律行为,都是无偿法律行为。

区别有偿行为和无偿行为的意义在于,无偿法律行为债务人不负标的物的权利瑕疵担保和品质担保责任,由于债务人自身无利益因而仅对故意或者重大过失负责,限制行为能力人未经其法定代理人同意一般不能为有偿行为,其有偿行为可以适用善意取得。而有偿行为与上述规则完全不同。

3. 诺成行为和实践行为

根据法律行为的成立是否以实际交付实物为标准,对法律行为可以分为诺成行为和实践行为。

诺成行为也叫诺成法律行为,是指当事人之间只以意思表示为成立要件,无须实际交付实物就能够成立的法律行为。诺成行为自当事人意思表示达成一致时成立。因此,诺成行为也叫作不要物行为。

---

〔9〕 参见李永军:《民法总论》,法律出版社2006年版,第430~431页。

实践行为也叫要物行为,是指当事人之间除了意思表示一致之外,还必须实际交付实物才能够成立的法律行为。它又被称为要物行为,其成立须以物的交付为标准确定。

在传统民法中,买卖民事法律行为、租赁民事法律行为、雇佣民事法律行为、承揽民事法律行为、委托民事法律行为等都属于不要物行为即诺成行为,借用民事法律行为、借贷民事法律行为、保管民事法律行为等属于要物行为即实践行为。

区分诺成行为与实践行为的意义是,二者成立要件和成立时间不同。诺成行为在当事人合意成立时即告成立,且成立时间就是合意达成的时间;而实践行为除此之外,还要交付标的物,且以标的物交付时间作为民事法律行为成立时间。

4. 要式行为与不要式行为

要式行为,是指法律规定或当事人约定必须采取一定形式才能够成立的法律行为。不要式行为,是指法律不要求采取特定形式,而任由当事人选择所使用的形式的法律行为。

在民法上,法律行为以不要式行为为原则,以要式行为为例外。例如,按照《民法典》第135条规定,民事法律行为可以采用书面形式、口头形式或者其他形式;法律、行政法规规定或者当事人约定采用特定形式的,应当采用特定形式。

区别要式行为与不要式行为的意义在于,不要式行为可以自由为之,要式行为非依法律规定的方式原则上为无效。

5. 主行为和从行为

以法律行为之间的相互关系为标准,法律行为可以分为主行为和从行为。

主行为也叫作主法律行为,是指不需要其他法律行为存在就可以成立的法律行为。从行为也叫作从法律行为,是指不能单独存在,只能从属于其他法律行为而存在的法律行为。例如,为借款民事法律行为而设定抵押民事法律行为,其中借款民事法律行为是主行为,抵押民事法律行为是从行为。

区分要式行为与不要式行为的意义在于,从行为的成立和效力取决于主行为,即主行为无效或者消灭,从行为随之无效或者消灭。

6. 独立行为和辅助行为

以法律行为是否有独立的实质内容为标准,可以分为独立行为与辅助行为。

独立行为也叫作独立法律行为,是指行为人通过自己的意思表示就可以成立的法律行为。完全法律行为能力人实施的行为,为独立法律行为。

辅助行为也叫作辅助法律行为,是指行为人的意思表示必须在他人意思表示的辅助下才能够成立的法律行为。法定代理人对未成年人的意思表示所作出的同意表示,被代理人对代理人超越代理权实施的行为的追认,都属于辅助行为。

这种区分的意义在于,引发法律关系变动的要件有所差别,辅助行为必须与其所辅助的独立法律行为共同作为引发法律关系变动的原因,即辅助行为仅为独立法律行为生效的条件,自身无独立的实质内容;而受辅助行为辅助的独立行为在没有辅助行为之前不生效力。

7. 财产行为和身份行为

以法律行为产生的后果是导致财产关系还是身份关系的变动为标准,可以分为财产行为和身份行为。

财产行为,也叫作财产法律行为,是指导致财产关系发生变动的法律行为,如买卖行为、设立用益物权的行为。身份行为,也叫作身份法律行为,是指导致身份关系发生变动的法律行为,如结婚、离婚、收养行为。

这种区分的意义在于,两种不同的法律行为适用不同的法律规范和具体规则:两种行为发生的效果不同,是否适用等价原则不同,是否适用代理制度不同,适用的法律依据也不同。

8. 负担行为与处分行为

根据法律行为对当事人权利发生的作用不同,可以分为负担行为和处分行为。

负担行为,是指发生债权债务关系的行为,故又称作债权行为,如赠与、租赁民事法律行为等行为。处分行为,是指使某特定权利直接发生取得、变更、消灭后果的行为,如物权行为和准物权行为。

处分行为须以行为人有处分能力始为有效,处分能力,是指行为人具有的可以为有效处分行为的法律地位;有处分能力的人叫作处分权人。财产权人对于其权利标的物均有处分权。人格权与身份权人对于可处分的人格利益或者身份利益,有权进行处分。无处分能力人就权利标的物所为的处分,为无权处分。无权处分行为原则上不发生处分的效力。

区分负担行为与处分行为不同的意义在于,二者的法律效果不同,对标的是否特定要求不同,对行为人是否有处分权的要求不同,对法律行为是否需要公示也不相同。

9. 有因行为与无因行为

以法律行为与其原因的关系为标准,可以分为有因行为和无因行为。

有因行为也叫作要因行为,是指行为与其原因在法律上相互结合不可分离的法律行为。例如,债权行为是有因行为。

无因行为也叫作不要因行为,是指行为与其原因可以分离的法律行为。例如,物权行为是无因行为,票据行为也是无因行为。无因行为只限于财产法上的行为,身份行为不存在无因行为。〔10〕

区分有因行为与无因行为的意义在于:无因行为,原因虽不存在,但其行为仍然有效;有因行为,如果原因不存在,其行为应归于无效。〔11〕 在法律行为中将无因行为抽象出来,是由于无因行为不考虑其交易目的,因而对于保护交易安全具有重要作用。〔12〕

10. 生前行为与死因行为

以法律行为的效力系发生在行为人的生前或者死后为标准,可以分为生前行为与死因行为。

生前行为,是指行为人实施的行为发生于行为人生前的法律行为。例如,赠与行为都是生前行为。死因行为,是指因行为人死亡而发生效力的法律行为。例如,遗赠行为须遗赠人死亡后方发生效力,为死因行为。

区别生前行为与死因行为的意义在于,死因行为非于行为人死亡后不发生效力,而因其在行为人死后生效,利害关系人间容易发生争议,法律多设有特别规则,以确保行为人的真意能够贯彻。

11. 加利行为与非加利行为

依法律行为是否直接使人受有财产利益为标准,可以将法律行为分为加利行为和非加

---

〔10〕 参见郑玉波:《民法总则》,三民书局 1998 年版,第 223 页。

〔11〕 参见梁慧星:《民法总论》,法律出版社 1996 年版,第 156 页。梁慧星认为,仅于财产行为发生有因与无因问题,但实际上,代理行为也是无因行为,且代理行为具有一定的人身性。

〔12〕 参见王利明:《民法总则研究》,中国人民大学出版社 2012 年版,第 537 页。

利行为。

加利行为是指一方将一定的财产价值,从自己的总财产中转移到另一方的法律行为,移转人称为加利人,受移转人成为受益人。财产行为多为加利行为,加利的可以是债权,也可以是物权或其他财产利益。

非加利行为是指没有发生财产利益移转的法律行为。亲属行为多是非加利行为;财产行为并非都是加利行为,如所有权的抛弃,只有一方财产减少,但无另一方财产的相应增加。

区分加利行为与非加利行为的意义在于,认识不同法律行为是否涉及财产利益的转移。[13]

二、民事法律行为的成立

(一)民事法律行为成立的概念

民事法律行为在符合其成立要件时成立。因此,民事法律行为成立,是指民事法律行为在客观上已经存在。不符合民事法律行为成立要件的行为,视为民事法律行为不存在。

在多数情况下,民事法律行为的成立与有效是一回事,只要是符合民事法律行为的要件并构成法律行为,该行为就不仅成立,而且当然是有效的。但是,在一些情况下,民事法律行为成立并不是必然生效,生效还须具备生效要件。

(二)民事法律行为的成立要件

第一,民事法律行为须含有设立、变更或终止民事法律关系的意图。成立民事法律行为,行为人在其意思表示中必须含有设立、变更或者终止民事法律关系的意图。换言之,民事法律行为必须包含追求一定法律效果的意思,没有这种效果意思就不能成立法律行为。

第二,民事法律行为须内容表达完整。成立民事法律行为,其行为人的意思表示必须完整地表达设立、变更或者终止民事法律关系所必须的内容。意思表示表达不完整的,不能成立法律行为。

第三,民事法律行为须将内心意思表达于外部。行为人必须以一定的方式将自己的内心意思表现于外部,能够由他人客观地加以识别。仅仅存在于内心的意思而未表达于外部的,不能成立法律行为。

在民事法律要物行为和要式行为中,除具备一般的成立要件外,还必须具备特别要件。例如,要物行为必须交付实物,而要式行为必须符合法定的形式要求。

三、民事法律行为的形式

《民法典》第 135 条规定:"民事法律行为可以采用书面形式、口头形式或者其他形式;法律、行政法规规定或者当事人约定采用特定形式的,应当采用特定形式。"这一规定,是对民事法律行为形式的规定。

(一)书面形式

书面形式,是指以书面文字的方式进行的意思表示,又分为一般书面形式和特殊书面形

---

〔13〕 参见龙卫球:《民法总论》,中国法制出版社 2002 年版,第 441 页。

式。一般书面形式是指用一般性的文字记载形式进行的意思表示,特殊书面形式是指以获得国家机关或者其他职能部门认可的形式进行的意思表示。电子数据、电报信件、传真等,都是特殊的书面形式。

书面形式可以促使当事人在深思熟虑后实施法律行为,使权利义务关系明确化,并方便证据保存,主要适用于不能即时清结、数额较大的法律行为。

(二)口头形式

口头形式,是指以谈话的方式进行的意思表示。广而言之,当面交谈、电话交谈、托人带口信、当众宣布自己的意思等,都是口头形式。口头形式具有简便、迅速的优点,但发生纠纷时举证较为困难,主要适用于即时清结或者标的数额较小的交易。

(三)其他形式

其他形式是书面形式和口头形式以外的形式,包括推定形式和默示形式。

1. 推定形式

推定形式是指以有目的、有意识的积极行为表示其意思的法律行为形式。换言之,行为人虽然没有口头或者书面的表示,但可以通过其积极行为推定其内在的意思。民法典总则编解释第 18 条规定,当事人未采用书面形式或者口头形式,但是实施的行为本身表明已经作出相应意思表示,并符合民事法律行为成立条件的,可以认定为《民法典》第 135 条规定的采用其他形式实施的民事法律行为。例如,租赁合同租期届满,承租人继续缴纳租金,出租人收取租金,就是以实施的行为表明作出了续租的意思表示。

2. 沉默形式

沉默形式即将沉默赋予成立民事法律行为意义的形式,是指既无语言表示又无行为表示的消极行为,在法律有特别规定的情况下,视为当事人的沉默已经构成意思表示,因而使法律行为成立。在通常情况下,沉默不能作为意思表示的方式,内部的意思表示必须借助于积极的表示行为,沉默并不是表示行为;只有在法律有特别规定时,沉默的消极行为才被赋予一定的表示意义,并产生成立民事法律行为的效果。

(四)特定形式

特定形式,是指法律、行政法规规定或者当事人约定应当采用的形式。民事法律行为的这种特定形式,其实就是要式民事法律行为。

四、民事法律行为的生效

《民法典》第 136 条规定:“民事法律行为自成立时生效,但是法律另有规定或者当事人另有约定的除外。行为人非依法律规定或者未经对方同意,不得擅自变更或者解除民事法律行为。”这是对民事法律行为生效及对当事人拘束力的规定。

(一)民事法律行为生效

民事法律行为生效,是指民事法律行为因符合法律规定而能够引起民事法律关系的设立、变更或者终止的法律效力。法律行为成立之后,须具备生效的要件,才能使民事法律行为发生法律上的效力,发生设立、变更或者消灭民事法律关系的法律后果。

民事法律行为成立和生效的时间,既有相一致的情形,也有不一致的情形。民事法律行为成立和生效,有两种不同的形式:

1. 法律行为的成立和生效处于一个时间

在一般情况下,民事法律行为的成立和生效同时发生。例如,依法成立的民事法律行为,具备民事法律行为生效要件的,即时生效。

2. 民事法律行为的成立和生效并非一个时间

在某些情况下,民事法律行为的成立与生效不是同一时间,这类情况有以下三种:

(1)法律规定民事法律行为须登记生效的,该民事法律行为成立之后,一定要经过登记程序,才能够发生法律效力。例如,法律规定,收养行为须登记生效,所以,收养行为的成立和生效并非在同一时间。

(2)当事人约定民事法律行为生效条件的,约定的生效条件成就,才能够发生法律效力。例如,约定民事法律行为经过公证为生效条件的,民事法律行为成立之后,经过公证才能够生效,其成立和生效也并非同一时间。

(3)附生效条件、附生效期限的民事法律行为,其所附条件成就,或者所附期限到来时,该民事法律行为才能够生效,其成立和生效也并非同一时间。

(二)民事法律行为生效对行为人的拘束力

民事法律行为生效后,对行为人产生法律上的拘束力。《民法典》第136条第2款规定:"行为人非依法律规定或者未经对方同意,不得擅自变更或者解除民事法律行为。"民事法律行为生效后的法律拘束力是:

第一,民事法律行为生效后,行为人必须信守自己的承诺,接受民事法律行为对自己的拘束,按照法律行为的要求,确定双方各自的权利和义务。权利人一方应当依法行使自己的权利,不得滥用权利;义务人一方应当自觉、全面履行义务,不得违背自己的承诺,并且受民事责任的拘束,一旦不履行义务,就要承担民事责任。

第二,在民事法律行为生效后,如果对已经生效的民事法律行为需要作出变更和解除,必须依照法律规定,或者是按照当事人的双方约定,才可以实施,否则就是违约。

第二节　意 思 表 示

|典型案例|

被告某酒业销售公司组织促销活动,设立有奖销售,宣称所有购买该店某种品牌的酒的顾客将获得奖券一张,都有中奖机会,中奖率100%,等级分为一等奖三名,二等奖至五等奖若干,一等奖奖金为2888元。原告萧某购买50瓶酒,获得50张奖券,其中一等奖19张,其余各种奖等级均有。原告向被告主张兑奖,被告宣称自己的奖券印刷有错误,不同意兑现这些奖,只同意兑现3张一等奖,其他等级的奖若干。双方诉至法院。法院判决按照其促销活动奖励章程规定的各种奖励等级的比例,兑现奖金,被告支付奖金2万余元。[14]

一、意思表示概述

(一)意思表示的概念

意思表示,是指民事主体向外部表明意欲发生一定的民法上法律效果的意思行为。换言之,意思表示就是行为人进行的法律行为的内心意愿,并以一定的方式表达于外部的行为。其中的"意思",是指建立、变更、终止法律关系时的内心意图;"表示",是将内在的意思以适当的方式向适当的对象表示出来的行为。[15] 故民国时期学者曾言之:"意思表示者,法律赋予表示人欲望一定私法上效力之心理表示行为也。"[16]

(二)意思表示的特征

第一,意思表示具有客观性。意思表示是一种行为,是将内心意图向外进行表达的行为。在这个意义上,意思表示具有客观性,意思表示是否成立,应采客观标准,而不是主观标准。尽管意思表示是一种行为,但与法律行为不同,意思表示仅仅是法律行为的产生要件。

第二,意思表示的表意人具有主观意图。意思表示由表意人作出。意思表示实际上是实现意思自治的工具,通过意思表示表达自己的意愿,进而建立法律行为,实现自己的利益。

第三,意思表示是一个由内到外的意思形成和表示的过程。意思表示尽管具有表意人发生法律关系变动的意图,但是,如果意思表示没有表示在外,不能为人所知晓,就不能发生变动法律关系的后果。单纯停留在内心的主观意思是没有法律意义的,必须将该意思表示出来,让对方当事人知晓。

第四,意思表示符合生效要件将发生法律效力。意思表示是法律行为的核心要素,因此,法律对其规定严格的要件。符合意思表示生效要件的意思表示,就能够发生当事人预期的法律效果。

(三)意思表示的调控范围

意思表示在民法中的重要地位和作用,来自民法的意思自治原则。而意思自治原则的直接根源,就是民事主体对民事利益的支配。换言之,民事主体支配市民社会、支配民事利益,是民事主体的根本意志,体现这种根本意志的方式就是意思表示。

当然,意思表示不是民事主体支配自己所有的民事利益的意志体现,仅仅是其中的一部分,如遗嘱、婚姻、收养等行为。当事人支配自己的财产利益,需要通过意思表示建立民事法律关系,这是民事主体在财产利益上订立合同,谋取合同预期利益的实现方式。当事人支配自己的身份利益,如订立收养关系,也要通过意思表示来实现。即使离婚后,子女抚养的协议当然也是民事法律行为关系。广而言之,订立婚姻关系的协议,实际上也是一种特殊的民事法律行为关系,理由就是其中具有意思表示,具有合意。

---

〔14〕 讨论提示:本案被告的意思表示存在错误,应当参照《民法典》第147条规定的重大误解处理。

〔15〕 参见王利明:《民法总则研究》,中国人民大学出版社2012年版,第540页。

〔16〕 史尚宽:《民法总则释义》,上海法学编译社1946年版,第295页。

在其他方面,民事主体行使自己的人格权、所有权等绝对权的时候,如事实处分自己的财产、利用自己的隐私写作等,支配这些民事利益,也是民事主体依据自己的意志进行的,但由于绝对权只要根据自己的意愿进行,不用与相对人达成一致的合意,因此,不受意思表示规则的调控。

(四)意思表示的心理过程

意思表示是民事主体内心意愿的对外表达,是一个心理过程。因此,意思表示的心理过程分为以下三个阶段:

1. 动机意思阶段

行为人将某种客观需要反映在心理上,形成实施某种行为以满足这种客观需要的内心需求,也就是形成了某种行为的内心动机,这就是动机意思。动机意思对于形成效果意思具有重要意义,但对于形成意思表示并无特别意义,因为法律重视的是效果意思,而不是动机意思。

2. 效果意思阶段

效果意思也叫作效力意思、法效意思,是指欲引起私法上的一定效果的内心意思或欲望,是表意人内心的主观意思。行为人的动机促使行为人形成进行一定行为而取得相应后果的内心意愿。效果意思阶段处于动机意思阶段之后、表示行为阶段之前。效果意思是意思表示的基础,促进意思表示的形成,最后实现法律行为的效果。

3. 表示行为阶段

行为人把这种通过行为而取得相应法律后果的内心意愿用一定的法定方式表达于外部,使他人得以了解,就是表示行为。表示行为是意思表示的最后阶段。意思表示到达表示行为阶段,就已经基本完成了意思表示的要求。

(五)意思表示的构造

从上述意思表示的三个阶段中,可以看出意思表示的实际构成是由动机促成的,也就是动机意思是不可缺少的内容。但是,在民法上确定一个意思表示是否成立,并不关心行为人的动机或者目的,也就是并不关心他的内心意愿。在一般情况下,动机或者目的错误,原则上对法律行为的效力不发生影响。但是,动机意思在确定意思表示的内容上还是具有重要意义的。

意思表示的构造即意思表示的构成要素有三个:动机意思、效果意思和表示行为。一个行为具备了这三个要素,就构成意思表示。其中前两个要素是意思表示的主观构成要素,主要说明成立意思表示需要具备哪些意思内容;后一个要素为意思表示的客观构成要素,其意义在于成立意思表示必须具备何种外部行为。

1. 动机意思

动机意思,也叫作目的意思,是指法律行为具体内容的意思要素,是意思表示成立的基础。

动机意思包含三个方面,就是要素、常素和偶素。

(1)要素。要素是指构成某种意思表示所必须具备的意思内容。要素有三个方面的意义:第一,要素是特定种类的法律行为典型内容与个别内容要求的统一;第二,要素是必须由行为人以意思表示确定的意思内容;第三,要素完整明确是成立具体的法律行为的基本要件。民事法律关系的类型化,就是要将该类民事法律关系的内容特定化,特定的意思就是将其典型内容特定化。要素就是要与该种意思内容相统一。民事主体个人的动机内容与法律行为的典型内容相一致,就是意思表示的要素。

(2)常素。常素是指行为人作出某种意思表示通常应当含有的、内容完全等同的意思要素。它的特点是:第一,常素是指特定种类法律行为通常应当含有的典型内容,并且同样种类的法律行为的常素完全相同。第二,常素的内容同一性特征决定了具体法律行为的常素内容可以直接由法律确定或者推定,由此导致法定主义与意思表示方式共同确定法律行为的内容。当一个意思表示中的常素内容欠缺时,并不妨害意思表示的内容,可以按照法律规定来确定或者推定。因此,常素具有补充性。

(3)偶素。偶素是指并非某种类型的意思表示必须或者当然具有,而是基于当事人的特别意图所确定的意思表示的意思要素。偶素与常素和要素相对应:一方面,偶素不具有类型典型性和性质必要性的特征,法律对其不加类型限制,体现的是意思自治原则的精神。另一方面,偶素不具有内容典型性和内容同一性的特征,完全依行为人的特殊意志而确定。其实际上就是当事人的特别约定、特约条款或者附加条款。

2. 效果意思

效果意思又称为效力意思、法效意思或者设立法律关系的意图,是指当事人欲使其目的意思发生法律上效力的意思要素。具备了效果意思,就意味着行为要有意识地追求设立、变更或者终止某一特定民事法律关系的法律效果。法律行为中的意思表示不仅仅是动机意思的通知,而且还是效果意思的宣告,它表明,意思表示具有双重作用,它既是表意人进行意思(内容)自决的手段,又是其实现法效意思的手段。正是通过效果意思的表示,行为人丧失了改变其表意(内容)的可能,使自己受到了约束,因此,意思表示作为某种有法律效力的行为,与一项法律或者有法律效力的判决并没有什么不同。

动机意思与效果意思相结合,构成意思表示完整的主观内在要素。在实践中,这两个意思要素都有可能与表示行为相结合而构成意思表示,使动机意思和效果意思分离。原则是:第一,不能认可一方当事人先行从事抽象的效果意思,然后再明确具体的动机意思。第二,动机意思可以和效果意思结合在一起,构成一个完整的意思表示行为。可以有条件地承认动机意思与效果意思的分离。

3. 表示行为

表示行为,是指行为人将其内在的目的意思和效果意思以一定方式表现于外部,为行为相对人所了解的行为要素。这个表示行为至少要具有以下两点:第一,表示行为仅为有意志的自主行为,它必须是本于意识的作用,故在无意识或者精神错乱中的动作,不能认其为表示行为。第二,表示行为的外部表现,必须足以为外界客观所识别,须由其行为足以推知内部意思。因此,仅仅有内在意思而没有表达出来,或者无法为外界客观理解的行为,都不属于表示行为。

表示行为的方式,是法律行为的方式,即明示方式和默示方式,也包括沉默方式。

(六)意思与表示不一致

1. 真意保留

真意保留,又称为单独虚伪表示、心中保留、非真意的表示,是指行为人故意隐瞒其真意,而表示其他意思的意思表示。

2. 隐藏行为

隐藏行为,是指行为人将其真意隐藏在虚假的意思表示中。

3. 虚伪表示

虚伪表示,又称为伪装行为,是指行为人与相对人通谋而为虚假的意思表示。虚伪表示是双方行为,是双方进行串通的行为,是双方当事人的意思表示都不真实,而不是一方当事人的意思表示不真实。这种行为的特点是双方当事人进行通谋,通常具有不良动机,因而在主观上是共同故意,在意思表示上是双方的不真实。如果仅有一方非真意表示,而对方并无非真意的合意,或因有误解或者发生错误的,不构成虚伪表示。[17]

虚伪表示的行为,在原则上不生效,不具有虚伪表示的行为所欲发生的法律效力。但是,这种不生效不能对抗善意第三人,如果善意第三人接受该虚伪表示行为的后果的,实施虚伪表示的双方当事人应当承受其后果。

4. 错误

错误,是指表意人因误认或者不知而使其表示与意思不一致。或言之,是指表意人不知其表示之内容与内部之意思表示不一致。[18] 其构成要件是:第一,须表示与意思不一致;第二,须其不一致出于表意人的误认或者不知。误认,是指认识不正确,如误认甲为乙;不知,是指通常的笔误、口误,如应当说租赁而说成借贷。错误是过失所为,是无意的错误,不是故意所为。错误的后果,一般为行为可以撤销,发生自始无效的后果;但是对方当事人无过错的,对其应当承担损害赔偿责任。

错误分为以下几种情形:(1)动机的错误,即表意人内心的意思与事实不一致,如错误认为物价将会上涨而囤积货物。动机错误原则上不构成意思表示内容的错误,对意思表示的效力不发生影响。(2)内容错误,是指表意人表示其所欲为的表示,但误认其表示的客观意义,或者弄错表示行为的意思。关于法律行为性质的错误,关于当事人本身的错误,关于标的本身的错误,关于当事人资格或标的物性质的错误,都是内容的错误。(3)表示行为错误,是指表意人误为表示其所意欲者,如误言、误写、误取等。(4)传达错误,是因为传达机关的不实表示而发生的错误。(5)不合意,错误系存在于表意人一方,表意人一方内心的意思与外部的表示不一致,就是错误。法律行为双方当事人各自的意思与表示并无错误,但双方当事人间的意思表示却不相符合者,也是不合意。(6)其他错误,包括法律效果错误、计算错误、签名错误等。

传统民法严格区分错误和误解,我国现行民法不作这种区分,在重大误解的规定中,涵盖了错误和误解的内容,其行为的后果为相对无效,可以由表意人将其意思表示撤销,也可以进行变更,撤销权的行使受到除斥期间的限制。

5. 误传

误传,是指因传达人或者传达机关的错误导致行为人的意思与表示不一致。意思表示,因传达人或者传达机关传达不实者,是谓误传。[19] 误传是因传达人或者传达机关传达错误

---

〔17〕 参见施启扬:《民法总则》(第8版),中国法制出版社2010年版,第243页。

〔18〕 参见吴学义:《中国民法总论》,世界书局1944年版,第103页。

〔19〕 参见吴学义:《中国民法总论》,世界书局1944年版,第105页。

所致，与表意人自己的错误不同，但传达人和传达机关在法律上相当于表意人的喉舌，因此，误传的效力与错误相同。《民法典》对误传没有规定，民法典总则编解释第 20 条规定，司法实践中将第三人传达错误作为重大误解处理。

在上述意思与表示不一致的五种情形中，前三种为故意的不一致，后两种为无意的不一致，是有区别的。

（七）意思表示不自由

1. 欺诈

欺诈，是指一方当事人故意实施某种欺骗他人的行为，并使该他人陷入错误，与欺诈行为人订立法律行为，因此受到损害的行为。我国民法总则规定了两种欺诈：一种是民事法律行为的当事人一方进行欺诈；另一种是民事法律行为双方当事人之外的第三人进行欺诈。

2. 胁迫

胁迫，是指行为人以将来发生的祸害或者实施不法行为，给另一方当事人以心理上的恐吓或者直接造成损害，迫使对方当事人与其订立法律行为，使其受到损害的行为。

3. 乘人之危

乘人之危，是指行为人利用他人的危难处境或紧迫需要，强迫对方当事人接受某种明显不公平的条件并作出违背其真意的意思表示。应当特别注意的是，《民法典》第 151 条把乘人之危和显失公平规定到了一起，都作为显失公平的行为。

这些意思表示，都是行为人的表达意志处于不自由状态时作出的，因此，都是意思表示不自由、内心真实意思与实际表示行为不相一致的问题。在基于这种意思表示不自由所设定的法律行为效力上，法律规定为无效或者相对无效。

二、意思表示的生效

（一）意思表示生效的概念

意思表示之成立，仅需具备表示行为与效果意思两个要素即可，不必加入表示意思的要件。[20] 因此，意思表示在具备了表示行为和效果意思两个要素以后就成立，意思表示成立就是意思表示生效。

意思表示生效包括两个方面：一方面，表意人在自己作出意思表示并且生效之后，自己要受自己意思表示的拘束，不得推翻自己的意思表示或者否认自己的意思表示；另一方面，意思表示生效以后，对对方当事人即表意人的相对人也发生效力，表意人的相对人将产生对意思表示作出相关意思表示的权利，其可以对表意人的意思表示作出承诺，也可以对表意人的意思表示作出修改，提出反要约。无论是表意人还是相对人，在意思表示生效之后，都要接受意思表示的法律拘束力，依照法律的规定，对待生效的意思表示。

《民法典》总则编规定了三种意思表示生效的具体情形：有相对人的意思表示生效、无相对人的意思表示生效和以公告方式作出的意思表示生效。

---

〔20〕 参见梁慧星：《民法总论》（第 3 版），法律出版社 2007 年版，第 172 页。

(二)意思表示生效的形式

1. 有相对人的意思表示生效

有相对人的意思表示生效,是最常见的情形,也是最复杂的情形。《民法典》第137条规定的规则是:

(1)以对话方式作出的意思表示。采用以对话方式作出的意思表示,在相对人了解该意思表示的内容时生效。这一规定借鉴的是我国台湾地区“民法”第94条规定,即“对话人为意思表示者,其意思表示,以相对人了解时,发生效力”。

对话方式,就是表意人通过对话向相对人发布意思表示。所谓对话,可以理解为当面以口头方式表达,也包括“地隔千里,以电话沟通,属于对话式的意思表示”。[21] 除此之外,通过互联网和微信的视频、音频作出的意思表示,也属于对话方式。

对于对话方式作出的意思表示,其生效采用知道主义。所谓知道主义,就是表意人作出意思表示以后,不仅是这一意思表示到达了相对人,还必须是相对人知道了这意思表示,才发生意思表示的效力。

采用知道主义的基本理由,是对话时表意人和相对人因方言的差异,或者因听觉的关系,对意思表示可能会存在误解,所以采用知道主义预防这一弊端。同时,这对于以电话、视频、音频等方式作出的意思表示,具有更重要的意义。设定知道主义,会存在一个问题,就是相对人故意掩耳不闻,知道也说不知道,以此作为辩解,导致该主义会被恶意利用。对此,当一个以对话方式作出的意思表示相对人认为自己尚不知道时,应当承担举证责任。[22]

(2)以非对话方式作出的意思表示。以非对话方式作出的意思表示,其生效采取到达主义,即表意人的意思表示在到达相对人的时候,该意思表示才生效。

到达主义,就是意思表示到达相对人以后发生效力。意思表示的到达,是指意思表示发出后实际到达意思表示的受领人。具体判断的标准,一般是交易上的通常方式是否进入受领人的支配范围,如到达受领人的住宅、营业场所、门前的邮箱等。到达实际上就是已经进入了相对人可以了解的范围,至于相对人是否了解,相对人是否必须亲自收到,则不问,只要意思表示已经进入了受领人的控制范围,并在通常情况下,可以期待受领人能够知悉意思表示的内容,就是到达。

表意人的意思表示到达相对人能够控制的范围,该意思表示生效。

(3)以非对话方式作出的采用数据电文形式的意思表示。在以非对话方式作出的意思表示中,《民法典》第137条第2款特别规定了以数据电文方式作出的意思表示的生效规则,也采取到达主义,但是具体情形分为两种:第一,如果相对人已经指定了特定系统接受数据电文的,表意人以非对话方式作出的采用数据电文形式的意思表示,该数据电文进入该特定系统时,意思表示生效。第二,如果双方没有约定接收数据电文的特定系统的,表意人以非对话方式作出的采用数据电文形式的意思表示,相对人知道,或者应当知道该数据电文进入其系统时,该意思表示生效。这里的相对人的系统,是指相对人的任何一个接收数据电文的系统,例如,相对人有数个电子邮箱,其中任何一个电子邮箱接受该项数据电文,都构成到

---

〔21〕 郑玉波:《民法总则》,中国政法大学出版社2003年版,第335页。

〔22〕 参见史尚宽:《民法总论》,台北,三民书局1980年版,第410页。

达。但是这里还规定了一个除外条款,即当事人对采用数据电文形式的意思表示的生效时间另有约定的,其约定的时间,为该意思表示生效的时间。

2. 无相对人的意思表示生效

《民法典》根据实际情况,规定了无相对人的意思表示生效规则,即第138条规定:"无相对人的意思表示,表示完成时生效。法律另有规定的,依照其规定。"

无相对人的意思表示,就是单方民事法律行为,如悬赏广告、单方允诺、抛弃、遗嘱等。由于无相对人的意思表示没有意思表示的相对人,因而不存在表示到达的问题,因此,法律规定意思表示完成时,就发生法律效力。意思表示完成,就是意思表示具备了表示行为、效果意思两个要素,即表意人的效果意思通过自己的外部行为作出了意思表示。

"法律另有规定的,依照其规定",主要是指遗嘱。遗嘱的意思表示是无相对人的意思表示,立遗嘱人死亡时,遗嘱才生效。

3. 以公告方式作出的意思表示生效

对于有相对人,但是表意人不知道意思表示的相对人,或者不能知道相对人的所在地的,可以依照《民事诉讼法》关于公告送达的规定,以公告的方法作出意思表示。

三、意思表示的形式

意思表示的形式就是作出意思表示的具体方法。《民法典》第140条规定了意思表示的具体形式。

1. 明示方式

明示方式是指行为人以语言、文字或者其他直接表意方法表示内在意思的表意形式。明示具有表意直接、明确的特点,不易产生纠纷,具有广泛的适用性。对于特别需要采用明示方式的法律行为,应当明确规定为明示方式方为有效,默示方式无效。

2. 默示方式

默示方式是指行为人以使人推知的方式间接表示其内在意思的表意形式。分为意思实现和特定沉默两种形式。意思实现,是指行为人以某种表明法律意图的行为间接表示其内在意思的默示,又称为行为默示或者推定行为,即作为的默示和不作为的默示。例如,在收费停车场停放车辆,登乘公共汽车等行为,就是意思实现、行为默示或者推定行为。

3. 沉默方式

特定沉默,是指行为人以不作为或者有特定意义的沉默间接表示其内在意思的沉默。只有在法律规定或者当事人有约定,或者符合当事人之间的交易习惯的情况下,才能将特定沉默视为默示。

四、意思表示的撤回

(一)意思表示撤回的概念和规则

意思表示撤回,是指在意思表示人发出意思表示之后,意思表示生效之前,宣告收回发出的意思表示,取消其效力的行为。

对于意思表示撤回权,各国都规定为缔约当事人的一项重要权利。由于意思表示的撤回发生在意思表示生效之前,受意思表示人还未曾被赋予承诺的资格,一般不会给受意思表示人造成损害。法律允许意思表示人根据市场的变化、需求等各种经济情势改变发出意思表示,以保护意思表示人的利益。

撤回意思表示的通知应当在意思表示到达受意思表示人前或者同时到达受意思表示人,这样才可以将意思表示撤回。意思表示撤回的通知不应当迟于受意思表示人收到意思表示的时间,才不至于使受意思表示人的利益受损。以语言对话形式表现的意思表示,由于当事人是面对面进行订约的磋商,意思表示一经发出,受意思表示人即刻收到,对话意思表示本身的性质决定其是无法撤回的。由他人转达的语言意思表示,应当视为需要通知的形式,可以撤回。

意思表示撤回只能是针对非直接对话式意思表示和非电子计算机数据传递方式的意思表示而言,主要是书面形式的意思表示。为了使后发出的意思表示撤回通知早于意思表示的通知或与意思表示的通知同时到达受意思表示人,意思表示人应当采取比意思表示更迅捷的送达方式。

意思表示的撤回符合规定的,发生意思表示撤回的效力,视为没有发出意思表示,受意思表示人没有取得承诺资格。意思表示撤回的通知迟于意思表示到达受意思表示人的,不发生意思表示撤回的效力,意思表示仍然有效,受意思表示人取得承诺的资格。

(二)意思表示撤回与意思表示撤销的区别

意思表示撤销,是指意思表示人在意思表示生效之后,受意思表示人作出承诺之前,宣布取消该项意思表示,使该意思表示的效力归于消灭的行为。

意思表示撤销与意思表示撤回不同。由于意思表示的撤销发生在意思表示生效之后,受意思表示人可能已经作出承诺和履行的准备,如果允许意思表示人撤销意思表示,有可能损害受意思表示人的利益和社会交易安全。例如,原《继承法》第20条规定遗嘱可以撤销,显然是误用,因为遗嘱尚未生效,何以称为撤销?《民法典》第1142条就将该撤销改为撤回,即遗嘱人可以撤回自己所立的遗嘱,而不是撤销。

五、意思表示的解释

(一)意思表示的解释的概念

意思表示的解释,是指在表示不清楚、不明确而发生争议的情况下,法院或者仲裁机构对意思表示进行的解释。

意思表示的解释的特征是:第一,意思表示的主体是法院和仲裁机构,并不是任何机构都可以对意思表示进行解释;第二,意思表示的解释的对象是当时已经表示的意思,解释的对象只能是表示出来的确定的意思,而非深藏于内心的意思;第三,意思表示的解释的前提,是当事人对意思表示发生争议,影响法律关系的权利义务的内容,有必要进行解释;第四,意思表示的解释是有权解释机构依据一定的规则进行的解释,而非完全凭借主观进行的解释;第五,意思表示的解释的主要功能,是法律行为的成立要件是否齐备,以及法律行为的具体法律效果是何种内容。

(二)意思表示的解释方法

关于意思表示的解释方法,有意思主义、表示主义和折中主义的不同观点。

意思主义认为,意思表示的解释重在解释行为人的内在意思,法律行为本身不过是实现行为人意思自治的手段,意思表示解释的目的仅在于发现或探求行为人的真意;在表示与意思不一致的情况下,法律行为应依据对行为人的真意的解释而成立。

表示主义认为,意思表示的解释重在行为人所表示出来的意思,法律行为的本质不是行为人的内在意思,而是行为人表示出来的意思。对于意思表示的解释,原则上采取客观立场,在表示与意思不一致时,以外部的表示为准;对于相对人的意思表示的解释,应以相对人足以客观了解的表示内容为准,以保护相对人的信赖利益。

折中主义认为,当内在意思与表示出来的意思不一致时,或采意思主义,或采表示主义,以求审时度势,兼容并包意思主义和表示主义的合理因素。

《民法典》确定了对意思表示的新的解释方法,具体分为两种情形:

第一,对有相对人的意思表示的解释,应当按照所使用的词句,结合相关条款、行为的性质和目的、习惯以及诚实信用原则,确定意思表示的含义。这采取的是表示主义,因为有相对人的意思表示,是要让相对人接收、理解,并且可能基于该意思表示作出相对应的意思表示,因此,应以表示主义为其主要方法,根据表达在外的意思的公开表示,确定意思表示的内容。

第二,对无相对人的意思表示的解释,不能拘泥于所使用的词句,而应当结合相关条款、行为的性质和目的、习惯以及诚实信用原则,确定行为人的真实意思。这采取的是意思主义,因为没有相对人的意思表示,即没有接受意思表示的相对人,自己作出的意思表示成立后就发生效力,故而不存在用表示主义解释意思表示的客观要求,因此,应当就表意人自己的真实意思作出解释。

(三)意思表示的具体解释方法

文意解释,是指通过对意思表示所使用的文字词句含义的解释,探求当事人的真实意思。这就是按照“所用的词句”对意思表示进行的解释。

体系解释,是指把意思表示的全部条款和构成部分看作一个统一的整体,从各个条款以及构成部分的相互关联、所处的地位的总体联系上,阐释当事人有争议的用语的含义。这就是按照“结合相关条款”对意思表示所作出的解释。

目的解释,是指如果意思表示所使用的文字或某个条款有可能作两种或两种以上解释时,应采取最适合于意思表示的目的的解释。这就是按照“行为的性质和目的”对意思表示所作的解释。

习惯解释,是指意思表示所使用的文字词句有疑义时,应参照当事人的习惯解释,包括语言习惯、行为习惯、交易习惯等。这就是按照“习惯”对意思表示作出的解释。

诚信解释,是指对意思表示进行解释时,应遵循诚实信用原则进行解释。这就是按照“诚实信用原则”对意思表示作出的解释。

第三节 民事法律行为的效力

| 典型案例 |

在某学术年会上,会长宣布该学会的某顾问八十大寿,请理事签名祝贺。理事贾某知悉后离席接听电话,回到会场见桌上放一书面文件,以为是贺信,未及细看就在上面署上姓名。该书面文件是某出版社以2000元的价格优待理事购买《中国大百科全书》的认购单,贾某离席之际,会长曾宣布此事,贾某不知情。乙出版社请求贾某支付书款,贾某予以拒绝。[23]

一、民事法律行为生效的要件

民事法律行为的生效,是指法律行为应符合法律规定,而能够引起民事法律关系的设立、变更或者终止的法律效力。民事法律行为成立之后,需具备生效的要件,才能使法律行为发生法律上的效力,发生设立、变更或者消灭民事法律关系的法律后果。根据《民法典》第143条规定,民事法律行为生效的要件是:

第一,行为人具有相应的法律行为能力。法律行为以行为人的意思表示为要素,当事人必须具有健全的理智和判断能力,因而必须具有相应的法律行为能力。例如,完全民事行为能力人可以实施法律行为,限制民事行为能力人必须具有相应的民事行为能力才可实行法律行为,不具有相应的民事行为能力的人实施的法律行为是无效的。法人必须在核准登记的经营范围内从事经营活动。

第二,意思表示真实。意思表示真实,是指当事人的内心意思与外部表示相一致。换言之,当事人必须在意思自由、能够意识到自己行为的法律效果的情况下进行意思表示,不存在胁迫、误解等情况。

第三,不违反法律、行政法规的强制性规定。法律行为必须符合法律、行政法规的效力性强制规定,并且在不违反公序良俗的情况下,才能具有法律效力。不违反法律、行政法规是不违反效力性强制性的法律和行政法规,而违反管理性强制性的法律、行政法规的规定,要根据具体情况确定,而不是一律无效。

第四,不违背公序良俗。民事主体从事民事活动不得违背公序良俗,因此,违背公序良俗的法律行为无效。

二、涉及民事主体的民事法律行为的效力状态

(一)无民事行为能力人实施的民事法律行为的效力

无民事行为能力人实施的行为是绝对无效的法律行为,其行为自始无效。《民法典》第144条规定:"无民事行为能力人实施的民事法律行为无效。"

---

〔23〕 讨论提示:本案的法律行为是否已经成立?

（二）效力待定的民事法律行为

1. 效力待定的民事法律行为的概念

《民法典》第 145 条规定了限制民事行为能力人实施的民事法律行为效力待定。效力待定的法律行为，是指法律行为虽已成立，但是否生效尚不确定，只有经过特定当事人的行为，才能确定生效或者不生效的法律行为。效力待定的法律行为既存在转变为无效的法律行为的可能性，也存在转变为有效的法律行为的可能性，因此，才将其称为效力待定的法律行为。

2. 效力待定的民事法律行为的类型

（1）限制民事行为能力人实施的依法不能独立实施的法律行为。限制民事行为能力人的法律行为能力不完善，依照法律规定，他们是不能独立实施这些法律行为的。如果限制民事行为能力人独立实施了这些法律规定的法律行为，其效力待定，需要其法定代理人的追认才可能生效。

（2）无权处分行为。无权处分行为是指处分他人财产或者没有处分权的财产的行为，其效力待定。如果该当事人事后取得了处分权，或者经过有处分权人的追认，则该行为有效。但是无权处分行为在受让人是善意的情况下，构成善意取得，不在此限。

（3）无权代理行为。行为人没有代理权、超越代理权或者在代理权终止之后，以代理人的身份实施的法律行为，效力待定，只有经过被代理人的追认，该法律行为才能生效。《民法典》第 171 条和民法典总则编解释第 27 条都对无权代理行为及其法律后果都作了明确规定。

3. 效力待定的民事法律行为的效力确定

效力待定的民事法律行为的效力确定，经由以下途径：

（1）限制民事行为能力人、无处分权人或者无权代理行为人实施的民事法律行为，经法定代理人或者本人同意或者追认后有效。效力待定的民事法律行为，从行为人一方考虑有两种方式使其有效：第一，行为人在实施该民事法律行为时，征得或者经过法定代理人或者本人的同意。第二，在行为人实施了民事法律行为之后，虽然没有在当时征得同意，或者经过同意，但是在行为实施之后，法定代理人或者本人对行为人实施的民事法律行为予以追认的，该民事法律行为同样生效。

（2）相对人可以催告法定代理人自收到通知之日起 30 日内予以追认。法定代理人或者本人未作表示的，视为拒绝追认。行为人实施的超出上述两种情形的民事法律行为，如果不是经过其法定代理人或者本人同意，且其法定代理人或者本人没有明确的态度予以追认的，该法律行为的相对人可以催告法定代理人或者本人予以追认。该催告权的除斥期间为 30 日。如果经过相对人的催告，法定代理人或者本人未作表示，即可视为其拒绝追认，行为人实施的这一民事法律行为因未经追认而无效。

（3）民事法律行为被追认前，善意相对人有撤销的权利。撤销应当以通知的方式作出。在行为人实施了民事法律行为之后，如果该民事法律行为的相对人是善意无过失的，该相对人享有对该民事法律行为的撤销权。善意相对人行使该撤销权的时间期限，是在行为人的法定代理人或者本人追认该民事法律行为之前，只要在这个期限内行使撤销权，该民事法律行为就被撤销，自始不发生法律效力。

(4)无权代理行为未被追认,相对人请求行为人履行债务或者赔偿损失的,依照民法典总则编解释第27条规定,由行为人就相对人知道或者应当知道行为人无权代理承担举证责任。行为人不能证明的,法院依法支持相对人的相应诉讼请求;行为人能够证明的,法院应当按照各自的过错认定行为人与相对人的责任。

(5)追认的生效时间,应当依照民法典总则编解释第29条的规定确定,即法定代理人、被代理人依据《民法典》第145、171条的规定向相对人作出追认的意思表示的,应当依据《民法典》第137条关于意思表示生效时间的规定确认其追认意思表示的生效时间。

三、相对无效的民事法律行为

(一)相对无效的民事法律行为的概念和特征

相对无效的民事法律行为也称可撤销的法律行为,是指欠缺民事法律行为的有效条件但又并不当然无效,而由当事人自主决定是否使其归于无效的民事法律行为。

可撤销的民事法律行为只是相对无效的行为,不同于无效民事法律行为的绝对无效,是否使其无效,取决于当事人的意志。法律对相对无效的民事法律行为的制度设计,体现了维护公平交易和意思自治的调和。

《民法典》第147条至第151条规定的都是相对无效的民事法律行为,其后果是可撤销,没有规定可变更。立法作此改变的理由是:第一,变更只要双方合意,自无干预的道理,是准许的,无须规定;第二,在相对无效的民事法律行为中,如果一方请求变更,另一方不同意变更,法院亦无直接予以变更的理由,直接判决变更反而会造成新的不公平。因此,对于相对无效的民事法律行为,立法规定只是可撤销,不规定可变更。

相对无效的民事法律行为的特征是:第一,在被撤销之前其效力是继续保持的。既然可变更和可撤销的法律行为是可以变更或者撤销的行为,那么其前提是已经产生了法律效力,否则如法律行为自始无效,也就谈不上变更和撤销问题。这是其与无效法律行为的重大区别。第二,该行为是否归于无效取决于撤销权人的意思。撤销权人以外的人不得主张撤销。撤销权人可以通过行使撤销权而使该行为归于无效,也可以通过承认的表示或者不行使撤销权而使该行为归入有效。第三,可撤销的法律行为效力的消灭必须有撤销行为。撤销权人要撤销法律行为,必须实施撤销的行为,只有实施了撤销的行为,才能够消灭可撤销行为的效力。第四,撤销相对无效的法律行为效力追溯既往。撤销权一旦行使,其效力即溯及行为成立之时,自行为成立之时起该行为即丧失法律效力。

(二)相对无效的民事法律行为的类型

1. 重大误解

(1)重大误解的概念和特征

重大误解,是指一方当事人由于自己的过错,对法律行为的内容等发生误解,由此实施了法律行为,该法律行为所涉及的利益对当事人而言为重大。《民法典》第147条规定:"基于重大误解实施的民事法律行为,行为人有权请求人民法院或者仲裁机构予以撤销。"民法典总则编解释第19条规定:"行为人对行为的性质、对方当事人或者标的物的品种、质量、规格、价格、数量等产生错误认识,按照通常理解如果不发生该错误认识行为人就不会作出相应意思表示的,人民法院可以认定为民法典第一百四十七条规定的重大误解。行为人能够证明自己实施民事法律行为时存在重大误解,并请求撤销该民事法律行为的,人民法院依法予以支持;但是,根据交易习惯等认定行为人无权请求撤销的除外。"

(2)重大误解的构成要件

第一,须是当事人因为误解作出了意思表示。首先是当事人已经作出了意思表示,其次是当事人的意思表示是由于误解而作出的。意思表示是外在的表现,支配这种意思表示的,是误解。误解的标准是,按照通常理解如果不发生该错误认识,行为人就不会作出相应意思表示。误解可以是一方当事人的误解,但并不排除双方当事人都有误解的情况。双方当事人都对民事法律行为的内容发生误解,同样构成重大误解。

第二,重大误解的对象须是民事法律行为的内容。由于法律规定重大误解的后果是民事法律行为得以撤销,因此,对重大误解的要求是"重大",非重大的一般性误解不能认为是重大误解。重大误解的对象主要是民事法律行为的主要条款,对非主要条款发生误解的,如果关系到当事人的重大利益,也认为是重大误解。例如,行为人对行为的性质、对方当事人或者标的物的品种、质量、规格、价格、数量等产生错误认识,都可以构成重大误解。

第三,误解是由当事人自己的过失造成的。重大误解是一种认识错误。这种错误认识是由于当事人自己的过失造成的,而不是对方当事人的过失造成的。这种过失是不注意、不谨慎的主观状态,是一般的过失。如果当事人的误解是由于其故意或者重大过失所致,则不构成重大误解,就不是真实的意思表示,不构成重大误解的要件。误解与误传是不一样的,误解是由于自己的错误理解所致,误传则是由于前手的错误造成自己的误解,是数名当事人的错误。

(3)重大误解的后果

当事人由于重大误解而实施的民事法律行为,其法律后果是相对无效,重大误解的一方即行为人,有权请求法院或者仲裁机构予以撤销。其中"有权"二字,表明撤销权为行为人所享有,其可以行使这个权利,也可以不行使这个权利。如果行为人不行使撤销权,不撤销该民事法律行为,该重大误解的民事法律行为继续有效。重大误解的举证责任由主张误解的行为人承担,行为人能够证明自己实施民事法律行为时存在重大误解的,可以请求撤销该民事法律行为,依法予以支持;但是,根据交易习惯等认定行为人无权请求撤销的除外。

应当注意的是,《民法典》只规定了重大误解,没有规定错误。在实践中,对于重大误解之外的其他错误,由于没有明文规定,可以比照重大误解的规定,准许受损害一方予以撤销。民法典总则编解释第 20 条规定,行为人以其意思表示存在第三人转达错误为由,请求撤销民事法律行为的,适用该解释第 19 条的规定,即准用重大误解的规定,行为人享有撤销权。

2. 当事人一方的欺诈行为

《民法典》总则编关于欺诈的规定分为两种情况:一是当事人一方欺诈;二是第三人欺诈,并且用两个不同的条文作出规定。

(1)一方欺诈行为的概念

当事人一方的欺诈,是指民事法律关系的当事人一方故意实施某种欺骗他人的行为,并使该他人陷入错误而与欺诈行为人实施的民事法律行为。《民法典》第 148 条规定:"一方以欺诈手段,使对方在违背真实意思的情况下实施的民事法律行为,受欺诈方有权请求人民法院或者仲裁机构予以撤销。"

(2)一方欺诈的构成要件

民法典总则编解释第21条规定:"故意告知虚假情况,或者负有告知义务的人故意隐瞒真实情况,致使当事人基于错误认识作出意思表示的,人民法院可以认定为民法典第一百四十八条、第一百四十九条规定的欺诈。"无论是一方欺诈还是第三人欺诈,认定欺诈都应依照这一规定。具体要求是:

第一,欺诈的一方须出于故意。欺诈也称为诈欺,当事人在主观上必须是故意所为,过失不构成欺诈。欺诈要求欺诈行为人在主观上明知自己与对方当事人订立民事法律行为的意图就是欺骗对方,但仍然在追求这样的结果实现。欺诈可以表现为两种:一种是以欺诈为手段,引诱对方当事人与其订立民事法律行为;另一种是订立民事法律行为的行为本身就是欺诈。

第二,欺诈行为人在客观上实施了欺诈的行为。欺诈行为可以分为两种:一种是积极欺诈行为,就是行为人故意捏造事实,虚构情况,诱使对方当事人上当受骗,与其订立民事法律行为。例如,贩卖假货故意说成是真货。另一种是消极欺诈行为,即负有告知义务的行为人故意隐瞒真实情况,不将真实情况告知对方当事人,使对方当事人上当受骗,与其订立民事法律行为。例如,对交付的民事法律行为标的物的瑕疵,应当告知而不告知。确定消极欺诈行为,应当先确定行为人负有告知义务,却故意违背告知义务,有诱使对方当事人上当受骗的意图,方可认定为消极欺诈行为。

第三,受欺诈一方是在违背真实意思的情况下实施的民事法律行为。在受欺诈订立的民事法律行为中,一方当事人是受行为人的欺诈,而使自己陷入错误的认识之中,由此作出错误的意思表示,与行为人订立民事法律行为。

具备以上三个要件,就构成欺诈行为,为民事法律行为相对无效的条件。

(3)一方欺诈行为的法律后果

一方欺诈行为的法律后果是,受欺诈方有权请求法院或者仲裁机构予以撤销,即可撤销的民事法律行为。对此,受欺诈的一方享有撤销权,可以行使该撤销权,向法院或者仲裁机构请求撤销该民事法律行为。

不过,民事法律行为欺诈往往与诈骗犯罪相联系。一般来说,民事法律行为诈骗都是民事法律行为欺诈,但民事法律行为欺诈并不都是民事法律行为诈骗。

3. 第三人欺诈行为

(1)第三人欺诈行为的概念和构成

依照《民法典》第149条规定,第三人欺诈行为,是指民事法律行为当事人以外的第三人,对一方当事人故意实施欺诈行为,致使该方当事人在违背真实意思,对方知道或者应当知道该欺诈行为的情况下,与对方当事人实施的民事法律行为。

第三人欺诈行为的构成要件是:第一,实施欺诈行为的欺诈行为人,是民事法律行为双方当事人之外的第三人,而不是民事法律行为的双方当事人之一。第二,第三人实施欺诈行为是对民事法律行为当事人的一方进行,而不是对民事法律行为当事人的双方进行欺诈。第三,受欺诈的一方当事人由于受第三人的欺诈,在违背真实意思的情况下,与对方当事人实施了民事法律行为。第四,尽管第三人不是对受欺诈人的对方当事人实施的欺诈行为,但是对方当事人在与受欺诈一方当事人实施民事法律行为时,知道或者应当知道第三人的欺诈行为。在司法实践中,最典型的第三人欺诈行为是骗保。例如,在债务人无法清偿债务时,债权人银行让债务人以新还旧,即借新债、还旧债,但是要找第三人担保。债务人找到第三人,隐瞒其以新还旧的事实,谎称只是一般的借贷关系,请求其担保,因而担保人与银行签订了担保协议,这就是第三人欺诈行为。实际上债务人和债权人是串通骗保,符合本条的规定,受欺诈的行为人有权请求对该民事法律行为予以撤销。

(2)第三人欺诈行为的法律效力

第三人欺诈行为的法律效力,分为两种类型:一是因第三人欺诈行为而实施的民事法律行为,对方当事人知道或者应当知道该欺诈行为的,该行为属于可撤销的民事法律行为,受欺诈一方当事人享有撤销权,有权请求法院或者仲裁机构对该民事法律行为予以撤销。二是因第三人欺诈行为而实施的民事法律行为,如果对方当事人不知道或者不应当知道欺诈行为的,该民事法律行为有效,受欺诈的一方当事人不享有撤销权,不得请求法院或者仲裁机构撤销该民事法律行为。

4. 胁迫行为

(1)胁迫的概念与分类

胁迫是指行为人一方或者第三人以将来发生的祸害或者实施不法行为,给另一方当事人以心理上的恐吓或者直接造成损害,迫使与对方当事人实施的民事法律行为。《民法典》第150条规定:"一方或者第三人以胁迫手段,使对方在违背真实意思的情况下实施的民事法律行为,受胁迫方有权请求人民法院或者仲裁机构予以撤销。"民法典总则编解释第22条规定:"以给自然人及其近亲属等的人身权利、财产权利以及其他合法权益造成损害或者以给法人、非法人组织的名誉、荣誉、财产权益等造成损害为要挟,迫使其基于恐惧心理作出意思表示的,人民法院可以认定为民法典第一百五十条规定的胁迫。"

胁迫行为分为两种:一种是以恐吓为手段的胁迫行为;另一种是以不法行为为手段的胁迫行为。前者主要是行为人以将来发生的祸害相威胁,使相对人产生心理上的恐怖,不得不与其订立民事法律行为。后者是以直接实施的不法行为相威胁,给相对人造成人身损害或财产损害,使相对人不得不与其订立民事法律行为。

(2)胁迫行为的构成要件

第一,一方或者第三人实施威胁的事实。在以恐吓为手段的胁迫行为中,一方或者第三人威胁的事实是将来发生的祸害。将来的祸害,包括涉及生命、身体健康、财产、名誉、自由等方面所要受到的严重损害。祸害可以是针对肉体的,也可以是针对精神的;可以是针对自己的,也可以是针对家庭成员、亲戚、朋友的。判断祸害的标准是主观标准,是相对人在自己的心理上感受到恐慌或者恐怖,自己感受到祸害即可,至于其他人的感受则不论。在以不法行为为手段的胁迫行为中,使相对人感受恐怖的不是将来发生的祸害,而是一方或者第三人直接实施的不法行为已经或者正在对相对人产生人身的或者财产的损害。这种已经发生的或者正在发生的损害,使相对人受到严重威胁。

第二,一方或者第三人实施胁迫行为须出于故意。胁迫行为必须是故意所为,是通过威胁使相对人与其订立民事法律行为,因此,其手段行为的实施是故意,其实现目的的主观意图也是故意。首先,实施恐怖或者不法行为造成相对人的恐慌为故意,实施这样的行为的意图就是要使相对人产生心理恐慌;其次,一方或者第三人希望通过自己的胁迫手段,迫使相对人与一方订立民事法律行为。

第三,相对人因受到胁迫而实施订立民事法律行为的行为。相对人由于在心理上或者人身上受到威胁,因而不得不与行为人订立民事法律行为。在行为人实施威胁的行为与相对人与其订立民事法律行为的二者之间具有因果关系,是引起与被引起的关系。威胁是原因,订立民事法律行为是结果,其间的相对人感受到的威胁,就是这两者发生因果关系的链条。没有这种因果关系,不能认为是胁迫行为。

(3)胁迫行为的法律后果

胁迫行为的性质,是可撤销的民事法律行为,受胁迫方对该民事法律行为享有撤销权,有权请求法院或者仲裁机构予以撤销。

5. 显失公平

《民法典》第151条规定:"一方利用对方处于危困状态、缺乏判断能力等情形,致使民事法律行为成立时显失公平的,受损害方有权请求人民法院或者仲裁机构予以撤销。"

(1)显失公平的概念和特征

显失公平是指一方当事人利用对方处于困境,或者缺乏判断能力等情形,向对方当事人实施的对自己明显有重大利益而使对方明显不利的民事法律行为。其特征是:民事法律行为的内容对双方当事人明显不公平,一方承担更多的义务却享有更少的权利,而另一方享有更多的权利却承担更少的义务;获得利益的一方当事人所获得的利益超过法律所允许的程度;受害的一方是因处于困境或者缺乏经验或者紧迫的情况下实施的订立民事法律行为的行为。

(2)显失公平的构成要件

第一,利用对方当事人处于困境或者缺乏经验等条件。困境包括经济、生命、健康、名誉等方面的窘迫或急需;急迫是情况比较紧急,迫切需要对方提供金钱、物资、服务或劳务,不包括政治上、文化上的急需。对方当事人处于缺乏经验等,是在显失公平的民事法律行为中,承担不利后果的一方当事人因其自身有轻率、无经验等不利的因素,故而对民事法律行为的内容在认识上有不准确的问题。

第二,对方当事人因困境或者缺乏经验而与其订立民事法律行为。构成显失公平,须对方当事人因困境或者缺乏经验而与其订立民事法律行为。一方当事人利用对方当事人的危难或急迫,其提出的条件是利用对方的危难或无知从中获取不当利益。对方当事人没有更好的办法,或者缺乏经验,因而实施民事法律行为。

第三,不法行为人所获得的利益超出了法律所准许的限度。无论是利用对方的困境,还是利用对方的没有经验,利用他人困境或者缺乏经验的一方当事人提出的条件十分苛刻,对对方当事人十分不利。基于显失公平的民事法律行为所获得的利益是在正常的情况下所不可能得到的重大利益,明显违背了公平原则,超出了法律所允许的范围,其结果是显失公平的。一般认为,买卖民事法律行为出卖人交付的标的物的价格少于其实有价值的一半,或者超出其市场价格的一倍的,应当认为是显失公平。[24] 在借贷民事法律行为中,最高人民法院的司法解释认为民间借贷约定的利息不得高出年息24%,超过者为显失公平。

第四,显失公平的发生时间在订立民事法律行为之时

《民法典》总则编明确规定,只有民事法律行为成立时显失公平的,才构成显失公平。在民事法律行为成立以后,由于情势的变化致使显失公平的,不适用本条规定。

---

〔24〕 参见王利明、崔建远:《合同法新论·总则》,中国政法大学出版社1996年版,第284页。

（3）显失公平的法律后果

按照《民法典》第 151 条规定，构成显失公平的，受损害方有权请求法院或者仲裁机构予以撤销。受损害方基于显失公平的民事法律行为，向法院或者仲裁机构请求行使撤销权，有权撤销显失公平的民事法律行为。

（三）相对无效的民事法律行为的撤销

1. 撤销权的行使

对于构成重大误解、胁迫、欺诈、显失公平的民事法律行为，其法律后果都是一方当事人享有撤销权，可以撤销该民事法律行为。

相对无效法律行为，与绝对无效法律行为相比，最主要的区别在于：绝对无效法律行为一经认定为无效，法律行为就自始无效。相对无效法律行为认定其性质后，其法律行为是否有效，由享有权利的一方当事人确定其效力，确定为无效的，法律行为即无效，发生与绝对无效法律行为一样的效力。当然，享有权利的当事人也可以不对法律行为进行变更或者撤销，这样法律行为就自始有效，法律行为的效力没有变化。

在相对无效法律行为中，享有权利的一方当事人所享有的权利就是撤销权。相对无效法律行为的撤销权，是指因意思表示不真实，权利人通过行使这种权利，使已经生效的法律行为归于无效。

对相对无效法律行为行使撤销权的规则是：

（1）撤销权所撤销的对象是意思表示不真实的法律行为。对效力待定的法律行为，授予当事人撤销权、追认权、催告权，使法律行为的效力状态确定下来；这种法律行为主要是法律行为的当事人不符合资格要求，不是合格的主体。对相对无效法律行为，法律赋予当事人以撤销权，由享有权利的一方当事人按照自己的意愿，对法律行为的效力进行确定。

（2）撤销权的主体是法律行为的一方当事人。相对无效法律行为的撤销权，其主体是法律行为的一方当事人。享有撤销权的一方当事人是受对方的意志所“干扰”而意思表示不真实，因而，撤销权的行使由撤销权人的自主意志所决定，让该法律行为继续生效或予以撤销，都由撤销权人决定，其他人无权干涉。

（3）相对无效法律行为在被撤销之前仍然是有效的。相对无效法律行为的相对之处，就是法律行为在被撤销之前是有效的。这种法律行为在被撤销之前，虽然具有可撤销的因素，但是否撤销，在当事人没有作出意思表示、仲裁机构和法院没有裁判之前，不能认定该法律行为就是无效的。尤其是在超出法定期限当事人没有对法律行为提出撤销要求的，该法律行为就继续有效，不能让它的效力受到影响，当事人不得拒绝履行自己的义务。

2. 撤销权消灭的事由

（1）撤销权消灭的一般事由。因重大误解、胁迫、欺诈以及显失公平而实施的民事法律行为，一方当事人享有的撤销权，可以因一定的法定事由而消灭。撤销权的消灭事由有两个：一是超过除斥期间没有行使权利。二是撤销权人放弃撤销权，即享有撤销权的当事人知道撤销事由后明确表示或者以自己的行为表示放弃撤销权。

（2）除斥期间完成消灭撤销权。《民法典》第 152 条规定的特点是：第一，改变除斥期间的单一结构，分为一般除斥期间和最长除斥期间；第二，一般除斥期间分成两种，一般情况为 1 年，重大误解为 90 日；第三，撤销权一般除斥期间的起算，不再采用行为实施终止就起算的做法，改为知道或者应当知道撤销事由时起算，而胁迫行为则从胁迫行为终止之日起算；第四，增加最长除斥期间的规定，为5年。

一般的除斥期间是1年，当事人自知道或者应当知道撤销事由之日起1年内没有行使撤销权的，撤销权消灭。但是，存在以下特殊情形：第一，重大误解的当事人自知道或者应当知道撤销事由之日起90日内没有行使撤销权的，这个除斥期间的时间比较短，只有90日；第二，当事人受胁迫而实施的民事法律行为，其除斥期间1年，但是起算时间比较特殊，是自胁迫行为终止之日起，如果1年内没有行使撤销权的，撤销权消灭。

最长除斥期间是，在上述撤销权行使的除斥期间中，起算方法是自知道或者应当知道撤销事由之日起计算，分别为1年或者90日；如果当事人不知道或者不应当知道撤销事由发生的，当事人自该民事法律行为发生之日起，5年内没有行使撤销权的，该撤销权消灭。该最长除斥期间是5年。

如果在胁迫的情形下，胁迫行为终止之日超过了5年的最长除斥期间的，究竟应当怎样计算除斥期间来保护撤销权人的权利，法律没有规定。笔者认为，在这种情况下，由于胁迫行为的一般除斥期间还没有起算，且在胁迫行为之下，权利人无法主张自己的撤销权，因此，不适用最长除斥期间的5年，而以胁迫行为终止之日起计算除斥期间。这样才是公平合理的。

(3)放弃撤销权而消灭撤销权。撤销权人知道了撤销事由之后，如果明示放弃撤销权，撤销权消灭。如果撤销权人以自己的行为表明放弃撤销权的，例如，知道了撤销事由之后又继续履行义务的，就是以自己的行为放弃撤销权，撤销权也消灭。

四、绝对无效的民事法律行为

(一)虚假行为无效

虚假行为，又称伪装行为，是指行为人与相对人通谋而为虚假的意思表示。虚假表示是双方行为，是双方进行串通的行为，是双方当事人的意思表示都不真实，而不是一方当事人的意思表示不真实。《民法典》第146条第1款规定："行为人与相对人以虚假的意思表示实施的民事法律行为无效。"

虚假行为的特点是双方当事人进行通谋，通常具有不良动机，因而在主观上是共同故意，在意思表示上是双方的不真实。如果仅有一方非真意表示，而对方并无非真意的合意，或因而有误解或者发生错误的，不构成虚伪表示。[25] 虚假行为的效力，在原则上不生效，不具有虚伪表示的行为所欲发生的法律效力。

对于已经经过登记的虚假行为，是否可以宣告无效？例如，虚假结婚和离婚、虚假的不动产交易，都进行了登记程序，但能够证明是虚假行为。对此，笔者的意见是，可以宣告无效，在宣告无效的同时，应当撤销原来的结婚、离婚登记和物权变动登记。

(二)违反法律强制性规定的行为无效

违反法律、行政法规强制性规定的民事法律行为，是指当事人在订约目的、具体内容以

〔25〕 施启扬：《民法总则》(第8版)，中国法制出版社2010年版，第243页。

及形式上都违反法律和行政法规强制性规定的民事法律行为。

从民事法律行为方面来看,应当包括民事法律行为的目的、民事法律行为的内容和民事法律行为的形式,都违反法律或者行政法规的强制性规定。

从违反的法律、法规来看,所违反的法律、法规应当包括两种,就是国家立法机关通过、颁布的法律,中央政府即国务院制定、颁行的行政法规,不包括地方法规、行政规章和司法解释。

从违反的法律内容来看,民事法律行为违反的是国家法律和行政法规中的强制性规定。在国家的立法中,包括强制性内容、倡导性内容和任意性内容。对于倡导性的内容和任意性的内容,当事人不存在是否违法的问题,即使民事法律行为的约定违反倡导性和任意性的法律规定,也不能认为是违反法律的民事法律行为。只有违反强制性的规定,才能判定为违法。强制性规定主要包括:(1)关于意思自治以及意思自治行使要件的规定,如行为能力、意思表示生效的要件以及合法的行为类型(限于对行为类型有强制性规定的情形);(2)保障交易稳定、保护第三人之信赖的规定;(3)为避免产生严重的不公平后果或为满足社会要求而对意思自治予以限制的规定。[26]

《民法典》第153条第1款关于"但是,该强制性规定不导致该民事法律行为无效的除外"的但书规定,表明的是在法律和行政法规的规范中,有一些虽然也是强制性规定,但是却不是效力性强制性规定,而是管理性强制性规定,这两种规定的性质是不相同的,违反效力性强制性规定,直接导致的后果就是民事法律行为无效;但是违反管理性强制性法律规定,并不一定就直接导致该民事法律行为无效,而要看所违反的管理性强制性规定的法律属性。

违反法律、行政法规的民事法律行为,当事人在主观上可以是故意所为,也可以是过失所致。故意所为是明知民事法律行为违法,却执意订立这样的民事法律行为。过失则是不知民事法律行为违法,但所订立的民事法律行为在客观上是违反法律或者行政法规的。

(三)违背公序良俗的行为无效

在私权神圣的原则下,既要尊重民事主体的意思自治,按照自己的意思设立、变更、终止民事法律关系,同时也必须尊重公共秩序和善良风俗。如果违反公序良俗原则,法律强制认定这种民事法律行为是无效的。这正是《民法典》第153条确认违背公序良俗的民事法律行为无效的法律基础。

可见,作为私权神圣的保障,只要有私法自治原则,就要有公序良俗原则。这两个原则只有全面地配套适用,才能够建立起和谐的社会秩序,体现当代的法治精神。

当一个具体的民事法律行为,特别是民事主体进行的非交易性质的民事法律行为,如果该法律行为违背了社会全体成员普遍认为须遵循的道德准则,违背了我国民法所恪守的基本理念,例如,提倡尊重人格尊严,家庭生活中相互扶助、和睦团结,禁止遗弃虐待老人和未成年人,禁止有伤风化、违背伦理的行为等原则,就构成了违背善良风俗。同样,当一个具体的非交易性质的民事法律行为,损害全体社会成员的共同利益,破坏社会的共同生活规则,违反社会成员相互之间的共同行为准则,就是违背公共秩序的民事法律行为。这样的民事

---

〔26〕 参见[德]卡尔·拉伦茨:《德国民法通论》(上册),王晓晔等译,法律出版社2003年版,第42页。

法律行为,都是无效的民事法律行为。

(四)恶意串通的行为无效

恶意串通,是当事人为实现某种目的,进行串通,共同订立民事法律行为,造成国家、集体或者第三人利益损害的违法行为。

恶意串通的构成要件是:

第一,当事人在主观上具有恶意。恶意串通行为在主观上的主要特征是主观恶意,当事人相互之间具有共同的非法目的。构成恶意串通,在主体上应当是参加该民事行为的当事人都具有恶意,而不是只有一方当事人具有恶意。恶意的内容,是当事人对于牟取非法利益的恶意,至于对损害他人的利益的后果,则可以是希望、追求,或者是放任,任其发生。

第二,当事人之间互相串通。串通是指相互串连、勾通,使当事人之间在行为的动机、目的、行为以及行为的结果上达成一致,共同实现非法目的。具体表现,可以是经过串通双方当事人共同达成一项协议,也可以是一方当事人提出某种实现非法目的的意思表示,另一方当事人明知其恶意而默示予以接受。在实现非法目的的意思表示达成一致后,当事人约定互相配合或者共同实施该种民事法律行为。

第三,双方当事人串通实施的行为损害他人合法权益。恶意串通的结果,是使他人的合法权益受到损害,在串通和损害之间具有因果关系。

恶意串通订立的民事法律行为是绝对无效的民事法律行为,发生民事法律行为无效的法律后果。

五、根据法律规定确定效力的民事法律行为

(一)隐藏行为

隐藏行为,是指行为人将其真意隐藏在虚假的意思表示中。《民法典》第146条第2款规定:"以虚假的意思表示隐藏的民事法律行为的效力,依照有关法律规定处理。"表意人与相对人之间因碍于情面或者其他原因,所为的意思表示虽非出于真意,却隐藏他项法律行为的真正效果,其实质就是通谋虚伪的意思表示中隐藏着他项法律行为。

《民法典》之所以没有规定以合法形式掩盖非法目的的民事法律行为,就是因为这种行为包含在隐藏行为之中。不论是什么样的形式掩盖一个什么样的目的,只要符合第146条第2款的要求所隐藏的那个民事法律行为,就直接依照有关法律规定办理去确定其效力。

确定隐藏行为效力的原则是,虚伪行为隐藏其他法律行为者,适用关于该隐藏的法律行为之规定。[27] 具体规则是:虚假的意思表示行为无效,至于其隐藏的真实意思表示行为是否有效,应当依照该行为的法律规定判断。符合该种法律行为的规定的认定为有效,否则为无效。对此,可以借鉴我国台湾地区"民法"第87条第2款关于"虚伪意思表示,隐藏他项法律行为者,适用关于该项法律行为之规定"的规定。

---

〔27〕 参见《德国民法典》第117条第2项规定。

（二）戏谑行为[28]

戏谑行为，是指表意人基于游戏目的而作出的，内心并未预期他人信以为真的意思表示。典型的戏谑行为是娱乐性言谈、吹嘘或者出于玩笑的不严肃承诺。其特点：一是行为人故意而为而不是过失所致；二是表意人故意使自己的内在意思与外部表示不一致；三是表意人出于善意而非恶意；四是戏谑行为在外观上可以被人识破，能够看出其并非真实的意思表示。戏谑行为分为善谑和恶谑，善谑行为无效，不发生任何法律后果；恶谑行为造成损害的要承担赔偿责任。

戏谑行为与悬赏广告的区别：一是行为的目的有区别。悬赏广告行为追求悬赏利益的实现，且具有某种急迫性，戏谑行为没有急迫利益实现的目的，通常是为了满足某种心理，如夸大其词以满足自己的虚荣心。二是行为的效果有区别。悬赏广告是行为人以法律约束自己换取悬赏广告后果的实现，戏谑行为没有这样的效果意思，追求的后果是心理上的效果，产生的后果在法律上为无效才符合表意人的期望。三是表示行为上的不同。其差异性表现在：一是严肃性，悬赏广告是严肃的表示，戏谑行为却带有玩笑、吹牛的性质。二是行为方式，悬赏广告的行为方式是正式的，如在正规报纸上的广告、新闻类节目的播放、权威部门的宣传等；戏谑行为是以非正规方式作出，如在娱乐节目中、酒后或者谈笑时作出表示。三是酬金数量，悬赏广告和戏谑行为都可以有酬金的内容，但悬赏广告的酬金应与行为追求目的相适应，不能过于悬殊；戏谑行为所谓的酬金可能是违背常理的，远远超过行为价值。四是语境、场合，悬赏广告在表达语言和表达场合都要体现正式、严肃行为的要求；戏谑行为的表达语言、表达场合都具有非正式性，且要避免他人信以为真。

戏谑行为的法律后果，由于是行为人的非真实意思表示，因而善谑行为不发生任何法律后果；恶谑具有恶意，即利用戏谑行为达到损害他人目的，因而应当承担损害赔偿的责任。

由于《民法典》没有规定戏谑行为，适用法律有两个办法：一是对戏谑行为主张为悬赏广告的，要依照《民法典》第499条关于悬赏广告的规定，认定戏谑行为不构成悬赏广告驳回原告的诉讼请求即可；二是适用《民法典》第143条规定，认定戏谑行为的意思表示不真实，不发生民事法律行为的效力，确认双方当事人之间不发生权利义务关系。

六、民事法律行为无效和被撤销的法律后果

对于民事法律行为无效或者被撤销的法律后果，《民法典》第157条规定的适用范围是“民事法律行为无效、被撤销或者确定不发生效力”，其实，民事法律行为不成立的后果也应当包括其中。所以，民法典总则编解释第23条规定，民事法律行为不成立，当事人请求返还财产、折价补偿或者赔偿损失的，参照适用《民法典》第157条的规定。

（一）自始无效

1. 民事法律行为自始无效的一般规则

无论是可撤销的民事法律行为，还是绝对无效的法律行为，其被撤销或者被宣告为无效

〔28〕 参见杨立新、朱巍：《论戏谑行为及其民事法律后果——兼论戏谑行为与悬赏广告的区别》，载《当代法学》2008年第3期。

以后,该民事法律行为就是自始、绝对、确定地不按照行为人设立、变更、终止民事法律关系的意思表示发生法律效力的法律行为,对双方当事人没有任何法律拘束力。这就是无效的或者被撤销的民事法律行为自始没有法律约束力。

绝对无效民事法律行为,由于都是因民事法律行为内容违反法律或公序良俗,因而民事法律行为在订立之始就没有效力。这种无效是绝对无效,不仅自始无效,而且不准当事人予以追认。

相对无效民事法律行为,在经过当事人请求,依法对民事法律行为予以撤销之后,该民事法律行为虽然在撤销前曾经有过一段效力,但民事法律行为一经撤销就自始无效,其无效的后果溯及既往,前面曾经发生过的效力亦一并消灭,回归到没有民事法律行为的状态。

民事法律行为无效,是民事法律行为不发生民事法律行为应有的法律约束力,民事法律行为约定的权利义务不再发生,与原来没有订立民事法律行为的状况是一样的。但这并不是说,民事法律行为无效或者被撤销就不发生任何法律后果。

2. 民事法律行为自始无效的特例

《民法典》合同编第 507 条关于“合同不生效、无效、被撤销或者终止的,不影响合同中有关解决争议方法的条款的效力”的规定,确认自始无效还有以下三个方面的特例:

第一,民事法律行为被宣告无效的,解决民事法律行为争议方法的条款继续有效。民事法律行为全部无效不包括解决民事法律行为争议方法的条款,该条款继续有效。只有按照原来民事法律行为约定的解决方法解决,才符合当事人的原意,仲裁机构或者法院才能够有权进行管辖。

第二,民事法律行为被撤销的,解决民事法律行为争议方法的条款不能撤销。撤销民事法律行为不能将解决民事法律行为争议方法的条款一并撤销,因为在具体处理这种争议时,已经按照民事法律行为原来的约定实施,再撤销是没有意义的。

第三,民事法律行为终止,解决民事法律行为争议方法的条款的效力不能消灭。法律规定,尽管民事法律行为终止了,但解决民事法律行为争议方法的条款效力不能受到影响,仍继续有效。

(二)部分无效

民事法律行为部分无效,是指民事法律行为的部分内容违反法律或公序良俗,其他部分并不存在这样的内容。这就是俗称的民事法律行为“部分无效部分有效”。《民法典》第 156 条规定:“民事法律行为部分无效,不影响其他部分效力的,其他部分仍然有效。”

如果民事法律行为无效部分的内容影响其他部分内容的效力,则民事法律行为全部无效。例如,双方当事人买卖国家禁止买卖的物品,尽管民事法律行为的其他条款都遵守国家的规定,但由于无效的内容影响到其他内容的效力,该民事法律行为的全部内容均为无效。

(三)返还责任

民事法律行为无效、被撤销或者确定不发生法律效力后,其法律后果是《民法典》第 157 条规定的后果。

1. 财产返还

返还是恢复原状的一种处理方式,即无效法律行为和被撤销法律行为自始没有法律约束力,已经按照约定进行的履行因无法律效力而需要恢复到没有履行前的状况,已接受履行的一方将其所接受的履行返还给对方，是恢复原状的最基本的方式。例如，已实际履行的买卖民事法律行为因欺诈被确认无效或者被撤销后，买方和卖方应当分别返还其物品和价款。返还财产不同于退货。买卖民事法律行为因标的物瑕疵需要退货的，是有效民事法律行为的责任方式。

2. 折价补偿

民事法律行为无效或者被撤销之后，不能返还财产或者没有必要返还的，应当折价补偿。并不是所有的已经履行的无效法律行为都能够或者需要采取返还方式。有些法律行为的性质决定了无法采取返还方式，如提供劳务的无效民事法律行为、一些提供工作成果的民事法律行为（如建设工程承包民事法律行为）；有些民事法律行为适用返还不经济，如返还需要的费用较高，强制返还带来经济上的极大浪费。因此，不能返还或者没有必要返还的，应当折价补偿，这是对返还原则的一种补充。

3. 赔偿损失

无效民事法律行为和民事法律行为被撤销后造成损失的，有过错的一方应当赔偿对方因此所受到的损失，双方都有过错的，应当各自承担相应的责任。承担赔偿责任的标准是过错，如果没有过错，则不承担赔偿责任。

4. 法律另有规定的除外

如果其他法律对民事法律行为无效、被撤销或者确定不发生效力后的法律后果有其他规定的，应当依照其他法律的规定确定应当承担的法律后果。

第四节　民事法律行为的附条件和附期限

｜典型案例｜

王某、李某二人为同厂工人，王某患病在家休息。发放工资时，银行摊派每人认购每券1元的文化宫建设奖券3张，将奖券连同工资相抵发放。李某为王某代领工资，并为其抽出3张奖券。同事围观，要求李某将为王某抽出的奖券开奖，看是否中奖。李某揭开奖券中奖栏，发现其中1张中特奖，奖金1万元。李某去王家，告知其为王某抽奖券3张，并问如果中奖，奖金如何处理。王某说，如果中奖，二人平分奖金。李某即出示奖券给王某，王某见中奖，即反悔。李某以王某的承诺为依据，诉至法院，要求分得奖金5000元。法院判决李某分得奖金3000元，其余归王某所有。[29]

一、附条件的民事法律行为

（一）附条件的民事法律行为的概念

附条件的民事法律行为是指法律行为效力的开始或者终止，取决于将来不确定事实的

---

〔29〕 讨论提示：本案双方当事人之间的法律行为属于附条件的法律行为；双方约定的条件在约定时已经成就，不符合附条件法律行为的成立规则。

发生或不发生的法律行为。

法律规定法律行为可以附条件,目的就是以所附的条件来确定或者限制法律行为的效力。这是商品经济和市场经济发展的要求,是社会生活复杂性、多样性所决定的。

(二)所附条件的种类

1. 生效条件与解除条件

条件是表意人附加于意思表示的一种任意限制,使其意思表示的效力由将来客观不确定事实的成否来决定。[30] 法律行为所附条件,一是生效条件;二是解除条件。

(1)生效条件。生效条件也叫作延缓条件,是指法律行为效力的发生取决于所附条件的成就。当一个法律行为成立之后,当事人不想使它立即生效,而想待所附条件成就后再开始生效,就可以在法律行为中约定生效条件(延缓条件),使该条件发生作用,延缓法律行为的生效时间,在法律行为约定的条件成就时,再让法律行为发生效力,如果该条件不成就,该法律行为就永远不会生效。所以,生效条件又叫作停止条件。

(2)解除条件。解除条件是指法律行为中所确定的民事权利和民事义务应当在所附条件成就时失去法律效力的条件,是决定法律行为的法律效力是否终止的条件。当行为人在进行交易时,就在法律行为中附上一种条件,约定当这种条件成就时,该项法律行为的效力即告终止,原来确定的法律行为权利和义务立即终止。因此,所附的解除条件,就使在法律行为已经发生效力的情况下,当某种情况出现时,法律行为的效力即告终止,不再发生效力。所以,解除条件又叫作失效条件。

2. 积极条件和消极条件

在附条件的法律行为所附的条件中,还有一种对条件的分类方法,就是将所附的条件分为积极条件和消极条件。

(1)积极条件。积极条件又称为肯定条件,就是所附的条件是以某种客观事实的出现为其内容,标准是以约定事实的发生为条件成就,以约定的事实的不发生为条件的不成就。这样的条件就是积极条件。

(2)消极条件。消极条件又称为否定条件,就是所附的条件是以某种客观事实的不发生为其条件的内容,标准是以约定的事实不发生为条件的成就,以约定的事实的发生为条件的不成就。这样的条件是否定法律行为效力的条件,所以是消极条件。

(三)法律对所附条件的要求

法律行为所附条件,可以是事件,也可以是行为。法律要求法律行为所附的条件必须符合以下要求:

第一,约定的条件必须是将来发生的事实。那些过去的、已经发生或者正在发生的事实,都不能作为条件。依照民法典总则编解释第 24 条规定,民事法律行为所附条件不可能发生,当事人约定为生效条件的,法院应当认定民事法律行为不发生效力;当事人约定为解除条件的,应当认定未附条件,民事法律行为是否失效,依照《民法典》和相关法律、行政法规的规定认定。

---

〔30〕 参见张季忻:《民法总则概要》,世界书局 1929 年版,第 109 页。

第二,约定的条件必须是不确定的客观事实。已经确定的事实,不能作为所附的条件。法律行为所附条件的事实应当是客观的事实,而不是虚构的事实,或者臆测的事实。

第三,约定的条件必须是当事人任意选择的事实。约定条件的条款属于任意性条款,不具有强制性的意义。作为条件的事实必须是当事人双方一致选定的,而不是由法律规定的条件。

第四,约定的条件必须是合法的事实。凡是法律行为附有不法条件的,该法律行为当然无效;法律行为本身虽为合法,但由于附有不法条件,它也不能发生法律行为的效力。

(四)附条件法律行为的法律后果

附条件的法律行为一旦成立,就对当事人具有法律上的约束力,应当遵守法律行为的约定,无论是生效条件还是解除条件,都必须按照事实发生或者不发生的客观规律,任其自然地发生或者不发生,由此来确定法律行为的生效或者解除,不得人为地加以干预。

人为地干预法律行为所附条件的发生或者不发生,违背了法律行为所附条件的意义,使所附条件的成就或者不成就加入了人的意志的因素,而且是一方当事人的意志因素,因而使法律行为的生效或者解除就由一方当事人加以控制,使法律行为的双方当事人的利益平衡发生动摇,违背民法的公平原则和诚实信用原则,因此,必须禁止这种恶意的行为。凡是当事人不正当地阻止所附条件成就的,应当视为条件已经成就,法律行为应当按照原来的约定生效或者解除;凡是当事人不正当地促成所附条件成就的视为条件不成就,应当按照法律行为原来的约定,确认法律行为不生效或者不解除。这样规定,有利于保护非恶意的一方当事人的利益,制裁恶意的当事人,维护交易秩序,保护交易安全。

二、附期限的民事法律行为

(一)附期限的民事法律行为的概念和意义

附期限的民事法律行为,是指在法律行为中附有一定的期限,并把该期限的到来作为当事人的民事权利和民事义务发生或者消灭前提的法律行为。

附期限的民事法律行为在法律行为的内容上,与一般的法律行为并没有严格的不同,只是在法律行为中约定一定的期限,并且将这个期限作为法律行为生效或者失效的条件,在这个期限届至时,法律行为生效或者失效。

法律规定附期限的法律行为的意义,在于限制法律行为当事人所确定的民事权利和民事义务发生法律效力或者终止法律效力的时间,使法律行为能够按照当事人的约定有计划地进行,充分满足法律行为当事人的多种需要。

(二)所附期限的种类

法律行为的当事人限定法律行为在什么时候发生效力或失去效力,这种限定的时期就是期限。[31] 所附期限的种类是:

---

〔31〕 参见张季忻:《民法总则概要》,世界书局1929年版,第117页。

1. 延缓期限

延缓期限也称为始期,是指在法律行为中规定的期限到来之前,该法律行为所确定的民事权利和民事义务尚不能发生法律效力,要等待期限的到来;期限到来,法律行为所约定的民事权利和民事义务就开始发生法律效力,债权人开始有权请求债务人履行义务,债务人才开始承担履行债务的责任。例如,当事人约定出借人将自己的房屋一间借给借用人使用,但是约定的期限是在1个月以后。这里的1个月,就是所附的延缓生效的期限。

2. 解除期限

解除期限又称为终期,是指在法律行为中约定的期限到来时,该法律行为所约定的民事权利和民事义务的法律效力即行消灭。也就是说,在法律行为所附的期限到来之前法律行为已经发生法律效力,当事人之间的法律行为已经在执行,债权人的权利在行使,债务人的义务在承担。该法律行为所约定的这样的效力一直在延续,直至法律行为所约定的期限到来为止,法律行为的效力就终止。例如,有期限的房屋租赁法律行为,就是附解除期限的法律行为,在法律行为所约定的期限届至时,该法律行为就解除,不再发生法律行为的效力,当事人的权利义务即终止。

本章思考题

1. 民事法律行为的概念是什么?民事法律行为的类型应当怎样划分?结合讨论第一节典型案例,问:张某与钱某前后两个保管法律行为有何不同?
2. 结合讨论第二节典型案例,说明意思表示不真实的类型。问:本案的意思表示的性质是什么?应当怎样处理?法院的判决正确吗?
3. 绝对无效民事法律行为的原因有哪些?构成要件是什么?
4. 相对无效民事法律行为的原因有哪些?撤销权的行使规则是什么?
5. 结合讨论第四节典型案例,说明附条件和附期限的民事法律行为。问:"如果中奖"是否为"平分奖金"所附生效条件?法院的判决是否正确?

第十一章 代　　理

本章要点

民事主体可以通过代理人实施民事法律行为,依照法律规定、当事人约定或者民事法律行为的性质,应当由本人亲自实施的民事法律行为,不得代理。代理人在代理权限内,以被代理人名义实施的民事法律行为,对被代理人发生效力。委托代理人通过授权委托书取得代理权。代理人需要转委托第三人代理的,应当取得被代理人的同意或者追认。行为人没有代理权、超越代理权或者代理权终止后,仍然实施代理行为,未经被代理人追认的,为无权代理,对被代理人不发生效力。行为人没有代理权、超越代理权或者代理权终止后,仍然实施代理行为,相对人有理由相信行为人有代理权的,为表见代理,代理行为有效。

代理　法定代理　委托代理　代理权　授权委托书　代理终止　无权代理　表见代理

第一节　一般规定

典型案例

原告何某与被告某律师事务所签订委托代理合同,约定某律师事务所接受何某的委托,指派律师陈某为何某与严某民间借贷纠纷一案的诉讼代理人,代理权限为特别授权。该律师事务所同时又指派律师蔡某为该案被告严某作诉讼代理人,代理权限也为特别授权。陈某与蔡某在诉讼中分别代表委托方达成调解协议,法院出具调解书。送达调解书时,严某下落不明,调解书无法执行,致使何某的权益受到损害。

一、代理的概念和特征

(一)代理的概念

代理是指代理人在代理权范围内,以被代理人的名义独立与第三人实施法律行为,由此产生的法律效果直接归属于被代理人的民法制度。

在代理制度中,以他人名义实施法律行为的人称为代理人;其名义被他人使用而由他人实施法律行为的人称为被代理人或者本人;与代理人实施法律行为的相对人称为第三人。

(二)代理的法律特征

第一,代理人要为被代理人作出意思表示。代理人的职责是代被代理人实施法律行为,包括代他人作出意思表示,或者接受意思表示,因而必须为被代理人的利益独立作出意思表示。只是传达被代理人的意思表示而不代为作出意思表示的,是使者而不是代理人。同样,不为意思表示的行为不得成立代理,如代人保管物品、代人照看儿童等事实行为,虽然也是接受他人的委托,但并不代为进行意思表示,因而不是代理行为。

第二,代理人是以被代理人的名义进行活动的。代理人从事法律行为以被代理人的名义进行,是法律行为结果归属于被代理人的基本条件。这是因为大陆法系对于代理采取"显名主义",凡事不以被代理人名义实施的法律行为,其法律效果由行为人自己承担。

第三,代理人在代理权限内独立进行法律行为。代理权是代理人代被代理人进行民事行为的基础,代理人必须依据代理权,并在代理权限范围内为意思表示,体现被代理人的意志,为被代理人实现利益。

第四,代理行为的法律后果直接归属于被代理人。被代理人通过代理人实施民事行为的目的,是利用代理人的技能、经验等为自己服务,因此,代理人在代理权限以内以本人的名义向第三人为意思表示或者接受意思表示的行为一旦生效,即在第三人与被代理人之间形成法律关系,由此发生的法律后果直接归属于被代理人,由被代理人承担相应的责任。

二、代理的分类

(一)积极代理与消极代理

以代理人在代理行为中是表意人还是受领人为标准,可以将代理分为积极代理和消极代理。

积极代理是指代理人代被代理人进行意思表示的代理,代理的是被代理人积极实施法律行为的意志,是主动与他人实施法律行为。消极代理是指代理人代被代理人接受意思表示的代理,代理人代理被代理人消极接受法律行为,是被动地接受对方提出实施法律行为的行为。

区别积极代理与消极代理的意义是,积极代理的代理人必须明确取得可以作出某种意思表示的代理权,而消极代理的代理人接受意思表示可能并不需要特别的授权;在共同代理中,积极代理的代理人要共同作出意思表示,而消极代理的代理人中任何一人接受意思表示,都对被代理人发生效力。

(二)有权代理与无权代理

以代理人是否拥有代理权为标准,可以将代理分为有权代理与无权代理。

有权代理是基于被代理人授予的代理权而实施的代理行为,其代理的结果必然归属于被代理人,即被代理人承受代理行为的后果。有权代理是真正的代理。无权代理是非基于被代理人授予代理权而发生的代理行为,并非真正的代理,因此,其代理的后果原则上不归属于被代理人,只有被代理人同意追认的除外。

区分有权代理和无权代理的意义是,有权代理适用有关代理的法律规则,无权代理适用无权代理的具体规则。

(三)概括代理与限定代理

以代理权的范围为标准,可以将代理分为概括代理与限定代理。

概括代理也叫作一般代理、全权代理,是指对代理权的范围无特定限制的代理,代理的内容具有概括性。限定代理又称为特别代理、部分代理,是指代理权的范围受到特别限定的代理,代理的范围具有特定性,根据被代理人的特别授权确定。

区分概括代理和限定代理的意义是,概括代理的范围由法律规定,限定代理的范围按照被代理人的指定或者双方的约定来确定。

(四)单独代理与共同代理

根据代理人的人数为标准,代理可以分为单独代理和共同代理。

单独代理是指代理人仅为一人的代理,其代理人只有一人,在具体实施代理行为时,按照代理人的意志进行,除被代理人,其他人对代理人的代理行为不得进行干预。共同代理是指代理人为二人以上的代理,各个代理人应当共同实施代理权。典型的共同代理是父母作为未成年子女的共同代理人。共同代理由于代理人为多数,各个代理人不能独立行使代理权,应当由数个共同代理人共同行使,经全体代理人的协商或者按照多数人意思形成共同代理意见。按照共同代理意见,各个代理人经过授权,可以单独向第三人为意思表示。《民法典》第166条规定的是共同代理。

(五)本代理与复代理

以代理权的来源不同,可以将代理分为本代理与复代理。

本代理是指代理人的代理权直接来源于被代理人的代理授权行为、法律规定或有权机关的指定代理。复代理又称为再代理、转代理,是指代理人基于为被代理人另行委托代理人的权限,包括被代理人的授权或者紧急情况的发生,以自己的名义替被代理人另行选任代理人的代理。《民法典》第169条规定的转委托,就是复代理。

区分本代理与复代理的意义是,复代理另有具体规则。

三、代理的适用范围

(一)代理适用的一般范围

代理适用范围是指代理行为的标的范围,即哪些行为法律允许代理,哪些行为不能代理。[1] 依照《民法典》第161条第1款的规定,代理主要适用于法律行为,即"民事主体可以通过代理人实施民事法律行为"。具体包括:一是双方的法律行为,如买卖、租赁、借贷、承揽、保险等;二是单方法律行为,如代理他人行使追认权、撤销权等;三是准法律行为,如代理他人进行要约邀请、要约撤回、承诺撤回、债权的主张和承认等。

除此之外,在实践中,代理还可以适用于下列行为:一是申请行为,即请求国家有关部门

---

〔1〕 参见柳经纬主编:《民法总论》,厦门大学出版社2000年版,第219页。

授予某种资格或者特权的行为,如代理申请注册商标。二是申报行为,即向国家有关部门履行法定的告知义务和给付义务的行为,如申报纳税行为。三是诉讼行为,即代理诉讼中的当事人进行各种诉讼行为。

(二)不适用代理的行为

《民法典》第 161 条第 2 款规定:“依照法律规定、当事人约定或者民事法律行为的性质,应当由本人亲自实施的民事法律行为,不得代理。”这是对不适用代理行为的禁止性规定。

下列行为不适用代理:

第一,人身行为。意思表示具有严格的人身性质,而且必须由本人亲自作出决定和予以表达的行为,属于人身行为,不适用代理制度。如订立遗嘱、婚姻登记、收养子女等行为,都必须由本人作出决定和亲自予以表达,不能由他人代理进行。

第二,人身性质的债务。具有严格人身性质的债务也不得代理。如受约演出不得代为演出。在建筑物区分所有权中,业主大会或者业主委员会与物业管理公司签订物业服务合同,是基于业主大会或者业主委员会的信任,物业公司接受委托,代理业主管理区分所有的建筑物,也必须亲自进行,不得转委托他人,只有个别事务可以委托他人进行,不得整体转让。

第三,违法行为和法律禁止的行为。《民法典》第 167 条规定:“代理人知道或者应当知道代理事项违法仍然实施代理行为,或者被代理人知道或者应当知道代理人的代理行为违法未作反对表示的,被代理人和代理人应当承担连带责任。”因此,违法行为和法律禁止的行为不得代理。

四、代理权和代理行为

(一)代理权的概念和性质

1. 代理权的概念

代理权,是指代理人基于被代理人的意思表示、法律的规定或者有关机关的指定,能够代理他人实施法律行为的权力。《民法典》第 162 条规定的代理权,应当包括所有的代理权,而不仅仅指委托代理产生的代理权。

2. 代理权的性质

(1)权利说,认为代理权是一种独立的民事权利,在性质上与其他民事权利没有区别。理由是,代理权的产生基础是当事人意思自治,当事人可以在不违背法律的前提下,根据自己的需要随意创设权利。〔2〕 至于这种权利的性质,有的认为是形成权,有的认为是一种管理权。

(2)资格说,认为代理权是一种资格或者地位,而不是民事权利。代理权源于行为能力与其同意,代理权乃是基于法律规定或者本人之授予而生的一种资格权,虽名为“权”,实际与其他权利不同,其他权利皆以利益为依归,而代理权对于代理人并无利益可言,故代理权仅仅为一种资格或者地位。〔3〕

---

〔2〕 参见江帆:《代理法律制度研究》,中国法制出版社 2000 年版,第 73 页。

〔3〕 参见郑玉波:《民法总则》,三民书局 1979 年版,第 292 页。

(3)权力说,认为代理权是法律授予代理人的权力,是一种法律上之力,通过法律行为将其效果直接归属于本人身上。

根据以上分析,权力说更符合代理权的本质。理由是:第一,代理权是一种法律上的力,这种力,一方面是对本人的约束,本人必须承担代理人在代理权限内所实施的法律行为的后果;另一方面,代理人凭借代理权,可以改变本人与第三人的法律关系。因此,代理权已经超出了民法"权利"所包含的内容。第二,这种权力的来源不是当事人的委托,而是法律的授予,尽管在委托合同产生的代理关系中,代理权好像是由被代理人所授予,但是其实质仍然是由于被代理人与代理人的行为使法律规则发生作用,其结果产生了代理人取得代理权的后果。况且在法定代理中,代理权则完全由法律授予,并没有委托代理关系。第三,代理人行使代理权是为被代理人谋利益,并不是为自己取得利益,因此,代理权的性质也与权力的含义相同。《民法典》第 162 条所说的权限,恰好是权力之限,而不是能力之限和权利之限。因此,权力说将代理权看作由法律授予的权力,能很好地解释法定代理和表见代理的法律现象,是有说服力的。

(二)代理权发生的原因

因代理性质的不同,代理权有不同的产生原因。根据代理产生的原因不同,有三种不同的代理,这就是:委托代理,是基于被代理人的单方授权行为产生的代理;法定代理,是基于法律直接规定产生的代理;指定代理,是基于法院或者有关机关指定产生的代理。另外,还有基于外表授权的表见代理,是发生代理效力的无权代理。因此,代理实际上有四种。

1. 依据本人授权行为而发生的委托代理

委托代理也称为意定代理,是基于被代理人的委托授权所发生的代理。委托合同和授权委托行为是产生委托代理的根据。其中委托合同又叫作委任合同,是委托人与受托人约定,由受托人处理委托人事务的合同。委托合同是产生委托代理权的基础关系,委托授权行为是被代理人将代理权授予代理人的行为,是委托代理产生的直接根据。

在委托代理关系中,代理权的产生是基于两个行为:一个是委托合同行为;另一个是委托授权行为。在委托代理中,委托合同的成立和生效并不当然就产生代理权,只有在委托人作出授予代理权的单方行为之后,代理权才发生。因此,代理人取得代理权,要以委托合同和委托授权两个行为同时有效存在为前提。

2. 依据法律规定当然发生的法定代理

法定代理是指基于法律规定而直接发生的代理。在法定代理中,代理权的授予是基于法律的直接规定,而不是根据授权行为。法定代理主要适用于被代理人为无民事行为能力人或者限制民事行为能力人的情况。法律规定法定代理的目的,一是保护处于特定情况下的民事主体的利益;二是为了维护交易安全。

法定代理分为实体法上的法定代理和程序法上的法定代理。

实体法上的法定代理,是对无民事行为能力人或者限制民事行为能力人实施法律行为的代理,如监护人对于被监护人身份行为的代理和财产行为的代理。

程序法上的法定代理,是在诉讼中对于无民事行为能力人或者限制民事行为能力人实施民事诉讼行为或者行政诉讼行为以及刑事诉讼行为,其监护人作为法定代理人参加诉讼,其诉讼结果归属于被代理人的代理。

3. 依据法院或者有关机关指定而发生的指定代理

指定代理，是基于法院的指定或者有关机关的指定行为而发生的代理。法院判决有权为无民事行为能力人或者限制民事行为能力人指定代理人。"有关机关"则是对被代理人的合法权益负有保护义务的组织，如未成年人所在地的居民委员会、村民委员会、民政部门等。另外，还有法院为失踪人所指定的代管人、破产清算人，在法律规定的范围内也有指定代理权。尽管《民法典》总则编对指定代理没有规定，没有将其纳入法定代理范围，但是指定代理是现实存在的问题，研究代理问题不能忽视。

4. 依据外表授权所产生的表见代理

表见代理也是一种被视为有权代理的无权代理，表见代理人也有代理权。表见代理的代理权发生原因是"外表授权"。外表授权，是指具有授权行为的外部表象或假象，而无实际授权。法律为维护交易安全以及保护善意第三人的利益，承认外表授权是发生代理权的法律事实。

(三)代理行为

1. 代理行为及其性质

代理行为就是代理权行使的行为，是指代理人以被代理人的名义，在代理权限范围内与第三人实施的，法律效果直接归属于被代理人的法律行为。

对代理行为的性质有不同的意见：(1)本人行为说，认为代理人实施的行为不仅效果归属于被代理人，而且代理人的行为代表的是被代理人的意思，实际的表意人是被代理人而不是代理人；(2)共同行为说，认为代理行为是被代理人的意思表示和代理人的意思表示组合而成的行为；(3)代理人行为说，认为代理行为本来就是代理人实施的行为，只是由于本人的授权或者法律规定，其行为的时候表明了被代理人的意思，所以该行为的效果归属于被代理人。[4] 本书赞成最后一种意见，采代理人行为说立场。

2. 代理行为的构成要件

(1)代理人须有被代理人的授权。代理人实施代理行为必须有被代理人的授权，即享有代理权。这个要件要求：第一，代理行为必须有被代理人存在，如果没有代理人存在，就没有代理行为后果的承担者，就不存在代理关系。被代理人死亡或者丧失法律人资格，将导致法律行为的后果无所归属。第二，代理行为必须有被代理人的授权，这是因为，代理权是代理制度的核心，也是代理行为效果归属于被代理人的前提。如果没有代理权，就不存在代理行为的基础，当然代理行为必然无效。

(2)代理人须以被代理人的名义实施。通常的代理行为是直接代理，因此，被代理人必须显名，代理人在实施代理行为时，必须说明被代理人的真实身份，并且以被代理人的名义实施，而不是以代理人的名义实施。这个要件要求代理人明确表示为他人实施法律行为，是代理被代理人为意思表示，并使行为的效果直接归属于被代理人。如果虽未明确表示，但依照客观情况可以推知行为人有为他人实施法律行为的意思，也符合这一要求。代理人须以被代理人名义实施代理行为，是代理行为区别于其他一般法律行为的标志。如果代理人所为的意思表示无法辨明是以他人的名义实施的，则应当认为是代理人以自己的名义实施的。

---

[4] 参见苏号朋：《民法总论》，法律出版社2006年版，第355页。

(3)须代理人独立为意思表示。构成代理行为,代理人须在代理权限内,根据其独立意志为了实施法律行为而发出意思表示或者接受意思表示,这是代理区别于传达、居间等行为的重要特点。代理是代理人根据被代理人的授权和意思,与当事人实施法律行为,其中的意思表示并不是被代理人表达的,而是代理人独立进行的意思表达。

(4)代理人须有相应的行为能力。代理人不必一律是完全民事行为能力人,但至少应当是限制民事行为能力人。原因是,获得代理的授权,以及根据代理权进行代理行为,代理人都必须具有一定的民事行为能力,如果没有行为能力,属于无民事行为能力人,就不具有必要的判断能力和识别能力,无法正确领会被代理人的意思,也无能力实施代理行为。委托无民事行为能力人实施代理行为,应当无效。根据不同的代理行为,代理人可以是限制民事行为能力人,或者是完全民事行为能力人。被代理人根据代理行为的性质,选择限制民事行为能力人实施代理行为,是经过利益权衡的,法律没有必要予以干涉。

3. 行使代理权实施代理行为的法律后果

代理行为事后发生的法律效果包括两个方面:

(1)代理行为的一般法律后果。符合代理行为的构成要件,发生代理的法律后果,即代理的法律后果直接归属于被代理人,而不是代理人承受。代理人虽然实施了代理行为,但它并不是该法律行为的当事人,既不会因此享有权利,也不会因此承担义务。在有的情况下,被代理人与代理人约定代理后果留给代理人,这也不是对这一规则的否定,而是属于代理之外的另一种法律关系,并没有改变代理的法律后果归属于被代理人的基本规则。[5]

(2)代理行为的撤销权或者解除权。在代理行为中,意思表示有无瑕疵应当由代理人判断,但是,由于代理结果最终要归属于被代理人,因此,凡是在代理行为中因意思表示瑕疵而产生撤销权的,这个撤销权也属于被代理人而不是代理人。同样,如果代理行为订立的合同具有解除事由,该解除权也归属于被代理人享有,而不是归属于代理人。

五、代理权的行使

(一)委托代理和法定代理

委托代理,是指基于被代理人的委托授权而发生代理权的代理,也称为授权代理和意定代理。在委托代理中,委托授权行为是基于被代理人的意志进行的,本人的意思是发生委托代理的前提条件,代理法律关系的产生,是基于被代理人的意志,由被代理人授权,而产生代理法律关系,使代理人产生代理权。

法定代理,是依据法律规定而产生代理权的代理。法定代理的产生,是基于自然人无法参与或只能有限制地参与个人事务,但是该种个人事务又必须进行,否则将会损害其合法权益,因而设定法定代理制度,使法定代理直接产生于法律的规定,而不是依赖于任何授权行为,因此,法定代理是一种保护被代理人的法律制度,发挥着保护被代理人民事权益的功能。法定代理的主要形式是:一是父母对未成年子女的法定代理权,凡是未成年子女,父母是其亲权人,因而也是其法定代理人;二是其他人对于丧失亲权保护的未成年子女担任监护人,该监护人也是该未成年子女的法定代理人;三是夫妻日常家事代理权,夫妻双方在日常家庭

[5] 参见李永军:《民法总论》,法律出版社2006年版,第699页。

事务中,享有相互代理的权利,因此,也属于法定代理的范畴;[6]四是基于紧急状态法律特别授权的代理,例如,在紧急情况下,船长、承运人、保管人依据法律规定享有紧急代理权,作为货主的代理人。[7]

(二)代理权的行使规则

1. 代理权的行使规则的概念

代理权的行使规则是指代理人在履行代理权时应当遵守的规则,也就是代理人所应当承担的义务。通过履行代理义务,代理人就实现了代理的目的。

2. 代理权的行使规则内容

按照《民法典》第163条第2款关于"委托代理人按照被代理人的委托行使代理权。法定代理人依照法律的规定行使代理权"的规定,代理权的行使按照下述规定进行:

(1)代理人必须为被代理人的利益实施代理行为。代理制度是为被代理人的利益而设定的制度,被代理人设定代理的目的是利用代理人的知识和技能为自己服务。代理人的活动,则是为了实现被代理人的利益。因而,代理人的活动应当从被代理人的目的和利益出发,而不是从代理人自己的利益出发。被代理人应当以与处理自己的事务相同的注意,处理好被代理人的事务,实现被代理人的目的和利益。

(2)代理人必须亲自代理。被代理人委托特定的代理人为自己服务,是基于对代理人的知识、技能、信用的信赖,因而代理人必须亲自实施代理行为,才符合被代理人的愿望。除非被代理人同意或者有特殊事由的发生,不得将代理事务转委托他人处理。

(3)代理人必须在代理权限范围内行使代理权。作为代理人身份标志的代理权,无论是产生于被代理人的授权,还是产生于法律规定或者指定机关的指定,其权限范围都是决定于被代理人的合法利益。因此,代理人必须在代理权限范围内行使权利,实施代理行为,不得超出代理权的范围实施代理行为。超出代理权限范围的代理行为,为无权代理。

(4)代理人必须谨慎、勤勉、忠实地行使代理权。代理人行使代理权,必须履行谨慎、勤勉义务,忠实地按照代理宗旨维护代理人的利益,处理好被代理人的事务,以增进被代理人的福利。同时,还应当履行报告义务和保密义务。报告义务的内容是,代理人应将处理代理事务的一切重要情况向被代理人报告,以使被代理人知道事务的进展和自己财产或者利益的损益情况。报告必须忠实,不能包括虚伪不实等可能使被代理人陷于错误的资料。在代理事务处理完毕后,代理人还应向被代理人报告执行任务的经过和结果,并提交必要的文件材料。保密义务的内容是,代理人在执行代理事务过程中,对知悉的被代理人的个人秘密或者商业秘密,不能擅自披露,更不准利用这些秘密与被代理人进行不正当竞争。

除此之外,在《民法典》总则编中还有其他有关法定代理的规定,其中最多的是自然人一章关于民事行为能力和监护的有关规定。在《民法典》婚姻家庭编和《民事诉讼法》中,也都有关于法定代理人的规定。因此,对于法定代理的规则,除了代理一章关于法定代理的规定之外,还要适用《民法典》总则编自然人一章,以及婚姻家庭编、《民事诉讼法》等法律中关于法定代理的规定。

---

〔6〕 参见王利明:《民法总则研究》,中国人民大学出版社2012年版,第630页。

〔7〕 参见梁慧星:《民法总论》,法律出版社2011年版,第224页。

六、代理人不当代理的民事责任

《民法典》第164条规定,代理人的不当代理行为造成被代理人损害的责任,分为两种不同的责任形式。

(一)代理人不当代理的自己责任

代理人不履行或者不完全履行代理职责,造成被代理人损害的,应当承担民事责任。代理人不履行或者不完全履行职责,这种不履行或者不完全履行职责的行为,造成了被代理人的实际损害,且该行为与损害后果具有因果关系,就构成了代理人不当代理行为损害被代理人的民事责任。

这种民事责任的构成,原则上需要代理人有恶意,一般应有过失,但是即使代理人没有故意,也没有过失,而不履行或者不完全履行代理职责,造成了被代理人的损害,也构成这种民事责任。赔偿责任的范围,按照实际损失的范围确定。

(二)代理人与第三人恶意串通的连带责任

代理人与第三人恶意串通损害被代理人合法权益的连带责任,是指在代理人履行代理职责期间,代理人利用代理权,与第三人恶意串通,实施侵害被代理人合法权益的行为,代理人与第三人应当承担的连带损害赔偿责任。这种违法行为,是代理人在代理活动期间,为了损害被代理人的合法权益,恶意地与第三人串通,共同实施侵害被代理人合法权益的违法行为。这种违法行为,在代理人与第三人之间,具有损害被代理人合法权益的共同故意,在这一共同故意的指导下,利用代理权,实施损害被代理人合法权益的行为,造成了被代理人的人身或者财产权益的损害,并且这种行为和损害之间具有因果关系。符合这样的要求就构成代理人与第三人恶意串通损害被代理人合法权益的连带责任。

这种责任的性质属于共同侵权行为,而且是具有共同故意的共同侵权行为,因而属于多数人侵权,其行为后果是承担连带责任。连带责任的主体是代理人和第三人,受到损害的被代理人可以请求代理人或者第三人承担责任,也可以要求代理人和第三人共同承担连带责任。代理人和第三人共同向被代理人承担责任的,每一个人都有责任承担被代理人的全部损害,但最终责任应当依照代理人和第三人的过错程度和损害的原因来确定。如果代理人或者第三人一方承担的责任超出了自己责任份额的,可以向另一方要求追偿。

第二节 委 托 代 理

| 典型案例 |

2013年5月,王某为某学院办理缴纳水费手续,该学院给其出具了学院某房屋的所有权证明书。王某利用该房屋的所有权证明书,与被告刘某签订房屋买卖协议,刘某向王某交纳房款58万余元。案发后,王某因诈骗罪被判处有期徒刑,刘某向法院起诉,主张其购买房屋协议有效,要求取得涉案房屋的所有权。

一、委托授权

委托代理必须有委托授权,即被代理人将代理权授予代理人,代理人才有权代理被代理人实施民事法律行为。委托代理的授权是要式行为,被代理人和代理人应当签订书面合同,并依据该合同,由被代理人向代理人出具授权委托书。

授权委托书也叫代理证书,是证明代理人有代理权的书面文件。授权委托书的内容,包括代理人的姓名或者名称、代理事项、权限和期限,最后由被代理人签名或者盖章。

代理人的姓名和名称是代理人的称谓,也是被授予代理权的代理权人。代理人可以是自然人,也可以是法人或者非法人组织。授权委托书首先必须明确写明代理人的姓名和名称,否则无法进行代理权的授权。

代理权的代理事项,是被代理人向代理人授权代理民事法律行为的范围,根据代理事项的不同,将代理区分为一般代理和特别代理。一般代理是指对代理权限没有特别限定的代理,其特点是属于一种概括授权,在通常情况下,概括授权的代理范围是一般性的范围。特别代理,是代理权限定于某特定法律行为的代理,在授权委托书中授予特别代理权,必须准确说明代理的具体事项,不能使用全权代理、总委托这样的表述,而应当具体明确代理的具体事项。

授权委托书需确定代理人的代理权限。代理权限指在代理事项的范围内可以作出何种决定,这决定了代理人所享有的代理权在何种范围内有效。超出代理权限范围的,构成超越代理权的无权代理。

授权委托书没有规定明确的代理事项和代理权限的为代理事项和权限不明。对于代理事项和权限不明,应当分情况处理:无法确定代理权限或者无法确定代理事项的,认为没有授权;对于符合表见代理构成要件的,可以根据情况认定为表见代理。

授权委托书还应当载明代理权的期限,规定代理权的起止时间。通常授权委托书发出的时间就是代理权的产生时间,如果授权委托书对于代理权产生的时间有特别规定的,应当依照特别规定。代理权的终止时间应当有明确规定,没有明确规定的,被代理人发出撤销代理委托书的时间,就是代理权终止的时间。

授权委托书应当由被代理人签署,表明是谁向代理人授予代理权。被代理人签署授权可以采用签名的方式,也可以采用盖章的方式,还可以采用签名和盖章的方式。签名和盖章,只要有一种即可。

二、共同代理

共同代理与单独代理相对,是以代理人的数量为标准对代理的分类。

单独代理是指代理人属于一人的代理,即代理人只有一人,由代理人单独行使代理权。在委托代理中,被代理人把代理权授予一人,就是单独代理。在法定代理中,法定代理人只有一人的,也属于单独代理。

共同代理是指代理权由数人共同行使的代理,即代理人为二人以上的数人行使代理权。在对未成年人的法定代理中,通常是由父母共同作为法定代理人,共同行使代理权。在委托代理中,如果被代理人把代理权授予两个以上的人行使,数个代理人共同接受委托,也构成共同代理。

共同代理的本质,是数人就同一委托事项成为代理人。在被代理人授权时把代理权授予数人的,被授予代理权的数人接受授权委托后,应当共同为被代理人行使代理权。

共同代理权的行使要求是“共同行使代理权”。共同代理经授权后,数个共同代理人都享有代理权,该代理权由数人共同行使。共同行使代理权的要求是:第一,共同代理人的每一个人都享有平等的代理权,共同代理人都是平等的,没有高低之分。第二,共同代理权为共同代理人所共同享有,共同代理的代理权是一个整体,而不是将这一共同代理权进行分割,由每一个代理人分别行使共同管理权。如果被代理人将代理权分割给每一个代理人行使,这构成数个代理而不是共同代理。第三,共同代理人共同行使代理权,共同代理权在行使时,应根据共同代理人共同的意思决定,共同代理人中的一人或者数人违背共同代理人的共同意志而实施的代理行为无效。共同行使代理权,并不一定意味着代理权中的每一个事项都是由共同代理人共同实施,应当是在共同代理人的共同意志下,决定对代理事项如何进行,每一个共同代理人所负责的事项,只要是按照共同代理人的共同意志实施的,就认为是共同行使代理权。

共同代理人中的一人单独行使代理权,未经被代理人或者其他共同代理人的承认,构成无权代理,不发生代理的效果。民法典总则编解释第 25 条的规定,数个委托代理人共同行使代理权,其中一人或者数人未与其他委托代理人协商,擅自行使代理权的,依据《民法典》第 171、172 条等规定处理,即分别依照无权代理或者表见代理处理。

共同代理人中的一人或者数人未与其他代理人协商,所实施的行为侵害了被代理人权益的,由实施行为的代理人对被代理人承担民事责任;如果其他共同代理人知道而未作明确拒绝表示的,应当与实施代理行为的共同代理人承担连带责任。

三、代理违法的连带责任

《民法典》第 167 条规定的是明知代理违法的连带责任。

知道代理行为违法的连带责任,表现为两种形式:一是代理人知道或者应当知道代理的事项违法。这是指被代理人授权的代理事项本身就是违法的,代理人知道或者应当知道被代理人授权自己代理的事项违法,未作反对表示,仍然实施该代理行为,造成了代理行为相对人的损害。对此,尽管违法的代理行为是由代理人实施的,但是对于造成相对人损害的后果,应当由代理人和被代理人共同承担连带责任。二是被代理人知道或者应当知道代理人的代理行为违法。这是指代理人实施的代理行为是违法的,而被代理人委托的代理事项并不违法,但是被代理人知道或者应当知道代理人实施的代理行为违法,而未作反对表示,造成了对代理行为相对人的损害。对此,尽管被代理人授权的代理事项并不违法,而代理人实施的代理行为违法,但是被代理人知道或者应当知道代理人实施的行为违法,并且未表示反对的,对于造成相对人损害的后果,应当由代理人和被代理人共同承担连带责任。

构成这种代理违法的连带责任要件是:(1)应当具备故意或者过失的要件。知道代理事项或者代理行为违法而未表示反对,是故意所为;应当知道而未知道代理事项或者代理行为违法,而未表示反对,具有过失。因此,构成违法的连带责任是过错责任,应当适用过错责任原则。(2)代理人或者被代理人构成这种代理违法的连带责任,其行为方式是未作反对表示,即不作为。其前提是代理人知道或者应当知道代理的事项违法,或被代理人知道或者应当知道代理人的代理行为违法,代理人或被代理人就负有反对的义务,这种作为义务,就是不同意代理这种事项,不同意以这种违法的代理行为行使代理权。代理人或者被代理人违反这种作为义务而未作反对表示,就是不作为。(3)由于该违法的代理事项或者代理行为的实施,造成了代理行为相对人的民事权益损害,主要是财产权益的损害,也可能有人身权益的损害。(4)代理人或者被代理人未作反对表示的不作为行为,与违法的代理事项或者违法的代理行为共同作用,是造成代理行为的相对人民事权益损害的共同原因,每一个行为都对损害的发生具有原因力。符合上述责任构成要求的就构成违法代理的连带责任。

构成违法代理连带责任的,应当按照《民法典》第178条关于连带责任的规定,权利人有权请求代理人或者被代理人一方或者双方承担全部赔偿责任。代理人或者被代理人在连带责任中,应当根据各自责任的大小确定责任份额,难以确定责任大小的,平均承担责任。实际承担责任超过自己责任范围的,有权向其他连带责任人追偿。

四、代理权滥用的禁止

(一)代理权滥用禁止概念的界定

《民法典》第168条规定的是代理权滥用的禁止,是法律规定或者委托合同约定的代理人不得实施的代理行为。法律禁止的是代理人对代理的滥用,由于代理人滥用代理权,将会损害被代理人的合法权益,因此,被列入禁止范围。

(二)代理权滥用禁止的类型

1. 自己代理的禁止

自己代理,是指代理人在代理权限内与自己实施法律行为。在这种情况下,代理人同时为代理关系的代理人和第三人,交易双方的意思表示实际上是由一个人作出的,或者说交易行为是由一个人实施的。

自己代理分为两种情况:一是代理人以自己的名义向被代理人发出要约且代理人以被代理人的名义予以承诺;二是代理人以被代理人的名义向自己发出要约且以自己的名义进行承诺。这两种情形都属于自己代理,都是法律所禁止的。

法律之所以禁止自己代理,是因为尽管代理人代理本人行为时,获得了本人的授权,但其应当为本人去寻找相对人进行交易。在自己代理的场合,代理人未寻找相对人,却由自己与本人发生法律关系,违反了代理人应当负有的忠实义务,属于滥用代理权的行为,法律应当予以禁止。同时,自己代理有可能发生利益冲突,损害被代理人的利益。[8]

自己代理也有特例,即对被代理人纯获利益的代理,可以认定为有效,例如,父母与未成年子女订立房屋赠与合同,或者接受对被代理人履行债务的行为,这些情形都不会损害被代理人的利益,反而对被代理人有利,不发生利益冲突,尽管存在自己代理关系,也应当认定为有效。

2. 双方代理的禁止

双方代理,又称为同时代理,是指一个代理人同时代理双方当事人实施法律行为,也就

---

〔8〕 参见王利明:《民法总则研究》,中国人民大学出版社2012年版,第661页。

是同时代理双方当事人的本人和相对人实施同一法律行为。同一个人代表两种利益,无法实现讨价还价的过程,两种利益难以达到平衡。因此,除非事前得到被代理人的同意或者事后得到追认,法律不承认双方代理的效力。

双方代理的特点是:一是代理人获得了本人和相对人的授权,如果仅有一方当事人的授权,不构成双方代理;二是双方授权的内容是相同的,如果双方都对同一个代理人作出了授权,但授权内容、代理事项不同,也不构成双方代理。

(三)代理权滥用行为的后果与例外

《民法典》第168条只是规定了两种代理权滥用的禁止,没有规定代理权滥用的后果。但是这种后果应当是明确的,即不发生代理法律效果,主要表现在:第一,代理人实施的代理行为对于被代理人没有拘束力,及其代理行为的后果不能归属于被代理人。第二,代理人实施代理行为所有的后果由代理人自己承受,不管自己代理行为和双方代理行为产生何种法律后果,都要由代理人承担责任。第三,对于实施代理行为的相对人,也要承担代理行为无效的后果,只有在被代理人的行为具有表面授权,符合表见代理的时候,代理行为的相对人才不承担这种责任。

《民法典》第168条的上下两款,都规定了自己代理或者双方代理行为的除外规则。在自己代理行为中,被代理人同意追认的,自己代理行为发生法律效力,对被代理人产生代理的法律后果。在双方代理行为中,也规定了被代理的双方同意、追认的除外条款,如果被代理的双方都同意这一双方代理行为,或者对双方代理行为予以追认,都发生双方代理行为有效的法律后果。

五、转委托

(一)转委托的概念

转委托又称为复代理,与本代理相对应,是指代理人为实施代理权限内的全部或者部分行为,以自己的名义选定他人担任自己的被代理人的代理人,并由该他人代理被代理人实施法律行为的情形。这个被选定的他人叫作复代理人(或者再代理人),其代理的法律效果直接归属于被代理人。代理人为被代理人另行委任代理人的权限,称为复任权,属于代理权的内容。[9]

(二)设定复代理的条件

在以下两种情形下,可以设定复代理:

1. 紧急情况

在紧急情况下,代理人不能亲自处理代理事务,如此下去又会损害被代理人的利益时,法律允许进行复代理。所谓的紧急情况,依照民法典总则编解释第26条规定,是指由于急病、通讯联络中断、疫情防控等特殊原因,委托代理人自己不能办理代理事项,又不能与被代理人及时取得联系,如不及时转委托第三人代理,会给被代理人的利益造成损失或者扩大损

---

〔9〕 参见苏号朋:《民法总论》,法律出版社2006年版,第340页。

失的,应当认定为《民法典》第169条规定的紧急情况。

2. 被代理人事先同意或者事后认可

如果被代理人事先同意或者事后认可复代理,法律也允许复代理。由于复代理人总是先由代理人选择,因此,复代理也是行使代理权的一种方式。被代理人的事先同意,属于复任权的内容,原代理权限内包括复任权时,代理人委托复代理人进行代理自然符合被代理人的意志,为有效。如果代理人没有复任权,但进行了复代理,被代理人予以认可的,也发生复代理的效力。

(三)复代理法律关系

复代理人是被代理人的代理人,不是代理人的代理人,只能以被代理人的名义为法律行为,其行为的法律后果也归属于被代理人,而不经过代理人的中间环节。

在发生复代理后,复代理人并不取代代理人,代理人的地位不变,只是由复代理人分担了其部分职责。代理人的代理权并未让给复代理人,而只是在代理权之下,派生出另一个代理权。选任复代理人后,代理人仍然可以继续行使代理权。

六、职务代理

职务代理,是指根据代理人所担任的职务而产生的代理。尽管职务代理也是由于这个法人或者非法人组织的委托而产生代理权,但是这种委托与委托代理的委托是不同的。委托代理是基于委托合同,由被代理人授权,而使代理人产生代理权。职务代理并不是根据委托合同产生代理权,而是基于代理人在法人和非法人组织中的职务,经由法人和非法人组织的授权而产生的代理权。由此可见,尽管职务代理也是一种授权代理,但是授权的主体是不同的,委托代理的授权人是任何民事主体,而职务代理只能是代理人作为组织成员的法人或者非法人组织的授权,授权的主体是法人或者非法人组织。正因如此,《民法典》第170条才对职务代理作了单独规定。

职务代理的代理人,是执行法人或者非法人组织工作任务的人员。这是对职务代理代理人的身份要求,如果不具有这样的身份,不构成职务代理。执行法人或者非法人组织工作任务的人员,包括法人或者非法人组织的在编工作人员,也包括临时聘用的人员。对于临时聘用的人员,只要法人或者非法人组织对其有聘用手续,发放工资,执行法人或者非法人组织的工作任务,同样是执行法人或者非法人组织工作任务的人员。

职务代理的代理人执行的事务是其职权范围的事项。任何工作人员在法人和其他组织中,都有自己的职权范围,都需在自己的职权范围内进行工作。

职务代理的代理人执行事务实施的法律行为,应当以法人或者非法人组织的名义实施。这样的要求表明职务代理的代理人在实施代理行为时,要明确表示自己的行为是代理法人或者非法人组织,而非自己的行为。但是,职务代理的代理人在代理事务中实施的法律行为中没有表明是以法人或者非法人组织名义实施的,其实也不影响代理的效果,因为只要职务代理人在自己的职权范围内实施的事项,都是有合法授权的事项,那么他在实施这些代理行为的时候,虽然没有以法人或者非法人组织的名义实施,但仅仅是没有表明自己代理人的身份,最终结果仍然还是由法人或者非法人组织作为被代理人承受这些后果。

职务代理人在其职责范围内实施的民事法律行为,性质属于代理行为,因此,其自己代理的一切事项,都对法人或者非法人组织发生法律效力,其后果按照委托代理的规则,都由职务代理人所在的法人或者非法人组织承受。

《民法典》第170条第2款规定,法人或者非法人组织对执行其工作任务的人员职权范围的限制,不得对抗善意相对人,即职务代理人在实施职务代理行为中,如果超出了法人或者非法人组织对执行其工作任务的人员职权范围的规定,代理行为的相对人善意不知情的,则应当构成表见代理,法人或者非法人组织不能以这一理由对抗善意第三人,而不承担职务代理行为所带来的后果。

七、表见代理

(一)表见代理的概念和意义

表见代理,是指被代理人的行为足以使第三人相信无权代理人具有代理权,并基于这种信赖与无权代理人实施法律行为的代理。换言之,表见代理虽无真实授权,却有外表授权,符合代理的一般特征,法律使其具有代理的实质后果。[10] 表见代理之“见”为古汉字,看见、表现、出现均为“见”。古汉语中没有“现”字,只有“见”字,后世创造了“现”字之后,见不再包含“现”的意思。[11] 因此,表见就是表现,表见代理就是表现为代理的非代理。

表见代理原本属于无权代理的一种,但法律并不使其产生无权代理的法律后果,而是令其产生有权代理的效果,即“该代理行为有效”。

表见代理的意义:第一,承认外表授权。一个人的言行向相对人表示已授权给某人,而实际上他并没有授权,这就构成了外表授权。因此,外表授权是一种法律事实,它的效力就是使表见代理人获得代理权。[12] 第二,保护善意交易相对人的利益。为保护善意相对人的合法利益,确认表见代理为有权代理,就使其合法权益受到了保护。确认表见代理的意义,在于保护善意相对人的合法权益,这是民法保护善意原则的体现。第三,保护动态交易安全。确认表见代理行为为有权代理,对本人的合法权益的保护存在不周的问题,但是出于对利益关系的平衡,使个人权利的静态安全与社会交易的动态安全得到合理的协调,牺牲个人权利的静态安全,让本人作出牺牲,以换取社会交易的动态安全,从而达到保护交易的目的。

(二)表见代理的构成要件

对于表见代理的构成要件,民法典总则编解释第28条第1款规定:“同时符合下列条件的,人民法院可以认定为民法典第一百七十二条规定的相对人有理由相信行为人有代理权:(一)存在代理权的外观;(二)相对人不知道行为人行为时没有代理权,且无过失。”细分的具体要求是:

第一,须代理人没有代理权。代理人没有代理权,也就是行为人的代理行为是无权代理。这种无权代理,是指实施代理行为时无代理权或者对于所实施的代理行为无代理权。至于该无权代理人此前是否曾经拥有代理权,或当时是否有实施其他法律行为的代理权,则在所不问。

---

〔10〕 参见刘凯湘:《民法总论》,北京大学出版社2006年版,第354页。

〔11〕 参见王力等:《古汉语常用字字典》,商务印书馆2016年版,第189页。

〔12〕 参见梁慧星:《民法总论》,法律出版社1996年版,第230~231页。

第二,客观上存在使相对人相信行为人具有代理权的理由。在这个要件中应当包括两个方面:其一,相对人相信行为人有代理权的事实,这就是该行为人有被授予代理权的外表或者假象,即一定要有外表授权。该代理人以前曾经被授予代理权,或者当时拥有实施其他法律行为的代理权,或者被代理人曾有授予代理权的表示,或者根据交易习惯行为人的行为外表表明其有代理权,就构成外表授权。例如,行为人持有被代理人的授权委托书、空白合同书或者其他表明其具有代理权的证明文件,这些理由形成了行为人具有代理权的外观。其二,相对人对行为人有代理权建立了信赖。如果仅仅有行为人有代理权的外表或者假象,但是并没有建立对行为人代理行为的信赖,也不构成表见代理,而是狭义的无权代理。建立信赖应当有正当理由。正当理由,应当依据实施法律行为的具体情形判断。

第三,相对人与行为人成立法律行为。构成表见代理,一定要相对人与无权代理人成立法律行为。如果其他要件都具备,但是相对人与行为人最终并没有成立法律行为,则不发生表见代理的问题。

第四,相对人善意且无过失。构成表见代理,相对人必须是善意无过失。其要求是:相对人不知道行为人没有代理权,且对其不知道没有主观上的过失。如果相对人明知行为人为无权代理,却与其成立法律行为,那就是明知故犯,对行为后果自负其责,与被代理人无关。

对于上述要件的举证责任规则,民法典总则编解释第 28 条第 2 款规定,因是否构成表见代理发生争议的,相对人应当就无权代理符合该条第 1 款第 1 项规定的条件承担举证责任;被代理人应当就相对人不符合该条第 1 款第 2 项规定的条件承担举证责任。

(三)表见代理发生的原因

表见代理发生的原因有以下几种情况:第一,被代理人以书面或者口头形式直接或者间接地向第三人表示以他人为自己的代理人,而事实上其并没有对该他人进行授权,第三人信赖被代理人的表示而与该他人实施交易行为。第二,被代理人与代理人之间的委托合同不成立、无效或者被撤销,但尚未收回代理证书,交易相对人基于对代理证书的信赖,与行为人进行交易。第三,代理关系终止后被代理人未采取必要措施公示代理关系终止的事实并收回代理人持有的代理证书,造成第三人不知代理关系终止而仍与代理人为交易。第四,行为人的外观表象足以使第三人认为其是有代理权而与之交易的。

(四)表见代理的效力

构成表见代理,发生以下法律效力:

第一,发生有效代理的效力。表见代理是一种有效的代理,产生与有权代理相同的法律效力。这种效力的最典型表现,就是表见代理人实施代理行为的法律后果,直接由被代理人承担。

第二,表见代理人的赔偿义务。表见代理人实施的代理行为,在被代理人承担后果责任之后,如果被代理人因此而遭受财产损失,有权要求表见代理人承担损害赔偿责任。

第三,善意相对人主张撤销时,被代理人不得主张表见代理。如果相对人基于自己的利益考虑,主张表见代理行为为无权代理而请求撤销的,为保护善意相对人的利益,被代理人不得基于表见代理的规定而对相对人主张代理的效果。被代理人如欲代理行为有效,仍须依无权代理的规定,对无权代理人的代理行为进行追认。

第三节　代理的终止

｜典型案例｜

2014年1月，王某委托刘某出售其所有的房屋，出具了授权委托书。刘某在履行授权的代理行为过程中，王某死亡，王某的继承人主张继承该房屋。与刘某洽谈买房的张某主张其已经与刘某签订了房屋转让协议书，主张该房屋产权过户。王某的继承人与张某发生争议。

一、委托代理关系终止

（一）委托代理的消灭原因

代理权基于一定的原因而消灭，而且不同的代理有着不同的代理权消灭原因。代理权消灭后，代理人的代理资格即行丧失。

委托代理的消灭原因是：

第一，代理期限届满或者代理事务完成。代理人代理的期限届满，以及代理事务的完成，是消灭代理权的主要原因。这时，代理授权所要进行的工作已经结束，或者代理的时间已经完成，因此，委托代理消灭。

第二，被代理人取消委托或者代理人辞去委托。代理关系存续期间，被代理人可以取消委托，因而消灭代理关系；在此期间，代理人辞去委托也同样消灭代理关系。

第三，代理人丧失民事行为能力。代理人丧失民事行为能力，就丧失了行使代理权的资格和能力，代理权也因此而消灭。

第四，代理人死亡。代理人死亡，不再存在行使代理权的主体，因此，代理权消灭。

第五，作为被代理人或者代理人的法人、非法人组织终止。在法人或者非法人组织之间建立代理关系，或者被代理人或代理人是法人或者非法人组织的代理关系中，如果作为一方当事人的民事主体是法人或者非法人组织，并且这个法人或者非法人组织终止，代理关系也不再存在，代理权消灭。

（二）委托代理消灭的后果

委托代理消灭的后果是：第一，委托代理关系消灭后，委托代理权消灭，代理人不得再以被代理人的代理人身份进行活动，否则为无权代理。第二，委托代理权消灭后，代理人在必要和可能的情况下，应当向被代理人或者其继承人、遗嘱执行人、清算人、新代理人等，就其代理事务及有关财产事项作出报告或者移交。第三，委托代理人应向被代理人交回代理证书及其他证明代理权的凭证。

二、被代理人死亡后的代理行为

在代理关系存续期间，如果被代理人死亡，代理人在被代理人死亡后进行的代理行为是否有效的问题,以前的法律没有规定过。《民法典》第 174 条第 1 款对被代理人死亡后的代理行为是否有效,除了规定有效的具体事由之外,被代理人死亡后的代理行为都无效。

第一,代理人不知道且不应当知道被代理人死亡。在代理关系存续期间,被代理人已经死亡,但是代理人在履行代理职责时,不知道且不应当知道被代理人已经死亡的,被代理人死亡后的代理行为仍然有效。

第二,被代理人的继承人予以承认。在继承开始后,能够行使继承权的同一顺位的继承人承认被代理人死亡后的代理行为有效的,可以认为代理行为有效。

第三,授权中明确代理权在代理事项完成时终止。如果在授权委托书或者口头授权中,明确代理权在代理事项完成时才终止的,那么在被继承人死亡时,代理事项并没有完成,代理人当然可以继续完成这一代理事项,直至这个代理事项完成为止。因此,被代理人死亡后,如果授权中明确代理权是在代理事项完成时终止的,被代理人死亡后的代理行为仍然有效。

第四,被代理人死亡前已经实施,为了被代理人的继承人的利益继续代理。在代理关系存续期间,代理行为在被代理人死亡前已经实施,但是还没有完成,此时被代理人死亡,代理人为了被代理人的继承人的利益,而将这一代理行为继续完成的,这一代理行为有效。

三、法定代理的终止

(一)法定代理的消灭原因

法定代理的消灭原因与委托代理的消灭原因不同。《民法典》第 175 条规定的法定代理消灭的原因是:

第一,被代理人取得或者恢复完全民事行为能力。被代理人如果是无民事行为能力人或者限制民事行为能力人,一旦其取得了民事行为能力或者恢复了民事行为能力,就没有再存在法定代理和指定代理的基础和必要,法定代理和指定代理的代理权消灭。

第二,代理人丧失民事行为能力。代理人丧失民事行为能力,代理人无法行使代理权,因此而消灭代理权。

第三,被代理人或者代理人死亡。代理人或者被代理人死亡,法定代理和指定代理的基础不再存在,因而消灭代理权。

第四,法律规定的其他情形。在代理关系存续期间,也可以由其他原因引起被代理人和代理人之间代理关系的消灭。例如,如果法院或者其他指定代理的机关取消该指定代理,则丧失了法定代理的法律基础,因此,消灭代理关系。

(二)法定代理消灭的后果

法定代理关系消灭后,依据其产生的法定代理权即行消灭。

本章思考题

1. 代理行为的性质与法律后果应当如何理解?

2. 代理人不履行或者不完全履行职责，应当承担何种责任？结合讨论第一节典型案例，问：律师事务所派出两名律师分别作为原告和被告的诉讼代理人，是否符合代理的要求？
3. 委托合同和代理的授权委托书属于何种关系？结合讨论第二节典型案例，问：本案是否符合表见代理的要求？
4. 委托代理的终止和法定代理的终止的事由有何区别？结合讨论第三节典型案例，问：张某关于买卖房屋合同成立取得房屋所有权的主张，是否符合表见代理的要求？

第十二章　民事责任

本章要点

民事责任是民事主体违反民事义务所应当承担的不利法律后果。它既是违反民事义务所承担的法律后果，也是救济民事权利损害的必要措施，同时也是实现民事权利保护请求权的直接手段。民事责任的归责原则是确定民事责任归属的一般准则，是在行为人不履行法定义务或者约定义务时，确定行为人对自己的行为造成的结果是否需要承担民事责任的基本规则。民事责任构成是行为人的行为具备哪些必备条件才能构成其所承担的民事责任。民事责任方式是行为人将承担与其所实施的违反法定义务或者约定义务行为和救济对方当事人所相适应的民事责任的具体方法和形式。

民事责任　归责原则　责任构成　民事责任方式

第一节　民事责任概述

典型案例

某日晚7时，到湖南凤凰旅游的广西柳州游客胡某与丈夫李某在吉首乘坐从张家界开往南宁的2011次火车。凌晨1时，胡某在从卫生间返回卧铺车厢时，脚下过道一块松动的列车地板突然上翘，使其顺着翘起的地板跌落在铁道上。火车从胡某身上碾过，轧断其双腿和左臂。1小时后，另一辆经过的火车发现了胡某，胡某方得救。胡某向法院起诉，请求铁路局承担侵权责任。[1]

一、民事责任的概念和特征

（一）民事责任的概念

1. 责任和法律责任

责任，是执法活动中广泛使用的基本法律范畴之一，但是，责任这一术语本身是一个多义词，并且用于各种不同情况。[2]

---

〔1〕 讨论提示：胡某在运输途中受到侵害，是被告违约所致。胡某享有两个请求权，即违约责任和侵权责任竞合。

〔2〕 参见[俄]E. A. 苏哈诺夫主编：《俄罗斯民法》（第1册），黄道秀译，中国政法大学出版社2011年版，第403页。

法律责任，则是广义责任概念中的一种，是指违反法律规定所应当承担的法律后果。

现代法律责任是一个完整的体系，是由民事责任、刑事责任和行政责任统一构成的。一些责任方式，具有不同的法律责任性质。例如，早期的损害赔偿，既可以是刑事责任，也可以是民事责任；刑罚既可以是对违反刑法规范的犯罪行为的制裁，也可以是对民事违法行为的制裁。三种民事责任在较早的时期并没有截然的区别，由于法律的不断完善，法律责任之间的界限也不断明确，最终形成了今天的法律责任体系。

2. 民事责任的概念及性质

民事责任，是指民事主体不履行或者不完全履行民事义务所应当依法承担的不利后果。不履行或者不完全履行民事义务，就是违反民事义务。违反民事义务的这种“不利法律后果”，既包括原应履行的义务的继续履行，也包括追加一个新的法律义务。例如，买卖合同一方当事人违约，其应承担的不利法律后果是，除应继续履行合同之外，还包括对受害人因其违约行为所遭受的损失进行赔偿。

（二）民事责任的特征

第一，民事责任是以民事义务的存在为前提产生的法律责任。民事责任是违反民法所规定的民事义务的结果，因此，民事责任的发生必须以民事义务的存在为前提。按照民法调整方式的不同，民事义务区分为两种：一是强行性法律规范所产生的强制性民事义务；二是任意性法律规范所产生的任意性民事义务。无论是由强行性规范确定的民事义务还是由任意性法律规范确定的民事义务，都同样具有拘束力，当事人都不得随意违反。违反上述任何一种民事义务，都会产生民事法律责任。

第二，民事责任是具有强制性的法律责任。作为法律责任的一种类型，民事责任具有强制性。民事责任与行政责任、刑事责任的一个重要区别，就是它的强制性通常表现为一种“强制的可能性”。强制的可能性，是指民事责任可以在没有相应的国家机关的干预下，由违反义务者自己加以实现。只有在违反民事义务者不自行承担民事责任的情形下，才由国家机关借助公权力强制其承担。

第三，民事责任是具有制裁性的法律责任。任何一种法律责任总是要对违法行为人适用一定的法律制裁。法律制裁是国家保护和恢复法律秩序的强制性措施，它包括恢复权利性措施和对构成违法、犯罪者实施的惩罚性措施。恢复权利性制裁的功能在于使违法者承担补偿性的责任，即追加已有义务的履行。惩罚性制裁的功能则在于使违法者承担惩罚性的责任，即追加一个承受不利后果的新的负担。[3] 违反民事义务要承担民事责任，就是给民事违法者的民事制裁。民事制裁中既有惩罚性的制裁，如惩罚性损害赔偿金等；也有恢复权利性制裁，如赔偿损失、停止侵害、排除妨害、消除危险等；也有混合型的制裁，如支付违约金、支付定金等。

第四，民事责任是具有财产性的法律责任。民事责任的财产性主要表现在责任体系中的财产责任占据主导地位，其中也存在非财产性的民事责任方式。我国民法规定的民事责任中有大量财产责任，赔偿损失是重要民事责任方式；同时，还包括恢复原状、返还财产、停止侵害、排除妨碍、消除危险、赔礼道歉等民事责任方式，“既反映了中国民法的特色，又具

---

〔3〕 参见孙国华主编：《法理学教程》，中国人民大学出版社 1994 年版，第 511 页。

有时代气息”。[4]

第五,民事责任是具有补偿性的法律责任。民事责任的补偿性,是指民事责任的范围与违反民事义务造成的对民事权利的损害范围相适应,给违反义务者施加民事责任既不能使受害人因此获得不应有的利益,也不能使受害人遭受不应有的损害。民事责任的这个特点,是由民法的调整对象和调整方法所决定的。当某一民事主体违反民事义务或侵害他人民事权利造成对该方合法权益的损害时,只有责令加害人对受害人遭受的损害给予与损害等同的补偿,民法才能恢复被破坏的当事人之间的平等地位,实现救济受害人,实现民法公平正义的精神。

二、民事责任的功能

(一)实现权利保护请求权

民事责任的最基本功能,是实现权利保护请求权,救济损害,填补损失。权利人的权利受到侵害或者妨碍,享有固有请求权或者侵权请求权等权利保护请求权,这种请求权的实现方法,就是相对人承担民事责任。通过民事责任的承担而实现请求权,使受到损害的权利得到救济。我国《民法典》规定的民事责任的方式,并不是制裁违反民事义务行为人的人身,而是责令违反义务者以自己的财产或其他行为来消除因违反民事义务而产生的后果,对受害人的人身权益与财产权益给予补救。最能体现填补损害功能的民事责任是损害赔偿,通过损害赔偿这一民事责任形式,可以使受害人遭受损害的权益获得恢复,以求其结果如同损害事故没有发生时一样。[5] “填补损害”的功能是民事责任所独具,刑事责任、行政责任都不具备这样的功能,这也是在刑法和行政法中都专门规定附带的民事损害赔偿责任方式的原因。

(二)惩罚违法

民事责任也具有惩罚违法的功能。民事责任的惩罚性表现在以下两个方面:第一,责令违法行为人承担损害赔偿等责任方式在补偿受害人损害的同时,对违法行为人也具有惩罚作用。损害赔偿责任方式的特点是,绝大多数违法行为人并没有因为自己的违法行为而获得利益,但是却要支出财产承担责任,因此,这种责任方式具有财产的惩罚性。第二,在民事责任方式中,由于惩罚性损害赔偿制度的出现,使违法行为人要承担超出违法行为所造成的损失之外的损害赔偿,因此,具有更明显的惩罚性。惩罚性赔偿的适用范围,是针对那些具有不法性和道德上的应受谴责性的违法行为。这种惩罚与补偿性的损害赔偿不同。尽管补偿性的赔偿作为一种法律责任,因给加害人强加了一定的经济负担而具有一定的惩罚作用,但这种惩罚作用毕竟是有限的,其主要功能还是在于补偿,通过惩罚性赔偿才能使违法行为人受到教育和遏制,从而达到更好的制裁效果,对加害人以及社会和一般人能够产生更好的遏制作用。

---

〔4〕 顾昂然等:《中华人民共和国民法通则讲座》,中国法制出版社 2000 年版,第 213 页。

〔5〕 参见曾世雄:《损害赔偿法原理》,1996 年作者自版,第 6 页。

（三）一般预防

民事责任也具有一般的预防违法的功能。按照民事责任制度的要求，每一个所实施的作为和不作为，在不符合法律要求的时候，都要由自己承担相应的法律责任，每一个人都必须对自己作为或不作为的后果负责。因此，通过民事责任制度，可以使民事活动中的主体明确自己的民事义务，尊重他人的民事权利，对自己的行为负责。同时，民事责任也强调预防损害发生的义务，通过保障各种民事义务的履行而充分调动民事主体的积极性，努力避免损害的发生或者扩大。

三、民事责任的类型

（一）按份责任、连带责任和不真正连带责任

以责任人之间承担责任的关系为标准，可以将民事责任分为按份责任、连带责任和不真正连带责任。

1. 按份责任

按份责任，是指数个责任人按照约定或者法律规定，按照不同的份额对一个责任按份承担的民事责任。

按份责任与连带责任的基本区别在于，连带责任的责任人之间虽然也分有份额，但是这种份额具有相对性，对外每一个责任人都负有全部承担责任的义务。而按份责任的各个责任人的责任份额不具有连带性，只对自己的份额负责，不对整体责任负责。

按份责任的规则是，二人以上承担按份责任的，如果能够确定责任大小，应当按照行为人各自的过错程度和行为原因力的大小比例，承担相应的责任；如果难以确定责任大小的，则平均承担责任。发生按份责任，每个行为人只对自己的行为后果承担侵权责任，不存在连带责任的问题。

2. 连带责任

连带责任，是指因违反连带债务或者依照法律的直接规定，两个以上的赔偿义务人向赔偿权利人连带承担全部赔偿责任，赔偿权利人有权要求连带责任人中的一人或数人承担全部责任，而一人或数人在承担全部赔偿责任后，将免除其他责任人的赔偿责任的民事责任形态。连带责任分为两种：一是违反连带债务发生的连带责任，如违反连带债务的违约责任；二是依照法律的直接规定发生的连带责任，如共同侵权行为的侵权连带责任。

3. 不真正连带责任

《民法典》没有规定不真正连带责任，但在多数人民事责任的体系中不能缺少这种责任形态。

不真正连带责任，是指基于同一个损害事实产生数个损害赔偿责任的请求权，而数个请求权在客观上具有同一目的，权利人只能选择其中一个请求权行使，选择一个请求权行使之后，其他的请求权归于消灭的民事责任。典型的违约责任的不真正连带责任是连带保证责任，而典型的侵权责任的不真正连带责任，是产品侵权责任，权利人对产品制造者和产品销售者享有的两个请求权，为不真正连带责任。

不真正连带责任与连带责任的区别：(1) 连带责任的共同责任人之间有份额的区别，尽

管其对外是一个完整的责任;而不真正连带责任的各个责任人之间没有责任份额的区别,每个人都必须对整个责任负责。(2)连带责任的最终结果必须落实到每个共同责任人身上,即最终应当按照各自的份额承担责任;而不真正连带责任最终只能归属于应当承担最终责任的责任人身上,而不能分割为每一个责任人按份额分担。(3)在连带责任中,由于各个责任人内部最终是按比例或份额分担责任的,因而存在就他人份额承担后的追偿问题。在不真正连带责任中,由于存在一个最终的责任承担人,因此,只有在不是最终责任人承担了责任的时候,才存在向最终责任人追偿的问题。如果是最终责任人直接承担了责任,则不存在追偿的问题。

(二)违约责任与侵权责任

依据行为人违反的民事义务性质的不同,可以将民事责任划分为违约责任与侵权责任。《民法典》第176条规定中强调了“民事主体依照法律规定或者按照当事人约定,履行民事义务”的表述,就包含了民事责任主要包括违约责任和侵权责任。

违约责任,是指合同一方当事人违反合同的约定义务而对对方当事人所应当承担的民事责任。在《民法典》合同编规定的违约责任,包括预期违约责任、加害给付责任、实际违约责任以及违反后契约责任。如果从广义的合同责任概念出发,缔约过失责任和合同无效责任也属于合同责任,但不是违约责任。如果从更加广义的概念上研究,与侵权责任相对应的其实是固有请求权所对应的民事责任,即物权请求权、人格权请求权、身份权请求权、知识产权请求权以及债的二次请求权,都属于这种民事责任。因此,本节研究的违约责任的规则,适用于固有请求权对应的民事责任。

侵权责任,是指行为人实施违法行为,侵害他人的民事权利,造成人身损害、财产损害或者精神损害,所应当承担的民事责任。

(三)无限责任与有限责任

《民法典》总则编在“民事责任”一章没有规定无限责任和有限责任,但是在其他内容中规定了这种民事责任类型的划分。以承担民事责任的范围有无限制为划分标准,可以将民事责任分为无限责任与有限责任。

1. 无限责任

无限责任,是指责任人以其全部财产对其应承担的责任负责的民事责任。换言之,只有责任人的民事责任全部承担完毕,否则责任人不能免除民事责任,除非其能够承担民事责任的财产穷尽。民法将无限责任规定为一般原则。自然人个人和个体工商户、农村承包经营户的债务,合伙人对合伙的债务,无限公司股东对公司所负担的债务等,都属于无限责任。例如,《民法典》第104条关于“非法人组织的财产不足以清偿债务的,其出资人或者设立人承担无限责任”的规定,就是无限责任。

2. 有限责任

有限责任,是指责任人以其部分财产对其责任负责的民事责任。有限责任属于例外情形。有限责任分为物的有限与量的有限。物的有限,是指债务人仅仅以其财产中的特定物和特定财产负担责任。例如,第三人为债务人提供抵押权担保,当债务人不履行债务时,抵押人仅以抵押物这一特定物承担责任。量的有限,是指债务人仅以一定量的财产承担责任。

例如,在遗产继承中,继承人仅在继承遗产的价值额内为被继承人的债务承担责任。例如,《民法典》第60条关于"法人以其全部财产独立承担民事责任"的规定,就是有限责任。

四、民事责任方式

(一)民事责任方式概述

1. 民事责任方式的概念

民事责任方式是指行为人将承担与其所实施的违反法定义务或者约定义务行为和救济对方当事人所相适应的民事责任的具体方法和形式。换言之,民事责任方式,就是民法规定的违反法定义务或者约定义务的行为人所应当承担的法律后果及满足请求权人权利要求的具体形式。

2. 民事责任方式的种类

《民法典》第179条规定:"承担民事责任的方式主要有:(一)停止侵害;(二)排除妨碍;(三)消除危险;(四)返还财产;(五)恢复原状;(六)修理、重作、更换;(七)继续履行;(八)赔偿损失;(九)支付违约金;(十)消除影响、恢复名誉;(十一)赔礼道歉。法律规定惩罚性赔偿的,依照其规定。本条规定的承担民事责任的方式,可以单独适用,也可以合并适用。"

上述这11种民事责任方式,可以分为三种不同的种类:(1)财产型的民事责任方式;(2)精神型的民事责任方式;(3)综合型的民事责任方式。这些责任方式都是由民法调整的财产关系和人身关系的特殊性所决定的,应当按照救济权利损害和制裁违法、违约行为人的具体要求,适用具体的民事责任方式。

3. 适用民事责任方式的一般规则

对违法或者违约行为适用民事责任方式的基本规则是:

(1)救济权利损害需要。确定民事责任方式最重要的原则,就是根据救济权利人受到侵害的权利的需要。在恢复权利人受到侵害的权利的目标下,需要适用什么民事责任方式,就适用什么民事责任方式。对于违约的行为人,适用财产性的民事责任方式。对于侵权的单纯的财产权利损害,可以单独适用损害赔偿方式救济损害;对于生命健康权的损害,可以赔偿财产损失,也可以赔偿精神损害;对于精神性人格权的损害,可以单独适用精神型的民事责任方式,也可以根据需要适用财产型的民事责任方式。对于侵害身份权益的行为,虽然没有明确规定继续履行的责任方式,但是,身份权的权利人相互之间负有法定义务,负有义务的一方不履行义务的,应当承担继续履行的责任。

(2)民事责任方式可以并用。在民事责任方式中,各种方式各具特点,对于造成权利损害的救济,可以单独适用一种民事责任方式,也可以适用多种民事责任方式。民事责任方式并用的标准是,根据各种责任方式保护权利人的利益不同,如果适用一种责任方式不足以保护权利人的权利时,就应当同时适用其他的责任方式。

(3)权利人可以适当处分。民事责任方式从权利人的角度看,就是权利人自己享有的请求权。按照民法的基本原则,权利人可以处分自己的权利。

(4)必要的先予执行。在侵权民事责任方式中,对于确有必要的,在案件受理时可以先予执行,在诉讼中遇有需要停止侵害、排除妨碍、消除危险的情况时,法院可以根据当事人的申请或者依职权先行作出裁定。对于合同责任,如果合同履行期未届至之前,债务人公然违约的,也可以适用预期违约责任的规定,在合同履行期未届至或者未届满之前,提起诉讼,请求保护。

(二)财产型民事责任方式的适用

1. 返还财产

返还财产,是普遍适用的民事责任方式。作为民事责任方式的返还财产,是指返还原物。不法侵占他人财产,或者原来依据合同占有他人财产但合同无效或者被撤销的,行为人应当返还原物。

返还财产责任方式的适用条件是侵占财产,并且其原物依然存在。如果原物已经灭失,返还原物在客观上已经不可能,所有人只能要求实物赔偿或者折价赔偿,而不能要求返还财产。如果原物虽然存在,但已经遭受毁损,可以在请求返还财产的基础上,再提出赔偿损失。返还财产在性质上是物的占有的转移,而不是所有权的转移,因此,必须要占有人将所有物转移至所有人的控制之下,才能视为原物已经返还。

返还原物应当返还原物所生的孳息。构成侵权行为的侵占财产均为恶意。在恶意占有的情况下,占有人应负责返还其在全部恶意占有期间所获得的一切孳息,并且无权请求所有人补偿其支付的费用。

2. 恢复原状

恢复原状,是指恢复权利至被侵犯前的原有的状态。

恢复原状一般是指将损害的财产修复,即所有人的财产在被他人非法侵害遭到损坏时,如果能够修理,则所有人有权要求加害人通过修理,恢复财产原有的状态。

广义的恢复原状则更为广泛,如通过返还财产而使财产关系恢复到原有的状态,通过恢复名誉而使受侵害的名誉权得到恢复。但是,这些方法在侵权民事责任方式的体系中都有专门的方式,不能包含在恢复原状的责任方式之中。同样,在侵权责任法中,虽然恢复原状与修理、重作、更换的责任形式联系十分密切,但修理、重作、更换也不过是恢复原状的手段,目的在于恢复权利人被侵害的权利,[6]修理、重作、更换并不是侵权责任法的民事责任方式,而是违约责任的具体方式,因而不能认为是恢复原状的具体形式。

适用恢复原状的民事责任方式应当具备的条件:一是须有修复的可能;二是须有修复的必要。

3. 修理、更换、重作(采取补救措施)

修理、更换、重作,是指在以交付标的物作为履行方式的合同关系中,交付的标的物不符合合同要求的质量标准,债务人对于该标的物所应承担的修理、更换或者重作的民事责任方式。

这种民事责任方式适用于违约责任,是对合同没有履行而采取的民事责任方式。上述这些责任方式,在违约责任包括实际违约、预期违约和加害给付中,都是可以适用的。在实践中,可以根据实际的违约情况选择适用。例如,在买卖合同、加工承揽合同等合同关系中,当卖方交付的产品不符合合同约定的质量要求时,卖方应当负责修理或者更换为合格的产品,加工

---

〔6〕 参见王利明、杨立新编著:《侵权行为法》,法律出版社1996年版,第104页。

承揽合同中承揽人交付的工作成果不符合质量要求时,应当负责修理或者重作。

4. 支付违约金

违约金,是指当事人通过协商预先确定的,在违约后作出的独立于履行行为之外的给付。

违约金的性质是当事人双方约定的救济违约的一种责任方式,但在实际上,这种民事责任方式具有担保的作用。原《民法通则》没有规定它的担保性质,《民法典》同样采纳这样的传统。

适用违约金责任方式,当事人在合同中应当事先约定,按照约定,在一方当事人违约的时候,对方按照约定给付违约金。违约金的适用范围,在实际违约、预期违约和加害给付中都可以根据约定适用。约定违约金的高低,法律没有特别限制,但是应当受到实际损失的限制。[7]

5. 赔偿损失

赔偿损失是最主要最基本的民事责任方式,几乎在任何民事责任中,只要造成了权利人的损害,都可以适用损害赔偿的责任方式进行补救。

损害赔偿责任方式有两种:一是一般的损害赔偿,即补偿性的损害赔偿;二是惩罚性损害赔偿。在一般的合同责任中,适用的是补偿性的损害赔偿,不得适用惩罚性赔偿。惩罚性赔偿应当依照《民法典》侵权责任编、《消费者权益保护法》和《食品安全法》的具体规定进行。

(三)精神型民事责任方式的适用

1. 消除影响、恢复名誉

消除影响、恢复名誉,是指行为人实施侵权行为侵害了民事主体的人格权,对于其所造成的影响,应当在其影响所及的范围内消除不良后果,恢复受害人的名誉评价到未受侵害时的状态的民事责任方式。

消除影响、恢复名誉是侵害自然人、法人的精神性人格权所承担的责任方式,在适用中,消除影响适用的范围较宽,可以适用于多种场合。恢复名誉则只适用于侵害名誉权的场合,是侵害名誉权的加害人应承担的责任。

消除影响、恢复名誉的具体适用,要根据侵害行为及造成影响所及和名誉毁损的后果来决定。

2. 赔礼道歉

赔礼道歉,是指侵权行为人向受害人承认错误,表示歉意,以求得受害人原谅的民事责任方式。赔礼道歉有两种方式:一是口头道歉的方式;二是书面道歉的形式。口头道歉由加害人直接向受害人表示。书面的道歉以文字形式为之,可以登载在报刊上,张贴于有关场所,或者以信件的方式转交受害人。侵权人拒不执行赔礼道歉民事责任方式的,法院可以按照判决确定的方式进行,费用由侵权人承担。

---

〔7〕 即违约金低于实际损失的,可以要求增加,过分高于实际损失的,可以请求适当减少。下文对此还要详细说明。

(四)综合型民事责任方式和适用

1. 停止侵害

停止侵害,是指行为人实施的违法行为仍在继续中,应当承担的立即停止侵害行为的民事责任方式。对于任何正在实施违法行为的不法行为人都可以适用这种民事责任方式,立即停止其侵害行为。

停止侵害这种民事责任方式的主要作用是,能够及时防止扩大侵害后果。这种民事责任方式以侵权行为或者其他违法行为正在进行或仍在延续中为适用条件,对尚未发生的或业已终止的侵权行为则不得适用。责令停止侵害,实际上是要求侵害人不实施某种侵害行为,即不作为。

适用停止侵害责任方式应当注意:第一,可以先予执行;第二,权利人在请求对方当事人承担停止侵害的民事责任方式时应当提供适当担保。

2. 继续履行

继续履行是指债务人应当将没有履行的义务继续履行完毕,以实现债权人的债权。其适用范围是违反债的行为,主要是违反合同之债的责任,对于权利人为数人的,权利人之间不履行义务的,也应当承担继续履行的责任。

3. 排除妨碍

排除妨碍,是指行为人实施的行为使权利人无法行使或不能正常行使自己的财产权利、人身权利,应当将妨碍权利实施的障碍予以排除的民事责任方式。例如,在他人窗前或者通道上堆放物品,妨碍他人通风采光或者通行的,应将物品搬走。如果行为人自己不排除妨碍,受害人可请求法院责令其排除妨碍。

4. 消除危险

消除危险,是指行为人的行为和其管领下的物件对他人的人身和财产安全造成威胁,或存在侵害他人人身或财产的可能,应当采取有效措施,将具有危险因素的行为或者物件予以消除的民事责任方式。

适用消除危险的责任方式,必须是危险存在,确有可能造成损害的后果或对他人造成威胁,但是损害尚未实际发生,没有妨碍他人民事权利的行使。适用此种责任方式,能有效地防止损害的发生,充分保护民事主体的民事权利。

五、民事责任竞合

(一)民事责任竞合的概念和特征

民事责任竞合即请求权竞合,是指因某种法律事实的出现,而导致两种或两种以上的民事责任产生,各项民事责任相互发生冲突的现象。责任竞合作为一种客观存在的现象,既可以发生在同一法律部门内部,如民法中的违约责任与侵权责任的竞合;也可以发生在不同的法律部门之间,如民事责任与刑事责任、民事责任与行政责任的竞合等。对于民事责任竞合,从民事权利的角度来看,当不法行为人实施的一个行为在法律上符合数个法律规范的要求,因而使受害人产生多项请求权,这些请求权相互冲突。因此,民事责任竞合又被称为请求权竞合。《民法典》合同编第186条规定了侵权责任与违约责任的竞合。

(二)民事责任竞合的产生

民事责任竞合源于法律规范竞合理论。现代法律都作抽象规定,并且从各种不同角度对社会生活加以规范,所以经常发生同一个事实符合几个法律规范的要件,致使这几个法律规范竞合。[8] 法规竞合有不同的表现,有发生在不同法律领域的,如前文所述侵权责任与刑事责任或者行政责任的竞合。

法律规范竞合如果发生在民法领域,就发生民事责任竞合问题。当同一民事违法行为同时符合数种民事权利保护的规定,就构成民事责任竞合。民法上的民事责任竞合之所以是民事请求权竞合,是因为民法是以权利为中心,而它的外部表现形态就是请求权。同一事实符合数个法律规范的情况,必然表现在请求权上。侵权责任竞合也叫作侵权请求权竞合,就是侵权请求权与依其他民事规范产生的请求权是由同一法律事实发生,形成的侵权请求权与其他民事请求权的竞合。

(三)民事责任竞合的形态

侵权责任与违约民事责任竞合,即一个侵权行为,既产生侵权损害赔偿请求权,又产生违约损害赔偿请求权竞合。行为人的一个行为既产生侵权损害赔偿请求权,又产生违约损害赔偿请求权,两个请求权救济的内容是一致的,权利人只能行使一个请求权。例如,消费者购买的商品在使用中爆炸造成人身伤害,受害人既可以依据合同向商家请求侵权违约损害赔偿,又可以依据侵权责任法向商家请求侵权损害赔偿,两个冲突的请求权只能行使一个。

侵权责任与不当得利责任竞合。侵权责任与不当得利责任竞合,就是一个行为既产生侵权损害赔偿请求权又产生返还不当得利请求权。例如,侵害肖像权而获利,所得利益就是不当得利,同时也构成侵权责任。

(四)民事责任竞合的法律后果

侵权责任竞合法律的后果是采取择一方式,从两个请求权中只能选择一个行使;一个请求权行使后,另一个请求权即行消灭。例如,对于故意受领出纳员多给钱款者,无论是主张返还不当得利请求权,还是主张侵权损害赔偿请求权,内容和标的都是那一具体标的物,并且无事前约定责任,因此,或者选择前者,或者选择后者,只能择其一而行使;并且择其一行使后,另一请求权即行消灭,而不能两个请求权一并行使或者分别行使。

《民法典》第 186 条规定了侵权责任和违约责任的竞合一般规则,确立了民事责任竞合的选择规则,它虽然规定的只是侵权责任与违约责任的竞合规则,但对民事责任竞合的其他形式也提供了可以比照适用的法律依据。

六、非冲突性法规竞合与民事责任请求权的优先权保障

《民法典》第 187 条规定了非冲突性法规竞合与民事责任请求权的优先权保障制度,即"民事主体因同一行为应当承担民事责任、行政责任和刑事责任的,承担行政责任或者刑事

---

[8] 参见王泽鉴:《民法学说与判例研究》(第一册),中国政法大学出版社 1998 年版,第 371 页。

责任不影响承担民事责任;民事主体的财产不足以支付的,优先用于承担民事责任”。

(一)法规竞合引发的民事责任与刑事责任或行政责任竞合

1. 法规竞合的一般原理

法规竞合,是指一个违法行为,同时触犯数个法律或者数个法律条文,在法律适用时,选择适用该行为触犯的某一个法律条文,同时排除其他法律条文适用,或者同时适用不同的法律条文的法律适用规则。简言之,法规竞合就是指行为单数而法律复数的情形。[9] 其构成要件须为两个,分别为“同一行为”与“多个法律条文”。

责任竞合也是法规竞合,是法规竞合的具体表现形式,作为一种客观存在的现象,既可以发生在同一法律部门内部,如民法中的违约责任与民事责任的竞合,也可以发生在不同的法律部门之间,如民事责任与刑事责任、民事责任与行政责任的竞合。

根据法规之间关系的不同,规范竞合分为冲突性竞合与非冲突性竞合两类。冲突性竞合是指数个法律规范不能同时并用,司法机关或者权利人只能从中择用其一。例如,刑事法律的冲突性竞合是由司法机关确定适用的法律规范,民事法律的冲突性竞合则通常是由权利人选择适用的法律规范。非冲突性竞合是指数个法律规范可以同时适用,根据不同法律规范产生的数个法律后果并行不悖,可以共存。[10] 发生在不同法律部门之间的责任竞合,通常是非冲突性法规竞合,如对伤害罪可以同时追究刑事责任和民事责任。

2. 民事责任与刑事责任或者行政责任竞合的后果

按照《民法典》第 187 条前段的规定,民事责任与刑事责任或者行政责任竞合,后果是“不影响承担民事责任”,因而发生附带民事损害赔偿责任。

附带的损害赔偿,是指在刑事诉讼中和行政诉讼中,因刑事犯罪和行政违法行为侵害公民、法人人身权利和财产权利,在确定刑事责任或者行政责任时,一并确定的损害赔偿责任。由于这种损害赔偿责任的确定,一是适用侵权行为法的原理和法律规定;二是在刑事诉讼或者行政诉讼的程序中附带加以确定,因而又称作附带的民事损害赔偿或者附带的民事赔偿。附带的损害赔偿包括两种,即刑事附带民事损害赔偿和行政附带民事损害赔偿。

(二)民事责任请求权的优先权保障

《民法典》第 187 条后段规定:“民事主体的财产不足以支付的,优先用于承担民事责任。”这里规定的是民事责任请求权的优先权保障制度。

1. 民事责任请求权优先权的产生基础和理由

法规竞合的发生,产生了民事责任请求权的优先权保障。民事责任请求权应当得到优先权保障的理由是:第一,在我国,私人权利应当得到保障。民事权利是基本人权之一,请求权人享有的生命权、健康权、身体权以及其他民事权利都是私人权利,都属于人权的基本范畴,[11] 民事责任请求权也是民事权利,国家都应当依法提供保障。第二,民事责任请求权是对私人权利受到损害的救济权,担负着恢复私人权利、平复请求权人损害的职责。设立民事

---

〔9〕 参见陈兴良:《刑法竞合论》,载《法商研究》2006 年第 2 期。

〔10〕 参见刘士心:《法规竞合论争分析与概念重构》,载《国家检察官学院学报》2002 年第 2 期。

〔11〕 参见[英]克莱尔·奥维、罗宾·怀特:《欧洲人权法原则与判例》(第 3 版),何志鹏、孙璐译,北京大学出版社 2006 年版,第 57、137、297 页。

责任请求权优先权,就能够保障请求权人的合法权益不受侵害,受到侵害能够及时得到救济,使之尽早恢复。第三,在关涉请求权人合法权益受到侵害的救济问题时,国家利益应当退到第二位,实行私权优先,优先保障民事责任请求权的实现。设立民事责任请求权优先权进行法律保障,确立私权优先原则,也是实现国家宗旨、保护人民利益的必要措施。[12]

正因如此,优先权在保障民事责任请求权人的合法权益及其损害救济方面具有极为重要的意义,设立这个优先权"就代表着人们在这方面的希望和努力,从而使其成为一项极具社会使命和人道主义精神的法律制度"。[13]

2. 优先权的一般概念和性质

优先权也称先取特权,是指特定的债权人依据法律的规定而享有的就债务人的总财产或特定财产优先于其他债权人而受清偿的权利。[14] 优先权中,在债务人不特定的总财产上成立的优先权叫作一般优先权,而就债务人特定动产或不动产上成立的优先权叫作特别优先权。[15]

优先权的性质是独立的法定担保物权。

3. 民事责任请求权优先权的概念

民事责任请求权优先权是指请求权人依法享有的,就造成其损害的侵权人的总财产承担损害赔偿责任,优先于侵权人应当承担的财产性质的行政责任和刑事责任而优先受清偿的担保物权。

4. 民事责任请求权优先权的成立要件

民事责任请求权优先权是法定担保物权,其成立应当具备法律规定的必备要件。应当具备的要件是:

(1)承担民事责任的人与罚款、罚金等责任的人须为同一侵权人。民事责任请求权的权利人是请求权人,相对应的责任人就是造成其合法权益受到损害的侵权人。只有在同一侵权人应当承担上述不同责任的时候,优先权才有意义,也是该优先权成立的要件,否则不存在优先权的问题。

(2)行为人须因同一行为而承担不同法律责任。构成民事责任请求权优先权,必须是行为人因同一个违法行为,既要承担对请求权人的损害赔偿责任,又要承担对国家的罚款或者罚金等责任。在这种情况下,行为人对请求权人承担的民事责任就优先于罚款或罚金责任。

(3)行为人须同时承担民事责任和刑事罚金、行政罚款等责任。同时承担,就是侵权人在对请求权人承担民事责任的同时,又要承担刑事罚金或者行政罚款等责任。

5. 民事责任请求权优先权的效力

(1)民事责任请求权优先权担保的范围。

一是损害赔偿金。民事责任请求权优先权,其担保的范围主要是损害赔偿金请求权,也

---

〔12〕 参见刘曙光:《二论私权优先原则》,载中国改革论坛:http://www.chinareform.org.cn/cirdbbs/dispbbs.asp?boardid=2&id=50068。

〔13〕 崔建远主编:《我国物权立法难点问题研究》,清华大学出版社2005年版,第242页。

〔14〕 参见谢怀栻:《外国民商法精要》,法律出版社2002年版,第158页。

〔15〕 参见申卫星:《物权立法应设立优先权制度》,载王利明主编:《物权法专题研究》(下册),吉林人民出版社2002年版,第414页。

可以叫作赔偿金之债,请求权人的合法权益受到侵害造成损失,无论是财产损害赔偿金还是人身损害赔偿金,无论是救济性损害赔偿金还是惩罚性赔偿金,作为损害赔偿的请求权,都一律受到优先权的保护。即使精神损害赔偿请求权也应受到优先权的保护。

二是损害赔偿金迟延给付的利息。在民事责任请求权优先权中,利息之债也应当受到优先权的保护。不过,在通常情况下,损害赔偿责任在判决确定之前是不计算利息的,如果判决已经确定了损害赔偿金,并且规定了给付赔偿金的期限,那么,超出该期限而为给付者,应当承担利息之债,该利息之债受优先权的保护,否则,不存在利息的赔偿问题。

三是保全和实现优先权所支付的费用。请求权人作为优先权人,为了保全和实现优先权所支出的费用,也在优先权担保的范围之内。在侵权人侵害了请求权人的合法权益之后,请求权人作为受害人,其为了救济权利而支出的费用,并不是保全和实现优先权所支出的费用,而是为了救济受到侵害的权利而支出的必要费用,这是在损害赔偿的范围之内的费用,计算为损害赔偿责任的内容。仅仅是为了保全优先权、实现优先权而支出的费用,才是该笔费用。不过,无论是救济损害而支出的费用,还是保全、实现优先权而支出的费用,其实都在优先权的担保范围之内,只不过是分别计算而已。

(2)民事责任请求权优先权的标的。民事责任请求权优先权的标的,应当以承担民事责任的侵权人的所有物和财产权利为限。对于优先权的标的是否具有特定性,学者有不同看法,有的认为应当有特定性的限制,有的认为没有特定性的限制。[16] 依笔者所见,该标的的范围原则上不受特定性限制,仅受善意取得的限制。侵权人的一般财产即物和财产权利都为优先权的标的,如果在优先权保障期间转让该财产且构成善意取得的时候,则优先权人不得主张权利,其他财产均在优先权标的之内。

(3)民事责任请求权优先权对抗的对象。民事责任请求权优先权所对抗的,是同一侵权人同时承担的缴纳行政罚款和刑事罚金等财产性责任,不能对抗先前成立或者非因同一行为而成立的罚款和罚金的责任承担。至于后来就同一侵权人成立的罚款或者罚金,则因为不处于同时发生的地位,民事责任请求权也应当不存在优先承担的效力。不过,基于私权优先原则,后发生的罚款或者罚金责任,如果并不存在其他同时存在的民事责任优先权的,应认定民事责任请求权有优先权保障为妥。

七、民事责任的免责事由

(一)免责事由的概念和构成

1. 概念

免责事由是指被告针对原告的诉讼请求而提出的证明原告的诉讼请求不成立或不完全成立的事实。《民法典》规定的免责事由,是针对承担民事责任的请求而提出来的,所以又称为免责或减轻责任的事由,也叫作抗辩事由。[17] 抗辩事由包括免责事由和减责事由,免责事由不包括减责事由。

与抗辩事由最相似的概念是阻却违法行为。这两个概念都是被告对抗原告的请求权,以破坏行为人的请求权构成,进而免除或者减轻行为人责任的具体事由。在这一点上,这两

---

〔16〕 参见王利明主编:《中国民法典学者建议稿及立法理由·物权编》,法律出版社2005年版,第545~546页。
〔17〕 参见王利明、杨立新:《侵权行为法》,法律出版社1996年版,第76页。

个概念性质是一致的。它们有以下三点区别:第一,法律体系的使用习惯不同。在大陆法系,一般将这一概念称作阻却违法行为,或者免责事由;在英美法系,则称为抗辩事由。近年来,我国民法受英美法系的影响增强,更多的学者将阻却违法行为称作抗辩事由。第二,具体功能不同。阻却违法行为的功能是作用于请求权构成的行为违法性要件,行为人的行为由于存在阻却违法的事由,而使其不具有违法性,进而破坏了请求权的构成,使原告的请求权不能成立,最终使行为人免除民事责任。抗辩事由则是着眼于请求权构成的整体,破坏其中任何一个具体要件,都可以破坏整个请求权的构成,使行为人免除或者减轻责任。第三,范围不同。抗辩事由的范围比阻却违法行为的范围要宽,这也是学者多采取抗辩事由概念的原因。例如,第三人过错不是阻却违法事由,而是抗辩事由。因此,抗辩事由的概念更为准确。

2. 构成

民事责任免责事由是由归责原则和责任构成要件派生出来的。适用不同的归责原则,就有不同的责任构成要件,因而也就总是有要求与归责原则和责任构成要件相适应的特定的免责事由。归责原则多样化,与此相适应,不同的民事责任类型其免责事由也有所不同。免责事由有效成立须具备两个构成条件:

(1)对抗性要件。对抗性要件是指能够对抗民事责任构成的具体要件,也即破坏整个民事责任构成的内在结构,使原告诉请的民事责任归于不能成立的事实要件。免责事由虽然是对抗对方当事人的诉讼请求的事由,但它具体对抗的是民事责任构成,破坏对方当事人请求权的成立,导致对方的诉讼请求在法律上不成立。这就是民事免责事由的对抗性要求。

(2)客观性要件。免责事由必须是客观事实,具有客观性的属性。它要求免责事由必须是客观存在的、已经发生的事实,不能是主观臆断或尚未发生的情况。仅仅表明某种损害未发生,或单纯否认对方请求权不存在,不能成为免责事由。

3. 抗辩事由的分类

在我国民法中,经常采用的抗辩事由主要有职务授权行为、正当防卫、紧急避险、受害人同意、自助行为、受害人过错、第三人过错、不可抗力和意外等。对于这些抗辩事由,有的学者将其分为两类,即正当理由和外来原因;[18] 也有的将抗辩事由分为一般抗辩事由和特别抗辩事由两大类,这种分类更容易理解。

一般抗辩事由是指损害确系被告的行为所致,但其行为是正当的、合法的。这种事由与阻却违法行为相同,如正当防卫、紧急避险、职务授权行为、自助行为等。这些一般抗辩事由都是正当理由。

特别抗辩事由是指损害或者妨碍并不是被告的行为造成的,而是由一个外在于其行为的原因独立造成的,如意外事件、不可抗力、受害人过错和第三人过错等。这些特别抗辩事由都是外来原因。

这两种抗辩事由的主要区别在于,基于一般抗辩事由而致人损害,被告已经实施某种行为,但其行为是正当的、合法的,排除了行为人行为的违法性,因而表明行为人是没有过错的。据此,行为人应予免责。在特别抗辩事由存在的情况下,被告根本没有实施某种致人损害的行为,或者因外来原因作用于行为人,使行为人不可避免地造成了损害,由此行为人不

〔18〕 参见王利明、杨立新编著:《侵权行为法》,法律出版社 1996 年版,第 76 ~ 77 页。

应当承担民事责任。

《民法典》总则编只规定了三种民事责任的抗辩事由,即不可抗力、正当防卫和紧急避险。

(二)不可抗力

《民法典》第180条规定:"因不可抗力不能履行民事义务的,不承担民事责任。法律另有规定的,依照其规定。不可抗力是不能预见、不能避免且不能克服的客观情况。"

1. 不可抗力的概念和确定

不可抗力是指人力所不可抗拒的力量,包括自然原因(如地震、台风、洪水、海啸等)和社会原因(如战争等)。不可抗力是独立于人的行为之外,并且不受当事人的意志所支配的现象,是各国立法通行的免责事由。

不可抗力作为免责事由的根据是,让人们承担与其行为无关而又无法控制的事故的后果,不仅对责任的承担者不公平,也不能起到教育和约束人们行为的积极后果。依据这样的价值观念,将不可抗力作为免责事由必须是构成损害结果发生的全部原因。只有在损害完全是由不可抗力引起的情况下,才表明被告的行为与损害结果之间毫无因果关系,同时表明被告没有过错,因此应被免除责任。

确定不可抗力有三种不同的学说:一是客观说,主张应以事件的性质和外部特征为标准,凡属于一般人无法防御的重大的外来力量,均为不可抗力。二是主观说,主张以当事人的预见力和预防能力为标准,凡属于当事人虽尽最大努力仍不能防止其发生者,为不可抗力。三是折中说,认为应采主客观相结合的标准,凡属基于外来因素而发生的,当事人以最大谨慎和最大努力仍不能防止的事件为不可抗力。[19] 我国立法采纳第三种学说。

确定不可抗力应当符合以下要求:

(1)不可预见。这是从人的主观认识能力上来考虑不可抗力的因素,它是指根据现有的技术水平,一般人对某种事件的发生无法预料。不可预见的标准,不能依某个人的标准,因为预见性因人而异,对于某种现象,某人可以预见,而他人却不能够预见。因此,必须以一般人的预见能力而不是当事人的预见能力为标准,来判断对某种现象是否可以预见。不过,不可预见作为不可抗力的要件并非绝对,例如,尽管有可能已经预见地震,但仍然无法避免,仍成立不可抗力。

(2)不可避免并不能克服。这是指当事人已经尽到最大努力和采取一切可以采取的措施,仍然不能避免某种事件的发生并克服事件造成的损害后果。不可避免和不能克服,表明事件的发生和事件造成损害具有必然性。某种事件是否不能避免并不能克服也要根据具体情况决定。

(3)属于客观情况。这是指事件外在于人的行为的自然性。不可抗力作为独立于人的行为之外的事件,不包括单个人的行为。例如,第三人的行为对被告来说是不可预见并不能避免的,但它并不具有外在于人的行为的客观性,第三人的行为不能被作为不可抗力对待。

2. 不可抗力的适用

在司法实践中,应用不可抗力的基本规则是,因不可抗力造成损害的,当事人一般不承

---

〔19〕 参见王利明、杨立新编著:《侵权行为法》,法律出版社1996年版,第93页。

担民事责任。但是,不可抗力导致免责,必须是不可抗力成为损害发生的唯一原因,当事人对损害的发生和扩大不能产生任何作用。因此,在发生不可抗力的时候,应当查清不可抗力与造成的损害后果之间的关系,并确定当事人的活动在发生不可抗力的条件下对所造成的损害后果的作用。

《民法典》总则编规定不可抗力作为免责事由的除外条款,即在法律有特别规定的情况下,不可抗力不作为免责事由。例如,《邮政法》第48条规定,保价的给据邮件的损失即使是因不可抗力造成的,邮政企业也不得免除赔偿责任。这是不可抗力作为免责条件的一个例外。在法律有特别规定的时候,不可抗力作为免责事由,还要附加其他条件。例如,《海洋环境保护法》第91条、《水污染防治法》第85条,亦作了这样的规定。在考虑将不可抗力作为免责事由时,一定要注意这些法律的特别规定,避免错误适用法律。

(三)正当防卫

《民法典》第181条规定:"因正当防卫造成损害的,不承担民事责任。正当防卫超过必要的限度,造成不应有的损害的,正当防卫人应当承担适当的民事责任。"

1. 正当防卫的概念和构成

正当防卫是一般免责事由,是指当公共利益、他人或本人的人身或者其他利益遭受不法侵害时,行为人所采取的防卫措施。正当防卫是保护性措施,是一种合法行为。对于因此造成的损害,防卫人不负赔偿责任。民法典总则编解释第30条规定:"为了使国家利益、社会公共利益、本人或者他人的人身权利、财产权利以及其他合法权益免受正在进行的不法侵害,而针对实施侵害行为的人采取的制止不法侵害的行为,应当认定为民法典第一百八十一条规定的正当防卫。"

构成正当防卫须具备以下要件:

(1)必须有侵害事实。侵害的事实在先,防卫行为在后;侵害是防卫的前提,防卫是侵害导致的结果。没有侵害事实,就不得进行防卫。对侵害事实的要求是须为现实的侵害,特点是已经着手,正在进行,尚未结束。对想象中的侵害、未发生的侵害、实施终了的侵害,都不能实施防卫行为。

(2)侵害须为不法。正当防卫的对象必须是不法侵害,对执行职务的"有权损害"不能进行防卫,如逃犯就不得以正当防卫为借口而拒捕。

(3)须以合法防卫为目的。防卫人在防卫时,不仅应当意识到不法侵害为现实存在,而且须意识到其防卫行为的目的,就是说必须是把防卫公共的、他人的或本人的权益免受侵害作为防卫的目的。以防卫为借口而施以报复的行为或防卫挑拨的行为都是违法行为,构成侵权行为。

(4)防卫须对加害人本人实行。对加害人的防卫反击,根据制止不法侵害的需要,可以是对人身的,也可以是对财产的。但是,任何防卫行为都不能对第三人实施。

(5)防卫不能超过必要限度。造成的损害没超过必要限度的,防卫人不负赔偿责任。必要限度是为了制止不法侵害所必须具有的,足以达到因见义勇为受害的特别请求权的强度,只要是为了制止侵害所必需的,就不能认为是超越了正当防卫的必要限度。

2. 适用规则

适用正当防卫的基本规则:第一,构成正当防卫的,防卫人不承担侵权责任。第二,正当防卫超过必要限度的,是防卫过当。

民法典总则编解释第31条第1款规定:“对于正当防卫是否超过必要的限度,人民法院应当综合不法侵害的性质、手段、强度、危害程度和防卫的时机、手段、强度、损害后果等因素判断。”对于防卫过当的把握,关键在于对正当防卫必要限度的判断,民法上的正当防卫行为只能与不法侵害相适应,而一般不应超过不法侵害的强度。

判断防卫是否过当,主要是确认防卫是否超过必要限度。判断必要限度通常应当考虑两个方面:第一,不法侵害的手段和强度。凡是侵害行为本身强度不大,只需要用较缓和的手段就足以制止或排除其侵害而防卫人采用较强烈的手段的,即为超出必要限度。例如,为阻止不法侵害人偷窃而致其轻伤,是正当防卫;重伤或杀死小偷就超过了必要限度。第二,所防卫权益的性质。所防卫的权益应当与防卫反击行为的强度相适应,使用严重损害侵害者的反击方法来保卫较小的财产利益,或者用较重的反击行为来保护较小的财产利益,都是不相适应的,是超过必要限度。

对于正当防卫没有超过必要限度的,依照民法典总则编解释第31条第2、3款的规定,应当认定正当防卫人不承担责任。对于正当防卫超过必要限度的,应当认定正当防卫人在造成不应有的损害范围内承担部分责任;实施侵害行为的人请求正当防卫人承担全部责任的,不予支持。实施侵害行为的人不能证明防卫行为造成不应有的损害,仅以正当防卫人采取的反击方式和强度与不法侵害不相当为由主张防卫过当的,不予支持。

正当防卫超过必要限度造成不应有的损害的,应当承担适当的民事责任。这种适当的民事责任包括以下三层意思:第一,防卫过当不能免除民事责任。承担适当的民事责任的含义是需要承担责任,而不是免责。这是因为民事责任是一种财产责任,而赔偿具有补偿和制裁的双重性质,它不像刑罚那样是人身的,而且没有补偿性质的责任。第二,对于防卫过当造成的损害,一般应当减轻责任。承担适当的责任中的“适当”,要求赔偿既要与防卫过当的损害后果适当,又要与案情适当,而且后者更为重要。因此,此种赔偿责任不受全部赔偿原则限制,应当适当减轻防卫人的责任。这是因为:一是出现防卫的前提是侵害人的不法侵害,没有不法侵害就不会造成这种过当的后果;二是防卫人在防卫过程中,特别是在情况较危急的情况下,对反击行为的节制及对后果的预见是受到限制的,不应对防卫行为要求过高、过苛。第三,故意加害行为的赔偿责任。防卫人在防卫过程中故意对不法侵害者采取加害行为的,对其超出必要限度的损害应当全部赔偿。这是因为,在这种情况下,防卫人已经明知会超出必要限度而故意为之,是故意的违法行为,应当负担全部责任。

防卫过当的赔偿范围,应当是超出防卫限度的那部分损害,即“不应有”的那部分损害。

(四)紧急避险

1. 紧急避险的概念

《民法典》第182条规定:“因紧急避险造成损害的,由引起险情发生的人承担民事责任。危险由自然原因引起的,紧急避险人不承担民事责任,可以给予适当补偿。紧急避险采取措施不当或者超过必要的限度,造成不应有的损害的,紧急避险人应当承担适当的民事责任。”民法典总则编解释第32条规定,为了使国家利益、社会公共利益、本人或者他人的人身权利、财产权利以及其他合法权益免受正在发生的急迫危险,不得已而采取紧急措施的,应当认定为《民法典》第182条规定的紧急避险。

紧急避险是一种合法行为,是在两种合法利益不可能同时都得到保护的情况下,不得已而采用的牺牲其中较轻利益、保全较重大利益的行为。

2. 紧急避险的构成要件

(1)危险正在发生并威胁公共利益、本人或者他人的利益。对于尚未发生的危险、想象的危险,不得实施避险行为;虽有危险发生但危险已经消除,或者危险已经发生但不会造成合法利益的损害的,也不得采取紧急避险。

(2)采取避险措施须为不得已。所谓不得已,是指不采取紧急避险措施就不能保全更大的法益,是指避险确有必要,而不是指避险人只能采取某一种而不能采取另一种措施避险。强调不得已,不是说避险人选择的手段只能是唯一的,而是指可以采取多样的措施进行避险。只要避险人的避险行为造成的损害小于可能发生的损害,避险措施就是适当的。

(3)避险行为不得超过必要的限度。紧急避险的必要限度,是指在面临紧急危险时,避险人应采取适当的措施,以尽可能小的损害保全较大的法益。民法要求紧急避险行为所引起的损害应轻于所避免的损害,两者的利益衡量中,前者明显轻于后者。如果避险行为不仅没有减少损害,反而使造成的损害大于或等于可能发生的损害,避险行为就超过了必要的限度,也就失去了意义。

3. 紧急避险与正当防卫的异同

紧急避险与正当防卫的共同点:第一,两者都是阻却违法行为;第二,两者成立的前提都是合法权利受到严重危险;第三,两者活动的目的都是为了保护公共利益、公民和本人的合法利益;第四,两者都造成了一定的损害。

它们的不同点:第一,紧急避险的危险来源多种多样,正当防卫的危险来源只是不法侵害人的非法侵害。第二,紧急避险造成的损害是排除危险的唯一方法,而正当防卫则不在此限。第三,紧急避险所造成的损害必须小于危险造成的损害,正当防卫则要求相适应即可。第四,正当防卫只能对不法侵害的本人实施,而紧急避险可以对第三者实施。例如,就狗咬伤人而言,如果这只狗是被主人故意放出咬人的,则是行为人的不法侵害,狗构成行为人不法侵害的工具,是行为人的财产,打死狗的防卫反击,行为是指向行为人的,是正当防卫。如果是狗本身的侵袭,打死这只狗构成紧急避险,因为狗是直接的危险来源。

4. 紧急避险规则的适用

(1)紧急避险人不承担赔偿责任。依照民法典总则编解释第 33 条第 2 款的规定,紧急避险采取措施并无不当且没有超过必要限度的,法院应当认定紧急避险人不承担责任。

(2)引起险情发生的人的责任。在一般情况下,如果有引起险情发生的人,应由引起险情发生的人承担民事责任。其中,险情发生系由紧急避险人所引起的,由紧急避险人对自己的过错负责;险情发生系避险行为的受害人所引起的,避险受害人对自己的过错负责;险情发生系由第三人引起的,第三人对自己的过错负责。他们对自己过错负责的范围,应以紧急避险必要限度或避险措施得当所造成的损失为标准,超过部分不应由其他人负担。

(3)自然原因引起险情的责任。如果危险是由自然原因引起,而没有引起险情发生的人,民事责任的承担有两种情况:一是在一般情况下,紧急避险人不承担民事责任,对造成的损失不予赔偿;二是在特殊情况下,避险人也可以承担适当的民事责任,按照《民法典》第 1186 条关于公平分担损失责任的规定,即在当事人双方都没有过错的情况下,依照法律的观点由双方分担民事责任,即给予适当补偿。

(4)采取措施不当或者超过必要限度的赔偿。依照民法典总则编解释第33条的规定,对于紧急避险是否采取措施不当或者超过必要的限度,法院应当综合危险的性质、急迫程度、避险行为所保护的权益以及造成的损害后果等因素判断。紧急避险采取措施不当或者超过必要限度的,法院应当根据紧急避险人的过错程度、避险措施造成不应有的损害的原因力大小、紧急避险人是否为受益人等因素认定紧急避险人在造成的不应有的损害范围内承担相应的责任。首先是不应免除责任;其次是可以减轻责任,也可以对过当部分的损害全部负责。在造成危险的行为人与受害人是同一人时,应当减轻避险过当人的责任;因避险受损害人无过错而遭受损害的,则应由避险行为人负担全部责任,对避险必要限度以内的损害,由危险行为人负担责任。

(5)受益人适当补偿。如果既没有第三者的过错,也没有实施紧急避险行为人本身的过错,而遭受损害的人与受益人又不是同一个人的,则受益人应当适当补偿受害人的损失。这是因为受益人的利益得到保全或者减少了损失,是以牺牲受害人的利益为前提的。

第二节　《民法典》总则编对民事责任的特别规定

|典型案例|

吕某与曹某系夫妻关系,双方于2008年3月17日协议离婚。2008年4月6日18时许,吕某以要求复婚为由与曹某争吵,并以死相要挟,从杨岗桥上投河自尽。朱某见状,立刻跳入河中营救,吕某获救,朱某因溺水而多脏器衰竭死亡。朱某的妻子张某请求吕某承担补偿责任。

一、因见义勇为受害的特别请求权

(一)因见义勇为受害的特别请求权的概念和特征

因见义勇为受害的特别请求权,是指行为人为了保护他人的民事权益,在为保护他人民事权益的见义勇为行为中自身受到损害,所享有的赔偿和补偿自己损失的请求权。保护他人民事权益的见义勇为行为,是有利于国家、集体和他人的行为,是法律鼓励的行为,见义勇为的行为人因此受到损害,理应获得相应的赔偿和补偿。这就是《民法典》第183条规定因见义勇为受害的特别请求权的理论基础。

因见义勇为受害的特别请求权的法律特征:第一,因见义勇为受害的特别请求权是因为他人的利益实施见义勇为行为而发生的请求权。第二,因见义勇为受害的特别请求权的权利人是见义勇为行为人。第三,因见义勇为受害的特别请求权的责任人是不法侵害人,也包括见义勇为行为的受益人。第四,因见义勇为受害的特别请求权所对应的责任性质是补充性的特别责任。第五,因见义勇为受害的特别请求权的内容包括对侵权人的请求赔偿和对受益人的请求补偿。

针对上述责任形态,因见义勇为受害的人的请求权包含两个内容:一是对侵权人的侵权损害赔偿责任请求权;二是对受益人的适当补偿请求权,包括侵权人承担侵权责任的同时就可以行使的补偿请求权,以及无侵权人、侵权人逃逸或者无力承担民事责任时行使的请求权。其中对受益人的两个补偿请求权虽然都是“适当补偿”,但应当有所区别。

(二)见义勇为行为的概念和构成

见义勇为行为,也称为制止侵害行为,[20]是指行为人为了保护他人民事权益,而实施的防止危害、制止侵害,以使他人的财产、人身免受或者少受损害的正义行为。这种行为是有利于国家和他人的行为,是法律鼓励的行为。

产生因见义勇为受害的特别请求权的关键,是制止侵害行为构成见义勇为行为。见义勇为行为的构成要件是:

第一,须为保护他人民事权益而实施的行为。见义勇为是一种行为,其中所包含的行为人的意志是为保护他人的民事权益,这就是见义勇为的主观要件,也是见义勇为中的“义”和“勇”的含义。

第二,须行为人实施保护他人合法权益的行为无法定或约定义务。如果见义勇为的行为人在实施保护他人的民事权益行为时,负有法定的或者约定的义务,则都不属于见义勇为行为,如警察制止持凶器砍人的犯罪分子,消防队员抢救火灾中被困的居民等,都属于履行法定义务,是职务行为;救生员抢救游泳馆的溺水者,履行的是约定义务。

第三,须针对侵害他人合法权益的侵害行为或者他人处于危难的危险事实。见义勇为行为只能对侵害他人的财产、人身的行为进行制止,或者对处于危难的危险中的人进行救助。如果不存在侵害他人财产、人身的行为或者极度危难,就没有见义勇为行为存在的基础。对他人财产、人身的侵害行为和危难事实必须是正在进行,如果尚未发生,或者已经结束,均无实施见义勇为行为的必要。

第四,须是在客观上使受益人少受或免受损害的行为。见义勇为制止侵权人的侵害行为以及危难救助的结果,是保护了受益人的民事权益,防止或减少受益人的财产、人身的损害,即少受或者免受损害的结果。如果行为在客观上没有产生防止或减少受益人受到损害的结果,没有实现见义勇为的目的,那么也就失去了见义勇为的价值。受益人少受损害或者免受损害均可,不能强求须免受损害。如果受害人因见义勇为行为未使受益人的损害减少,甚至增加了损害,则不构成见义勇为,不产生因见义勇为受害的特别请求权。

(三)因见义勇为受害的特别请求权的构成

第一,行为人实施了见义勇为行为。行为人实施了保护他人民事权益的见义勇为行为,是因见义勇为受害的特别请求权的客观要件。在他人的人身、财产权益遭受侵害或遭遇现实危险时,行为人为保护其民事权益,主动实施制止、防止、救助行为,表现形式为积极的作为。构成见义勇为行为,应依照前文所述的构成要件衡量。

第二,见义勇为行为人须因实施该行为而遭受人身和财产损害。见义勇为的行为人在

---

[20] 参见杨立新主编:《人身损害赔偿:以最高人民法院人身损害赔偿司法解释为中心》,人民法院出版社2004年版,第347页。在理论上检讨起来,制止侵害行为这一概念与见义勇为的概念还是不同的,因为在有些见义勇为行为中,所救助的并非由不法行为侵害。

实施保护他人民事权益的行为中,须造成自己人身、财产损害的客观后果,才能构成因见义勇为受害的特别请求权。见义勇为的行为人所受到的损害,主要是人身损害,但是也包括财产损害,如果见义勇为的行为人因实施见义勇为行为没有实际遭受损害的后果,而仅仅是使自己处于危险状况,则不足以成立因见义勇为受害的特别请求权,即使是造成了见义勇为的行为人某种惊恐的损害,也不构成该种特别请求权。

第三,见义勇为行为人遭受的损害与实施见义勇为行为有因果关系。构成因见义勇为受害的特别请求权,须有行为与损害之间的因果关系,具体表现为:一是见义勇为行为人的损害与实施的见义勇为行为之间有因果关系,也即非因此不会造成该损害;二是见义勇为行为人的损害与侵权人的行为有因果关系,这种因果关系应符合因果关系要件的一般要求,即损害与侵权人对受益人的非法侵害行为之间有引起与被引起的因果联系,或者是侵权人的行为直接造成了见义勇为人的损害,或者是见义勇为行为人的损害与侵权人的非法侵害行为有关联,或者是没有侵权人但与造成受益人民事权益损害的事实有关联;三是见义勇为行为人的损害与保护受益人的民事权益有因果关系,或者是与因受益人免受或者少受损害的事实有因果关系,或者是与受益人自救的行为有因果关系,后者如受益人因自救而造成受益人的损害。

具备上述三个要件,即构成因见义勇为受害的特别请求权,请求权人有权行使该权利,侵权人和受益人应当承担相应的民事责任。

(四)因见义勇为受害的特别请求权的民事责任承担

按照《民法典》第183条规定,行使因见义勇为受害的特别请求权,其民事责任承担规则是"由侵权人承担民事责任,受益人可以给予适当补偿。没有侵权人、侵权人逃逸或者无力承担民事责任,受害人请求补偿的,受益人应当给予适当补偿"。民法典总则编解释第34条规定,因保护他人民事权益使自己受到损害,受害人依据《民法典》第183条的规定请求受益人适当补偿的,法院可以根据受害人所受损失和已获赔偿的情况、受益人受益的多少及其经济条件等因素确定受益人承担的补偿数额。即以侵权人承担侵权责任为主、受益人承担补偿责任为辅的调整模式。责任承担的具体规则是:

1. 侵权人承担民事责任

符合上述因见义勇为受害的特别请求权构成要件的,侵权人应当承担民事责任。这种民事责任的性质属于侵权责任,应当按照《民法典》第1179、1180、1183、1185条规定承担赔偿责任,且须全部赔偿。这种赔偿责任不受受益人是否承担补偿责任的影响。

2. 受益人承担适当补偿责任

受益人承担适当补偿责任的前提,是见义勇为行为中存在明确的受益人,其包含两层意思:一是指有具体而且明确的受益人,否则无法确定承担补偿责任的主体,而且也会因为没有明确的被告,而不符合《民事诉讼法》的要求。二是指被救助的对象,即保护民事权益免受或者少受损害的该"他人",如果被救助人没有受益,就不存在真正的"受益人"。见义勇为受害人可以请求受益人予以适当补偿,受益人可以予以适当补偿。这种适当补偿具有酬金性质,具有任意性。

3. 没有侵权人、侵权人逃逸或者无力承担赔偿责任的适当补偿责任

因见义勇为受害人行使其请求权,但是没有侵权人、侵权人逃逸或者无力承担民事责任

的,受害人有权请求受益人承担补偿责任,受益人应当给予适当补偿。

受益人承担这种形态的适当补偿责任的条件包括:第一,没有侵权人,即虽然有侵害的存在,但没有侵权人,如为抢救落水儿童而受损害。第二,侵权人逃逸而找不到侵权人,使因见义勇为受害的人无法从侵权人处获得损害赔偿。第三,有侵权人但其没有赔偿能力,使因见义勇为受害的人的请求权无法实现。

在上述三种情形下,受益人的适当补偿责任性质有所不同。第一种情形的受益人责任是直接责任,不属于补充责任。第二种和第三种情形的受益人责任才是补充责任,属于第二顺位的责任。总之,这种适当补偿是民事责任性质,具有强制性。

二、善意救助者的责任豁免

(一)善意救助者责任豁免的概念

各国差不多都有规定好撒马利亚人法,在我国民间叫作“好人法”,从学理上,应当叫作善意救助者责任豁免规则。

各国法律规定好撒马利亚人法的核心,是赋予好撒马利亚人以责任的豁免权,救助者在救助过程中即使存在一般过失,也不对此承担责任。大陆法系更侧重于救助义务不作为的损害赔偿责任,只是近年来才有好撒马利亚人法的豁免规则。例如,法国法对于好撒马利亚人因过失让受害人的状况更恶化的,对好撒马利亚人予以豁免,但以达到通常人尽到的注意为限。

(二)《民法典》总则编规定的善意救助者责任豁免规则

《民法典》第184条规定是借鉴好撒马利亚人法的立法经验,在我国立法中第一次确立善意救助者责任豁免规则,以应对社会诚信建设的迫切要求。好撒马利亚人法的核心价值,在于确认好撒马利亚人实施的救助行为是高尚行为,当好撒马利亚人在救助他人时,如果仅仅有一般的不慎,也就是在法律上存在一般过失,为鼓励好撒马利亚人的善意行为,确定好撒马利亚人对于一般过失造成的被救助人的损害,不承担民事责任。只有好撒马利亚人在救助行为中因自己的重大过失造成受助人损害时,才对其造成被救助人的损害承担补偿责任。当然,如果好撒马利亚人在实施救助行为时存在故意,那他就不是好撒马利亚人,而是在实施侵权行为。这种行为不在好撒马利亚人法的范围之内。

《民法典》第184条规定好撒马利亚人法的含义是:

第一,坚持鼓励见义勇为的积极好撒马利亚人。国外使用“好撒马利亚人”寓指善意施救的行善人,我国传统更偏向于使用“见义勇为”[21]一词来指代那些不顾个人安危,勇敢地同违法犯罪行为作斗争的,保护他人的道德高尚者,即积极的好撒马利亚人。

好撒马利亚人法与见义勇为是不同的。《民法典》第183条是有关见义勇为的规定。有人认为第184条规定的也是见义勇为者的保护规则,其实是不对的。见义勇为者的保护规则规定在第183条,即“因保护他人民事权益使自己受到损害的,由侵权人承担民事责任,受益人可以给予适当补偿。没有侵权人、侵权人逃逸或者无力承担民事责任,受害人请求补

〔21〕 见义勇为在《现代汉语大词典》中的解释为“见到合乎正义的事便勇敢地去做”。

偿的,受益人应当给予适当补偿”。这两个条文规定情形的区别:一个是对因疾病或者因侵害行为已经受到处于危难状况的人的救助行为,另一个是对侵害他人的侵害行为人采取见义勇为行为;一个是紧急救助者在救助中造成被救助人损害,另一个是见义勇为者在实施救助行为时,自己受到损害;一个是救助人造成被救助人损害的责任豁免,另一个是对见义勇为者受到损害的责任承担。

第二,承认特殊救助义务不宜确定一般救助义务。在我国,刑法和民法均不承认行为人对他人承担一般救助义务,而是对一定范围内的特殊救助义务予以认可。这也是我国法学界目前对此问题的主流观点。对特殊救助义务的确认上,刑法和民法有所不同。刑法承认特殊救助义务,而仅对特殊救助义务的来源看法不同。民法学界对于行为人特殊救助义务也是承认的,但对这种救助义务的来源研究不多。行为人在五种状况下对他人承担特殊救助义务:一是行为人因为契约对他人承担的救助义务;二是行为人因为制定法的规定而对他人承担的救助义务;三是行为人因为与他人之间存在某种特殊关系而对他人承担的救助义务;四是行为人因为其自愿承担职责的行为而承担的救助义务;五是行为人因为其先前行为而承担的救助义务。[22]

第三,承认好撒马利亚人的豁免权。针对我国目前的社会诚信道德的现状,必须承认善意施救者即好撒马利亚人的豁免权。为鼓励公民对不负救助义务的他人实施救助,应赋予善意施救者在其一般过失范围内的豁免权,大大降低善意施救者所要承担的风险,保护好善意施救者。

善意施救者享有豁免权须具备以下要件:一是行为人为善意救助者。构成好撒马利亚人的行为人,必须是那些对他人不承担一般救助义务,但对身处危难境地的他人主动实施救助行为的人,即善意施救者。二是行为人实施了救助行为。行为人实施了救助行为是其享有豁免权的前提条件。在他人处于危难或困境中时,行为人出于善意采取了紧急救助措施,实施了救助行为,是构成豁免权的要件。实施救助行为,不仅包括行为人自己采取救助措施对处于危难者进行救助,也包括行为人呼叫他人对处于危难者进行救助。三是行为人的善意救助行为造成了受救助者的损害。这种损害,最主要的是受救助者的人身损害,不包括纯粹的财产损害。例如,被救助者突发重症心脏病,善意救助者没有医学的救助经验,采取了不当的救助方式,而造成了被救助者死亡。

具备以上三个要件,善意救助者享有豁免权。该豁免权应界定为责任豁免权。符合上述条件,善意救助者就不承担民事责任。

(三)适用好撒马利亚人法以应对我国社会诚信危机

我国当前社会中,在好撒马利亚人法的适用方面影响诚信道德建设的问题,主要是对好撒马利亚人难辨真假而引起的法律适用问题。一方面,被救助者讹诈救助人,真的好撒马利亚人蒙冤,错误地判决其承担侵权责任,典型案件如刘秋海案;另一方面,行为人造成损害后冒充好撒马利亚人,混淆是非,造成社会影响。因此,《民法典》第184条规定的全部豁免善意救助者造成受助人损害的一切责任,存在较大的社会风险,应当加强防范。

---

〔22〕 参见张民安、李婉丽主编:《债法总论》(第2版),中山大学出版社2005年版,第46页。

三、对英雄烈士等死者人格利益的特别保护

《民法典》第 185 条规定:“侵害英雄烈士等的姓名、肖像、名誉、荣誉,损害社会公共利益的,应当承担民事责任。”这是对死者人格利益保护的规定,特别强调了对侵害英雄烈士死者人格利益的保护。

(一)对死者人格利益保护的发展及理论基础

《民法通则》规定了对自然人的人格权进行民法保护的原则后,除了对生存的自然人的人格权进行保护之外,社会实践还提出了对死者人格利益保护的要求。1987 年 4 月 18 日,作家魏锡林创作的小说《荷花女》,在天津《今晚报》上连载,描写了 20 世纪 40 年代已故的艺名为“荷花女”的艺人吉文贞的艺术和生活经历,其中虚构了吉文贞的恋爱经过以及被恶霸奸污等情节,损害了死者的名誉。死者的母亲和哥哥向法院起诉,请求法院确认作者和《今晚报》的行为侵害了死者的名誉,应当承担侵权责任,经过最高人民法院批复,确认作者和《今晚报》报社构成侵权,应当承担责任。此后这样的案件不断发生,直到最高人民法院 2001 年《关于确定民事侵权精神损害赔偿责任若干问题的解释》规定,侵害死者姓名、肖像、名誉、荣誉、隐私以及遗体和遗骨等人格利益的,构成侵权行为,应当承担精神损害赔偿的责任,死者的近亲属有权向人民法院起诉请求侵权人承担侵权责任,这一解释确立了全面保护死者人格利益的原则。

这样的规定是完全正确的。按照《民法典》的立法思想,胎儿具有部分民事权利能力,死者同样也具有部分民事权利能力,对于胎儿的民事权利保护采用胎儿出生以后视为其具有民事权利能力的方法予以法律保护。对于死者的人格利益保护,尽管其主体已经死亡,不能再以民事主体的身份享有民事权利,但是对于他们死后的人格利益仍然应当予以适当保护,因而也还保留了部分民事权利能力。未出生的胎儿和已经死亡的自然人享有的部分民事权利能力,与设立中的法人和清算中的法人享有部分民事权利能力的基本原理是一样。因此,对英雄烈士的死者人格利益进行法律保护,应当与所有的自然人的死者人格利益保护相同,都是基于同样的法理基础。

(二)对英雄烈士死者人格利益的特别保护

英雄烈士应该都是已故的死者,而不是生存的自然人。对英雄烈士死亡后的人格利益予以保护,这并没有超出对死者人格利益保护的范围,无论这种侵害死者人格利益的行为是否损害了社会公共利益,都是对死者人格利益的保护,都是对私益的保护,而不是对公共利益的保护,即使本条文特别强调对英雄烈士的姓名、肖像、名誉、荣誉进行保护,是扬善抑恶,也仍然是对死者人格利益的保护,适用的是同样的民法法理。因此,这一规定是正确的规定。

(三)对英雄烈士人格利益保护并不否定对其他死者人格利益的保护

《民法典》第 185 条对英雄烈士的死者人格利益作出这样一个特殊保护的规定,并不是意味着对其他自然人的死者人格利益就不予以保护。相反,按照《民法典》第 4 条的规定,民事主体在民事活动中的法律地位一律平等。即使自然人死亡,他们所享有的部分民事权

利能力也是完全一律平等的,不能认为英雄烈士的人格利益就可以得到更好地保护,而一般的自然人死亡以后,其人格利益就不能得到保护或者不能得到平等的保护。《民法典》第994条规定:"死者的姓名、肖像、名誉、荣誉、隐私、遗体等受到侵害的,其配偶、子女、父母有权依法请求行为人承担民事责任;死者没有配偶、子女且父母已经死亡的,其他近亲属有权依法请求行为人承担民事责任。"

2018年4月27日,立法机关通过了《英雄烈士保护法》,进一步规定了对英雄烈士的保护措施,同时也规定,检察机关有权对侵害英雄烈士人格利益的案件提起公益诉讼,请求法院依法追究行为人的民事责任。

本章思考题

1. 民事责任与民事义务具有何种关系?民事责任的概念是什么?
2. 民事责任的特征是什么?民事责任具有哪些法律功能?
3. 民事责任有哪些类型?结合讨论第一节典型案例,问:本案的铁路局应当承担的民事责任的性质是什么?
4. 民法总则民事责任一章规定了哪些抗辩事由?
5. 民法总则民事责任一章规定了哪些特殊的民事责任类型?结合讨论第二节典型案例,问:本案的被救助者应否承担适当补偿责任?

第十三章 诉讼时效、除斥期间与期间计算

本章要点

时效是指一定的事实状态持续地经过一定期间即在法律上产生一定后果的民法规则，是事件经过所产生的民法效果。诉讼时效是权利人在一定期间内不行使权利，即在某种程度上丧失请求利益的时效制度。除斥期间是法律对某种权利所规定的存续期间。其法律意义在于督促权利人尽快行使权利，超过除斥期间怠于行使该权利的，则该权利消灭。期限，是指民事法律关系产生、变更和终止的时间。期限分为期日和期间。

时效　取得时效　诉讼时效　除斥期间　期限　期日　期间

第一节 诉 讼 时 效

典型案例

1962 年出生的于某 1 岁时患病到某医院治疗，静脉注射完毕时，输液的针头断裂留在腕部血管中。该医院为其实施手术，但针头没有取出来，针头顺血液流入肩部卡住。再次进行手术，针头又随血液通过心脏流到肺部。医院承诺，今后终生为于某免费治疗。2006 年，于某向法院起诉，认为 43 年来针头仍留在他的肺部，手术造成颈部歪斜，给他的生活及工作带来极大不便，给他和他的家属造成巨大精神压力，请求医院支付取针费 10 万元，残疾补助费 10 万元，精神损害赔偿金 20 万元。法院审理认为，由于本案事故发生在 1963 年，《民法通则》1987 年 1 月 1 日施行时，于某民事权利被侵害已超过 20 年；其诉讼时效应从 1987 年 1 月 1 日起计算，1 年后诉讼时效期间完成。原告提出诉讼主张时，已经超过法律规定的时效期间，故判决驳回原告的诉讼请求。[1]

一、诉讼时效的概念、目的

我国《民法典》总则编第九章规定的是诉讼时效，其中只有第 199 条规定的是除斥期

〔1〕 讨论提示：本案的受害人尽管从受到伤害之日起已经 43 年了，但是，该侵权行为一直在继续，没有结束，并且医院承诺终身免费治疗，其诉讼时效期间并没有开始起算。这样认识会更好地保护受害人的利益，法院驳回受害人的诉讼请求不当。

间,其他规定都是诉讼时效的内容。

诉讼时效是一种能够引起民事法律关系发生变化的法律事实。作为一种法律制度,诉讼时效又称消灭时效,是指权利人在一定期间内不行使权利,即在某种程度上丧失请求利益的时效制度。

诉讼时效制度起源于罗马的裁判官法,在罗马法早期,诉讼是没有期限限制的,但随着裁判官管辖权的发展,出现了"无限期诉讼"(也称为永久性诉讼)和"时效诉讼"(也称为法定期限诉讼)之分。[2] 到罗马帝国时期,则认为诉讼均有时效,权利人如果不在期限内提起诉讼,只是丧失诉讼上的救济而并不丧失实体上的权利,权利人仍可以依诉讼外的方法寻求救济。这种超过诉讼时效期间的债权,在罗马法上称为自然债务,以区别于法定债务,这就成为正式的诉讼时效制度,并一直沿用下来。在中世纪,教会法排斥时效制度,认为不论实际立法如何变动,凡是一种权利,纵使经过长期的忽视,在实际上也是不可毁灭的。寺院法虽然承认时效制度,但对于不得为诉讼之人时效不进行,凡是法律上或事实上不能提起诉讼,或者对于诉讼的提起有困难的,都是时效停止的事由。到11世纪后期,随着注释法学派的兴起,在罗马法复兴之时,时效制度理论才逐渐传播开来。

我国古代没有诉讼时效制度。现代民法意义上的诉讼时效制度出现在《大清民律草案》,该法典草案在总则中设专章规定了该制。至民国时,民法建立了完善的诉讼时效制度。1949年后,由于长期没有制定民法典,因而也不适用诉讼时效制度。直到1986年制定《民法通则》,才规定了诉讼时效制度,但是由于受苏联法律的影响,我国采用诉讼时效的称谓,而不是称为消灭时效,并长期沿用下来。

设立诉讼时效制度的主要目的,是为了客观地促进法律关系的安定,及时结束权利义务的不确定状态,稳定法律秩序,降低社会交易成本。一方面,由于权利人长久不行使权利,很可能会导致证据灭失,如果任由当事人无限期地在诉讼上主张权利,不仅会推翻长期已经存在的事实状态以及基于此事实状态而形成的各种法律关系,造成社会经济秩序的紊乱,也会导致诉讼久拖不决的后果,对义务人有失公平;而以诉讼时效期间替代证据,则可以简化法律关系,避免诉讼上的举证责任。另一方面,诉讼时效制度可以很好地平衡实际权利人与非实际权利人之间的利益关系,敦促真正的权利人及时行使权利以避免不利后果,同时在其存在时效过失时,使利益有利于非真正权利人,从而体现"法律帮助勤勉人,不帮助睡眠人"的法谚精神。

二、诉讼时效期间的种类

《民法典》第188条规定:"向人民法院请求保护民事权利的诉讼时效期间为三年。法律另有规定的,依照其规定。诉讼时效期间自权利人知道或者应当知道权利受到损害以及义务人之日起计算。法律另有规定的,依照其规定。但是,自权利受到损害之日起超过二十年的,人民法院不予保护;有特殊情况的,人民法院可以根据权利人的申请决定延长。"《民法典》根据诉讼时效期间的不同,将其分为三种。

---

[2] 参见[意]彼德罗·彭梵得:《罗马法教科书》,黄风译,中国政法大学出版社1992年版,第107页。

（一）一般诉讼时效

一般诉讼时效，是指由民法统一规定的，普遍适用于法律没有作特殊诉讼时效规定的各种民事法律关系的消灭时效。

由于保护利益的基点不同，各国规定的诉讼时效期间的长短也有所不同，当偏重于保护债权人利益时，其期间规定得较长；当意在促使权利积极行使、加快民事流转时，规定较短的期间。并且期间的长短随社会经济的发展而可能有所变化。多数国家规定了较长的普通诉讼时效期间，体现了对权利人权利的尊重。

《民法通则》第135条规定一般诉讼时效的期间为2年，这一期间比较短暂，其立法目的在于促进权利人尽快行使其权利，以利于加速社会经济流转，但就另一角度而言，对权利人来说未免有些苛刻。《民法典》规定为3年，对保护债权人的利益更为有利。

（二）特别诉讼时效

特别诉讼时效，也叫作特殊诉讼时效，是指由民法或民法单行法特别规定的，只适用于某些特殊民事法律关系的消灭时效，即“法律另有规定的，依照其规定”的特殊规定。

规定这种特殊诉讼时效，是因为这种诉讼时效所适用的民事法律关系对确定性的要求较强，必须在更长或更短的期间内将其确定化，因此，它的期间通常长于或者短于一般诉讼时效的期间，只适用于法律特别规定的民事法律关系，不具有一般意义，并且优先于一般时效适用。

《民法典》规定了一般诉讼时效期间为3年之后，对于特别诉讼时效中的短期时效究竟发生何种影响，未见权威说明。首先，对于《民法通则》规定的1年诉讼时效期间和2年诉讼时效期间，应当按照新法优于旧法的法律适用规则，适用新法，一律改为3年。其次，对于其他法律规定的少于3年的诉讼时效期间，“在商事领域可能存在需要短于普通诉讼时效期间的情形”，[3]因此，应当按照“法律另有规定的，依照其规定”的规则，适用特别规定。

对于特别法规定的长于3年的诉讼时效期间，应当依照特别法规定确定诉讼时效期间。

（三）最长诉讼时效

最长诉讼时效，也叫作绝对诉讼时效，是指不适用诉讼时效中止、中断、延长规定的诉讼时效期间。《民法典》第188条第2款规定，“自权利受到损害之日起超过二十年的，人民法院不予保护”。20年的最长诉讼时效期间的规定，是针对那些不知道或者不应当知道其权利被侵害的权利人作出的。因为他们既然不知道或者也不应当知道其权利被侵害的事实，其诉讼时效便不可能从知道或者应当知道权利受到损害之日起计算，只能从其权利受到损害之日起计算。这样就需要规定较长的时效期间，才能达到保护当事人合法权益的目的。

最长诉讼时效的特点是：第一，期间的固定性。其设立宗旨就是要对民事权利设立一个最长的固定期限，权利超过这个期限不行使的，则对该民事权利不再予以法律保护。因此，它不适用诉讼时效期间中止、中断的规定。第二，期间起算点的确定性。起算点从权利发生之日起计算，而不是从知道或者应当知道权利受到侵害之时起计算。

---

〔3〕 张荣顺主编：《中华人民共和国民法总则解读》，中国法制出版社2017年版，第632页。

三、诉讼时效期间的起算

(一)诉讼时效期间起算的规定

诉讼时效是一个持续的事实状态,因此,诉讼时效期间的起算决定了时效制度如何适用。时效期间起算点的不同对双方当事人利益产生重要影响。

《民法典》关于诉讼时效期间的起算,包括一般规定和特别规定。一般性规定是第 188 条第 2 款前段:“诉讼时效期间自权利人知道或者应当知道权利受到损害以及义务人之日起计算。法律另有规定的,依照其规定。”特别规定是第 189 条至第 191 条。

(二)诉讼时效期间起算的一般规则

与原《民法通则》第 137 条规定相比较,《民法典》第 188 条规定的诉讼时效期间的起算,有两个比较大的变化:一是将原《民法通则》第 137 条规定的“权利被侵害”,改为“权利受到损害”;二是在规定“权利人知道或者应当知道权利受到损害”之后,还增加了“以及义务人之日起”的内容。

权利被侵害与权利受到损害有何区别? 主要是关系诉讼时效期间起算的时间点。权利被侵害,通常理解为权利受到侵害,且侵害权利的行为应当是侵权行为。而权利受到损害,损害权利的行为并不一定是侵权行为,包括所有损害对方权利的义务人的行为,特别是不履行债的行为。《民法典》对原《民法通则》第 137 条这一用语的改变,使诉讼时效的起算点的表述更加准确,概括的范围更宽,而不是像《民法通则》第 137 条规定的“权利被侵害”那样,容易被理解成是侵权行为才适用诉讼时效。

增加规定的“以及义务人”,应当是既知道或者应当知道权利受到损害,同时也必须知道义务人究竟是谁。如果仅仅知道或者应当知道自己的权利受到损害,但是侵害其权利的义务人并不确定,也没有办法行使诉讼权利。因此,对这一段的理解应当是:第一,权利人知道或者应当知道权利受到侵害;第二,权利人知道或者应当知道义务人。具备这两个要件,才开始计算诉讼时效期间。

诉讼时效期间起算的一般规则:(1)在客观上,权利受到损害。权利受到损害是一个客观事实,是必须存在的事实。只有权利受到损害,才能够确定诉讼时效的起算时间。(2)在主观上,权利人知道或者应当知道权利受到损害。知道就是已知,应当知道就是应知。已知和应知都是权利人知道。其中,应知是一种法律上的推定,即不管当事人实际上是否知道其权利受到损害,只要客观上存在知道的条件和可能,由于当事人主观上的过错,应当知道而未知道,诉讼时效期间也应开始计算。(3)在主观上,权利人知道或者应当知道与自己相对的义务人。在通常情况下,民事法律关系都有权利主体和义务主体,当权利受到损害,权利人虽然知道或者应当知道这一客观事实,但是并不知道义务人是谁,在这种情况下,权利人一方面无法向其主张权利,另一方面也无法向法院、仲裁机构及其他相关部门提出自己的主张,要求进行保护。(4)坚持主客观相统一的标准。在权利受到损害的客观事实和权利人已知或者应知权利受到损害以及义务人的主观方面,有时候是一致的,有时候是不一致的。主观方面和客观方面相一致时,按照同一的时间点起算诉讼时效。主观方面和客观方面不相一致时,肯定是客观事实发生在前,已知或者应知发生在后,则应当以主观吸收客观;

在已知或者应知的时候，以已知和应知作为起算诉讼时效期间的时间点。(5)应当特别强调的是，民法典总则编解释第36条规定，无民事行为能力人或者限制民事行为能力人的权利受到损害的，由于权利人没有识别能力或者识别能力受限制，因而诉讼时效期间应当自其法定代理人知道或者应当知道权利受到损害以及义务人之日起计算，但是法律另有规定的除外。

诉讼时效的起算受到最长期间的限制。请求权人不知道或者不应当知道权利受到损害及其义务人，从权利受到损害之日起超过20年的，法院不予保护。

《民法典》第188条最后一句中，即"有特殊情况的，人民法院可以根据权利人的申请决定延长"，与原《民法通则》第137条的最后一句是有区别的，增加了"可以根据权利人的申请"的内容。原《民法通则》规定的含义是只有法院可以决定，《民法典》的观点是可以根据权利人的申请决定延长，应当是个案就可以适用的。如果权利受到损害已经超过20年，权利人申请延长的，法院就可以根据情况决定延长。

(三)诉讼时效期间起算的特别规则

1. 分期债务

对于分期债务诉讼时效期间起算，《民法典》第189条规定："当事人约定同一债务分期履行的，诉讼时效期间自最后一期履行期限届满之日起计算。"

对于分期债务如何理解，存在一个问题：究竟是把一个债务分成若干期清偿，还是只是定期清偿的债务。前者如分期付款买卖的付款义务，是典型的分期债务。后者如房屋租赁的租金，通常是按月给付。

对于前一种分期债务，当然应当是在最后一期债务清偿期届满时开始计算诉讼时效期间，而不能将每一期的给付定为单独的给付而单独计算诉讼时效期间，因为分期债务是一个总体的债务，当然应当按照总体债务的清偿期间计算诉讼时效期间。

对于后一种债务的诉讼时效期间计算，在司法实践当中，通常采取的方法是倒扣3年，即每一个月的租金给付，都单独计算诉讼时效期间，如果是按月支付租金，就按月终之日计算本月的租金诉讼时效期间；如果是按季、半年或者1年计算，也是按最终1日起计算诉讼时效期间。每一期应当缴付的租金超过诉讼时效期间的，都产生抗辩权，都可以拒绝继续履行。

《民法典》第189条的规定只适用于前一种分期债务，而不适用于定期债务。适用于分期债务的，其诉讼时效期间自最后一期履行期限届满之日起计算。

2. 无民事行为能力人或者限制民事行为能力人起诉法定代理人

《民法典》第190条规定："无民事行为能力人或者限制民事行为能力人对其法定代理人的请求权的诉讼时效期间，自该法定代理终止之日起计算。"

这是规定无民事行为能力人或者限制民事行为能力人因自己的法定代理人侵害自己的合法权益，而对自己的法定代理人提起的诉讼。

这里规定的法定代理人，包括未成年人的父母，以及无民事行为能力人、限制民事行为能力人的监护人。未成年人的父母是未成年人的亲权人，是其当然的法定代理人。《民法典》第23条规定："无民事行为能力人、限制民事行为能力人的监护人是其法定代理人。"因此，所有的成年的无民事行为能力人和限制民事行为能力人的监护人，都是其法定代理人。

无民事行为能力人或者限制民事行为能力人对其法定代理人的请求权,究竟如何产生?这一条文没有明确规定。《民法典》第34条第2、3款分别规定,“监护人依法履行监护职责产生的权利,受法律保护”,“监护人不履行监护职责或者侵害被监护人合法权益的,应当承担法律责任”。该条第2款就是无民事行为能力人或者限制民事行为人对其法定代理人的请求权的产生根据。无民事行为能力人或者限制民事行为能力人的法定代理人侵害了无民事行为能力人或者限制民事行为能力人的合法权益,权利人产生保护自己权利的请求权,可以向自己的法定代理人主张损害赔偿请求权。

法定代理人侵害自己监护下的无民事行为能力人或者限制民事行为能力人的具体行为,可以参考《民法典》第36条第1款规定的内容,即实施严重损害被监护人身心健康行为,怠于履行监护职责或者无法履行监护职责,并且拒绝将监护职责部分或者全部委托给他人,导致被监护人处于危困状态,或者实施严重侵害被监护人合法权益的其他行为。概括起来可以分为两部分:一是侵害无民事行为能力人或者限制民事行为能力人的人身权利的行为;二是侵害无民事行为能力人或者限制民事行为能力人财产权利的行为。无民事行为能力人或者限制民事行为能力人的监护人实施上述行为,造成无民事行为能力人或者限制民事行为能力人的权益损害的,此种请求权即产生。

无民事行为能力人或者限制民事行为能力人对自己的法定代理人行使请求权,其诉讼时效期间的起算,不适用《民法典》第188条第2款规定的自权利人知道或者应当知道权利受到损害以及义务人之日起计算,而是自该法定代理终止之日起计算。这种法定代理关系何日终止,就从何日开始计算诉讼时效期间。其理由是:无民事行为能力人或者限制民事行为能力人,他们在法定代理人履行职责期间,并不具有民事行为能力或者行为能力受到限制,无法判断自己的权益是否受到损害,如果按照诉讼时效期间起算的一般规则,将会严重损害他们的合法权益。只有当法定代理关系已经终止时,他们已经具有了民事行为能力,对自己的行为已经具有了辨别能力,从这个时候开始计算诉讼时效期间,才能够更好地保护自己的合法权益。

特别的情况是指民法典总则编解释第37条规定的情形,即无民事行为能力人、限制民事行为能力人的权利受到原法定代理人损害,且在取得、恢复完全民事行为能力或者在原法定代理终止并确定新的法定代理人后,相应民事主体才知道或者应当知道权利受到损害的,有关请求权诉讼时效期间的计算应当适用《民法典》第188条第2款的规定,以及该解释第36条的规定。也就是说,在无民事行为能力人、限制民事行为能力人的权利受到原法定代理人损害,并且在两种情况下,即一是取得、恢复完全民事行为能力后,二是在原法定代理终止并确定新的法定代理人后,相应民事主体即前者是权利人,后者是法定代理人,才知道或者应当知道权利受到损害的,前者仍然适用《民法典》第118条第2款的规定,即权利人知道或者应当知道权利受到损害以及义务人时开始计算;后者按照民法典总则编解释第36条规定计算,即法定代理人知道权利受到损害以及义务人时开始计算。

3. 未成年人遭受性侵的损害赔偿

《民法典》第191条规定:“未成年人遭受性侵害的损害赔偿请求权的诉讼时效期间,自受害人年满十八周岁之日起计算。”

这一条文是对未成年人遭受性侵的损害赔偿请求权的诉讼时效期间起算所作的规定。对此,立法过程中有两种不同的意见,有的认为应当规定,有的认为不应当规定。认为不应当规定本条的主要意见是，这种情况过于特殊，把它作为一般规则来规定，有损于我国的形象。笔者对此采取不赞同态度，这是因为，未成年人遭受性侵并非不存在，由于他们还未成年，如果对于他们提起请损害赔偿的请求权诉讼时效期间的起算，适用《民法典》第188条的一般性规定，将会使他们的合法权益受到损害，因此，作为一个特殊的规则作出特别规定，是完全有必要的。

这一规定特别值得研究的问题是，未成年人遭受性侵究竟产生的是何种损害赔偿请求权，受害人受到损害的权利是何种性质的权利。未成年人遭受性侵害，虽然这里只规定了损害赔偿请求权这种一般性的概念，但是具体分析，会发现侵害的是两种不同的民事权利，产生两个方面的损害赔偿责任：首先，对未成年人进行性侵，造成未成年人的人身损害，侵害的是健康权和身体权，产生了人身上的损失，应当依照《民法典》第1179条的规定承担人身损害赔偿的责任，因此，受害人产生的是人身损害赔偿的请求权。其次，对未成年人实施性侵，最重要的还是对未成年人精神上和心理上的伤害，造成的是精神损害，这种侵害的权利实际上是性权利，通常称为性自主权，当这种权利受到侵害以后，依照《民法典》第1183条第1款的规定，受害人产生精神损害赔偿请求权，侵权人应该承担精神损害赔偿责任。

当未成年人遭受性侵害的损害赔偿请求权产生后，并不基于权利受到损害而开始计算诉讼时效期间，而是自受害人年满18周岁之日起，开始计算诉讼时效期间。

四、诉讼时效期间完成的法律效果

《民法典》第192条规定："诉讼时效期间届满的，义务人可以提出不履行义务的抗辩。诉讼时效期间届满后，义务人同意履行的，不得以诉讼时效期间届满为由抗辩；义务人已经自愿履行的，不得请求返还。"第193条规定："人民法院不得主动适用诉讼时效的规定。"前一条文规定的就是诉讼时效期间完成的法律效果，后一条文规定的就是彻底否定诉讼时效的法官职权主义。

（一）诉讼时效期间完成法律效果的立法例

诉讼时效期间届满后发生的法律后果，立法例可分为以下三种：

第一，实体权利消灭主义。实体权利消灭主义即诉讼时效的效力直接消灭实体权本身。此种立法以《日本民法典》为代表，规定诉讼时效期间完成，权利人不及时行使的权利消灭，如果义务人履行而权利人接受履行的，构成不当得利。

第二，诉权消灭主义。诉权消灭主义即诉讼时效完成后，实体权利本身仍然存在，仅诉权归于消灭，实体权利因而转为自然权利，但义务人自愿履行的，权利人接受其履行不构成不当得利。此以《苏俄民法典》为代表。原《民法通则》实施之后，对诉讼时效期间完成后的法律后果的理解，就是采取这种立法例。

第三，抗辩权发生主义。抗辩权发生主义即诉讼时效期间完成后，义务人仅取得拒绝履行的抗辩权，权利人的实体权利与诉权均不消灭，以《德国民法典》和我国台湾地区"民法典"为代表。

（二）我国民法对诉讼时效期间完成的法律效果的规定

我国民法对诉讼时效期间完成的法律效果的规定，经历了由胜诉权消灭主义到抗辩权发生主义的转变。

原《民法通则》第 138 条规定:“超过诉讼时效期间,当事人自愿履行的,不受诉讼时效限制。”这种规定采取的是胜诉权消灭主义,是苏联的立法例。《民法典》第 192 条规定诉讼时效期间完成的法律效果是产生永久性抗辩权。

胜诉权消灭主义与抗辩权发生主义的区别在于:消灭胜诉权,可以由法官依职权直接适用诉讼时效,即使当事人不以诉讼时效期间完成进行抗辩,法官仍然可以直接进行审查,并且直接适用诉讼时效,驳回债权人主张债权的请求。这无疑是在为逃债的债务人提供法律保护,使我国的诚信秩序和诚信道德缺失现状雪上加霜。而发生抗辩权,在保护权利人方面具有明显的优势,且能够实现法律逻辑上的前后一致,解决了义务人自己不援用时效抗辩,法院不得主动援用诉讼时效规定的理论问题,同时,使享有抗辩权的主体范围、行使的方法、行使后是否可撤回等问题的解释,也有了合理依据。因此,我们主张采用抗辩权发生主义,即未经当事人主张,法院不得直接援引诉讼时效的规定而驳回债权人的诉讼请求。最高人民法院《关于审理民事案件适用诉讼时效制度若干问题的规定》就采取了抗辩权发生主义,其第 3 条规定:“当事人未提出诉讼时效抗辩,人民法院不应对诉讼时效问题进行释明及主动适用诉讼时效的规定进行裁判。”

(三)诉讼时效期间完成的具体法律效果

1. 时效消灭的抗辩权的概念

抗辩权是抗辩他人行使权利的对抗权。如果对方权利人行使请求权,而该方当事人享有抗辩权,就可以以抗辩权对抗请求权,进而可以据此拒绝请求权人的请求给付,并且拒绝履行义务。

诉讼时效期间完成产生的抗辩权,就是这种基于对抗请求权,拒绝请求权人请求的拒绝给付权,即时效消灭的抗辩权。这种抗辩权是永久性抗辩权,抗辩权人一次行使抗辩权对抗请求权后,就永久发生拒绝给付、不履行义务的法律效力。故时效消灭的抗辩权是指诉讼时效期间完成后,义务人产生的据以对抗请求权人行使请求权,拒绝履行自己义务的抗辩权。

诉讼时效期间完成的法律效果包括两个方面:一是直接效果,即产生时效消灭抗辩权;二是本体效果,即时效抗辩请求权行使后的后果。

2. 诉讼时效期间完成的效果

诉讼时效期间完成的直接效果就是发生了时效消灭的抗辩权。这正是《民法典》第 192 条第 1 款关于“诉讼时效期间届满的,义务人可以提出不履行义务的抗辩”规定的含义。义务人可以提出不履行义务的抗辩,正是时效消灭抗辩权的概念。对权利人而言,诉讼时效期间完成,会使权利人的权利的效力减弱,虽然并不是实体权利消灭,但是会遇到时效消灭抗辩权的阻碍。如果义务人不行使这一抗辩权,权利人的请求权就可以实现了,但是义务人一旦行使抗辩权,权利人的权利立刻就被阻碍,不发生对义务人的强制效力。

时效消灭的抗辩权是一个民事权利,是权利人可以行使也可以不行使的权利。在诉讼时效期间完成后,如果义务人不行使抗辩权,就应当依照《民法典》第 193 条规定,法院不得主动适用诉讼时效的规定,阻碍请求权人的权利行使。

这样的规定,完全符合诉讼时效制度的立法目的,督促权利人及时行使权利,惩罚权利的睡眠者,避免被告的举证困难;也体现了私法自治的精神,即行使权利还是不行使权利,完全由权利人自我决定，他人无权干预。

诉讼时效期间完成后，义务人行使时效消灭抗辩权的，产生的效果是：

（1）对于义务人的效果。对于义务人，诉讼时效期间届满，义务人主张行使消灭时效的抗辩权后，即可拒绝权利人的履行义务的请求，同时将权利人的请求权转化为自然债权，自己的义务转化为自然债务，从而取得时效利益。时效利益也是一种民事利益，这种利益的直接表现形式，就是对于其所负担的自然债务，可以履行，也可以不履行。债务人拒绝履行自然债务，是自己享有的抗辩权行使的必然后果；债务人履行自然债务，这是尊重债权人权利的表现。

（2）对于权利人的效果。对于权利人而言，诉讼时效期间届满后，其实体权利和诉权都不消灭，而是仍然存在。但是，这种实体权利变成一种自然的权利，作为权利根本属性的法律上之力已经不复存在，即不具有要求债务人履行的强制力。这种诉权也不会消灭，权利人仍然可以继续其程序意义上的诉，去向法院提起诉讼，只要符合起诉条件，法院就应当受理，而不得直接以时效期间届满为由驳回起诉或者不予受理，因为诉权是国家赋予当事人为保护其合法权利，向法院提起诉讼的权利，是一种宪法性的权利，因此，不适用诉讼时效的规定。

（3）义务人自愿履行的效果。《民法典》第 192 条第 2 款规定："诉讼时效期间届满后，义务人同意履行的，不得以诉讼时效期间届满为由抗辩；义务人已经自愿履行的，不得请求返还。"这一规定说明了诉讼时效期间届满后的另一个效果，即诉讼时效期间届满，当事人之间原来的请求权和义务，都变成了自然权利和自然债务。对于这种自然债务履行还是不履行，不在于权利人的态度，而在于债务人的态度。债务人尊重权利人的自然债权，当然可以自愿履行罹于诉讼时效期间完成而已经变成的自然债务，这种履行并不存在法律的障碍。这种履行，可以是知道自己债务的诉讼时效期间已经完成，也可以是不知道自己债务的诉讼时效期间已经完成，债务人在主观上的这种知道或者不知道的态度，并不影响履行债务的法律效果。债务人已经履行了债务之后，才知道自己享有诉讼时效期间经过的抗辩权的，不得再反悔而请求将已经履行的利益予以返还；不知道自己享有诉讼时效期间超过的抗辩权而同意履行债务的，不得以自己不知道诉讼时效期间已经完成而再次以诉讼时效期间届满为由抗辩。

（4）对法院的效果。对于诉讼时效期间完成产生的时效消灭抗辩权，行使还是不行使这一权利，取决于债务人的态度。对此，任何人都不能干预，即使是法院也不能干预。这正是《民法典》第 193 条规定的"人民法院不得主动适用诉讼时效的规定"意义的表现。这与原《民法通则》第 137 条规定把诉讼时效期间完成理解为"时效届满以后"，"如果权利人的起诉确已超过法定时效期间，又没有可以延长的正当理由，人民法院可以告知起诉人，让他撤诉或者裁定驳回，对权利人的请求不予保护"，[4]是完全不一样的。无论债务人是主张行使该抗辩权还是主张不行使该抗辩权，法院在诉讼的任何阶段，都不得主动依据职权审查时效期间是否已经完成。只有在义务人提出了时效的抗辩，无论是在正式的答辩中，还是在法庭的辩论中，法院才有义务审查诉讼时效期间的完成情况，如果诉讼时效期间确已完成，债务人行使时效消灭抗辩权，就有法律根据，应当支持其主张，驳回权利人即原告的诉讼请求。

---

〔4〕　中国政法大学民法教研室：《中华人民共和国民法通则讲话》，中国政法大学出版社 1986 年版，第 233 页。

3. 时效利益抛弃

时效利益抛弃,是指义务人在时效期间完成以后,以明示或者默示的方法放弃其时效利益。对于时效利益,原则上不得放弃。当事人违反法律规定,约定延长或者缩短诉讼时效期间,预先放弃诉讼时效利益的,法院不予认可。这说明时效制度是民法的强制性法律规范,当事人不得改变,既不能缩短延长,也不能事先放弃。《民法典》第197条规定:"诉讼时效的期间、计算方法以及中止、中断的事由由法律规定,当事人约定无效。当事人对诉讼时效利益的预先放弃无效。"因此,事先放弃时效利益,属于无效的行为,对双方当事人都不具有拘束力,必须依照法律的规定。

但是,禁止的是当事人预先放弃诉讼时效利益。在时效期间期满以后,债务人开始享有拒绝履行的抗辩权。在这时,由于债务人享有的拒绝履行的抗辩权是一种民事权利,按照民法的自愿原则,权利人只要不妨害社会公共利益,不违背善良风俗,都可以处分自己的权利,处分自己的个人利益。拒绝履行抗辩权是债务人的权利,包含的就是时效利益,债务人作为权利人,当然可以主张这种权利,也可以放弃这种权利,这就不是一个强行法的问题,而是权利人对于自己权利的处分,当然这种处分行为是有效的。

时效利益的抛弃,抛弃的对象是义务人因时效期间完成而享有的时效利益,而不是抛弃实际的财产;抛弃时效利益,须债务人已经取得了时效消灭抗辩权,因此,是权利取得后的事后处分行为;实现利益的抛弃,属于单方处分行为,行为人须有行为能力和处分能力,并依照其意思表示确定,只要作出单方的意思表示即可,无须获得对方的同意。不过,时效利益的抛弃具体方式很多,债务人单方意思表示可以抛弃,也可以通过协议方式抛弃时效利益。时效利益的抛弃,实际上就是放弃时效期间完成而产生的抗辩权。

时效利益抛弃的具体方式是:

(1)义务人实际履行。义务人在诉讼时效期间届满后,自愿实际履行了义务,就是最实际地抛弃时效利益,而且义务人实际履行债务,不仅仅是抛弃了时效利益,而且也实际消灭或者部分消灭了当事人之间的法律关系。对于义务人实际履行债务之后的效果,《民法通则》的规定是"不受诉讼时效限制",最高人民法院《关于贯彻执行〈中华人民共和国民法通则〉若干问题的意见(试行)》第171条规定的是"又以超过诉讼时效为由翻悔的,不予支持",《民法典》第192条第2款的规定是"不得以诉讼时效期间届满为由抗辩"。这些内容的表述都不一样,但是基本含义是一致的,就是凡是义务人自愿履行债务,即使已经超过了诉讼时效期间,债务人已经享有了不履行义务的抗辩权,都不得以诉讼时效期间已经完成而反悔,也不得请求对已经履行的义务予以返还。

(2)双方达成履行债务的协议。在诉讼时效期间完成后,如果双方当事人达成了履行债务的协议,这也是义务人一方放弃了时效利益。双方达成履行债务的协议,可以是书面协议,用新合同确认以前的债务;也可以是就原债权债务关系达成和解协议,也发生这样的效力。通过双方达成协议,债务人承诺继续履行债务,债权人接受,等于已经成立了新的债权债务关系,债务人放弃了时效利益。对于双方达成履行债务的协议,如果债务人不履行其债务,法院可以强制执行。

(3)义务人单方面允诺履行债务。时效期间完成后,债务人没有自愿履行债务,双方也没有达成和解协议,但是债务人单方承诺愿意承担全部或者部分债务的,也是时效利益抛弃,发生时效利益抛弃的后果。从形式上看,无论是在债权人向债务人发出支付拖欠债务的本金利息的通知，债务人在该通知上签字或者盖章表示承认该债务，还是债权人向债务人催告清偿，债务人明确表示在一定期限内清偿债务，都属于义务人单方面允诺履行债务。该单方允诺一旦作出，就产生法律约束力，并产生相应的法律效果，事后不得反悔。义务人单方面允诺履行债务，发生时效利益抛弃的后果，不得再主张行使时效消灭抗辩权。

时效利益抛弃的效果是，时效利益一经完成，即可认为诉讼时效期间未完成，诉讼时效期间将重新计算。这就是时效完成之利益一经抛弃即恢复时效完成前之状态，债务人不得再以时效业经完成拒绝给付。唯得援用时效利益抛弃后重新起算新时效利益。〔5〕

五、诉讼时效期间中止、中断和延长

《民法典》规定，符合条件要求的，诉讼时效期间可以中止、中断和延长。民法典总则编解释第35条规定："民法典第一百八十八条第一款规定的三年诉讼时效期间，可以适用民法典有关诉讼时效中止、中断的规定，不适用延长的规定。该条第二款规定的二十年期间不适用中止、中断的规定。"

（一）诉讼时效期间中止

时效制度意在敦促权利人及时行使权利，但其适用以权利人可以行使权利而怠于行使为前提，如果出现客观障碍而使权利人无法行使权利，则继续计算时效未免有失公平，因此，应暂停计算期间以保证权利人有行使权利的必要时间，从而保护其权益。

《民法通则》第139条规定："在诉讼时效期间的最后六个月内，因不可抗力或者其他障碍不能行使请求权的，诉讼时效中止。"最高人民法院《关于审理民事案件适用诉讼时效制度若干问题的规定》第20条规定："有下列情形之一的，应当认定为民法通则第一百三十九条规定的'其他障碍'，诉讼时效中止：（一）权利被侵害的无民事行为能力人、限制民事行为能力人没有法定代理人，或者法定代理人死亡、丧失代理权、丧失行为能力；（二）继承开始后未确定继承人或者遗产管理人；（三）权利人被义务人或者其他人控制无法主张权利；（四）其他导致权利人不能主张权利的客观情形。"

《民法典》借鉴了这样的规定，第194条规定："在诉讼时效期间的最后六个月内，因下列障碍，不能行使请求权的，诉讼时效中止：（一）不可抗力；（二）无民事行为能力人或者限制民事行为能力人没有法定代理人，或者法定代理人死亡、丧失民事行为能力、丧失代理权；（三）继承开始后未确定继承人或者遗产管理人；（四）权利人被义务人或者其他人控制；（五）其他导致权利人不能行使请求权的障碍。自中止时效的原因消除之日起满六个月，诉讼时效期间届满。"

按照《民法典》的这一规定，适用诉讼时效期间中止，应注意如下问题：

1. 应当存在中止的法定事由。《民法典》改变了原《民法通则》规定的法定事由是"不可抗力或者其他障碍"这样笼统的规定，改为具体列举诉讼时效终止的法定事由：

（1）不可抗力。在诉讼时效期间的最后6个月内，如果发生《民法典》第180条规定的"不能预见、不能避免且不能克服的客观情况"即不可抗力，诉讼时效期间中止。

（2）无民事行为能力人或者限制民事行为能力人没有法定代理人，或者法定代理人死

---

〔5〕 参见王泽鉴：《民法总则》，北京大学出版社2009年版，第432页。

亡、丧失民事行为能力或丧失代理权。在诉讼时效期间的最后6个月内,如果权利人是无民事行为能力人或者限制民事行为能力人,没有法定代理人,或者有法定代理人,但是法定代理人已经死亡、丧失民事行为能力或者丧失代理权,都使正在进行的诉讼行为不能正常进行,一旦继续进行,就会损害权利人的合法权益,因此,必须中止诉讼时效期间,待这些事由消灭后,再恢复诉讼时效期间。这里的限制民事行为能力人没有法定代理人的主体,通常不是指未成年,而是指成年人丧失或者部分丧失民事行为能力,在此期间,又没有法定代理人,因而使权利人无法正常行使权利,诉讼时效期间中止。

(3)继承开始后未确定继承人或者遗产管理人。继承已经开始,但是在诉讼时效期间的最后6个月内,还没有确定被继承人的继承人或者遗产管理人,无法确定继承法律关系的主体,因此,就无法进行正常的继承纠纷的诉讼活动。例如,被继承人的债权人在继承开始后主张债权,无法确定请求或者起诉的相对人,或者不知道相对人是谁,因而必须中止诉讼时效期间。[6] 这里有两个问题:一是继承人或者管理人须同时未确定,还是只要其中一个未确定就适用诉讼时效期间中止?笔者认为,只要有继承人或者遗产管理人有一方未确定,就应当适用诉讼时效期间中止,这样从宽解释,有利于保障权利人的权利。二是在一个继承纠纷中,继承人通常不是一个,这里的继承人未确定,是指某一个继承人未确定还是全体继承人都未确定?当继承人只有一人时,可能发生的纠纷是涉及遗嘱继承或者遗赠扶养协议的,这时继承人未确定,应当适用诉讼时效期间中止;如果继承人是多人,其中有的继承人未确定,也应当认为是诉讼时效期间中止。继承开始后,在诉讼时效期间的最后6个月内未确定继承人或者遗产管理人的,诉讼时效期间中止。

(4)权利人被义务人或者其他人控制。所谓权利人的义务人或者其他人的控制,实际上就是对权利人的强制。这种强制或者控制,包括两种情形:一种是身体强制,即对权利人的身体进行拘束,限制人身自由,使其无法主张权利;另一种是对权利人的精神进行强制,使其不敢或者不能主张权利。凡是在诉讼时效期间最后6个月内出现上述两种情况之一,诉讼时效期间都应中止。

(5)其他导致权利人不能行使请求权的障碍。除了上述情形之外,凡是在诉讼时效期间的最后6个月内,出现其他能够导致权利人不能行使请求权的障碍的,都适用诉讼时效期间中止。对此法律没有列举,最高人民法院有关司法解释中也没有规定。有的法官列举了两种情形:一是有正当理由的给付延期,列举的是《德国民法典》规定的应给付延期和义务人由于其他原因暂时有权拒绝给付而停止进行诉讼时效期间。二是原告或者被告正在处于战争状态的武装部队服役,《苏俄民法典》规定了这一种诉讼时效期间中止的理由。[7] 这些内容可以参酌。

2. 中止事由须发生于特定期间。《民法典》要求中止发生在时效期间最后6个月内,这是考虑了我国实际国情与权利人保护必要性的结果,因为在这种情形下权利人还有足够的时间行使权利。

3. 中止事由消除后的时效期间计算。按照原《民法通则》第139条规定,中止事由消除后,时效期间继续计算,与中止前已经过的时效期间合并计入总的时效期间。但是《民法

〔6〕 参见张驰:《诉讼时效中止事由范围及其效力》,载《法学》1997年第6期。
〔7〕 参见张驰:《诉讼时效中止事由范围及其效力》,载《法学》1997年第6期。

典》第194条第2款规定与原《民法通则》第139条规定不同,是自中止时效的原因消除之日起满6个月,诉讼时效期间届满。这样的规定意味着,只要在诉讼时效期间的最后6个月内出现中止时效的原因,就一律在中止时效的原因消除之日起再加上6个月,诉讼时效期间才届满。即使中止事由发生在诉讼时效期间的倒数第2天,终止的事由消除之后,也仍然为6个月。这是一个重大的改变,这样规定更有利于保护请求权人的合法权益。

(二)诉讼时效期间中断

《民法通则》第140条规定:"诉讼时效因提起诉讼、当事人一方提出要求或者同意履行义务而中断。从中断时起,诉讼时效期间重新计算。"《民法典》第195条对诉讼时效中断作了新的规定,增加了诉讼时效中断的事由,即"有下列情形之一的,诉讼时效中断,从中断、有关程序终结时起,诉讼时效期间重新计算:(一)权利人向义务人提出履行请求;(二)义务人同意履行义务;(三)权利人提起诉讼或者申请仲裁;(四)与提起诉讼或者申请仲裁具有同等效力的其他情形。"

时效中断的适用应注意以下方面问题:

1. 须有法定事由。我国规定的法定事由主要有起诉、权利人一方提出要求、义务人同意履行义务。

(1)权利人向义务人提出履行请求。请求,是指权利人对于因时效受利益的当事人,而于诉讼外行使其权利的意思表示。[8] 诉讼外请求能否成为时效中断的事由,各国立法不同。《民法典》总则编规定请求具有诉讼时效中断的效力。民法典总则编解释第38条第2款规定,权利人向义务人的代理人、财产代管人或者遗产管理人等提出履行请求的,可以认定为《民法典》第195条规定的诉讼时效中断,与向义务人提出履行请求有同样的效果。

法律不要求请求的法律形式,书面、口头均可,其形式只是一个举证的问题。

值得研究的是,如果请求后义务人不予理睬,在6个月内权利人又未提起诉讼或与诉讼有同一效力的事项时,此时因请求而中断的时效是不是还认为中断?民法典总则编解释第38条第1款规定,诉讼时效依据《民法典》第195条的规定中断后,在新的诉讼时效期间内,再次出现第195条规定的中断事由,可以认定为诉讼时效再次中断。

(2)义务人同意履行义务。义务人同意履行,即义务人承认,是指义务人表示知道权利存在的行为,并通过一定方式(口头的或书面的)向权利人作出愿意履行义务的意思表示。这样就使双方当事人之间的权利义务关系重新明确并稳定下来,因此,《民法典》把此种情形作为中断时效的法定事由。

承认具有以下特点:承认为单方行为,由一方的行为即可成立;即使是对丁特定第三人或不特定人所作的承认,亦足以中断时效。[9] 承认可以明示,也可以默示,如支付利息、部分履行、延缓期限的请求等,都构成承认而中断时效。

(3)权利人提起诉讼或者申请仲裁。起诉后的诉讼时效期间自当事人向法院提起诉讼时中断。因为时效期间中断是否发生,关键在于权利人有无积极行使权利的状态,在权利人向法院提出起诉状时,就已表明其已经开始行使自己的权利,时效期间应当中断。在这个问

---

〔8〕 参见胡长清:《中国民法总论》,中国政法大学出版社1997年版,第363页。

〔9〕 参见史尚宽:《民法总论》,中国政法大学出版社2000年版,第671页。

题上,有以下问题值得研究:一是权利人在起诉后又自动撤诉的,通说认为,权利人起诉后又自动撤诉,表明权利人自己否定了权利的行使,放弃了请求法院依法对其某一实体权利予以保护的要求,按照诉的撤回视同未起诉的规则,不发生起诉的效果,因而也不导致诉讼时效期间的中断。二是在实践中,与起诉具有同一效力的事项还包括提起仲裁、依督促程序申请送达支付令、申请公示催告、依法定程序申报和解债权或破产债权、申请财产保全、告知诉讼于与诉讼结果有利害关系的第三人、开始执行行为或申请强制执行等。三是权利人向人民调解委员会或者有关单位提出保护权利的请求,从提出请求时起,诉讼时效中断。经调处达不成协议的,诉讼时效期间即重新开始。申请调解是发生诉讼时效期间中断的事由,即使是申请调解时调解不成立的,仍然具有中断时效的作用。

(4)与提起诉讼或者申请仲裁具有同等效力的其他情形。这是指权利人所实施的行为,与提起诉讼或者申请仲裁性质相当,具有同等效力的行为。

2. 中断事由发生于诉讼时效期间进行之中。这种时间要求,较之于中止更为宽泛,只要是在诉讼期间范围内,无论事由发生于哪一个具体时间点均发生中断效果。可见,中断制度的存在,实际上使权利人在某种意义上大大超越了时效期间的制约。

3. 中断事由消除后诉讼时效期间重新计算。诉讼时效中断,以前经过的期间归于消灭,时效重新开始计算。《民法典》第 195 条的规定是,“从中断、有关程序终结时起,诉讼时效期间重新计算”。

重新计算的时效期间的起算点的确定方法:一是以起诉或提请仲裁、调解而中断的,自判决、裁定、调解协议生效之时起重新计算,即诉讼、仲裁期间,诉讼时效停止计算。二是以其他方式主张权利而中断的,自中断原因发生时重新计算。三是因债务人同意履行债务而中断的,自中断原因发生时重新计算。[10]

此外,权利人向公安机关、检察院、法院报案或者控告,请求保护其民事权利的,诉讼时效从其报案或者控告之日起中断。上述机关决定不立案、撤销案件、不起诉的,诉讼时效期间从权利人知道或者应当知道不立案、撤销案件或者不起诉之日起重新计算;刑事案件进入审理阶段,诉讼时效期间从刑事裁判文书生效之日起重新计算。

(三)诉讼时效期间延长

在通常情况下,权利人在诉讼时效期间内不行使权利,于时效期间届满后向法院要求保护权利的,法院不予支持。但有的权利人在诉讼时效期间内未能行使权利确有正当原因,那么严格适用诉讼时效将造成不公。针对这种情况,《民法典》第 188 条第 2 款规定:“诉讼时效期间自权利人知道或者应当知道权利受到损害以及义务人之日起计算。法律另有规定的,依照其规定。但是,自权利受到损害之日起超过二十年的,人民法院不予保护,有特殊情况的,人民法院可以根据权利人的申请决定延长。”

诉讼时效期间的延长,是对诉讼时效期间中止和中断的补充。由于中止和中断的事由倾向于采取法定主义,不可能包罗诸多使权利人不能及时行使权利但又有正当理由的情况,法律特别设立诉讼时效期间延长制度予以衡平,由法官行使自由裁量权弥补立法列举式规定的不足。但法院对时效的延长必须从严掌握,不得滥用,以维护诉讼时效制度的严肃性。

---

〔10〕 参见梁慧星:《民法总论》,法律出版社 2001 年版,第 279 页。

关于诉讼时效期间延长的适用条件，原《民法通则》和《民法典》都只原则性地规定“有特殊情况的”。依最高人民法院解释，该“特殊情况”是指权利人由于客观障碍在法定诉讼时效期间不能行使请求权的情形，在实务中通常适用于围绕大陆与台湾之间关系发生的诉案。关于20年最长诉讼期间是否延长，延长多少，均由法院衡量权利人与义务人的利益、法秩序的安定性与权利保障的需要，根据特殊情况进行个案处理。因此，最长诉讼时效期间的延长属于法院自由裁量的范畴，当事人不能依法主张抗辩，而只能够申请法院予以审查、决定。一般认为，诉讼时效期间延长制度本身存在一些缺陷，诸如赋予法官太大的自由裁量权，没有明定延长的具体条件和期限，与设立时效制度以维护法律秩序的立法目的相背，与诉讼时效缩短的现代立法趋势不符等。甚至有观点认为该制度已无太多的存在价值，因此，《民法典》不应再规定诉讼时效期间延长制度。《民法典》没有采纳这样的意见，仍然坚持根据权利人的申请，法院有延长诉讼时效期间的权利。

六、诉讼时效的适用范围

（一）关于诉讼时效适用范围的不同意见

诉讼时效的适用范围也称诉讼时效的客体，是指哪些权利适用诉讼时效制度。诉讼时效的适用范围在实践中具有重要意义。但哪种权利为诉讼时效的客体，立法例并不一致。例如，（1）日本法规定诉讼时效的适用范围是债权及其他非所有权的财产权：债权因10年间不行使而消灭；债权或所有权以外的财产权，因20年间不行使而消灭。（2）法国法规定，一切诉讼的时效期间均为30年，英美法也原则上以诉权为其诉讼时效的适用范围。（3）德国及我国台湾法等规定以请求权为诉讼时效的适用范围。

我国对于诉讼时效的适用范围，原《民法通则》第135条只是简单地规定为“向人民法院请求保护民事权利的诉讼时效期间”，具他未作限定，一般解释为仅适用于请求权。在较长时间里，这个问题并不明确，常认为一切权利都适用诉讼时效制度。在学理上我们坚持诉讼时效的适用范围仅适用于具有债权性质的请求权。

（二）《民法典》规定的诉讼时效的适用范围

《民法典》原则上采纳了上述意见，采用排除法规定诉讼时效的适用范围。《民法典》第196条规定：“下列请求权不适用诉讼时效的规定：（一）请求停止侵害、排除妨碍、消除危险；（二）不动产物权和登记的动产物权的权利人请求返还财产；（三）请求支付抚养费、赡养费或者扶养费；（四）依法不适用诉讼时效的其他请求权。”

按照这样的规定：首先，只有请求权才适用诉讼时效，凡是不属于请求权的权利，都不适用诉讼时效。例如，属于支配权的人格权、身份权，不适用诉讼时效；形成权虽然也存在存续期间，但是它由除斥期间调整，不适用诉讼时效；抗辩权附随于请求权，与请求权存续期间相同，不因实现而消灭。其次，属于权利类型的请求权，包括基本权利类型属于请求权的债权，也包括其他类型的基本民事权利中的请求权内容。在这些请求权中，是否适用诉讼时效，实际指的是这些请求权的二次请求权，其系由于请求权的义务人，经过请求而不履行义务，权利人产生的可以向法院提起诉讼的请求权，这个请求权也是权利保护的请求权。例如，合同之债、无因管理之债、不当得利之债、单方允诺之债，权利人享有的请求权经过行使后得不到实现,都产生二次请求权。这些请求权都受诉讼时效限制。最后,侵权请求权属于新生权利,但由于它是保护权利的请求权,具有债权的性质,因此,仍然受诉讼时效限制。

在上述范围内,采取排除方法确定诉讼时效的适用范围,就比较容易确定。因此,《民法典》总则编规定的不适用诉讼时效的事由的具体情形是:

1. 请求停止侵害、排除妨碍、消除危险

停止侵害请求权、排除妨碍请求权和消除危险请求权,尽管都是保护权利的请求权,但是性质有所区别。其中,停止侵害请求权和排除妨碍请求权,既可以是侵权请求权,也可以是物权请求权;只有消除危险请求权仅是侵权请求权。不管这些请求权是何性质,都是保护权利的请求权,因而属于法律方法上的请求权。这三种请求权并不涉及对权力实际损害的财产救济,而仅仅是要求停止对权利的侵害行为、排除权利行使的障碍以及对于权利存在危险的消除,仅仅是对权利的保护,因此,这三种请求权的行使,都不适用诉讼时效的规定,也不受诉讼时效期间的约束,只要这三种妨害或者侵害权利的情形存在,权利人可以永远行使这三种权利保护的请求权。

2. 不动产物权和登记的动产物权的权利人请求返还财产

返还财产请求权,既是物权请求权,也是侵权请求权。对于民事诉讼时效适用范围的讨论,比较集中在返还财产请求权是否受诉讼时效拘束问题。比较倾向的意见是,侵权请求权的返还财产请求权要受诉讼时效的限制,物权请求权的返还财产请求权不受诉讼时效限制。但是也有不同观点认为,不能对这些返还财产请求权这样"一刀切"。

《民法典》第196条采取了一个新的办法,就是规定不动产物权和登记的动产物权的权利人请求返还财产的,不适用诉讼时效。这说明的问题是,不动产物权无论是否登记,都不适用诉讼时效,而不管是动产物权的返还财产请求权,还是侵权的返还财产请求权,是否受诉讼时效的限制,要看返还财产的这个动产的物权是否进行了登记。凡是经过登记的动产,该财产被侵占时,行使返还财产请求权就不受诉讼时效的约束;反之,没有经过登记的动产,在被侵占之后,权利人行使返还财产请求权,应当在诉讼时效期间内行使,超出诉讼时效期间,对方当事人产生抗辩权,其可以基于诉讼时效期间的完成,对抗请求权人行使的返还财产请求权。

这样的规定是有道理的,原因在于,对于一个被侵占的财产,权利人能否行使返还财产请求权,要基于该财产是否具有公示效力。如果这个财产已经经过了登记,就具有了公示公信力,因此,行使返还财产请求权就没有诉讼时效期间的约束。

这里有一个问题,就是"登记"是指严格意义上的不动产物权登记,还是包括所有的财产登记,例如机动车、飞行器、航空器的物权转移时的登记。后一种登记不是物权变动的登记,而是一种行政管理的登记,不发生物权变动的效果,因为它们是动产,其物权变动产生于动产交付之时,而不是登记。这一条文中规定的登记并没有明确说它就是不动产物权登记,因此,应当作从宽解释,凡是经过登记的财产被侵占后,权利人行使返还财产请求权,就不受诉讼时效期间的限制,侵占财产的人不因诉讼时效期间的完成而产生抗辩权。

3. 请求支付抚养费、赡养费或者扶养费

支付抚养费、赡养费或者扶养费三种请求权,都具有人身关系的性质,而非一般意义上的请求权。这三种请求权产生的基础都是身份权,分别产生于亲权、配偶权和亲属权,是基于亲属的血缘关系而产生的费用给付请求权。无论是成年子女对父母,甚至祖父母的赡养,还是父母对未成年子女的抚养,以及配偶等近亲属相互之间的相互扶养,均是产生这三种请求权的基础。成年子女对父母不尽赡养义务、父母对未成年子女不尽抚养义务、配偶等近亲属相互之间不尽扶养义务,都产生这样三种扶养给付请求权。这三种扶养费用给付请求权的目的,是保护近亲属之间不能依靠自己的劳动收入而维持生活的人,使其具有请求与其有亲属关系的,同时依照法律规定负有赡养、扶养或者抚养义务的人给付费用的请求权,以使自己能够正常生活。

正因如此,这三种具有人身关系性质的给付费用的请求权,都与人身关系相伴,其既不是侵权请求权,也不是物权请求权,而是身份权所包含的本权请求权,是身份权的支分身份权。如果这三种请求权受到诉讼时效限制,则无法保障权利人的正常生活,会使他们的合法权益受到严重损害。因此,这些请求权不受诉讼时效的限制,不属于诉讼时效的适用范围。

4. 依法不适用诉讼时效的其他请求权

依法不适用诉讼时效的其他请求权,应当有法律的明文规定。不适用诉讼时效期间的债权,应当符合这样的要求,即支付存款本金及利息请求权,兑付国债、金融债券以及向不特定对象发行的企业债券本息请求权,基于投资关系产生的缴付出资请求权等债权请求权不适用诉讼时效制度,义务人提出诉讼时效抗辩的,其抗辩权不成立,法院对其抗辩请求不予支持。

(三)关于仲裁时效的准用

《民法典》第198条规定:"法律对仲裁时效有规定的,依照其规定;没有规定的,适用诉讼时效的规定。"这一规定与《仲裁法》第74条的内容几乎完全一样。

仲裁时效是指权利人向仲裁机构请求保护其权利的法定期间,即债务人在法定的仲裁时效期间完成后,在对方当事人提请仲裁保护其权益的仲裁程序中,可以据此主张时效消灭抗辩权,以拒绝履行义务。当《仲裁法》对仲裁时效有规定的时候,应当依照仲裁时效适用。如果《仲裁法》对仲裁时效没有规定的,则适用诉讼时效的规定。有一个问题是,《民法典》总则编规定的除斥期间是否也应当在仲裁中予以适用。应当看到的是,《民法典》总则编本来就把除斥期间放在诉讼时效当中规定,同时,除斥期间也是关于权利存续时间的规定,在这一点上,除斥期间与诉讼时效的性质是相同的。因此,既然《民法典》第198条规定法律对仲裁时效没有规定的,适用诉讼时效的规定,同样也应当适用《民法典》总则编关于除斥期间的规定。

第二节　除斥期间

| 典型案例 |

某建筑公司与孙某合作,建筑公司出资进行建设,孙某出土地使用权,合作开发某小区建设工程。后孙某提出将土地出卖给建筑公司,退出合作开发工程建设。双方约定土地使用权出让金480万元,但是没有签订书面协议,也没有将土地使用权过户。1年后,建筑公司要求孙某协助将土地使用权过户,孙某提出须另加800万元,否则不予过户。建筑公司无奈,出具欠孙某800万元借款的借条,孙某协助予以过户。14个月后,建筑公司向法院起诉,以胁迫为由,请求撤销该借款协议。[11]

一、除斥期间的概念及适用范围

(一)除斥期间的概念

除斥期间也称为不变期间,是指法律对某种权利所规定的存续期间。其法律意义在于督促权利人尽快行使权利,超过除斥期间怠于行使该权利的,则该权利消灭。《民法典》总则编第九章关于诉讼时效规定的最后一条,即第199条规定:"法律规定或者当事人约定的撤销权、解除权等权利的存续期间,除法律另有规定外,自权利人知道或者应当知道权利产生之日起计算,不适用有关诉讼时效中止、中断和延长的规定。存续期间届满,撤销权、解除权等权利消灭。"

(二)除斥期间的特征

第一,除斥期间是法定期间。除斥期间都是法律明确规定的期间,是法定期间,不是当事人约定的期间,也不准许当事人约定,因此,是强制性法律规范规定的期间,不得依据其他事由而变更。

第二,除斥期间是权利存续期间。除斥,有排除、截止期限之意,[12]是权利被排除、期限被截止的意思。在该权利期间内,该权利存在,超过该权利的除斥期间,其后果是该权利消灭。

第三,除斥期间的适用采法官职权主义。除斥期间届满后,不必对方当事人主张,法院可以主动依照职权确定该期间届满的效果,确定该权利绝对、当然、确定地消灭,因此,除斥期间的期间利益并不是当事人主动选择的,当事人只能被动承受,并且不能抛弃。

(三)除斥期间的适用范围

一般认为,除斥期间的适用范围是形成权,不过随着市场经济的发展,为了稳定社会经济秩序,需要适当扩大除斥期间的适用范围。因此,《民法典》第199条规定的是撤销权、解除权等权利。

1. 撤销权

除斥期间的适用范围主要是形成权,撤销权是形成权,因此,其权利的存续期间适用除斥期间。其根据是,作为形成权的撤销权,会根据一方的意志而发生法律关系的发生、变更和消灭的效果,因此,对撤销权设定除斥期间的限制,不仅对他人的权利和社会公共利益有一定的关联,而且对撤销权的相对人具有期限利益,不会令撤销权法律关系总是处于不稳定的状态。《民法典》第152条规定撤销权的期间,就是除斥期间,即(1)当事人自知道或者应当知道撤销事由之日起1年内、重大误解的当事人自知道或者应当知道撤销事由之日起90

---

〔11〕 讨论提示:本案争议的关键,在于被告主张撤销权是否超过除斥期间。

〔12〕 参见王利明:《民法总则研究》,中国人民大学出版社2012年版,第776页。

日内没有行使撤销权;(2)当事人受胁迫,自胁迫行为终止之日起1年内没有行使撤销权;(3)当事人知道撤销事由后明确表示或者以自己的行为表明放弃撤销权。在这三种情形中,除了第三种情形不属于除斥期间的规定外,另外两种的1年和90日,都是除斥期间。因此,上述几种情况都是除斥期间的适用范围。

2. 解除权

解除权是指合同订立后尚未履行或者尚未完全履行之前,基于法定或者约定的事由,通过当事人单方意思表示,即可使合同自始不发生效力的权利。因此,所谓解除权,即解除合同的权利,其包括法定解除权和约定解除权。合同的一方当事人产生约定的或者法定的解除权,其性质属于形成权,享有解除权的一方当事人只要将自己解除合同的意思表示通知对方,即发生解除合同的效力。但有两种情况例外:一个是对方有异议的,要通过诉讼或者仲裁来确认;另一个是法律行政法规规定解除合同,应当办理批准登记手续的,要通过办理批准登记手续来确认。

解除权适用除斥期间的规定。法律规定或者当事人约定解除权行使期限,期限届满当事人不行使的,该权利消灭。法律没有规定或者当事人没有约定解除权行使期限,经对方催告后,在合理期限内不行使的,该权利消灭。这里的行使期间和合理期限,都是关于除斥期间的规定。《消费者权益保护法》第25条第1款中规定,“经营者采用网络、电视、电话、邮购等方式销售商品,消费者有权自收到商品之日起七日内退货,且无需说明理由”。这里规定的7日内无理由退货,就是远程销售的买卖合同,消费者享有7天的无理由退货的权利,这个权利其实就是法定的合同解除权,其除斥期间就是7天。

3. 某些特殊的请求权

法律规定,某些特殊的请求权也可以适用除斥期间。《民法典》第199条规定的“等权利”,就包括这样一些特殊的请求权。例如,《个人独资企业法》第28条规定,个人独资企业解散以后,原投资人对个人独资企业存续期间的债务仍然承担偿还责任,其除斥期间为5年,保证期间也是除斥期间。

4. 某些特殊的支配权

法律规定某些特殊的支配权也适用除斥期间。《民法典》第199条规定的“等权利”,也包括这样一些特殊的支配权。《著作权法》规定,著作财产权在作者死亡后50年后消灭,属于除斥期间。

二、除斥期间与诉讼时效的区别

除斥期间与诉讼时效的区别在于以下几点:

第一,适用范围不同。除斥期间主要适用于形成权,只有在特殊规定的情况下,才可以适用于某些特殊的请求权和支配权。而诉讼时效只适用于债权请求权以及其他有关的请求权。由于请求权的范围远远大于支配权,因此,诉讼时效的适用范围规定在《民法典》总则编,作为一般的问题进行规定;而除斥期间的适用范围在《民法典》分则中作为特殊问题作具体规定。

第二,期间的计算方法不同。除斥期间的起算时间从知道或者应当知道撤销事由之日起算,并且不适用中止、中断和延长的规定。而诉讼时效期间的起算时间是从当事人知道或者应当知道权利受到损害以及义务人之时起算;在期间进行过程中,若出现中止、中断或者延长的法定事由,则时效期间相应地中止、中断或延长。

第三,法律效果不同。除斥期间完成的法律效果是直接消灭权利,权利本身不复存在。而诉讼时效期间完成的法律效果是仅消灭权利的胜诉权,消灭的是权利中受法院保护的权利,原来的请求权只是变成一种自然债,也就是对方当事人产生抗辩权,可以对抗债权履行请求权。

第四,是否允许法院主动援引和当事人抛弃不同。除斥期间完成后消灭实体权利,不管当事人是否提出主张,法院都可以主动审查,来确认除斥期间完成,以直接确认权利丧失;同时,除斥期间完成,不准许当事人抛弃期间利益,如果准许抛弃,则与以私人意思创设权利无异。[13] 而诉讼时效期间的法律后果是产生抗辩权,抗辩权是否行使,取决于抗辩权人是否主张,法院无权主动依职权进行审查,亦无权主动援引诉讼时效而判决;同时,诉讼时效期间完成的期限利益,当事人可以抛弃,即不行使抗辩权而主动履行。

三、除斥期间完成的后果

除斥期间完成之后,发生权利消灭的后果。在这一点上,除斥期间的法律后果与取得时效中原权利人的权利消灭的后果相同。但其区别在于,取得时效完成消灭的是基本权利,即物权,而除斥期间完成消灭的权利只是撤销权和解除权等形成权,其是将撤销权和解除权等权利绝对地、当然地、确定地消灭,使这些权利永远不复存在。

第三节 期间的计算与《民法典》附则的规定

|典型案例|

57岁的某村农民王某某的长子王某,于2007年7月9日因下岗无业,一气之下离家出走,下落不明,经家人多方寻找仍未有下落。王某某心里知道王某凶多吉少,欲独霸家产,把儿媳赶出家门,便于2012年3月27日向法院申请宣告王某死亡。王某之妻李某得知后非常气愤,遂向法院申请以第三人的身份参加诉讼,反对宣告其夫王某死亡。[14]

一、时间

原《民法总则》在第十章第204条规定了期间的计算,但并没有对期间的本身作出规定。《民法典》继续沿用这样的习惯,因而总则编第十章仍然规定的是期间计算。

期间是民法上的一个特定概念,其上位概念是时间,并列的概念是期日。时间包括期间和期日,《民法典》只规定了期间的计算,没有规定期日及其计算。

---

〔13〕 参见胡长清:《中国民法总论》,中国政法大学出版社1997年版,第354页。

〔14〕 讨论提示:本案争论的焦点在于王某某申请宣告王某死亡是否符合期限的要求;就宣告死亡的要件而言,焦点为宣告死亡申请人的顺序问题。

（一）时间的概念

时间是重要的法律事实，人的出生、死亡、权利能力、行为能力、公法上或是私法上的法律行为效力的发生与消灭的，都与时间发生关系。[15]

（二）时间的作用

时间中的期日和期间可以独立发生作用，也可以与其他事实结合，以成立特殊法律事实的形式发挥作用。在前一种作用形式，期日和期间仅具有时间标志或度量的意义，用以确定某种法律事件或法律效果存在的时点或时段，如出生时间、死亡时间等为时间点，是期日；限制行为能力期间、特定权利的存续期间等为时间段，是期间；这两种期限都可以单独作为法律事实存在，发生法律后果。在后一种作用形式，期日和期间以构成法律事实的形式，发挥更为复杂的作用，即引起某种法律效果的发生，如期间与不行使权利的事实结合，构成诉讼时效，发生胜诉权消灭的法律后果。

（三）时间的性质

期限是一种法律事实。但是，期限究竟是事件还是其他性质，有不同看法。一种意见认为期限是事件，因为无论期日还是期间，都是与客观存在的时间相一致的，是主观无法改变的，不以人们的意志为转移。另一种意见认为，期限既非事件也非行为，因为尽管期限的到来、经过、届满要服从时间运动的客观规律，但它们具有的法律意义都为人的意志所决定，是立法者赋予的，或者是当事人商定的。我们采通说，认为期限与人的意志无关，属于事件的范畴。

（四）时间的意义

在民法上，期限具有重大意义。凡是人的出生、死亡、有无民事权利能力、民事行为能力的发生与消灭等，都与期限有关；某种事实状态继续经过一定时间，可能引起民事法律关系的变动；一定的时间可以决定民事法律行为效力的发生或消灭。期限制度贯穿着整个民法的始终，是影响民事法律关系的重要法律事实之一，其法律意义主要表现为：第一，它决定民事主体的民事权利能力与民事行为能力的起止。例如，法人成立或注销之日决定着法人民事能力的成就与消灭，自然人的出生或死亡之日则对于确定其民事权利能力的产生与消灭具有决定性意义。第二，它是进行某些法律推定的依据。例如，进行死亡宣告时首先须确定失踪人失踪的时间是否合乎法律要求。第三，它决定权利行使和义务履行的时间限度。例如，给予债务人一定合同履行期限。第四，它是法律行为效力的起点或终点。例如，附期限法律行为中的期限影响着法律行为效力的产生与丧失。第五，它可以用来确定权利的取得、存续或丧失。例如，所有权转移、商标权的有效期、诉讼时效期间。

（五）时间的确定

期限的确定方法有四种：一是规定日历上的一定时间，如 2012 年 10 月 8 日。二是规定

---

〔15〕　参见王泽鉴：《民法总则》，北京大学出版社 2009 年版，第 403 页。

一定的期间,如规定6个月、1年等。三是规定某一法律事实出现的特定时刻,如某人结婚的时间。四是规定以某人提出请求的时间为准,例如,未约定清偿期的借贷合同,出借人第一次提出清偿请求的时间,就是计算清偿期的起始时间。

二、期间

(一)期间的概念

期间,是指从某一时间点到另一时间点所经过的时间。实际上,期间是期日与期日之间的间隔时间,如某时至某时,某日至某日等。期日表现的是时间点,期间表现的是时间段,即时段,是以一定时点为起点,以到达另一时点为终点,期间延续的时间长度。[16] 期间必有一定长度,并且有始有终。因此,确定期间,须首先确定其起始时间和终止时间,即确定期日。

在民法上,期间的运用十分广泛,并可能产生多种法律效果。首先,在通常情况下,期间是指一段时间,有起始和终了的时间,即始期和终期,在始期和终期之间就是期间。其次,一定的时间经过,会产生一定的法律后果,因此,期间的经过也能成为民法上的法律事实,发生特定的法律后果。

(二)期间的意义

期间可以由法律规定,也可以由当事人约定。无论是法定还是约定的期间,都对当事人之间的法律关系有重要的意义。期间在民法上的意义表现:第一,对于主体资格的意义。期间对主体资格的存在产生相当的影响。例如,失踪人经过一定时间查无音讯,就可以推定其死亡;在被宣告死亡的期间内,被宣告死亡的人在法律上主体资格消灭,尽管其仍可能生存着。第二,对于法律关系的意义。期间也可以成为民法上一个重要的法律事实,可以引起民事法律关系的产生、变更和消灭。例如,附始期的民事法律关系,其期间完成就发生民事法律关系;附终期的民事法律关系,其期间完成,该民事法律关系就消灭。第三,对民事权利存续的意义。期间能够作为民事权利存续时间的法律事实,当某一个权利存续有期间要求时,该期间完成,该民事权利消灭。例如,解除权和变更请求权通常适用除斥期间的规定,除斥期间完成,该权利消灭。第四,对于民事义务履行的意义。在合同法律关系中,通常有履行期间,该期间完成,义务人应当履行合同义务,届时不履行义务,构成违约责任。在合同义务履行中,如果义务履行的期间未届至,义务人主张期前履行合同义务,需权利人同意,否则亦为违约。

(三)期间的分类

1. 可变期间和不变期间

按照期间的可变或者不可变,即期间是否会发生变化,期间可以分为可变期间和不变期间。

可变期间是指时间的长短可以发生变化。例如,诉讼时效期间一般属于可变期间,因为诉讼时效期间可以中止、中断或者延长。

---

〔16〕 史尚宽:《民法总论》,中国政法大学出版社2000年版,第610页。

不变期间是指通过法定或约定的方式确定的一个不可变更的期间,这个期间是固定的,不可以变化。除斥期间就属于不变期间。

可变期间和不变期间区分的意义在于,是否可以适用中止、中断、延长的规定,而使期间发生变更。对于法定的或者约定的可变期间,可以按照当事人的约定或者法律的规定进行变更。对于法定的或者约定的不变期间,必须依照法律的规定或者约定,不可以对该期间作出改变。

2. 法定期间、指定期间和约定期间

法定期间是直接由法律规定的期限。如自然人成年的期日、时效期间。此种期间具有一定强制性,不允许当事人擅自变更。

指定期间是由法院或有关机关确定的期限。例如,由法院判决书中指定的债务履行期日或期间、判决离婚一方探视子女的时间等。

约定期间又称为意定期间,是当事人自行约定的期限。如合同双方当事人约定的合同履行期间。该种期间体现了当事人的意思自治,但一经约定,双方必须严格遵守。

在法定期间中,包括两种情形:一种是法律明确规定为合理时间,另一种是法律没有规定合理时间,而是规定为"及时"等,其含义也是合理时间。

3. 除斥期间和非除斥期间

根据适用范围的不同,期间还可以分为除斥期间和非除斥期间。

除斥期间是法律直接规定或者当事人依照法律规定的某些形成权的预定存续期间。除斥期间完成,该权利消灭。例如,《民法典》第152条第1款规定:"有下列情形之一的,撤销权消灭:(一)当事人自知道或者应当知道撤销事由之日起一年内、重大误解的当事人自知道或者应当知道撤销事由之日起九十日内没有行使撤销权;(二)当事人受胁迫,自胁迫行为终止之日起一年内没有行使撤销权;(三)当事人知道撤销事由后明确表示或者以自己的行为表明放弃撤销权。"这里第1、2项规定的期间都是除斥期间。

非除斥期间,包括时效期间以及法定的、约定的除了除斥期间以外的期间。《民法典》第188条第1款中规定:"向人民法院请求保护民事权利的诉讼时效期间为三年。"这里规定的诉讼时效期间为3年,就是非除斥期间。

区分除斥期间和非除斥期间的意义:除斥期间是不变期间,表明特定权利存续的固定不变的期间。非除斥期间大多数是可以发生变化的,为可变期间。

三、期日

期日是指不可分或者视为不可分的一定时间,乃时之静态,可喻为时之点。[17] "期日谓不可分或视为不可分之时之一点",[18]是指不可分割的特定时间。期日以静态的某一点作为表示时间的一种方式,因此,通常将期日称为"时间点"。期日常表现为某时、某日,该具体日期即为期日。

期日分为两种:一是独立的期日;二是为计算期间的方便而作为期间的起点与终点的期日。前者如2012年12月15日,为独立期日;后者如约定"自合同签订之日起一个月内生

〔17〕 参见王泽鉴:《民法总则》,中国政法大学出版社2001年版,第509页。

〔18〕 史尚宽:《民法总论》,中国政法大学出版社2000年版,第610页。

效”的起点也是期日,为计算的期日。

四、期间的计算

(一)期间计算的一般方法

《民法典》总则编第十章规定的期间计算,规定的都是期间的一般计算方法。

1. 期间的计算单位

《民法典》第200条规定:“民法所称的期间按照公历年、月、日、小时计算。”这里规定的是期间的计算单位。

在我国,时间表达方法有公历和农历之分。公历是世界各国通用的年历,农历是我国创立的依据月亮的运转确定的年历。公历是我国的通用历法,因此,我国民法所称的期间,应该按照公历的年、月、日和小时为计算单位,来计算期间。

2. 年、月、日和小时的计算方法

《民法典》第201条规定:“按照年、月、日计算期间的,开始的当日不计入,自下一日开始计算。按照小时计算期间的,自法律规定或者当事人约定的时间开始计算。”这是规定计算期间的方法。

如果是按照年、月、日计算期间的,无论是法定还是约定,期间开始的当天都不计算在内,而是以下一日开始计算期间。例如,计算撤销权的除斥期间,在知道或者应当知道的当天,不计算在期间之内,从下一日开始计算。

法律规定或者当事人约定的期间,是以小时计算的,如果有当事人约定,按照约定的期限时间到终止时间计算;如果没有当事人约定,或者当事人约定不明确,或者当事人约定适用法定的计算方法的,则应当依照法律规定的起始和终止的时间点计算。

3. 年和月的终期确定

《民法典》第202条规定:“按照年、月计算期间的,到期月的对应日为期间的最后一日;没有对应日的,月末日为期间的最后一日。”这是对月和年计算期间的终期的确定。

所谓到期月,是按照月或者年计算期间的那个月,按月计算的,是指下个月;按年计算的,是指下一年的该月。所谓对应日,是按照月和年计算的期间的下月或下年该月的当日。如果有对应日,至该日为终期;如果没有对应日,月末日为期间的最后一日,这是指每年的2月,如果始期的时间为12月29日,这一期间的终期如果是2月28日,就没有对应日,因此,2月28日就是终期。

4. 期间的最后一日的特殊计算

《民法典》第203条规定:“期间的最后一日是法定休假日的,以法定休假日结束的次日为期间的最后一日。期间的最后一日的截止时间为二十四时;有业务时间的,停止业务活动的时间为截止时间。”

期间的最后一日,具有特殊的意义,即最后一日期间完成的时间,其法律后果都将出现,因此,对当事人意义重大。《民法典》第203条规定的是期间的最后一日的特殊计算方法,其宗旨是更好地保护当事人的权利,不至于因特别的问题而使当事人的权益受到损害。

第一,如果期间的最后一日是法定休假日,最后一日当事人将无法行使权利,因此,将法定期间的最后一日延长,即以法定休假日结束的次日为期间的最后一日,给当事人留出一天的时间可以行使权利。例如,《消费者权益保护法》第 25 条规定远程交易的消费者,享有 7 天的无理由退货的权利,而如果消费者是在春节前一天购物,那么春节休息 7 天期间消费者就无法行使这一权利,因此,期间延长到春节假期后的第二天,以便给消费者留出充分的时间。

第二,期间的最后一日最终截止的时间,是该日的 24 点,这是一般的计算方法。如果特定法律关系涉及的是业务活动,而该业务活动有业务时间的,那么到停止业务活动的时间,就是最后一日的截止时间。例如,商店营业时间、公司业务活动时间等停止业务活动的时间是下午 5 点,那么截至 5 点,期间的最后一日结束。

(二)期间计算的具体方法

1. 期间的开始

按照小时计算期间的,从规定的时点开始。例如,从 10 点开始,两个小时就是 12 点。12 点的 60 分钟均在时点之内。

按照年、月、日计算期间的,开始的当日不计算在内,从次日开始计算期间,理由是"一日未满之时间为一日,实为不当也"。[19] 例如,约定 2012 年 12 月 10 日计算期间的,应当从次日即 2012 年 12 月 11 日开始计算期间。

如果期间是约定开始于某一事实发生的,则在计算期间时,该事实发生的当日不计算在内,亦从次日开始计算。

2. 期间的终结

以日、星期、月或者年约定期间的,以期间最后一日过去之日为期间的终止,也就是该期间最后一日的 24 点。

期间不以年、月或者星期之始日起算者,以最后的年、月或者星期与起算日相当日的前一日为期间的末日。如自星期一起算一星期的期间,即从星期二起算期间,以下星期的相当日即星期二的前一日为期间的末日。[20] 但以月或年定期间,于最后之月,无相当日者,以其月之末日为期间的末日。如自 1 月 31 日起算一个月,至 2 月无相当日 31 日,则以该月之末日即 28 日(或闰年的 29 日)为期间之末日。

(三)期限的计算

期间为一定的时间段,存在计算方法问题。

期间的计算,有自然计算法和历法计算法两种方法。

自然计算法以实际的精确时间计算。该种计算法以时、分、秒为计算单位。一天为 24 小时,一星期为 7 天,一月为 30 天,一年为 365 天。例如,确定某日上午 9 时起 3 个月,是指自同日起第 90 天的同一时刻届满,而不论月份大小,单纯依每月 30 天计算。各法域通常采自然计算法。

历法计算法以天为计算单位。计算以日历所定的日、月、年为单位,一月并非为 30 天,而是按照月份不同的实际天数而有不同的具体时间。一年也有常年 365 天和闰年 366 天的

---

〔19〕 这是民国民法的立法理由,参见王泽鉴:《民法总则》,中国政法大学出版社 2001 年版,第 510 页。

〔20〕 参见黄立:《民法总则》(修订 4 版),台北,元照出版公司 2005 年版,第 437 页。

区别。例如,自1月1日起3个月,为1月31天、2月28天(闰年为29天)和3月31天。

两种计算法,以月或年作为确定期间的情形,计算结果会有所差异,其各有利弊。我国民法的期间计算法兼采两种方法,《民法典》第200条规定:"民法所称的期间按照公历年、月、日、小时计算。"这意味着我国民法基本采取历法计算法,但对以时、分、秒为单位的期间,则采自然计算法。

期间的计算单位,可以是时、分、秒等微小单位,也可以是年、月、星期等时间单位。

五、期日的确定

独立期日或者终期期日的确定,就是确定的期日的当天。当天的时间是24小时,则该全日皆视为不可分期日。具体而言,即从当日零点开始至24点结束;有业务时间的,到停止业务活动的时间截止。例如,以某日为给付或者意思表示期日的,原则上应于通常营业时间或者作息时间内为给付或者意思表示,如果于凌晨或者深夜为之者,依其情形,得构成对诚实信用原则的违反。[21]

在独立期日应为意思表示或者给付者,如果遇到该日为节假日或者周末,期日应当顺延,即以休假日的次日为期日。如果当事人另有约定的,则依照其约定。

对于不确定期日的确定,例如,约定为月初、月中或者月终为期日者,应当分别确定为该月1日、15日或者最后一日。

六、年龄的计算法

关于年龄的计算,应当自出生之日起算,出生的月日如果不能确定的,推定其为7月1日出生,知其出生之月而不知其出生之日者,推定其为该月15日出生。这是民法关于年龄计算的一般规则。

年龄本为一种期间,所以不适用始日不算入的规则,而自出生之日起算,这旨在保护自然人的权利能力。民法采周岁计算法,自出生之日起算,足1年为1岁。

关于实际出生日证明的推定,能够举反证推翻的,依照证据认定。进行推定时,出生年的确定,应当依照医学鉴定,或者依照其他方法确定;无法确定出生的月日,应当推定为7月1日;仅仅不能确定出生日的,应当推定该月15日出生。[22]

七、《民法典》附则的规定

(一)对《民法典》用语的解释

《民法典》附则第1259条对于用语的解释,即民法所称的"以上""以下""以内""届满",包括本数;所称的"不满""超过""以外",不包括本数。

在民事立法中,立法机关会严格掌握以上、以下的界限,但是在实践中,当事人未必分得那么清楚。某法律院校民法教研室主任给大家发微信抢红包,规定抢到5元钱的要作书面报告,抢到5元以下的不必作书面报告。这里的5元以上和5元以下就是重合的,正好抢到

〔21〕参见王泽鉴:《民法总则》,中国政法大学出版社2001年版,第509页。
〔22〕参见王泽鉴:《民法总则》(修订版),三民书局2008年版,第550页。

5元红包的，究竟是作书面报告，还是不作书面报告，无法分清。如果就低不就高，就不用作报告，如果就高不就低，就要作报告。在司法实践中，对这个问题需要进行司法解释，倾向于采取“就低不就高”的原则确定这种情形的解释原则。

1. 关于以上、以下、以内和届满

在民法范围内，凡是规定以上、以下的，都是在基数的基础上，向上提升和向下降低，因此，当然都包含本数。以内和届满通常说的是期间，是指期间范围内，以及期间的最后完成，当然都包括本数在内。对于以上和以下，《民法典》用在自然人的年龄上比较多，6周岁以上为限制民事行为能力人，18周岁以上为完全民事行为能力人，这些当然都包括本数。

2. 关于不满、超过和以外

在民法范围内，凡是规定不满、超过和以外的，都不包括本数。例如，《民法典》第17条规定：“十八周岁以上的自然人为成年人。不满十八周岁的自然人未成年人。”其中不满18周岁就不包括本数，因为一旦包括本数，自然人就成了成年人。超过和以外与以内相对应，超过和以外就不包括本数，以内就包括本数。

（二）《民法典》生效时间

依照《民法典》附则第1260条规定，《民法典》自2021年1月1日已经生效，《婚姻法》《继承法》《民法通则》《收养法》《担保法》《合同法》《物权法》《侵权责任法》《民法总则》已经同时废止。

本章思考题

1. 什么是诉讼时效制度？法律规定诉讼时效制度的目的是什么？
2. 我国诉讼时效有哪些种类？应当如何适用？结合讨论第一节典型案例，问：本案侵权行为的诉讼时效应当从何时起计算？本案是否超过诉讼时效期间？
3. 如何理解除斥期间制度？结合讨论第二节典型案例，问：本案的建筑公司是否享有撤销权？本案的撤销权是否受除斥期间约束？
4. 期限在民法上的意义是什么？期日和期间应当怎样确定？结合讨论第三节典型案例，问：本案王某某申请宣告王某死亡，是否符合宣告死亡的期限要求？

后　记

《民法典》颁布实施后，我对以往撰写的有关民法的教材进行了全面修订，也对以前没有写过的部分撰写了新的教材，形成了《民法典》系列教材。这些教材是：《民法总则》（法律出版社第3版）、《人格权法》（法律出版社第1版）、《合同法》（法律出版社第1版、北京大学出版社第2版）、《婚姻家庭与继承法》（法律出版社第1版、北京师范大学出版社第2版）、《侵权责任法》（法律出版社第4版、高等教育出版社第2版）、《物权法》（中国人民大学出版社第8版），还有《民法》（中国人民大学出版社第9版，获首届全国优秀教材建设一等奖）等。本书是其中之一。

《民法典》是社会生活的百科全书，民法理论博大精深。作为一个学者，终其一生恐难窥其全豹，得其精髓者一二足矣。不过，作为传道、授业、解惑的民法学教授而言，应当尽其所能，为法科学生提供理论联系实际的民法教材，帮助法科学生准确理解《民法典》，使学生将来在走向社会时，能够应用好《民法典》，为保护民事主体的民事权利，加强国家法治事业做出贡献。由于自己有数十年的民法实践应用的经验和理论研究的体验，加之作为立法专家全面参与了《民法典》的立法工作，因而斗胆对《民法典》的各编内容撰写教材，提供给授课的老师和求学的法科学生，作为传授、学习和掌握《民法典》与民法理论的教学参考。

初心良好，只怕学业不精，难达所愿。近两年来，教材发行、使用后的反映尚佳，信心方有所增加。作为一名法学教授，科研当然重要，但是，所谓教授，须把教和授放在首位。尽管目前对大学教师的导向倾向于科研，晋升、晋级唯以科研成果、科研项目是举，对教学的要求有所忽略。然而，教授之本仍在教与授。尽管教学须以科研为基础，但是借此而忽略教学的重要性仍为不当。正因如此，我对编写系列教材才津津乐道，坚持不懈，形成具有特点的《民法典》系列教材，尽己所能，为民法学教育事业献出微力。

我虽然早期在司法实践部门长期工作，后期才有20余年的民法教学经历，但教书育人却为终生所愿，故深信江平教授"如有来生仍做法学教授"所言的体验之深、信心之坚、决心之大。借本书出版，略作上述表达，愿与前辈以及后学者共勉。

一直以来，我深感读者的关爱和支持，也受到法学院系的教师和学生们的关心和帮助，在此再致衷心感谢！也衷心感谢一直为我的教材编辑、出版而尽心尽力的出版社和编辑的辛勤努力！

杨立新

2022年3月

图书在版编目(CIP)数据

民法总则 / 杨立新著. -- 3 版. -- 北京 : 法律出版社, 2020(2022.8 重印)
ISBN 978-7-5197-4936-1

Ⅰ. ①民… Ⅱ. ①杨… Ⅲ. ①民法-总则-中国 Ⅳ. ①D923.1

中国版本图书馆 CIP 数据核字(2020)第 176892 号

民法总则(第三版)
MINFA ZONGZE
(DI-SAN BAN)

杨立新 著

责任编辑 陈 慧
装帧设计 鲍龙卉

出版发行 法律出版社
编辑统筹 法律教育出版分社
责任校对 吴 昉
责任印制 刘晓伟
经 销 新华书店

开本 787 毫米×1092 毫米 1/16
印张 22.5 **字数** 530 千
版本 2020 年 10 月第 3 版
印次 2022 年 8 月第 2 次印刷
印刷 三河市龙大印装有限公司

地址:北京市丰台区莲花池西里 7 号(100073)
网址:www.lawpress.com.cn
投稿邮箱:info@lawpress.com.cn
举报盗版邮箱:jbwq@lawpress.com.cn

销售电话:010-83938349
客服电话:010-83938350
咨询电话:010-63939796

书号:ISBN 978-7-5197-4936-1
定价:48.00 元
凡购买本社图书,如有印装错误,我社负责退换。电话:010-83938349